A democracia na América

A democracia na América
Leis e Costumes
De certas leis e certos costumes políticos que foram naturalmente sugeridos aos americanos por seu estado social democrático

Alexis de Tocqueville

Tradução
EDUARDO BRANDÃO

Prefácio, bibliografia e cronologia
FRANÇOIS FURET

martins fontes
selo martins

Esta obra foi publicada originalmente em francês com o título
DE LA DÉMOCRATIE EN AMÉRIQUE.
François Furet, introdução e notas em Alexis de Tocqueville,
De la démocratie en Amérique, © GF-Flammarion, Paris, 1981.
© 2019 Martins Editora Livraria Ltda.,
São Paulo, para a presente edição.

Publisher	*Evandro Mendonça Martins Fontes*
Coordenação editorial	*Vanessa Faleck*
Produção editorial	*Carolina Cordeiro Lopes*
Tradução	*Eduardo Brandão*
Tradução do prefácio	*Antonio de Pádua Danesi*
Revisão	*Ana Maria de O. M. Barbosa*
	Eliane Rodrigues de Abreu
	Dinarte Zorzanelli da Silva
	Janaína Silva
	Silvia Carvalho de Almeida

Dados Internacionais de Catalogação na Publicação (CIP)
Angelica Ilacqua CRB-8/7057

Tocqueville, Alexis de, 1805-1859
  A democracia na América : leis e costumes : de certas leis e certos costumes políticos que foram naturalmente sugeridos aos americanos por seu estado social democrático / Alexis de Tocqueville ; prefácio, bibliografia e cronologia : François Furet ; tradução Eduardo Brandão. – 4. ed. – São Paulo : Martins Fontes – selo Martins, 2019.
  616 p.

  Bibliografia
  ISBN: 978-85-8063-368-9
  Título original: De la démocratie en Amérique

  1. Democracia 2. Estados Unidos – Condições sociais 3. Estados Unidos – Política e governo I. Título II. Furet, François III. Brandão, Eduardo.

19-0971   CDD-321.80420973

Índices para catálogo sistemático:
1. Estados Unidos : Democracia :
Ciência política   321.80420973

Todos os direitos desta edição reservados à
Martins Editora Livraria Ltda.
Av. Dr. Arnaldo, 2076
01255-000 São Paulo SP Brasil
Tel.: (11) 3116 0000
info@emartinsfontes.com.br
www.emartinsfontes.com.br

SUMÁRIO

Prefácio XI
Bibliografia de Tocqueville LI
Cronologia LV

A DEMOCRACIA NA AMÉRICA: LEIS E COSTUMES

Advertência da décima segunda edição 3
Introdução 7

PRIMEIRA PARTE

I. Configuração exterior da América do Norte 25
II. Do ponto de partida e da sua importância para o futuro dos anglo-americanos 35
Motivos de algumas singularidades que as leis e os costumes dos anglo-americanos apresentam 52
III. Estado social dos anglo-americanos 55
Que o ponto saliente do estado social dos anglo-americanos é ser essencialmente democrático 55
Consequências políticas do estado social dos anglo-americanos 63
IV. Do princípio da soberania do povo na América ... 65
V. Necessidade de estudar o que acontece nos Estados antes de falar do governo da União 69
Do sistema comunal na América 70

Circunscrição da comuna 72
Poderes comunais na Nova Inglaterra 72
Da existência comunal 75
Do espírito comunal na Nova Inglaterra 77
Do condado na Nova Inglaterra 80
Da administração na Nova Inglaterra 81
Ideias gerais sobre a administração nos Estados Unidos 91
Do Estado 94
Poder legislativo do Estado 95
Do poder executivo do Estado 96
Dos efeitos políticos da descentralização administrativa nos Estados Unidos 97
VI. Do poder judiciário nos Estados Unidos e de sua ação sobre a sociedade política 111
Outros poderes concedidos aos juízes americanos... 117
VII. Do julgamento político nos Estados Unidos 121
VIII. Da constituição federal 127
Histórico da constituição federal 127
Panorama sumário da constituição federal 129
Atribuições do governo federal 130
Poderes federais 132
Poderes legislativos 132
Outra diferença entre o senado e a câmara dos representantes 135
Do poder executivo 136
Em que a posição do presidente dos Estados Unidos difere da de um rei constitucional da França.... 138
Causas acidentais que podem aumentar a influência do poder executivo 141
Por que, para dirigir os negócios, o presidente dos Estados Unidos não precisa ter maioria nas câmaras ... 143
Da eleição do presidente 144
Modo de eleição 149
Crise da eleição 152
Da reeleição do presidente 154
Dos tribunais federais 157
Maneira de estabelecer a competência dos tribunais federais 160

Diferentes casos de jurisdição.................................. 161
Maneira de proceder dos tribunais federais............ 165
Nível elevado que ocupa a corte suprema entre os
grandes poderes do Estado....................................... 168
Em que a constituição federal é superior à constituição dos Estados... 170
O que distingue a constituição federal dos Estados Unidos da América de todas as outras constituições federais.. 174
Das vantagens do sistema federativo em geral e
da sua utilidade especial para a América............... 178
O que faz o sistema federal não estar ao alcance
de todos os povos e o que permitiu que os anglo-americanos o adotassem...................................... 184

SEGUNDA PARTE

I. Como se pode dizer rigorosamente que nos Estados Unidos é o povo que governa........................ 197
II. Dos partidos nos Estados Unidos........................... 199
Restos do partido aristocrático nos Estados Unidos.. 205
III. Da liberdade de imprensa nos Estados Unidos..... 207
IV. Da associação política nos Estados Unidos........... 219
V. Do governo da democracia na América................ 229
Do voto universal.. 229
Das escolhas do povo e dos instintos da democracia americana nas suas.. 230
Das causas que podem corrigir em parte esses
instintos da democracia... 233
Influência que a democracia americana exerceu
sobre as leis eleitorais.. 236
Os funcionários públicos sob o império da democracia americana... 237
Da arbitrariedade dos magistrados sob o império
da democracia americana.. 240
Instabilidade administrativa nos Estados Unidos... 242
Dos cargos públicos sob o império da democracia americana.. 244

Dos instintos da democracia americana no estabelecimento da remuneração dos funcionários...... 248
Dificuldade de discernir as causas que levam o governo americano a economizar............................ 250
Podem-se comparar as despesas públicas dos Estados Unidos com as da França?...................... 251
Da corrupção e dos vícios dos governantes na democracia; dos efeitos que daí resultam sobre a moralidade pública.. 255
De que esforços a democracia é capaz................ 258
Do poder que, em geral, a democracia americana exerce sobre si mesma.. 261
Da maneira como a democracia americana conduz os negócios externos do Estado..................... 263

VI. Quais são as vantagens reais que a sociedade americana retira do governo da democracia.......... 269
Da tendência geral das leis sob o império da democracia americana e do instinto dos que as aplicam.... 269
Do espírito público nos Estados Unidos................ 274
Da ideia dos direitos nos Estados Unidos............. 277
Do respeito à lei nos Estados Unidos.................... 280
Atividade que reina em todas as partes do corpo político nos Estados Unidos; influência que ela exerce na sociedade... 282

VII. Da onipotência da maioria nos Estados Unidos e de seus efeitos.. 289
Como a onipotência da maioria aumenta na América a instabilidade administrativa que é natural às democracias... 292
Tirania da maioria... 294
Efeito da onipotência da maioria sobre a arbitrariedade dos funcionários públicos americanos...... 297
Do poder que a maioria exerce sobre o pensamento na América.. 297
Efeitos da tirania da maioria sobre o caráter nacional dos americanos; do espírito cortesão nos Estados Unidos.. 301
Que o maior perigo das repúblicas americanas provém da onipotência da maioria....................... 304

VIII. Do que tempera nos Estados Unidos a tirania da maioria – Ausência de centralização administrativa .. 307
Do espírito legista nos Estados Unidos e como ele serve de contrapeso à democracia............................ 308
Do júri nos Estados Unidos considerado como instituição política... 317
IX. Das principais causas que tendem a manter a república democrática nos Estados Unidos................ 325
Das causas acidentais ou providenciais que contribuem para a manutenção da república democrática nos Estados Unidos.. 326
Da influência das leis sobre a manutenção da república democrática nos Estados Unidos............. 337
Da influência dos costumes na manutenção da república democrática nos Estados Unidos............. 337
Da religião considerada como instituição política, como ela serve poderosamente à manutenção da república democrática entre os americanos 338
Influência indireta que exercem as crenças religiosas sobre a sociedade política nos Estados Unidos.. 341
Das principais causas que tornam a religião poderosa na América.. 347
Como as luzes, os hábitos e a experiência prática dos americanos contribuem para o sucesso das instituições democráticas.. 354
Que as leis servem mais à manutenção da república democrática nos Estados Unidos do que as causas físicas, e os costumes mais que as leis........ 359
As leis e os costumes bastariam para manter as instituições democráticas fora da América?............. 363
Importância do que precede com relação à Europa . 367
X. Algumas considerações sobre o estado atual e o futuro provável das três raças que habitam o território dos Estados Unidos... 373
Estado atual e futuro provável das tribos indígenas que habitam o território possuído pela União........... 378
Posição que ocupa a raça negra nos Estados Unidos: perigos que sua presença faz os brancos correrem.. 393

Quais as possibilidades de duração da União americana? Que perigos a ameaçam?............................ 419
Das instituições republicanas nos Estados Unidos: quais suas chances de duração?...................... 453
Algumas considerações sobre as causas da grandeza comercial dos Estados Unidos 460

Conclusão.. 469
Notas do autor.. 479
Notas 507

PREFÁCIO

O sistema conceptual da Democracia na América*

Há na viagem americana de Tocqueville um mistério de origem: em que data essa ideia lhe ocorreu pela primeira vez? Quando o projeto tomou corpo? E por que a América?
Nem os fatos comuns, nem a documentação existente permitem responder de modo convincente a essas perguntas. Os fatos são claros, mas iluminam apenas o lado menor da questão: a missão penitenciária. Quando Tocqueville e seu amigo Beaumont embarcam no Havre, em abril de 1831, os dois jovens magistrados estão investidos de uma missão de exame das instituições penitenciárias americanas[1]. Missão solicitada pelos interessados, não paga, mas oficial, e que será coroada por um "relatório" remetido aos poderes públicos, como manda a praxe, e publicado em seguida[2]. Mas esse estudo, seja qual for o interesse que apresenta para Tocqueville, que não cessará de se interessar pela reforma das prisões francesas, não passa evidentemente, no plano intelectual, de um acessório de sua grande viagem.
A documentação disponível não permite ter um testemunho irrecusável a respeito de suas razões profundas: com efeito, a correspondência de Tocqueville e de Gustave de Beaumont só lhes faz alusão por uma carta de Tocqueville de 14 de março de 1831[3], exatamente à véspera da partida; ainda assim, essa carta menciona apenas as razões circunstanciais ligadas

---

* As referências sobre outras obras de Tocqueville remetem à edição das *Œuvres complètes* da Gallimard.

à Revolução de 1830 que colocou os dois candidados à viagem, descendentes de famílias legitimistas, numa "posição delicada". Aliás, mesmo admitindo-se esse tipo de motivação "diplomática", por que a América? Muitos outros países poderiam oferecer-se à curiosidade de dois amigos e legitimar igualmente a sua ausência. Nessa época, a jovem República americana constitui o modelo de uma família de espíritos estranha à tradição na qual eles foram educados e que constituiu a oposição liberal sob a Restauração: são os liberais de todos os matizes, os franco-maçons, os republicanos que formam, sob a égide simbólica de La Fayette, o campo das simpatias americanas[4]. Verdade é que Beaumont era parente afastado de La Fayette, e que no plano familiar o jovem Alexis tivera a oportunidade de encontrar antigos "americanos", como Chateaubriand, ou Hyde de Neuville, o antigo agente dos príncipes durante a Revolução, ex-embaixador em Washington, amigo íntimo do conde de Bordeaux e antigo bispo de Boston[4 bis].

As instituições livres, de que Tocqueville e Beaumont procuram talvez o segredo, é antes em países menos radicalmente estranhos à sua tradição, e espontaneamente mais caros ao seu coração, que eles poderiam ir estudá-las: a Suíça, a Inglaterra sobretudo. Mas a Suíça só deve a sua reputação republicana à exiguidade de seu território, segundo a teoria política clássica; e a Inglaterra, que a opinião do tempo vê à beira da falência, não é, de todo modo, uma democracia. Por isso Tocqueville fará ali, pouco mais tarde, algumas viagens. E sua correspondência dos anos que antecederam 1830, no momento em que ele frequenta com paixão os famosos cursos de Guizot na Sorbonne, mostra seu interesse pela história comparada da França e da Inglaterra[5]. Por que, pois, a América?

Para essa questão, pelo menos, há uma resposta do próprio Tocqueville, bem perto de seu regresso, já que é exatamente após a publicação do primeiro volume da *Democracia* que ele escreve ao seu amigo Kergorlay, em janeiro de 1835[6]. Primeiro ele lhe observa que, sendo inevitável a marcha para a igualdade, o problema central da época é saber se ela será compatível com a liberdade; e acrescenta:

PREFÁCIO XIII

"Não foi portanto sem ter refletido maduramente a esse respeito que me abalancei a escrever o livro que ora estou publicando. Não dissimulo em absoluto o que há de incômodo na minha posição: ele não deve atrair para mim as simpatias vivas de ninguém. Uns acharão que no fundo eu não gosto da democracia e que sou severo para com ela; outros pensarão que favoreço imprudentemente o seu desenvolvimento. O que haveria de mais feliz para mim seria que não se lesse o livro, e essa é uma felicidade de que talvez desfrutarei. Sei de tudo isso, mas eis a minha resposta: há dez anos venho pensando uma parte das coisas que logo lhe exporei. Fui para a América apenas para me esclarecer sobre esse ponto. O sistema penitenciário era um pretexto: tomei-o como um passaporte que me permitiria penetrar em todos os lugares dos Estados Unidos. Nesse país, onde encontrei mil objetos que estavam fora da minha expectativa, percebi que muitos deles diziam respeito às perguntas que tantas vezes fizera a mim mesmo".

"Há quase dez anos..." Tocqueville escreve isso em 1835, e ele nasceu em 1805: tinha pois uns vinte anos quando imaginou a questão que iria levá-lo à América e, de um modo mais geral, nortear toda a sua vida intelectual e política. É um caso raríssimo na história do pensamento, parece-me, um sistema cristalizado tão cedo, e ainda por cima num jovem educado em um meio estreito e conhecendo pouco mais que o direito. Acodem-nos naturalmente as palavras de Sainte-Beuve: "Ele começou a pensar antes de haver aprendido o que quer que fosse".[7] Retomando a mesma ideia sob outra forma, pode-se dizer que ele oferece o exemplo-limite de um intelectual que nunca "aprendeu" senão no âmbito daquilo que previamente pensara, o que lhe dá ao mesmo tempo – e sem falar nos ganhos de tempo e de energia – uma excepcional estreiteza e uma excepcional profundidade: nada é registrado ao acaso, pelo mero prazer de saber. A viagem americana, como a história da França ou da Inglaterra, é um elemento de experimentação sistemática desse espírito dedutivo. Resta compreender por quê, o que nos obriga a refazer a montante a história dos seus "pensamentos".

Se o "sistema" se constitui tão cedo, parece-me que é porque é edificado, mesmo na sua parte explicativa, sobre um alicerce de ordem não intelectual, mas puramente existencial: Tocqueville pertence ao mundo vencido pela Revolução Francesa, da qual tira, como toda a sua geração, o sentimento da marcha irreversível da história. Mas, como é um espírito impelido para a abstração, o famoso "destino" romântico assume nele a forma de um conceito tirado diretamente da experiência do seu meio e que é a vitória do princípio democrático sobre o princípio aristocrático. Toda a sua obra pode ser encarada como uma interminável reflexão a respeito da nobreza.

Este é o seu ponto de partida, e a sua parte vivida tanto quanto pensada: uma meditação principiada na adolescência sobre si mesmo, sua família, sua vida, o sentido histórico daquilo por que passaram os seus pais e daquilo que ele mesmo está vivendo, ou revivendo, em meio aos malogros da Restauração e de 1830. Seu pai, Hervé de Tocqueville, salvo da guilhotina pelo 9 de termidor, não cessou de meditar nas mesmas questões. Prova disso é que publicou em 1847, sob o título de uma outra época[8], que trai a sua geração, um estudo histórico das causas da Revolução: discípulo de Montesquieu, o velho conde coloca no centro da sua análise a degradação das relações entre a monarquia absoluta e a nobreza e a incapacidade de Luís XV de adaptar o regime às reivindicações liberais da aristocracia: "Richelieu e Luís XIV fizeram prevalecer a autoridade absoluta sobre as liberdades públicas porque a nação estava cansada das dissensões que haviam ensanguentado os regimes anteriores. Luís XV desconheceu o espírito do seu tempo; as palavras de liberdade se repetiam por toda parte: elas repercutiam sob as abóbadas da justiça e saíam da própria boca dos cortesãos. Não seria a mão débil de um monarca desconsiderado que iria sustentar o edifício erigido por Luís, o Grande. A revolução já irrompia na classe alta; ela descerá pouco a pouco à última"[9]. Assim, Hervé de Tocqueville, para entender o que ele viveu, invoca o "espírito do tempo", encarnado pela nobreza, desconhecido pela monarquia. Alexis encontrou no seu berço essa interrogação, inseparável do seu meio, sobre o grande drama histórico vivido e pensado a um só tempo como inevitável e ligado todavia a dois responsáveis, a nobreza e o rei da França.

PREFÁCIO

Ora, essa interrogação nunca deixou de ser viva. Desde 1815, a monarquia restaurada a alimenta ativamente com os seus elementos, pela sua vontade de lutar contra o "espírito do tempo" em nome da reencontrada aliança entre o rei e a sua nobreza. No termo dessa monarquia cada vez mais aristocrática, há as jornadas de julho de 1830: a Revolução Francesa continua. E não é por acaso que essa data cristaliza as opções profundas de Alexis de Tocqueville, revelando a maneira por que ele reinveste a herança familiar em cacifes inéditos e em pensamentos novos. O caso do juramento ao novo rei, exigido pela lei de 31 de agosto de 1830, coloca-o um pouco à margem do seu meio. Seu amigo mais chegado, Louis de Kergorlay, deixa o exército e se misturará pouco mais tarde à aventura da duquesa de Berry; ele, pelo contrário, presta o juramento, sem alegria ("é um momento desagradável", comenta numa carta[10]), mas também sem drama de consciência maior, lamentando simplesmente que esse ato possa ser interpretado como ditado pelo interesse, quando é um testemunho de resignação. E a decisão da viagem americana, ainda que essa longa ausência possa ter sido deliberada para fazer esquecer a situação um pouco delicada na qual o caso do juramento coloca Tocqueville em relação ao seu meio, revela a mesma indiferença, mas num plano teórico: porque está ligada a um sistema intelectual já construído, graças ao qual a indagação paterna se vê fortemente renovada, desembaraçada dos conformismos da tradição e da retórica nobiliária.

Nesse sistema, acerca de cuja elaboração não sabemos quase nada, uma vez que Tocqueville já é Tocqueville aos vinte anos, pouco importa que a dinastia reinante seja legítima; pouco importa mesmo, no limite, que haja uma dinastia. A questão central não é a das relações entre a nobreza e a monarquia; é, sim, a da compatibilidade entre nobreza e democracia. Com os três elementos díspares com os quais o seu meio produzia a infelicidade da história – monarquia, nobreza e espírito do tempo –, Tocqueville erigiu um sistema extremamente simples, dotado de duas dimensões. Ele mantém o polo da nobreza, ponto de partida obrigatório, experiência social primeira, enraizamento vital de sua teoria: tipo de governo, ou de sociedade, ou de cultura, a "aristocracia" será o dever-ser da nobreza. O outro polo, esse herdeiro de um princípio vencido, deve figurar o princípio vencedor: a democracia, que é inseparavelmente governo do povo, sociedade igualitária e, para retomar o vocabulário paterno, "espírito do tempo".

Há nessa elaboração uma parte de fatalismo, uma submissão ao inevitável que corresponde à experiência histórica do meio; é a marcha para a democracia cada vez mais completa que define o sentido da evolução posta em evidência pela Revolução Francesa. Mas Tocqueville não procura as razões disso, pelo menos nessa época. Diversamente de Marx, por exemplo, para quem o sentido da história é demonstrável, e o fim do capitalismo dedutível das leis econômicas que o governam, ele coloca como axioma ou como evidência a ideia de que a humanidade caminha a passos largos para a era democrática. Não se trata de um raciocínio, mas exatamente da tradução abstrata, conforme à natureza do seu gênio, da experiência de vida sua e de seu meio. Ideia que aliás não é nova (embora ele tenha contribuído poderosamente para difundi-la) e que se encontra em muitos autores da época e mesmo no seu meio (seu parente Chateaubriand, por exemplo), mas que ele é o único, uma vez que a expôs como ponto de partida, a querer aprofundar e explorar em todos os seus matizes. Ele a entende em níveis diversos, cultural, social, político, mas dos quais os dois primeiros definem para ele a parte do inevitável: de fato, se as sociedades do seu tempo lhe parecem impelidas por uma espécie de fatalidade para uma crença cada vez mais geral na igualdade e para uma igualização cada vez maior das condições, as formas políticas de que essa evolução pode acompanhar-se continuam a depender das opções humanas. O problema que vai dominar sua vida intelectual de ponta a ponta é, pois, menos o das causas da igualdade do que o das suas consequências sobre a civilização política. Método e problemática, ainda aqui, nos antípodas dos de Marx. Marx se interessa pelas leis da estrutura econômica e pelas relações entre o econômico e o social, donde a tendência a "deduzir" o político. Tocqueville explora as relações entre o princípio que governa as sociedades e o tipo de regime político que daí um sentimento da evolução, sob a condição de ser objeto de uma elaboração abstrata, pode revelar-se mais verdadeiro do que a pretensão a um conhecimento científico da história. Foi sobretudo porque Tocqueville, ao analisar a igualdade não como uma situação, mas como um princípio, um conjunto de paixões, uma dinâmica política indefinida, tem uma dupla vantagem sobre Marx. Ele se situa no nível da história de uma promessa aberta para a Europa pela Revolução Francesa e da qual a América lhe mostra os traços: e tenta compreendê--los não pelas causas, mas pelas consequências. Com isso ele fez uma aposta que acabou ganhando, a saber, que o universo da igualdade e os comportamentos que ele induz são fenômenos duradouros, irreversíveis, determinantes para o futuro. É nessa medida que já então ele analisa o mundo em que sempre vivemos.

François Furet

Bibliografia de Tocqueville

Tiro as indicações sumárias que se seguem de uma bibliografia exaustiva que me foi amavelmente comunicada pelo meu amigo André Jardin, que é a cavilha mestra da publicação em andamento das *Œuvres complètes*.

I – OBRAS DE TOCQUEVILLE

Existem duas edições completas das obras de Tocqueville:

– a publicada sob o nome de Madame de Tocqueville, na realidade estabelecida por Gustave de Beaumont, comumente chamada de edição Beaumont. 9 volumes, Michel-Lévy frères, 1864-1866.

Essa edição deixa de lado os *Souvenirs* e importantes partes da correspondência julgadas demasiado políticas ou demasiado íntimas. Ela comporta remanejamentos de textos abusivos.

– a edição realmente completa está em via de publicação desde 1951, na Gallimard, sob o patrocínio de uma Comissão Nacional. Essa edição comporta um aparelho crítico de prefácios e de notas inéditas que faz dela a única edição científica das obras de Tocqueville. Eis o seu plano geral:

Tomo I. *De la démocratie en Amérique*. 2 volumes (publicados).

Tomo 2. *L'Ancien Régime et la Révolution*. 2 volumes (publicados).

Tomo 3. *Écrits et discours politiques*. 2 volumes (1 volume publicado).

Tomo 4. *Écrits sur le système pénitentiaire en France et à l'étranger* (1 volume).

Tomo 5. *Voyages*. 2 volumes (publicados).

Tomo 6. *Correspondances anglaises*. 2 volumes (1 volume publicado).

Tomo 7. *Correspondances anglo-américaines et autres correspondances étrangères*. 1 volume.

Tomo 8. *Correspondance Tocqueville-Beaumont*. 3 volumes (publicados).

Tomo 9. *Correspondance Tocqueville-Gobineau*. 1 volume (publicado).

Tomo 10. *Correspondance locale* (1 volume).

Tomo 11. *Correspondance Tocqueville-Ampère et Tocqueville-Royer-Collard*. 1 volume (publicado).

Tomo 12. *Souvenirs*. 1 volume (publicado).

Tomo 13. *Correspondance Tocqueville-Kergorlay*. 2 volumes (publicados).

Tomo 14. *Correspondance familiale*.

Tomo 15. *Correspondance Tocqueville-Corcelle et Tocqueville-Mme Swetchine*. 1 volume.

Tomo 16. *Mélanges littéraires et économiques*. 1 volume.

Tomo 17. *Correspondance à divers*.

II. PRINCIPAIS OBRAS SOBRE TOCQUEVILLE

R. ARON: "La définition libérale de la liberté: Alexis de Tocqueville et Karl Marx", in *Archives européennes de sociologie*, 5, 1964.

R. ARON: *Les grandes étapes de la pensée sociologique*, Gallimard, Paris, 1967.

P. BIRNBAUM: *Sociologie de Tocqueville*, Paris, 1970.

S. DRESCHER: *Dilemmas of Democracy, Tocqueville and modernization*, Pittsburgh, 1968.

F. FURET: *Penser la Révolution française*, Gallimard, Paris, 1978.

E. T. GARGAN: *De Tocqueville*, Londres, 1965.

M. GAUCHET: "Tocqueville, l'Amérique et nous. Sur la genèse des Sociétés démocratiques", in *Libre*, n. 7, Payot, 1980.

M. HERETH: *Alexis de Tocqueville, Die Gefährdung der Freihei in der Demokratie*, Stuttgart, 1979.

M. LERNER: *Tocqueville and American Civilization*, Nova York, 1969.

J. LIVELY: *The Social and Political Thought of Alexis de Tocqueville*, Oxford, 1962.

G. W. PIERSON: *Tocqueville and Beaumont in America*, Nova York, 1938.

M. RICHTER: "Tocqueville contribution to the theory of Revolution", in *Nomos*, 8.

M. RICHTER: "The Uses of Theory: Tocqueville's adaptation of Montesquieu", in *Essays in Theory and History*, Harvard University Press, 1970.

J. T. SCHLEIFER: *The Making of Tocqueville's Democracy*, Ann Arbor, Xerox Company, 1972.

S. R. WEITMAN: "The sociological theories of Tocqueville's 'the ole Regime and the Revolution'", in *Social Research*, Nova York, 1966.

N. B. Este trabalho já estava no prelo quando apareceu o importante livro de James T. Schleifer: *The Making of Tocqueville's Democracy in America*, Univ. of North Caroline Press, 1980.

Cronologia

1805. Nascimento em Paris de Alexis de Tocqueville, oriundo de uma família de antiquíssima nobreza normanda. Sob o Império, infância em Paris no inverno, no castelo de Verneuil no verão.
1820-1823. Estudos no Collège de Metz, onde seu pai, o conde Hervé, era prefeito (da Moselle).
1826. Licenciado em direito em Paris.
1826-1827. Viagem à Itália e à Sicília. Nomeado em 1827 juiz-auditor em Versalhes (onde seu pai é prefeito).
1829-1830. Frequenta os cursos de Guizot na Sorbonne, sobre a história da civilização europeia.
1830. Presta juramento ao novo regime oriundo da Revolução de Julho, apesar de dramas de consciência.
1831 (abril) – 1832 (março). Viagem aos Estados Unidos em companhia de Gustave de Beaumont.
1833. Publicação em colaboração com Beaumont do relatório sobre o sistema penitenciário americano sob o título: *Du système pénitentiaire aux États-Unis et de son application en France*.
1832-1835. Demissão do posto de juiz suplente. Redação do primeiro volume de *La démocratie en Amérique*. Viagem à Inglaterra em agosto de 1833.
1835. Publicação do primeiro volume da *Démocratie*. Segunda viagem à Inglaterra. Casamento com Mary Mottley, uma inglesa que Tocqueville conheceu em Versalhes antes da Revolução de 1830.
1836. Viagem à Suíça.

Publicação de um ensaio sobre *L'état social et politique de la France avant et depuis 1789.*
1837. Derrotado nas eleições legislativas do distrito de Valognes (Mancha), próximo do castelo de Tocqueville.
1838. Eleito membro da Académie des Sciences morales et politiques.
1839. Eleito deputado do distrito de Valognes, com uma plataforma de oposição ao ministério Molé. Sua atividade parlamentar será ilustrada notadamente por três grandes relatórios. Sobre a abolição da escravidão nas colônias (1839), sobre a reforma das prisões (1843) e sobre a questão da Argélia (1847).
1840. Publicação do segundo volume da *Démocratie.*
1841. Eleito para a Académie française.
Primeira viagem à Argélia.
1846. Segunda viagem à Argélia.
1848 (abril). Conserva seu mandato legislativo na Assembleia Constituinte após a Revolução de Fevereiro. Membro da comissão encarregada de elaborar a nova Constituição.
1849. Primeira viagem à Alemanha.
Maio. Eleito para a Assembleia Legislativa.
Junho-outubro. Ministro dos Negócios Estrangeiros do príncipe Luís Napoleão, presidente da República desde dezembro de 1848.
1850-1851. Redação dos *Souvenirs.* Estada em Sorrento por motivos de saúde.
Julho de 1851. Relatório à Assembleia Legislativa a propósito da revisão da Constituição.
Dezembro de 1851. Opõe-se ao golpe de Estado do príncipe Luís Napoleão, logo depois Napoleão III. Interrompe todas as atividades públicas.
1852. Início do trabalho de documentação que levará à redação de *L'Ancien Régime et la Révolution* e que é no espírito de Tocqueville o primeiro volume de uma história da Revolução.
1853. Consultas aos Arquivos da Intentência de Tours.
1854. Segunda viagem à Alemanha.
1856. Publicação de *L'Ancien Régime et la Révolution.*
1857. Última viagem à Inglaterra.
1859. Morte em Cannes.

A DEMOCRACIA NA AMÉRICA: LEIS E COSTUMES

Nota sobre esta edição

A tradução deste livro foi baseada na 13ª edição francesa, que pode ser considerada definitiva.

Advertência da décima segunda edição

Por maiores e mais repentinos que sejam os acontecimentos que vêm de consumar-se num momento ante nossos olhos, o autor da presente obra tem o direito de dizer que não foi surpreendido por eles. Este livro foi escrito, há quinze anos, sob a preocupação constante de um só pensamento: o advento próximo, irresistível, universal da democracia no mundo. Basta relê-lo: nele se encontrará, a cada página, uma advertência solene que lembra aos homens que a sociedade muda de forma, a humanidade de condição e que novos destinos se aproximam.

Introduziam-no estas palavras:

O desenvolvimento gradual da igualdade das condições é um fato providencial. Possui suas principais características: é universal, é duradouro, escapa cada dia ao poder humano; todos os acontecimentos, bem como todos os homens, contribuem para ele. Seria sensato acreditar que um movimento social que vem de tão longe possa ser suspenso pelos esforços de uma geração? Alguém acredita que, depois de ter destruído o feudalismo e vencido os reis, a democracia recuará diante dos burgueses e dos ricos? Irá ela se deter agora, que se tornou tão forte e seus adversários tão fracos?

O homem que, em presença de uma monarquia antes fortalecida do que abalada pela Revolução de Julho, traçou essas linhas, que o acontecimento fez proféticas, pode hoje chamar novamente, sem temor, a atenção do público para sua obra.

Devemos permitir-lhe igualmente acrescentar que as presentes circunstâncias proporcionam a seu livro um interesse atual e uma utilidade prática que não tinha quando apareceu pela primeira vez.

A realeza existia então. Hoje, está destruída. As instituições da América, que eram tão somente um objeto de curiosidade para a França monárquica, devem ser um objeto de estudo para a França republicana. Não é apenas a força que assenta um novo governo; são as boas leis. Depois do combatente, o legislador. Um destruiu, o outro funda. A cada um sua obra. Não se trata mais de saber se teremos na França a realeza ou a República: falta-nos saber se teremos uma República agitada ou uma República tranquila, uma República regular ou uma República irregular, uma República pacífica ou uma República guerreadora, uma República liberal ou uma República opressora, uma República que ameace os direitos sagrados da propriedade e da família ou uma República que os reconheça e os consagre. Terrível problema, cuja solução não diz respeito unicamente à França, mas a todo o universo civilizado. Se nos salvarmos, salvaremos ao mesmo tempo todos os povos que nos rodeiam. Se nos perdermos, perdê-los-emos conosco. Conforme tenhamos a liberdade democrática ou a tirania democrática, diferente será o destino do mundo, e podemos dizer que hoje depende de nós que a República acabe sendo estabelecida em toda a parte ou abolida em toda a parte.

Ora, esse problema que apenas acabamos de formular, a América resolveu há mais de sessenta anos. Desde há sessenta anos, o princípio da soberania do povo, que entronizamos ontem entre nós, reina ali inconteste. É posto em prática da maneira mais direta, mais ilimitada, mais absoluta. Desde há sessenta anos, o povo que dele fez a fonte comum de todas as suas leis, cresce sem cessar em população, em território, em riqueza e, notem bem, foi durante esse período não só o mais próspero como o mais estável de todos os povos da Terra. Enquanto todas as nações da Europa eram devastadas pela guerra ou dilaceradas pelas discórdias civis, somente o povo americano, no mundo civilizado, permanecia em paz. Quase toda a Europa era sacudida por revoluções; a América não tinha sequer revoltas. Lá a República não era perturbadora, mas conservadora de todos os direitos; a

ADVERTÊNCIA DA DÉCIMA SEGUNDA EDIÇÃO

propriedade individual tinha mais garantias do que em qualquer outro país do mundo, a anarquia permanecia tão desconhecida quanto o despotismo.

Em que outro lugar poderíamos encontrar maiores esperanças e maiores lições? Não voltemos nossos olhares para a América a fim de copiar servilmente as instituições que ela se deu, mas para melhor compreender as que nos convêm, menos para aí buscar exemplos do que ensinamentos, antes para tomar-lhe emprestados os princípios do que os detalhes de suas leis. As leis da República francesa podem e devem, em muitos casos, ser diferentes das que regem os Estados Unidos, mas os princípios sobre os quais as constituições americanas repousam, esses princípios de ordem, de ponderação dos poderes, de liberdade verdadeira, de respeito sincero e profundo ao direito são indispensáveis a todas as Repúblicas, devem ser comuns a todas, e podemos dizer de antemão que onde eles não se encontrarem a República logo cessará de existir.

Introdução

Entre os novos objetos que me chamaram a atenção durante minha permanência nos Estados Unidos nenhum me impressionou mais do que a igualdade das condições. Descobri sem custo a influência prodigiosa que exerce esse primeiro fato sobre o andamento da sociedade; ele proporciona ao espírito público certa direção, certo aspecto às leis; aos governantes, novas máximas e hábitos particulares aos governados.

Não tardei a reconhecer que esse mesmo fato estende sua influência muito além dos costumes políticos e das leis, e tem império sobre a sociedade tanto quanto sobre o governo: cria opiniões, faz nascer sentimentos, sugere usos e modifica tudo o que ele não produz.

Assim, pois, à medida que eu estudava a sociedade americana, via cada vez mais, na igualdade das condições, o fato gerador de que cada fato particular parecia decorrer e deparava incessantemente com ele como um ponto central a que todas as minhas observações confluíam.

Dirigi então meu pensamento para nosso hemisfério e pareceu-me que distinguia nele algo análogo ao espetáculo que o Novo Mundo me oferecia. Vi a igualdade das condições que, sem ter alcançado, como nos Estados Unidos, seus limites extremos, se aproximava cada dia mais; e essa mesma democracia, que reinava sobre as sociedades americanas, pareceu-me na Europa avançar mais rapidamente para o poder.

A partir desse momento concebi a ideia do livro que se vai ler em seguida.

Uma grande revolução democrática se realiza entre nós; todos a veem, mas nem todos a julgam da mesma maneira. Uns a consideram uma coisa nova e, tomando-a por um acidente, esperam ainda poder detê-la; enquanto outros a julgam irresistível, porque ela lhes parece o fato mais contínuo, mais antigo e mais permanente que se conhece na história.

Transporto-me por um momento ao que era a França há setecentos anos: encontro-a dividida entre um pequeno número de famílias que possuem a terra e governam os habitantes; o direito de comandar descende então de geração em geração com as heranças; os homens têm um único meio de agir uns sobre os outros, a força; descubro uma só origem para o poder, a propriedade da terra.

Mas eis que o poder político do clero vem se estabelecer e, logo, se ampliar. O clero abre-se a todos, ao pobre e ao rico, ao plebeu e ao senhor; a igualdade começa a penetrar pela Igreja no seio do governo, e aquele que vegetara como servo numa eterna escravidão coloca-se como padre no meio dos nobres e muita vez vai sentar-se acima dos reis.

Tornando-se a sociedade, com o passar do tempo, mais civilizada e mais estável, as diferentes relações entre os homens se tornam mais complicadas e mais numerosas. A necessidade das leis civis faz-se sentir vivamente. Nascem então os legistas; eles saem do recinto obscuro dos tribunais e do reduto poeirento dos cartórios e vão ocupar um lugar na corte do príncipe, ao lado dos barões feudais cobertos de arminho e de ferro.

Arruínam-se os reis nos grandes empreendimentos; esgotam-se os nobres nas guerras privadas; enriquecem-se os plebeus no comércio. A influência do dinheiro começa a fazer-se sentir sobre os negócios do Estado. O negócio é uma nova fonte que se abre ao poder, e os financistas se tornam um poder político que os demais menosprezam e adulam.

Pouco a pouco, as luzes se disseminam; vê-se despertar o gosto pela literatura e pelas artes; o espírito se torna então um elemento de sucesso; a ciência é um meio de governo, a inteligência uma força social; os letrados chegam aos negócios.

Entretanto, à medida que se descobrem novos caminhos para chegar ao poder, vê-se diminuir o valor do nascimento.

INTRODUÇÃO

No século XI, a nobreza tinha um preço inestimável; é comprada no século XIII; o primeiro enobrecimento ocorre em 1270, e a igualdade se introduz enfim no governo pela própria aristocracia.

Durante os setecentos anos que acabam de passar, sucedeu algumas vezes que, para lutar contra a autoridade real ou para tirar o poder de seus rivais, os nobres deram um poder político ao povo.

Com frequência ainda maior, viram-se os reis fazendo participar do governo as classes inferiores do Estado, a fim de rebaixar a aristocracia.

Na França, os reis revelaram-se os niveladores mais ativos e mais constantes. Quando ambiciosos e fortes, trabalharam para elevar o povo ao nível dos nobres; quando moderados ou fracos, permitiram que o povo se colocasse acima deles mesmos. Uns ajudaram a democracia por seus talentos, outros por seus vícios. Luís XI e Luís XIV cuidaram de tudo igualar abaixo do trono, e Luís XV desceu enfim, ele próprio, com sua corte, na poeira.

Desde que os cidadãos começaram a possuir a terra de outra forma que segundo a posse feudal e apenas a riqueza mobiliária, sendo conhecida, pôde por sua vez criar a influência e propiciar o poder, não se fizeram descobertas nas artes, não se introduziram mais aperfeiçoamentos no comércio e na indústria, sem criar à mesma medida como que novos elementos de igualdade entre os homens. A partir desse momento, todos os procedimentos que se descobrem, todas as necessidades que vêm nascer, todos os desejos que pedem para ser satisfeitos são progressos no sentido do nivelamento universal. O gosto pelo luxo, o amor à guerra, o império da moda, as paixões mais superficiais do coração humano, e as mais profundas, parecem trabalhar de comum acordo para empobrecer os ricos e enriquecer os pobres.

A partir de quando os trabalhos da inteligência tornaram-se fontes de força e de riquezas, teve-se de considerar cada desenvolvimento da ciência, cada novo conhecimento, cada ideia nova, um germe de poder posto ao alcance do povo. A poesia, a eloquência, a memória, as graças do espírito, os fogos da imaginação, a profundidade do pensamento, todos esses dons que o céu reparte ao acaso foram proveitosos à democracia e, mesmo quando se encontraram nas mãos de seus adversários, ainda assim serviram à sua causa, ao porem em relevo a grandeza natural do homem; suas conquistas estenderam-se então, com as da civilização e das luzes, e a literatura foi um arsenal aberto a todos, no qual os fracos e os pobres vieram cada dia buscar armas.

Quando percorremos as páginas da nossa história, não encontramos, por assim dizer, grandes acontecimentos que nos últimos setecentos anos não tenham resultado em benefício para a igualdade.

As cruzadas e as guerras dos ingleses dizimam os nobres e dividem suas terras; a instituição das comunas introduz a liberdade democrática no seio da monarquia feudal; a descoberta das armas de fogo igualiza o vilão e o nobre no campo de batalha; a imprensa proporciona recursos iguais à inteligência de ambos; o correio vem depositar a luz tanto à soleira do casebre do pobre como à porta dos palácios; o protestantismo sustenta que todos os homens têm igual possibilidade de encontrar o caminho do céu. A América, que se descobre, apresenta à fortuna mil novas alternativas e entrega ao obscuro aventureiro as riquezas e o poder.

Se o leitor examinar o que acontece na França de cinquenta em cinquenta anos, a partir do século XI, não deixará de perceber, ao final de cada um desses períodos, que uma dupla revolução se produziu no estado da sociedade. O nobre terá baixado na escala social, o plebeu ter-se-á elevado; um desce, outro sobe. Cada meio século os aproxima, logo vão se tocar.

Isso não é particular à França, tão somente. Para onde quer que olhemos, percebemos a mesma revolução que continua em todo o universo cristão.

Em toda a parte vimos os diversos incidentes da vida dos povos resultarem benéficos à democracia; todos os homens ajudaram-na com seus esforços: os que tinham em vista concorrer para seus sucessos e os que não pensavam em absoluto servi-la; os que combateram por ela e aqueles mesmos que se declararam seus inimigos; todos foram levados de roldão pelo mesmo caminho, e todos trabalharam em comum, uns contra a própria vontade, outros sem o saber, cegos instrumentos nas mãos de Deus.

O desenvolvimento gradual da igualdade das condições é um fato providencial. Possui suas principais características: é universal, é duradouro, escapa cada dia ao poder humano; todos os acontecimentos, bem como todos os homens, contribuem para ele.

Seria sensato acreditar que um movimento social que vem de tão longe possa ser suspenso pelos esforços de uma geração? Alguém acredita que, depois de ter destruído o feudalismo e vencido os reis, a democracia recuará diante dos burgueses e dos ricos? Irá ela se deter agora, que se tornou tão forte e seus adversários tão fracos?

Aonde vamos, então? Ninguém seria capaz de dizer; pois já os termos de comparação nos faltam: as condições são mais iguais em nossos dias, entre os cristãos, do que foram em qualquer outro tempo e em qualquer outro país do mundo; assim, a grandeza do que já está feito impede prever o que ainda pode sê-lo.

O livro inteiro que se lerá em seguida foi escrito sob a impressão de uma espécie de terror religioso produzido na alma do autor pela vista dessa revolução irresistível que marcha desde há tantos séculos através de todos os obstáculos e que ainda hoje vemos avançar em meio às ruínas que provocou.

Não é necessário que Deus mesmo fale para descobrirmos indícios seguros de sua vontade; basta examinar qual a marcha habitual da natureza e a tendência contínua dos acontecimentos: sei, sem que o Criador erga a voz, que os astros seguem no espaço as curvas que seu dedo traçou.

Se longas observações e meditações sinceras levassem os homens de nossos dias a reconhecer que o desenvolvimento gradual e progressivo da igualdade é, a uma só vez, o passado e o presente de sua história, essa simples descoberta daria a esse desenvolvimento o caráter sagrado da vontade do Mestre soberano. Querer deter a democracia pareceria então lutar contra Deus mesmo, e nada mais restaria às nações senão acomodar-se ao estado social que lhes impõe a Providência.

Os povos cristãos parecem-me proporcionar, em nossos dias, um espetáculo assustador; o movimento que os arrebata já é forte o bastante para que não se possa suspendê-lo, e ainda não é suficientemente rápido para que não se perca a esperança de dirigi-lo. Sua sorte está em suas mãos, mas logo irá escapar-lhes.

Instruir a democracia, reavivar se possível suas crenças, purificar seus costumes, regular seus movimentos, substituir pouco a pouco pela ciência dos negócios sua inexperiência, pelo conhecimento de seus verdadeiros interesses seus instintos cegos; adaptar seu governo aos tempos e aos lugares; modificá-lo de acordo com as circunstâncias e os homens – este é o primeiro dever imposto nos dias de hoje aos que dirigem a sociedade.

É necessária uma nova ciência política para um mundo totalmente novo.

Mas nisso nem sequer pensamos: postos no meio de um rio rápido, fixamos obstinadamente nossos olhos em alguns destroços que ainda se percebem à margem, enquanto a corrente nos arrasta e nos empurra para trás em direção aos abismos.

Não há povos na Europa em que a grande revolução social que acabo de descrever tenha feito progressos mais rápidos que entre nós; mas na França ela sempre marchou ao acaso.

Nunca os chefes de Estado pensaram em preparar o que quer que fosse para ela; ela se fez apesar deles ou sem que soubessem. As classes mais poderosas, mais inteligentes e mais morais da nação não procuraram apoderar-se dela, a fim de dirigi-la. Portanto, a democracia foi abandonada a seus instintos selvagens; cresceu como essas crianças, privadas dos cuidados paternos, que se educam sozinhas nas ruas de nossas cidades e que da sociedade só conhecem os vícios e as misérias. Pareciam ainda ignorar sua existência, quando ela tomou de súbito o poder. Cada qual se submeteu então com servilismo a seus menores desejos; adoraram-na como a imagem da força; quando, em seguida, ela se debilitou por seus próprios excessos, os legisladores conceberam o projeto imprudente de destruí-la, em vez de procurar instruí-la e

INTRODUÇÃO

corrigi-la e, sem querer ensinar-lhe a governar, só pensaram em repeli-la do governo.

Daí resultou que a revolução democrática realizou-se no material da sociedade, sem que se fizesse, nas leis, nas ideias, nos hábitos e nos costumes, a mudança que teria sido necessária para tornar essa revolução útil. Assim, temos a democracia, menos o que deve atenuar seus vícios e ressaltar suas vantagens naturais; e, já vendo os males que ela acarreta, ainda ignoramos os bens que ela pode proporcionar.

Quando o poder real, apoiado na aristocracia, governava sossegadamente os povos da Europa, a sociedade, no meio de suas misérias, desfrutava de vários gêneros de felicidade, que dificilmente podemos conceber e apreciar em nossos dias.

A força de alguns súditos erguia barreiras insuperáveis à tirania do príncipe; e os reis, sentindo-se de resto revestidos aos olhos da multidão de um caráter quase divino, extraíam do próprio respeito que faziam nascer a vontade de não abusar de seu poder.

Situados a uma distância imensa do povo, os nobres tinham no entanto, pela sorte do povo, essa espécie de interesse benevolente e tranquilo que o pastor denota por seu rebanho; e, sem ver no pobre seu igual, velavam por seu destino, como se fosse um depósito posto pela Providência em suas mãos.

Não tendo concebido a ideia de outro estado social além do seu, não imaginando que pudesse igualar-se a seus chefes, o povo recebia as benfeitorias deles e não lhes discutia os direitos. Amava-os quando eram clementes e justos, submetiam-se sem custo e sem baixeza a seus rigores, como se fossem males inevitáveis que o braço de Deus lhe enviava. Aliás, o uso e os costumes haviam estabelecido limites à tirania e fundado uma espécie de direito no próprio âmbito da força.

Como o nobre não pensava que lhe quisessem arrancar privilégios que ele cria legítimos e como o servo tomava sua inferioridade por um efeito da ordem imutável da natureza, concebe-se que pôde estabelecer-se uma espécie de benevolência recíproca entre essas duas classes tão diferentemente aquinhoadas pela sorte. Viam-se então, na sociedade, desigualdade, misérias, mas as almas não eram degradadas.

Não é o uso do poder ou o hábito da obediência que deprava os homens, é o uso de um poder que consideram ilegítimo e a obediência a um poder que consideram usurpado e opressor.

De um lado, estavam os bens, a força, os lazeres e, com eles, os requintes do luxo, os refinamentos do gosto, os prazeres do espírito, o culto das artes; do outro, o trabalho, a grosseria e a ignorância.

Mas no seio dessa multidão ignorante e grosseira, encontravam-se paixões enérgicas, sentimentos generosos, crenças profundas e selvagens virtudes.

O corpo social assim organizado podia ter estabilidade, poder e, sobretudo, glória.

Mas eis que as posições se confundem; as barreiras erguidas entre os homens se abaixam; dividem-se os domínios, o poder se partilha, as luzes se difundem, as inteligências se igualam; o estado social torna-se democrático e o império da democracia se estabelece por fim calmamente nas instituições e nos costumes.

Concebo então uma sociedade em que todos, vendo a lei como obra sua, amá-la-iam e a ela se submeteriam sem custo; em que, por ser a autoridade do governo respeitada como necessária e não como divina, o amor que teriam pelo chefe do Estado não seria uma paixão, mas um sentimento ponderado e tranquilo. Tendo cada um direitos e a garantia de conservar seus direitos, estabelecer-se-ia entre todas as classes uma confiança vigorosa e uma espécie de condescendência recíproca, tão distante do orgulho como da baixeza.

Ciente de seus verdadeiros interesses, o povo compreenderia que, para aproveitar os bens da sociedade, é necessário submeter-se a seus encargos. A associação livre dos cidadãos poderia substituir então o poder individual dos nobres e o Estado estaria ao abrigo da tirania e do arbítrio.

Compreendo que, num Estado democrático, constituído dessa maneira, a sociedade não será imóvel; mas os movimentos do corpo social poderão ser regrados e progressivos; se nele encontraremos menos brilho do que no seio de uma aristocracia, depararemos contudo menos misérias; as fruições serão menos extremas e o bem-estar mais geral; as ciências menos grandiosas e a ignorância mais rara; os sentimentos menos enérgicos e os hábitos mais brandos; nele notaremos mais vícios e menos crimes.

Na falta do entusiasmo e do ardor das crenças, as luzes e a experiência obterão algumas vezes dos cidadãos grandes sacrifícios. Sendo cada homem igualmente fraco, todos sentirão igual necessidade de seus semelhantes; e sabendo que só poderá obter o apoio destes se lhes prestar seu concurso, descobrirá sem custo que, para ele, o interesse particular se confunde com o interesse geral.

A nação tomada globalmente será menos brilhante, menos gloriosa, menos forte talvez; mas a maioria dos cidadãos desfrutará de uma sorte mais próspera, e o povo se mostrará pacífico, não por faltar-lhe a esperança de ser melhor, mas por saber-se bem.

Se nem tudo fosse bom e útil em tal ordem de coisas, a sociedade pelo menos ter-se-ia apropriado de tudo o que essa ordem pode apresentar de útil e de bom, e os homens, abandonando para sempre as vantagens sociais que a aristocracia pode proporcionar, tomariam da democracia todos os bens que ela lhes pode oferecer.

Mas nós, deixando o estado social de nossos ancestrais, jogando indiscriminadamente para trás suas instituições, suas ideias e seus costumes, que tomamos em lugar destes?

O prestígio do poder real dissipou-se, sem ser substituído pela majestade das leis; em nossos dias, o povo despreza a autoridade, mas teme-a, e o medo arranca mais do que davam outrora o respeito e o amor.

Percebo que destruímos as existências individuais que podiam lutar separadamente contra a tirania; mas vejo o governo, que herda sozinho todas as prerrogativas arrancadas das famílias, das corporações ou dos homens. Portanto, à força às vezes opressora, mas frequentemente conservadora, de um pequeno número de cidadãos, sucedeu a fraqueza de todos.

A divisão das fortunas diminuiu a distância que separava o pobre do rico, mas, aproximando-se, eles parecem ter encontrado novos motivos para se odiar e, lançando um ao outro olhares cheios de terror e de inveja, repelem-se mutuamente do poder; para um como para o outro, a ideia dos direitos não existe e a força se apresenta, a todos os dois, como a única razão do presente e a única garantia do futuro.

O pobre conservou a maioria dos preconceitos de seus pais, sem suas crenças; sua ignorância, sem suas virtudes. Admitiu como regra de suas ações a doutrina do interesse, sem conhecer a ciência desta doutrina, e seu egoísmo é tão desprovido de luzes quanto era outrora sua dedicação.

A sociedade está tranquila, não por ter consciência de sua força e de seu bem-estar, mas, ao contrário, por se acreditar fraca e enferma: ela teme morrer fazendo um esforço. Cada qual sente o mal, mas ninguém tem a coragem e a energia necessárias para buscar o melhor; tem desejos, queixas, pesares e alegrias que não produzem nada visível, nem duradouro, como essas paixões de velho, que levam tão somente à impotência.

Assim, abandonamos o que o antigo estado podia apresentar de bom sem adquirir o que o estado atual poderia oferecer de útil; destruímos uma sociedade aristocrática e, detendo-nos complacentemente no meio dos escombros do antigo edifício, parecemos querer estabelecer-nos aí para sempre.

Não é menos deplorável o que acontece no mundo intelectual.

Incomodada em sua marcha ou abandonada sem apoio a suas paixões desordenadas, a democracia da França derrubou tudo o que se encontrava em sua passagem, abalando o que não destruía. Não a vimos apoderar-se pouco a pouco da sociedade, a fim de estabelecer calmamente seu império; ela não cessou de marchar no meio das desordens e da agitação de um combate. Animado pelo calor da luta, impelido além dos limites naturais de sua opinião pelas opiniões e os excessos de seus adversários, cada um perde de vista o objeto mesmo que persegue e emprega um linguajar que corresponde mal a seus verdadeiros sentimentos e a seus instintos secretos.

Daí a estranha confusão que somos forçados a testemunhar.

INTRODUÇÃO

Rebusco em vão em minhas lembranças, e nada encontro que mereça provocar mais dor e mais piedade do que o que sucede ante nossos olhos; parece que rompemos em nossos dias o vínculo natural que une as opiniões aos gostos e os atos às crenças; a simpatia que se fez notar em todos os tempos entre os sentimentos e as ideias dos homens parece destruída, e dir-se-ia que todas as leis da analogia moral foram abolidas.

Encontramos entre nós cristãos cheios de zelo, a cuja alma religiosa apraz nutrir-se com verdades da outra vida; estes vão sem dúvida animar-se a favor da liberdade humana, fonte de toda grandeza moral. Ao cristianismo, que tornou todos os homens iguais diante de Deus, não repugnará ver todos os homens iguais diante da lei. Mas, por um concurso de estranhos acontecimentos, a religião se encontra momentaneamente engajada entre as forças que a democracia derruba, e muitas vezes acontece-lhe rejeitar a igualdade que ela ama e amaldiçoar a liberdade como se fosse uma adversária, enquanto que, tomando-a pela mão, poderia santificar os esforços que esta empreende.

Ao lado desses homens religiosos, descubro outros cujos olhares estão voltados para a terra, em vez de para o céu; partidários da liberdade, não apenas porque veem nela a origem das mais nobres virtudes, mas sobretudo porque a consideram a fonte dos maiores bens, desejam sinceramente garantir seu império e fazer os homens desfrutarem de seus benefícios. Compreendo que estes vão se apressar a chamar a religião em seu auxílio, porque devem saber que não se pode estabelecer o reinado da liberdade sem o dos costumes, nem fundar os costumes sem as crenças. Mas perceberam a religião cerrar fileiras com seus adversários, e isso é o bastante: uns a atacam, os outros não ousam defendê-la.

Os séculos passados viram almas baixas e venais preconizar a escravidão, enquanto espíritos independentes e corações generosos lutavam sem esperança para salvar a liberdade humana. Mas encontramos frequentemente, em nossos dias, homens naturalmente nobres e altivos, cujas opiniões estão em oposição direta com seus gostos e que gabam o servilismo e a baixeza que nunca conheceram para si mesmos.

Outros há, ao contrário, que falam da liberdade como se pudessem sentir o que há de santo e grandioso nela e que reclamam ruidosamente para a humanidade os direitos que sempre desconheceram.

Percebo homens virtuosos e pacíficos que seus costumes puros, seus hábitos tranquilos, seu desembaraço e suas luzes colocam naturalmente à frente das populações que os rodeiam. Cheios de um amor sincero pela pátria, estão prontos para fazer por ela grandes sacrifícios. No entanto, a civilização os tem muitas vezes como adversários: eles confundem os abusos desta com as benfeitorias que introduz e, em seu espírito, a ideia do mal está indissoluvelmente unida à do novo.

Perto daí, vejo outros que, em nome do progresso, esforçando-se por materializar o homem, querem encontrar o útil sem se preocupar com o justo, a ciência longe das crenças e o bem-estar separado da virtude. Estes se proclamaram paladinos da civilização moderna e põem-se insolentemente à sua frente, usurpando um lugar que se lhes abandona e de que sua indignidade os repele.

Onde estamos, pois?

Os homens religiosos combatem a liberdade e os amigos da liberdade atacam as religiões; espíritos nobres e generosos gabam a escravidão e almas baixas e servis preconizam a independência; cidadãos honestos e esclarecidos são inimigos de qualquer progresso, ao passo que homens sem patriotismo e sem costumes fazem-se apóstolos da civilização e das luzes!

Todos os séculos terão se parecido com o nosso, então? Teve sempre o homem diante de seus olhos, como em nossos dias, um mundo em que nada se concatena, em que a virtude não tem gênio e o gênio não tem honra? Em que o amor à ordem se confunde com o gosto dos tiranos e o santo culto da liberdade com o desprezo às leis? Em que a consciência lança apenas uma claridade duvidosa sobre as ações humanas? Em que nada mais parece proibido, nem permitido, nem honesto, nem vergonhoso, nem verdadeiro, nem falso?

Deverei pensar que o Criador fez o homem para deixá-lo debater-se sem parar no meio das misérias intelectuais que nos cercam? Não poderia crer tal coisa. Deus prepara para as sociedades europeias um futuro mais fixo e mais calmo; ignoro seus desígnios, mas não cessarei de acreditar neles porque não posso penetrá-los, e preferirei duvidar de minhas luzes a duvidar de sua justiça.

Há um país no mundo em que a revolução social de que falo parece ter alcançado mais ou menos seus limites naturais; produziu-se nele de uma maneira simples e fácil, ou antes podemos dizer que esse país vê os resultados da revolução democrática que se realiza entre nós sem ter passado pela revolução mesma.

Os emigrantes que vieram fixar-se na América no início do século XVII separaram de certa forma o princípio da democracia de todos aqueles contra os quais este lutava no seio das velhas sociedades da Europa e transplantaram-no sozinho nas terras do Novo Mundo. Ali, ele pôde crescer em liberdade e, caminhando com os costumes, desenvolver-se sossegadamente nas leis.

Parece-me indubitável que, mais cedo ou mais tarde, chegaremos, como os americanos, à igualdade quase completa das condições. Não concluo daí que sejamos chamados necessariamente um dia a tirar, de semelhante estado social, as consequências políticas que os americanos tiraram. Estou longe de acreditar que eles encontraram a única forma de governo que a democracia possa se dar; mas basta que nos dois países a causa geradora das leis e dos costumes seja a mesma para que tenhamos um imenso interesse em saber o que ela produz em cada um deles.

Portanto, não é apenas para satisfazer a uma curiosidade, de resto legítima, que examinei a América; quis encontrar ali ensinamentos que pudéssemos aproveitar. Enganar-se-ia estranhamente quem pensasse que quis fazer um panegírico; quem ler este livro ficará convencido de que não era esse o meu desígnio. Meu objetivo não foi tampouco preconizar determinada forma de governo em geral, porque sou dos que acreditam que não há quase nunca uma qualidade absoluta nas leis; nem mesmo pretendi julgar se a revolução social, cuja marcha parece-me irresistível, era vantajosa ou funesta para a humanidade; admiti essa revolução como um fato consumado ou prestes a consumar-se e, entre os povos que a viram produzir-se em seu seio, procurei aquele em que ela alcançou o desenvolvimento mais completo e mais pacífico, a fim de discernir claramente suas consequências naturais e perceber, se possível, os meios de torná-la proveitosa para os homens. Confesso que vi na América mais que a América; procurei nela uma imagem da própria democracia, de suas propensões, de seu caráter, de seus preconceitos, de suas paixões; quis conhecê-la, ainda que só para saber pelo menos o que devíamos dela esperar ou temer.

Na primeira parte desta obra, portanto, procurei apontar a direção que a democracia, entregue na América a seus pendores e abandonada quase sem coerções a seus instintos, dava naturalmente às leis, a marcha que imprimia ao governo e, em geral, a força que ela obtinha sobre os negócios. Quis saber quais eram os bens e os males produzidos por ela. Procurei descobrir de quais precauções os americanos tinham feito uso para dirigi-la e quais outras eles haviam omitido, e tratei de distinguir as causas que permitem a ela governar a sociedade.

Meu objetivo era pintar numa segunda parte a influência que exercem na América a igualdade das condições e o governo da democracia sobre a sociedade civil, sobre os hábitos, as ideias e os costumes; mas começo a sentir menos ardor para a consumação desse propósito. Antes que possa realizar assim a tarefa a que me propusera, meu trabalho ter-se-á tornado quase inútil. Um outro logo irá mostrar aos leitores os principais traços do caráter americano e, ocultando sob um leve véu a gravidade dos quadros, emprestar à verdade encantos de que eu não a teria podido adornar[1].

Não sei se consegui dar a conhecer o que vi na América, mas estou certo de que tive sinceramente esse desejo e de nunca ter cedido, a não ser que sem o perceber, à necessidade de adaptar os fatos às ideias, em vez de submeter as ideias aos fatos.

Quando um ponto podia ser estabelecido com o auxílio de documentos escritos, tive o cuidado de recorrer aos textos originais e às obras mais autênticas e mais estimadas[2]. Indiquei minhas fontes em notas, e todos poderão verificá-las.

INTRODUÇÃO

Quando se tratou de opiniões, de usos políticos, de observações de costumes, procurei consultar os homens mais esclarecidos. Se acontecia que a coisa fosse importante ou duvidosa, não me contentava com um testemunho, mas me determinava somente com base no conjunto dos depoimentos.

Aqui, será absolutamente necessário que o leitor acredite em minha palavra. Muitas vezes eu teria podido citar, em apoio do que sustento, a autoridade de nomes que lhe são conhecidos ou que, pelo menos, são dignos de sê-lo; mas evitei fazê-lo. Não raro o estrangeiro aprende ante a lareira de seu anfitrião importantes verdades que este talvez ocultasse ao amigo; ele se desafoga com o estranho de um silêncio forçado; não teme a indiscrição deste, porque está de passagem. Cada uma dessas confidências era por mim registrada mal as recebia, mas nunca sairão da minha pasta; prefiro prejudicar o sucesso de meus relatos a acrescentar meu nome à lista desses viajantes que retribuem com desgostos e embaraços a generosa hospitalidade que receberam.

Sei que, apesar de meus cuidados, nada será mais fácil do que criticar este livro, se alguém um dia pensar em fazê-lo.

Os que quiserem considerá-lo com atenção encontrarão, creio eu, na obra inteira, um pensamento-pai que concatena, por assim dizer, todas as suas partes. Mas a diversidade dos objetos que tive de tratar é muito grande, e quem empreender opor um fato isolado ao conjunto dos fatos que cito, uma ideia destacada ao conjunto das ideias, conseguirá fazê-lo sem dificuldade. Gostaria pois que tivessem a benevolência de ler-me no mesmo espírito que presidiu meu trabalho e que julgassem este livro pela impressão geral que deixa, como eu próprio me decidi fazer, não por esta ou aquela razão, mas pela massa das razões.

Não se deve tampouco esquecer que o autor que quer se fazer compreender é obrigado a levar cada uma de suas ideias a todas as suas consequências teóricas e, com frequência, aos limites do errado e do impraticável; porque se, nas ações, algumas vezes é necessário afastar-se das regras da lógica, não se poderia fazer o mesmo nos discursos, e o homem encontra quase tantas dificuldades para ser inconsequente em suas palavras do que, de ordinário, para ser consequente em seus atos.

Acabo eu mesmo assinalando o que grande número de leitores considerará o defeito capital da obra. Este livro não segue precisamente os passos de ninguém; ao escrevê-lo, não pretendi servir nem combater nenhum partido; não procurei ver de outro modo, e sim mais longe que os partidos; e, enquanto eles se ocupam do dia seguinte, eu quis pensar no futuro.

PRIMEIRA PARTE

CAPÍTULO I

Configuração exterior da América do Norte

A América do Norte dividida em duas vastas regiões, uma descendo para o polo, a outra para o equador. – Vale do Mississippi. – Vestígios que lá encontramos das revoluções do globo. – Costa do oceano Atlântico na qual foram fundadas as colônias inglesas. – Diferente aspecto que apresentavam a América do Sul e a América do Norte na época do descobrimento. – Florestas da América do Norte. – Pradarias. – Tribos errantes de indígenas. – Seu aspecto externo, seus costumes, suas línguas. – Vestígios de um povo desconhecido.

A América do Norte apresenta, em sua configuração exterior, características gerais que é fácil discernir ao primeiro olhar.

Uma espécie de ordem metódica presidiu a separação das terras e das águas, das montanhas e dos vales. Um arranjo simples e majestoso se revela em meio à confusão dos objetos e entre a extrema variedade dos panoramas.

Duas vastas regiões a dividem de maneira quase igual.

Uma tem por limite, no setentrião, o polo Ártico; a leste, a oeste, os dois grandes oceanos. Ela avança em seguida para o sul e forma um triângulo, cujos lados irregularmente traçados se encontram enfim abaixo dos grandes lagos do Canadá.

A segunda começa onde acaba a primeira e se estende sobre todo o resto do continente.

Uma é levemente inclinada para o polo, a outra para o equador.

As terras compreendidas na primeira região descem ao norte por um declive tão insensível que quase poderíamos dizer que formam um planalto. No interior desse imenso terraço não encontramos nem altas montanhas nem vales profundos.

As águas aí serpenteiam como ao acaso; os rios se entrelaçam, se unem, se separam, voltam a se encontrar, perdem-se em mil pântanos, extraviam-se a cada instante no meio de um labirinto úmido que criaram e só depois de inúmeros circuitos é que ganham enfim os mares polares. Os grandes lagos que terminam essa primeira região não estão encaixados, como a maioria dos lagos do velho mundo, em colinas ou rochas; suas margens são chatas e elevam-se apenas alguns pés acima do nível da água. Cada um deles forma, pois, como que uma vasta taça cheia até a borda; as mais leves mudanças na estrutura do globo precipitariam suas ondas para o lado do polo ou em direção ao mar dos trópicos.

A segunda região é mais acidentada e mais bem preparada para se tornar a morada permanente do homem; duas longas cadeias de montanhas dividem-na em todo o seu comprimento; uma, com o nome de Alleghanys, segue as bordas do oceano Atlântico; a outra corre paralelamente ao mar do Sul.

O espaço encerrado entre as duas cadeias de montanhas compreende 228 343 léguas quadradas[1]. Sua superfície é, pois, cerca de seis vezes maior do que a da França[2].

Esse vasto território, porém, forma um só vale, que, descendo do cume arredondado dos Alleghanys, torna a subir, sem encontrar obstáculos, até os cimos das Montanhas Rochosas.

No fundo do vale corre um rio imenso. É a ele que vemos acorrer de toda parte as águas que descem das montanhas.

Outrora os franceses haviam-no chamado rio São Luís, em memória da pátria ausente; e os índios, em sua linguagem pomposa, denominaram-no Pai das Águas, Mississippi.

O Mississippi tem sua cabeceira nos limites das duas grandes regiões de que falei pouco antes, perto do cimo do planalto que as separa.

PRIMEIRA PARTE

Perto dele nasce outro rio[3], que vai desaguar nos mares polares. O próprio Mississippi parece por um instante incerto sobre o caminho que deve seguir; várias vezes volta atrás e somente depois de desacelerar seu curso no seio de lagos e charcos é que se decide, por fim, e traça lentamente sua rota rumo ao sul.

Ora tranquilo no fundo do leito argiloso que a natureza lhe preparou, ora engrossado pelas tempestades, o Mississippi irriga mais de mil léguas em seu curso[4].

Seiscentas léguas[5] acima da sua foz, o rio já tem uma profundidade média de 15 pés, e embarcações de 300 toneladas sobem-no por um espaço de quase duzentas léguas.

Cinquenta e sete grandes rios navegáveis vêm trazer-lhe suas águas. Entre os afluentes do Mississippi, contam-se um rio de 1 300 léguas de extensão[6], um de 900[7], um de 600[8], um de 500[9], quatro de 200[10], sem falar de uma multidão incontável de riachos que acorrem de toda a parte para perder-se em seu seio.

O vale que o Mississippi irriga parece ter sido criado só para ele; distribui à vontade por ele o bem e o mal, e é como seu deus. Nas cercanias do rio, a natureza ostenta uma inesgotável fecundidade; à medida que nos afastamos de suas margens, as forças vegetais se esgotam, os terrenos emagrecem, tudo languesce ou morre. Em nenhum outro lugar as grandes convulsões do globo deixaram vestígios mais evidentes do que no vale do Mississippi. O aspecto inteiro da região atesta o trabalho das águas. Sua esterilidade, bem como sua abundância, é obra das águas. As torrentes do oceano primitivo acumularam no fundo do vale enormes camadas de terra vegetal que tiveram o tempo de nivelar. Encontramos na margem direita do rio planícies imensas, unidas como a superfície de um campo no qual o lavrador teria passado seu rolo. À medida que nos aproximamos das montanhas, o terreno, ao contrário, se torna cada vez mais desigual e estéril; lá, o solo é, por assim dizer, furado em mil pontos, e rochas primitivas aparecem aqui e ali, como os ossos de um esqueleto depois de o tempo ter consumido em torno deles músculos e carnes. Uma areia granítica, pedras irregularmente talhadas cobrem a superfície da terra; algumas plantas lançam a muito custo seus brotos através desses obstáculos – dir-se-ia um campo fértil coberto dos escombros de um vasto edifício. Analisando essas pedras e essa areia, é fácil notar, de fato, uma perfeita analogia entre suas substâncias e as que compõem os cimos áridos e quebrados das Montanhas Rochosas. Depois de precipitar a terra no fundo do vale, as águas sem dúvida acabaram arrastando consigo uma parte das próprias rochas; rolaram-nas pelos declives mais próximos e, tendo-as triturado umas contra as outras, salpicaram a base das montanhas desses cacos arrancados de seus píncaros (A)*.

O vale do Mississippi é, afinal de contas, a mais magnífica morada que Deus preparou para a habitação do homem; não obstante podemos dizer que ainda não forma mais que um vasto deserto.

Na vertente oriental dos Alleghanys, entre o pé dessas montanhas e o oceano Atlântico, estende-se uma longa faixa de rochas e de areia que o mar parece ter esquecido ao se retirar. Esse território tem apenas 48 léguas de largura média[11], mas 390 léguas de comprimento[12]. O solo, nessa parte do continente americano, dificilmente se presta aos trabalhos do cultivador. A vegetação é magra e uniforme.

É nessa costa inóspita que se concentraram a princípio os esforços da indústria humana. Nessa língua de terra árida nasceram e cresceram as colônias inglesas que deveriam tornar-se um dia os Estados Unidos da América. É aí também que se encontra, hoje, o foco da potência, ao passo que mais para o interior reúnem-se quase em segredo os verdadeiros elementos do grande povo a que pertence sem dúvida o futuro do continente.

Quando os europeus abordaram às costas das Antilhas e, mais tarde, da América do Sul, acreditaram-se transportados nas regiões fabulosas que os poetas haviam celebrado. O mar coruscava com os fogos do trópico; a transparência extraordinária de suas águas descobria pela primeira vez, aos olhos do navegador, a profundeza dos abismos[13]. Aqui e ali mostravam-se pequenas ilhas perfumadas que pareciam

---

* As letras remetem às *NOTAS DO AUTOR*, no fim deste volume. (N. E.)

flutuar como corbelhas de flores na superfície tranquila do Oceano. Tudo o que, nesses lugares encantados, se oferecia à vista parecia preparado para as necessidades do homem, ou calculado para seus prazeres. A maior parte das árvores era carregada de frutas nutritivas e as menos úteis ao homem encantavam seus olhares com o esplendor e a variedade de suas cores. Numa floresta de cheirosos limoeiros, de figueiras bravias, de murtas de folhas redondas, de acácias e loendros, todos entrelaçados por cipós floridos, uma multidão de pássaros desconhecidos na Europa fazia brilhar suas asas de púrpura e de azul e juntava o concerto de suas vozes às harmonias de uma natureza cheia de movimento e de vida (B).

Ocultava-se a morte sob esse manto brilhante, mas ninguém a percebia então; reinava aliás no ar desses climas não sei que influência debilitadora que prendia o homem ao presente e tornava-o despreocupado com o futuro.

A América do Norte apareceu sob outro aspecto. Lá tudo era grave, sério, solene; dir-se-ia que fora criada para vir a ser o domínio da inteligência, como a outra a morada dos sentidos.

Um oceano turbulento e brumoso envolvia suas costas; rochedos graníticos ou praias de areia serviam-lhe de cintura; os bosques que cobriam suas orlas apresentavam uma folhagem escura e melancólica; só se via crescer o pinheiro, o larício, o carvalho-verde, a oliveira bravia e o loureiro.

Após penetrar nesse primeiro recinto, entrava-se sob as copas da floresta central; aí se achavam confundidas as maiores árvores que crescem nos dois hemisférios. O plátano, a catalpa, o bordo rico em açúcar e o álamo-da-virgínia entrelaçavam seus galhos com os do carvalho, da faia e da tília.

Como nas florestas submetidas ao domínio do homem, a morte fulminava aqui sem pausa; mas ninguém se encarregava de retirar os destroços que ela produzia. Eles se acumulavam, pois, uns sobre os outros; o tempo não podia bastar para reduzi-los com suficiente presteza a poeira e preparar novos espaços. Mas bem no meio desses destroços o trabalho da reprodução prosseguia sem cessar. Trepadeiras e ervas de todo tipo irrompiam através dos obstáculos; elas subiam pelas árvores abatidas, insinuavam-se em sua poeira, erguiam e rompiam a casca fenecida que ainda as cobria e abriam caminho para seus jovens rebentos. Assim, a morte vinha, de certa forma, ajudar a vida. Ambas estavam em presença, pareciam ter querido misturar e confundir suas obras.

Essas florestas encobriam uma escuridão profunda; mil riachos, cujo curso a indústria humana ainda não havia dirigido, mantinham nelas uma eterna umidade. Mal se viam algumas flores, algumas frutas selvagens, alguns pássaros.

A queda de uma árvore derrubada pela idade, a catarata de um rio, o mugido dos búfalos e o silvo dos ventos eram os únicos sons a perturbar o silêncio da natureza.

A leste do grande rio, os bosques desapareciam parcialmente; em seu lugar estendiam-se pradarias ilimitadas. Teria a natureza, em sua infinita variedade, recusado a semente das árvores a esses férteis campos, ou antes a floresta que as cobria teria sido destruída outrora pela mão do homem? É o que nem as tradições nem as pesquisas da ciência puderam descobrir.

No entanto, esses imensos desertos não eram inteiramente privados da presença do homem; alguns povos erravam havia séculos à sombra da floresta ou entre os pastos da pradaria. A partir da foz do São Lourenço até o delta do Mississippi, do oceano Atlântico até o mar do Sul, esses selvagens tinham entre si pontos de semelhança que atestavam sua origem comum. Mas, de resto, diferiam de todas as raças conhecidas[14]: não eram nem brancos como os europeus, nem amarelos como a maior parte dos asiáticos, nem negros como os africanos; sua pele era avermelhada, seus cabelos compridos e luzidios, seus lábios finos e as maçãs do rosto bem salientes. As línguas faladas pelos povos selvagens da América diferiam umas das outras pelas palavras, mas eram todas submetidas às mesmas regras gramaticais. Essas regras se afastavam em vários pontos das que até então pareciam presidir a formação da linguagem entre os homens.

O idioma dos americanos parecia um produto de novas combinações; ele anunciava da parte de seus inventores um esforço de inteligência de que os índios de nossos dias parecem pouco capazes (C).

O estado social desses povos também diferia sob vários aspectos do que se via no velho mundo: dir-se-ia que se tinham livremente multiplicado no seio de seus desertos, sem contato com raças mais civilizadas do que a deles. Não havia portanto entre eles essas noções duvidosas e incoerentes do bem e do mal, essa corrupção profunda que de ordinário se mescla à ignorância e à rudeza dos modos, nas nações civilizadas que voltaram a ser bárbaras. O índio não devia nada a ninguém mais que a si mesmo: suas virtudes, seus vícios, seus preconceitos eram sua própria obra. Ele crescera na independência selvagem da sua natureza.

A grosseria dos homens do povo, nos países civilizados, não decorre apenas do fato de serem ignorantes e pobres, mas de que, sendo assim, acham-se cotidianamente em contato com homens esclarecidos e ricos.

A visão de seu infortúnio e de sua fraqueza, que vem cada dia contrastar com a felicidade e a força de alguns de seus semelhantes, provoca ao mesmo tempo em seu coração cólera e medo; o sentimento da sua inferioridade e da sua dependência irrita-os e humilha-os. Esse estado inferior da alma se reproduz em seus costumes, assim como em seu linguajar; são ao mesmo tempo insolentes e vis.

A verdade disso é facilmente comprovada pela observação. O povo é mais grosseiro nos países aristocráticos do que em qualquer outra parte, mais nas cidades opulentas do que no campo.

Nesses lugares, onde se encontram homens tão fortes e tão ricos, os fracos e os pobres sentem-se como que sufocados por sua baixeza; não descobrindo nenhum ponto pelo qual possam reconquistar a igualdade, perdem toda esperança em si mesmos e deixam-se cair abaixo da dignidade humana.

Esse deplorável efeito do contraste das condições não é encontrado na vida selvagem. Os índios, ao mesmo tempo que são todos ignorantes e pobres, são todos igualmente livres.

Quando da chegada dos europeus, o indígena da América do Norte ainda ignorava o preço das riquezas e mostrava-se indiferente ao bem-estar que o homem civilizado adquire com elas. No entanto, não se percebia nele nada de grosseiro; ao contrário, reinava em suas maneiras de agir uma reserva habitual e uma espécie de polidez aristocrática.

Doce e hospitaleiro na paz, implacável na guerra, além até dos limites conhecidos da ferocidade humana, o índio expunha-se a morrer de fome para socorrer o estrangeiro que ao anoitecer batia à porta de sua cabana e despedaçava com as próprias mãos os membros palpitantes de seu prisioneiro. As mais célebres repúblicas antigas nunca admiraram coragem mais determinada, almas mais orgulhosas, amor mais intratável à independência do que escondiam então os bosques selvagens do Novo Mundo[15]. Os europeus produziram pouca impressão ao abordar às costas da América do Norte; sua presença não fez surgir nem inveja nem medo. Que influência poderiam ter sobre homens assim? O índio sabia viver sem necessidades, sofrer sem se queixar e morrer cantando[16]. Como todos os outros membros da grande família humana, esses selvagens acreditavam, de resto, na existência de um mundo melhor e adoravam sob diferentes nomes o Deus criador do universo. Suas noções das grandes verdades intelectuais eram, em geral, simples e filosóficas (D).

Por mais primitivo que pareça o povo cujo caráter esboçamos aqui, não se poderia duvidar porém que outro povo mais civilizado, mais avançado em todas as coisas que ele o tenha precedido nas mesmas regiões.

Uma tradição obscura, mas difundida na maioria das tribos indígenas da costa atlântica, nos ensina que outrora a morada desses povos situara-se a oeste do Mississippi. Ao longo das margens do Ohio e em todo o vale central ainda encontramos, todos os dias, montículos erguidos pela mão do homem. Quando se escava até o centro desses monumentos, dizem que não se deixa de encontrar ossadas humanas, instrumentos estranhos, armas, utensílios de todos os gêneros feitos de um metal ou evocando usos ignorados pelas raças atuais.

Os índios de nossos dias não podem fornecer nenhuma informação sobre a história desse povo desconhecido. Os que viviam há trezentos anos, na época da descoberta da América, também não disseram nada de que se possa inferir nem mesmo uma hipótese. As tradições, esses monumentos perecíveis e incessantemente renascentes do mundo primitivo, não proporcionam luz alguma. No entanto, lá viveram milhares de nossos semelhantes; disso não há dúvida. Quando vieram, qual foi sua origem, seu destino, sua história? Quando e como pereceram? Ninguém poderia dizer.

Esquisito! Há povos que desapareceram tão completamente da terra, que a própria lembrança de seu nome se apagou; suas línguas se perderam, sua glória dissipou-se como um som sem eco; mas não sei se há um só que não tenha deixado pelo menos um túmulo em memória de sua passagem. Assim, de todas as obras do homem, a mais duradoura ainda é a que melhor reconstitui seu nada e suas misérias!

Muito embora o vasto país que acabamos de descrever fosse habitado por numerosas tribos indígenas, podemos dizer com justiça que, na época do descobrimento, ainda não constituía mais que um deserto. Os índios ocupavam-no, mas não o possuíam. É pela agricultura que o homem se apropria do solo, e os primeiros habitantes da América do Norte viviam do produto da caça. Seus preconceitos implacáveis, suas indômitas paixões, seus vícios e, mais ainda talvez, suas virtudes selvagens entregavam-nos a uma destruição inevitável. A ruína desses povos começou no dia em que os europeus abordaram em suas costas; sempre continuou desde então; acaba de se consumar em nossos dias. A Providência, colocando-os no meio das riquezas do Novo Mundo, parecia ter-lhes concedido destas apenas um curto usufruto; de certa forma, eles só estavam ali *entrementes*. Aquelas costas, tão bem preparadas para o comércio e para a indústria, aqueles rios tão profundos, aquele inesgotável vale do Mississippi, aquele continente inteiro apareciam então como o berço ainda vazio de uma grande nação.

Era ali que os homens civilizados iriam procurar construir a sociedade sobre novos fundamentos e que, aplicando pela primeira vez teorias até então desconhecidas ou consideradas inaplicáveis, iriam dar ao mundo um espetáculo a que a história do passado não o havia preparado.

CAPÍTULO II

Do ponto de partida e da sua importância para o futuro dos anglo-americanos

Utilidade de conhecer o ponto de partida dos povos para compreender seu estado social e suas leis. – A América é o único país em que se pôde perceber claramente o ponto de partida de um grande povo. – Em que todos os homens que vieram povoar a América inglesa se pareciam. – Em que se diferenciavam. – Observação aplicável a todos os europeus que vieram se estabelecer nas costas do Novo Mundo. – Colonização da Virgínia. – Id. da Nova Inglaterra. – Caráter original dos primeiros habitantes da Nova Inglaterra. – Sua chegada. – Suas primeiras leis. – Contrato social. – Código penal tomado da legislação de Moisés. – Ardor religioso. – Espírito republicano. – União íntima entre o espírito da religião e o espírito de liberdade.

Um homem acaba de nascer; seus primeiros anos transcorrem obscuramente entre os prazeres ou os trabalhos da infância. Cresce; começa a virilidade; as portas do mundo se abrem enfim para recebê-lo; entra em contato com seus semelhantes. Estudam-no então pela primeira vez e acredita-se ver formar-se nele o germe dos vícios e das virtudes de sua idade madura.

Temos aí, se não me engano, um grande erro.

Voltem atrás; examinem a criança até nos braços da mãe; vejam o mundo exterior refletir-se pela primeira vez no espelho ainda escuro de sua inteligência; contemplem os primeiros exemplos que chegam ao olhar dela; ouçam as primeiras palavras que nela despertam os poderes adormecidos do pensamento; assistam enfim às primeiras lutas que ela precisa travar – somente então compreenderão de onde vêm os preconceitos, os hábitos e as paixões que vão dominar sua vida. O homem está, por assim dizer, inteiro nos cueiros de seu berço.

Algo análogo acontece no caso das nações. Os povos sempre se ressentem de sua origem. As circunstâncias que acompanharam seu nascimento e serviram para seu desenvolvimento influem sobre todo o resto de sua carreira.

Se nos fosse possível remontar até os elementos das sociedades e examinar os primeiros monumentos de sua história, não duvido de que pudéssemos descobrir aí a causa primeira dos preconceitos, dos hábitos, das paixões dominantes, enfim, de tudo o que compõe o que se chama caráter nacional. Poderíamos encontrar a explicação de usos que, hoje em dia, parecem contrários aos costumes reinantes; de leis que parecem em oposição aos princípios reconhecidos; de opiniões incoerentes que aparecem aqui e ali na sociedade, como esses fragmentos de correntes rompidas que às vezes ainda vemos pender nas abóbadas de um velho edifício e que não sustentam mais nada. Assim se explicaria o destino de certos povos, que uma força desconhecida parece arrastar para um fim que eles mesmos ignoram. Mas até aqui faltaram fatos para tal estudo; o espírito de análise só alcançou as nações à medida que elas envelheciam e, quando elas enfim pensaram em contemplar seu berço, o tempo já o havia envolvido numa nuvem, a ignorância e o orgulho haviam-no rodeado de fábulas, atrás das quais se escondia a verdade.

A América é o único país em que se pôde assistir aos desenvolvimentos tranquilos e naturais de uma sociedade e em que foi possível precisar a influência exercida pelo ponto de partida sobre o futuro dos Estados.

Na época em que os povos europeus desceram nas costas do Novo Mundo, os traços de seu caráter nacional já estavam bem estabelecidos; cada um deles tinha uma fisionomia distinta e, como já haviam atingido aquele grau de civilização que conduz os homens ao estudo de si mesmos, transmitiram-nos o panorama fiel de suas opiniões, de seus costumes e de suas leis. Conhecemos os homens do século XV quase tão bem quanto os do nosso. A América nos mostra, pois, à luz do dia, o que a ignorância ou a barbárie das primeiras eras subtraiu a nossos olhos.

Bastante próximos da época em que as sociedades americanas foram fundadas para conhecerem em detalhe seus elementos, bastante longe desse tempo para já poderem julgar o que esses germes produziram, os homens de nossos dias parecem destinados a enxergar mais longe do que seus precursores nos acontecimentos humanos. A Providência pôs a nosso alcance uma chama que faltava a nossos pais e permitiu-nos discernir, na sorte das nações, causas primeiras que a escuridão do passado lhes ocultava.

Quando, depois de termos estudado atentamente a história da América, examinamos com atenção seu estado político e social, sentimo-nos profundamente convencidos desta verdade: não há uma só opinião, um só hábito, uma lei, eu poderia dizer um só acontecimento, que o ponto de partida não explique sem dificuldade. Os que lerem este livro encontrarão, pois, no presente capítulo o germe do que deve seguir e a chave de quase toda a obra.

Os emigrantes que vieram, em diferentes períodos, ocupar o território que hoje a União americana cobre, diferenciavam-se em muitos pontos; seu objetivo não era o mesmo e eles se governavam com base em princípios diversos.

Entretanto esses homens tinham características comuns e achavam-se, todos, numa situação análoga.

O vínculo da língua talvez seja o mais forte e o mais duradouro que possa unir os homens. Todos os emigrantes falavam a mesma língua; todos eram filhos de um mesmo povo. Nascidos num país agitado desde havia séculos pela luta dos partidos e em que as facções tinham sido obrigadas, sucessivamente, a se colocar sob a proteção das leis, sua educação política fizera-se nessa rude escola, e viam-se difundidas entre eles mais noções dos direitos, mais princípios de verdadeira liberdade do que entre a maioria dos povos da Europa. Na época das primeiras emigrações, o governo comunal, esse germe fecundo das instituições livres, já havia profundamente impregnado os hábitos ingleses, e, com ele, o dogma da soberania do povo se introduzira no próprio seio da monarquia dos Tudor.

Estava-se então no meio das querelas religiosas que agitaram o mundo cristão. A Inglaterra precipitara-se com uma espécie de furor nessa nova carreira. O caráter dos habitantes, que sempre fora grave e ponderado, tornara-se austero e argumentador. A instrução aumentara muito nessas lutas intelectuais; nelas o espírito recebera uma cultura mais profunda. Enquanto as pessoas se ocupavam em falar de religião, os costumes se tornaram mais puros. Todas essas características gerais da nação se encontravam mais ou menos na fisionomia daqueles filhos seus que tinham vindo procurar um novo futuro nas beiras opostas do Oceano.

Aliás, uma observação sobre a qual teremos a oportunidade de voltar mais tarde é aplicável não apenas aos ingleses, mas também aos franceses, aos espanhóis e a todos os europeus que vieram sucessivamente se estabelecer nas terras do Novo Mundo. Todas as novas colônias europeias continham, se não o desenvolvimento, pelo menos o germe de uma completa democracia. Duas causas levavam a esse resultado: pode-se dizer que, em geral, ao partirem da mãe-pátria, os emigrantes não tinham a menor ideia de qualquer superioridade de uns sobre os outros. Não são os felizes e os poderosos que se exilam, e a pobreza assim como o infortúnio são as melhores garantias de igualdade entre os homens que conhecemos. Deu-se, porém, que várias vezes os grandes senhores transferiram-se para a América em consequência de querelas políticas ou religiosas. Fizeram-se leis para estabelecer a hierarquia das posições sociais, mas logo se percebeu que o solo americano rejeitava absolutamente a aristocracia territorial. Viu-se que, para desbravar aquela terra rebelde, necessitava-se apenas dos esforços constantes e interessados do proprietário mesmo. Preparado o campo, percebeu-se que seus produtos não eram suficientemente abundantes para enriquecer ao mesmo tempo um proprietário e um colono. O terreno fragmentou-se então naturalmente em pequenos domínios que o proprietário cultivava por si só. Ora, é à terra que se prende a aristocracia, é ao solo que ela se apega e em que ela se apoia; não são apenas os privilégios que a estabelecem, não é o nascimento que a constitui, mas sim a propriedade fundiária hereditariamente transmitida.

Uma nação pode apresentar imensas fortunas e grandes misérias; mas se essas fortunas não são territoriais, vemos em seu seio pobres e ricos, não há, na verdade, aristocracia.

Assim, as colônias inglesas tinham todas entre si, na época de seu nascimento, um grande ar de família. Todas, desde o princípio, pareciam destinadas a oferecer o desenvolvimento da liberdade, não a liberdade aristocrática de sua mãe-pátria, mas a liberdade burguesa e democrática de que a história do mundo ainda não apresentava um modelo completo.

Em meio a essa cor geral, percebiam-se porém fortíssimas nuanças, que é necessário mostrar.

Podem-se distinguir na grande família anglo-americana dois ramos principais que, até hoje, cresceram sem se confundir inteiramente, um no Sul, outro no Norte.

A Virgínia recebeu a primeira colônia inglesa. Os emigrantes lá chegaram em 1607. Nessa época, a Europa ainda estava singularmente preocupada com a ideia de que as minas de ouro e de prata fazem a riqueza dos povos; ideia funesta que empobreceu mais as nações europeias que a ela se entregaram e destruiu mais homens na América do que a guerra e todas as leis ruins juntas. Eram, pois, garimpeiros os enviados à Virgínia[1], gente sem recursos e sem modos, cujo espírito inquieto e turbulento perturbou a infância da colônia[2] e tornou seu progresso incerto. Em seguida chegaram os industriais e os cultivadores, raça mais moral e mais tranquila, mas que apenas se elevava alguns pontos acima do nível das classes inferiores da Inglaterra[3]. Nenhum pensamento nobre, nenhuma combinação imaterial presidiu a fundação dos novos estabelecimentos. Mal a colônia foi criada, nela introduziram a escravidão[4]. Foi esse o fato capital que iria exercer enorme influência sobre o caráter, as leis e todo o futuro do Sul.

A escravidão, como explicaremos mais tarde, desonra o trabalho; ela introduz o ócio na sociedade e, com este, a ignorância e o orgulho, a pobreza e o luxo. Ela debilita as forças da inteligência e entorpece a atividade humana. A influência da escravidão, combinada com o caráter inglês, explica os costumes e o estado social do Sul.

Sobre esse mesmo fundo inglês pintavam-se ao Norte nuanças totalmente contrárias. Permitam-me aqui alguns detalhes.

Foi nas colônias inglesas do Norte, mais conhecidas pelo nome de Estados da Nova Inglaterra[5], que se combinaram as duas ou três ideias principais que hoje constituem as bases da teoria social dos Estados Unidos.

Os princípios da Nova Inglaterra difundiram-se de início pelos Estados vizinhos; em seguida ganharam pouco a pouco os mais distantes e acabaram, se assim posso me exprimir, *penetrando* toda a confederação. Eles exercem agora sua influência além de seus limites, sobre todo o mundo americano. A civilização da Nova Inglaterra foi como esses fogos acesos nas alturas que, depois de terem difundido o calor em torno de si, ainda tingem com seus clarões os últimos confins do horizonte.

A fundação da Nova Inglaterra proporcionou um espetáculo novo; tudo nele era singular e original.

Quase todas as colônias tiveram por primeiros habitantes homens sem educação e sem recursos, que a miséria e a má conduta impeliam para fora do país que os vira nascer, ou especuladores ávidos e empreendedores da indústria. Há colônias que não podem nem sequer reivindicar semelhante origem: São Domingos foi fundado por piratas e, em nossos dias, os tribunais da Inglaterra encarregam-se de povoar a Austrália.

Os emigrantes que vieram estabelecer-se na costa da Nova Inglaterra pertenciam todos às classes abastadas da mãe-pátria. Sua reunião no solo americano apresentou, desde a origem, o singular fenômeno de uma sociedade em que não havia nem grandes senhores, nem povo, e por assim dizer nem pobres, nem ricos. Havia, guardadas as devidas proporções, maior massa de luzes difundida entre esses homens do que no seio de qualquer nação europeia de nossos dias. Todos, sem nenhuma exceção talvez, haviam recebido uma educação bastante avançada e vários deles tinham se tornado conhecidos na Europa por seus talentos e suas ciências. As outras colônias haviam sido fundadas por aventureiros sem família; os emigrantes da Nova Inglaterra traziam consigo admiráveis elementos de ordem e de moralidade; eles iam para o deserto acompanhados da mulher e dos filhos. Mas o que os distinguia principalmente de todos os outros era a meta mesma de sua empresa. Não era a necessidade que os forçava a abandonar seu país, onde deixavam uma posição social saudosa e meios de vida garantidos; eles tampouco mudavam-se para o Novo Mundo a fim de melhorar sua situação ou aumentar suas riquezas. Furtavam-se às doçuras da pátria obedecendo a uma necessidade puramente intelectual; expondo-se às misérias inevitáveis do exílio, queriam fazer triunfar *uma ideia*.

Os emigrantes ou, como eles mesmos se chamavam tão apropriadamente, os *peregrinos* (*pilgrims*), pertenciam àquela seita da Inglaterra que a austeridade de princípios fizera receber o nome de puritana. O puritanismo não era apenas uma doutrina religiosa; ele também se confundia em vários pontos com as teorias democráticas e republicanas mais absolutas. Daí lhe vieram seus mais perigosos adversários. Perseguidos pelo governo da mãe-pátria, feridos no rigor de seus princípios pelo andamento cotidiano da sociedade no seio da qual viviam, os puritanos buscaram uma terra tão bárbara e tão abandonada pelo mundo que nela ainda pudessem viver à sua maneira e orar a Deus em liberdade.

Algumas citações darão a conhecer o espírito desses piedosos aventureiros melhor do que nós mesmos poderíamos acrescentar.

Nathaniel Morton, o historiador dos primeiros anos da Nova Inglaterra, entra assim no assunto[6]: "Sempre acreditei que era um dever sagrado para nós, cujos pais receberam provas tão numerosas e tão memoráveis da bondade divina no estabelecimento desta colônia, perpetuar por escrito sua lembrança. O que vimos e o que nos foi contado por nossos pais, devemos dar a conhecer a nossos filhos, para que as gerações vindouras aprendam a louvar o Senhor; para que a linhagem de Abraão, seu servidor, e os filhos de Jacó, seu eleito, preservem sempre a memória das obras milagrosas de Deus (*Salmos* CV, 5, 6). É preciso que saibam como o Senhor levou sua vinha ao deserto; como a plantou e dela afastou os pagãos; como preparou-lhe um lugar, enterrou profundamente suas raízes e deixou-a em seguida estender--se e cobrir ao longe a terra (*Salmos* LXXX 13, 15); e não apenas isso, mas também como ele guiou seu povo até seu santo tabernáculo e estabeleceu-o sobre a montanha de sua herança (*Êxodo* XV, 13). Esses fatos devem ser conhecidos, para que Deus deles retire a honra que lhe é devida e que alguns raios da sua glória possam cair sobre os nomes veneráveis dos santos que lhe serviram de instrumentos."

Impossível ler esse começo sem se deixar penetrar involuntariamente por uma impressão religiosa e solene; parece que se respira nele um ar de antiguidade e uma espécie de perfume bíblico.

A convicção que anima o escritor realça sua linguagem. Não é mais, aos olhos do leitor como aos dele, um pequeno grupo de aventureiros indo buscar fortuna além dos mares; é a semente de um grande povo que Deus vem depositar com as próprias mãos numa terra predestinada.

Continua o autor e pinta desta maneira a partida dos primeiros emigrantes[7]:

"Foi assim que deixaram esta cidade (Delft-Haleft), que fora para eles um lugar de repouso; entretanto eram calmos; sabiam ser peregrinos e estrangeiros nesta terra. Não se apegavam às coisas da terra, mas erguiam os olhos para o céu, sua cara pátria, onde Deus preparara para eles sua cidade santa. Chegaram enfim ao porto em que o navio os aguardava. Um grande número de amigos, que não podiam partir com eles, quis pelo menos acompanhá-los até lá. A noite transcorreu sem sono; passou-se em efusões de amizade, em pios discursos, em expressões cheias de uma verdadeira ternura cristã. No dia seguinte embarcaram; seus amigos quiseram ainda acompanhá-los até subirem a bordo; foi então que se ouviram profundos suspiros, que se viram lágrimas escorrer de todos os olhos, que se escutaram longos beijos e preces ardentes, com as quais mesmo os estrangeiros se emocionaram. Dado o sinal de partida, caíram de joelhos, e seu pastor, erguendo para o céu olhos cheios de lágrimas, recomendou-os à misericórdia do Senhor. Despediram-se enfim dos outros e pronunciaram aquele adeus que, para muitos deles, seria o derradeiro."

PRIMEIRA PARTE

Os emigrantes eram cerca de cento e cinquenta, tanto homens como mulheres e crianças. Sua finalidade era fundar uma colônia às margens do Hudson; mas depois de terem errado por muito tempo no Oceano foram enfim forçados a abordar nas costas áridas da Nova Inglaterra, no lugar onde hoje se ergue a cidade de Plymouth. Ainda apontam o rochedo onde desceram os peregrinos[8].

"Antes de ir mais longe, porém", diz o historiador que já citei, "consideremos um instante a condição presente desse pobre povo e admiremos a bondade de Deus, que o salvou."[9]

"Eles haviam atravessado agora o vasto Oceano, chegavam ao fim da viagem, mas não viam amigos para recebê-los, habitação para oferecer-lhes um abrigo; era pleno inverno, e os que conhecem nosso clima sabem quanto os invernos são rudes e que furiosos tufões desolam então nossas costas. Nessa estação, é difícil atravessar lugares conhecidos, com maior razão ainda estabelecer-se em novas paragens. Em torno deles aparecia apenas um deserto hediondo e desolado, cheio de animais e de homens selvagens, cujo grau de ferocidade e cujo número ignoravam. A terra estava gelada; o solo, coberto de florestas e mato. Tudo tinha um aspecto bárbaro. Atrás deles, percebiam apenas o imenso Oceano que os separava do mundo civilizado. Para encontrar um pouco de paz e de esperança, só podiam voltar os olhos para cima."

Não se deve acreditar que a piedade dos puritanos fosse unicamente especulativa, nem que se mostrasse alheia à marcha das coisas humanas. O puritanismo, como disse acima, era quase tanto uma teoria política quanto uma doutrina religiosa. Mal desembarcaram nessa costa inóspita, que Nathaniel Morton acaba de descrever, o primeiro cuidado dos emigrantes é, pois, organizar-se em sociedade. Eles redigem um ato que afirma[10]:

"Nós, cujos nomes seguem e que, para a glória de Deus, o desenvolvimento da fé cristã e a honra da nossa pátria, empreendemos estabelecer a primeira colônia nestas terras longínquas, acordamos pelo presente ato, por consentimento mútuo e solene, e diante de Deus, formar-nos em corpo de sociedade política, com o fim de nos governar e de trabalhar para a consumação de nossos propósitos; e, em virtude desse contrato, acordamos promulgar leis, atos, decretos, e instituir, conforme as necessidades, magistrados* a quem prometemos submissão e obediência."

Isso se passava em 1620. A partir dessa época, a emigração não parou mais. As paixões religiosas e políticas que dilaceraram o império britânico durante todo o reinado de Carlos I levaram cada ano às costas da América novos enxames de sectários. Na Inglaterra, o foco do puritanismo continuava a encontrar-se situado nas classes médias; era do seio destas que provinha a maior parte dos emigrantes. A população da Nova Inglaterra crescia rapidamente e, enquanto a hierarquia das posições sociais ainda classificava despoticamente os homens na mãe-pátria, a colônia apresentava cada vez mais o espetáculo novo de uma sociedade homogênea em todas as suas partes. A democracia, tal como a Antiguidade não havia ousado sonhar, escapava grandiosa e armada do meio da velha sociedade feudal.

Contente de afastar de si germes de agitação e elementos de novas revoluções, o governo inglês via sem pesar essa emigração numerosa. Até a favorecia com todo o seu poder e nem parecia preocupar-se com o destino dos que iam para o solo americano em busca de um asilo contra a dureza das suas leis. Dir-se-ia que via a Nova Inglaterra como uma região entregue aos devaneios da imaginação e que se devia abandonar aos livres experimentos dos inovadores.

As colônias inglesas, e foi essa uma das causas principais de sua prosperidade, sempre gozaram de mais liberdade interior e de mais independência política do que as colônias dos outros povos; mas em parte alguma esse princípio de liberdade foi mais completamente aplicado do que nos Estados da Nova Inglaterra.

Era geralmente admitido então que as terras do novo mundo pertenciam à nação europeia que as descobrisse.

---

* Note-se que o Autor emprega o termo no sentido lato de autoridade civil que exerce função pública de caráter administrativo ou judiciário. (N. T.)

Quase todo o litoral da América do Norte tornou-se, dessa maneira, possessão inglesa por volta do fim do século XVI. Os meios empregados pelo governo britânico para povoar esses novos domínios foram de diferente natureza. Em certos casos, o rei submetia uma porção do novo mundo a um governador de sua escolha, encarregado de administrar o país em seu nome e sob suas ordens imediatas[11]. É o sistema colonial adotado no resto da Europa. Outras vezes, ele concedia a um homem ou a uma companhia a propriedade de certas porções de terra[12]. Todos os poderes civis e políticos encontravam-se então concentrados nas mãos de um ou vários indivíduos que, sob a inspeção e o controle da coroa, vendiam as terras e governavam os habitantes. Um terceiro sistema enfim consistia em dar a certo número de emigrantes o direito de se constituírem em sociedade política, sob o patrocínio da mãe-pátria, e de se governarem eles próprios em tudo o que não era contrário às leis desta.

Esse modo de colonização, tão favorável à liberdade, só foi posto em prática na Nova Inglaterra[13].

Já em 1628[14], uma carta dessa natureza foi concedida por Carlos I aos emigrantes que vieram a fundar a colônia de Massachusetts.

Mas, em geral, só se outorgaram cartas às colônias da Nova Inglaterra muito tempo depois de sua existência ter se tornado um fato consumado. Plymouth, Providence, New Haven, o Estado de Connecticut e o de Rhode Island[15] foram fundados sem o concurso e, de certa forma, sem o conhecimento da mãe-pátria. Os novos habitantes, sem negar a supremacia da metrópole, não foram buscar no seio desta a fonte dos poderes: eles mesmos se constituíram, e somente trinta ou quarenta anos depois, sob Carlos II, é que uma carta régia veio legalizar sua existência.

Por isso é muitas vezes difícil, ao percorrer os primeiros monumentos históricos e legislativos da Nova Inglaterra, perceber o vínculo que liga os emigrantes ao país de seus antepassados. Vemo-los a cada instante dar mostras de soberania; eles nomeiam seus magistrados, fazem a paz e a guerra, estabelecem regulamentos de polícia, proporcionam-se leis como se só dependessem de Deus[16].

Nada mais singular e mais instrutivo, ao mesmo tempo, do que a legislação dessa época; é principalmente aí que encontramos a expressão do grande enigma social que os Estados Unidos apresentam ao mundo de nossos dias.

Entre esses monumentos, distinguiremos em particular, como um dos mais característicos, o código de leis que o pequeno Estado de Connecticut se deu em 1650[17].

Os legisladores de Connecticut[18] tratam primeiramente das leis penais e, para compô-las, concebem a estranha ideia de inspirar-se nos textos sagrados:

"Quem adorar outro Deus que não o Senhor será morto", dizem.

Seguem-se dez ou doze disposições da mesma natureza tiradas textualmente do *Deuteronômio*, do *Êxodo* e do *Levítico*.

A blasfêmia, a bruxaria, o adultério[19], o estupro são punidos com a morte; o ultraje feito por um filho a seus pais recebe essa mesma pena. Transportavam assim a legislação de um povo rude e semicivilizado para o seio de uma sociedade cujo espírito era esclarecido e os costumes brandos; por isso nunca se viu a pena de morte mais contemplada nas leis, nem aplicada a menos culpados.

Os legisladores, nesse corpo de leis penais, preocuparam-se sobretudo em manter a ordem moral e os bons costumes na sociedade; eles penetram assim sem cessar no domínio da consciência, e quase não há pecados que não acabem submetendo à censura do magistrado. O leitor pôde notar com que severidade as leis puniam o adultério e o estupro. O simples comércio entre pessoas não casadas é severamente reprimido. Deixa-se ao juiz o direito de infligir aos culpados uma destas três penas: multa, chibata ou casamento[20]. E se acreditarmos nos registros dos antigos tribunais de New Haven, os processos dessa natureza não eram raros: encontramos, com data de 1º de maio de 1660, um julgamento sentenciando multa e reprimenda contra uma moça acusada de ter pronunciado algumas palavras indiscretas e ter se deixado beijar[21]. O Código de 1650 abunda em medidas preventivas. A preguiça e a embriaguez são severamente punidas[22]. Os estalajadeiros não podem fornecer mais que certa quantidade de vinho a cada consumidor; a multa ou a chibata reprimem a simples mentira, se esta puder ser prejudicial[23]. Em outras partes, o legislador, esquecendo completamente os grandes princípios de liberdade religiosa reclamados por ele mesmo na Europa, força, por meio do temor às multas, a assistência ao serviço divino[24], e chega a prever penas severas[25] e muitas vezes a morte para os cristãos que quiserem adorar Deus numa fórmula diferente da sua[26]. Algumas vezes, enfim, o ímpeto regulamentador que o possui leva-o a tomar os cuidados mais indignos dele. Assim, encontramos no mesmo código uma lei que proíbe o uso do tabaco[27].

De resto, não se deve perder de vista que essas leis esquisitas ou tirânicas não eram impostas; que eram votadas pelo livre concurso de todos os interessados e que os costumes eram então mais austeros e mais puritanos do que as leis. Na data de 1649, vemos formar-se em Boston uma associação solene com a finalidade de prevenir o luxo mundano dos cabelos compridos[28] (E).

Semelhantes disparates sem dúvida envergonham o espírito humano; eles atestam a inferioridade de nossa natureza, que, incapaz de apreender com firmeza o verdadeiro e o justo, é frequentemente reduzida a optar apenas entre dois excessos.

Ao lado dessa legislação penal tão fortemente marcada pelo estreito espírito de seita e por todas as paixões religiosas que a perseguição exaltara e que ainda fermentavam no fundo das almas, acha-se posto, e de certa forma encadeado a elas, um corpo de leis políticas que, esboçado há duzentos anos, ainda parece ultrapassar em muito o espírito de liberdade de nossa era.

Os princípios gerais em que repousam as constituições modernas, esses princípios que a maior parte dos europeus do século XVII mal compreendia e que triunfavam então de maneira incompleta na Grã-Bretanha, são todos reconhecidos e estabelecidos pelas leis da Nova Inglaterra: a intervenção do povo nas coisas públicas, o voto livre do imposto, a responsabilidade dos agentes do poder, a liberdade individual e o julgamento por júri aí são estabelecidos sem discussão e de fato.

Esses princípios geradores recebem uma aplicação e desenvolvimentos que nenhuma nação da Europa ainda ousou lhes dar.

Em Connecticut, o corpo eleitoral era composto, desde o início, pela universalidade dos cidadãos, e isso se concebe sem dificuldade[29]. Nesse povo nascente reinava então uma igualdade quase perfeita entre as fortunas e, mais ainda, entre as inteligências[30].

Em Connecticut, nessa época, todos os agentes do poder executivo eram eleitos, inclusive o governador do Estado[31].

Os cidadãos com mais de dezesseis anos eram obrigados a portar armas; eles formavam uma milícia nacional que nomeava seus oficiais e devia estar pronta, a qualquer momento, para marchar em defesa do país[32].

É nas leis de Connecticut, como em todas as da Nova Inglaterra, que vemos nascer e desenvolver-se essa independência comunal que ainda hoje constitui como que o princípio e a vida da liberdade americana.

Na maior parte das nações europeias, a existência política começou nas regiões superiores da sociedade e comunicou-se, pouco a pouco, e sempre de maneira incompleta, às diversas partes do corpo social.

Já na América, podemos dizer que a comuna foi organizada antes do condado, o condado antes do Estado, o Estado antes da União.

Na Nova Inglaterra, desde 1650, a comuna está completa e definitivamente constituída. Em torno da individualidade comunal vêm agrupar-se e vincular-se fortemente interesses, paixões, deveres e direitos. No seio da comuna, vemos reinar uma vida política real, ativa, toda democrática e republicana. As colônias ainda reconhecem a supremacia da metrópole; a monarquia é a lei do Estado, mas já a república está toda viva na comuna.

A comuna nomeia seus magistrados de todo tipo; ela se tributa, ela reparte e arrecada o imposto sobre si mesma[33]. Na comuna da Nova Inglaterra, a lei da representação não é admitida. É na praça pública e no seio da assembleia geral dos cidadãos que se tratam, como em Atenas, os assuntos concernentes ao interesse de todos.

Quando estudamos com atenção as leis que foram promulgadas durante essa primeira era das repúblicas americanas, surpreendem-nos a inteligência governamental e as teorias avançadas do legislador.

É evidente que ele tem dos deveres da sociedade para com seus membros uma ideia mais elevada e mais completa do que os legisladores europeus da época e que impõe a esta obrigações de que ela ainda escapava em outros países. Nos Estados da Nova Inglaterra, desde o começo, a sorte dos pobres é garantida[34]; medidas severas são tomadas para a manutenção das estradas, nomeiam-se funcionários para supervisioná-las[35]; as comunas possuem registros públicos em que se inscrevem o resultado das deliberações gerais, os óbitos, os casamentos, os nascimentos dos cidadãos[36]; são designados escrivães para a escrituração desses registros[37]; oficiais são encarregados de administrar as sucessões vacantes, outros para fiscalizar os limites dos imóveis; vários têm como principais funções manter a tranquilidade pública na comuna[38].

A lei entra em mil detalhes diversos para prevenir e satisfazer a uma multidão de necessidades sociais, de que, ainda hoje, só se tem um sentimento confuso na França.

Mas é pelas prescrições relativas à educação pública que, desde o princípio, vemos revelar-se com toda a sua clareza o caráter original da civilização americana.

Diz a lei: "Considerando que Satanás, o inimigo do gênero humano, encontra na ignorância dos homens suas mais poderosas armas e que é importante que as luzes que nossos pais trouxeram não fiquem sepultadas em seu túmulo; considerando que a educação das crianças é um dos primeiros interesses do Estado, com a assistência do Senhor..."[39] Seguem-se as disposições que criam escolas em todas as comunas e obrigam os habitantes, sob pena de fortes multas, a tributar-se para sustentá-las. Escolas superiores são fundadas da mesma maneira nos distritos mais populosos. Os magistrados municipais devem zelar para que os pais mandem seus filhos à escola; eles têm o direito de pronunciar multas contra os que se recusarem; e se a resistência continuar, a sociedade, pondo-se então no lugar da família, se apossa da criança e tira dos pais os direitos que a natureza lhes dera, mas que eles sabiam utilizar tão mal[40]. O leitor terá sem dúvida notado o preâmbulo desses decretos: na América, é a religião que leva às luzes; é a observância das leis divinas que conduz o homem à liberdade. Quando, tendo lançado assim um rápido olhar sobre a sociedade americana de 1650, examinamos o estado da Europa e, em particular, o do continente nessa mesma época, sentimo-nos presa de um profundo espanto: no continente europeu, no início do século XVII, triunfava em toda a parte a realeza absoluta sobre os escombros da liberdade oligárquica e feudal da Idade Média. No seio dessa Europa brilhante e literária, nunca talvez a ideia dos direitos havia sido mais completamente ignorada; nunca os povos haviam vivido menos da vida política; nunca as noções da verdadeira liberdade haviam preocupado menos os espíritos; e era então que esses mesmos princípios, desconhecidos das nações europeias ou por elas menosprezados, eram proclamados nos desertos do novo mundo e tornavam-se o símbolo futuro de um grande povo. As mais ousadas teorias do espírito humano eram postas em prática nessa sociedade tão humilde em aparência, de que, sem dúvida, nenhum estadista teria então se dignado ocupar-se. Entregue à originalidade da sua natureza, a imaginação do homem improvisava aí uma legislação sem precedentes. No seio dessa obscura democracia, que ainda não dera à luz nem generais, nem filósofos, nem grandes escritores, um homem podia se erguer em presença de um povo livre e dar, ante as aclamações de todos, esta bela definição da liberdade:

"Não nos enganemos quanto ao que devemos entender por nossa independência. De fato, há uma espécie de liberdade corrompida, cujo uso é comum tanto aos animais quanto ao homem e que consiste em fazer tudo o que agradar. Essa liberdade é inimiga de qualquer autoridade; ela suporta com impaciência qualquer regra; com ela, tornamo-nos inferiores a nós mesmos; ela é a inimiga da verdade e da paz; e Deus acreditou dever erguer-se contra ela! Mas há uma liberdade civil e moral que encontra sua força na união e que é missão do poder proteger: é a liberdade de fazer sem temor tudo o que é justo e bom. Essa santa liberdade devemos defender em todos os acasos e, se necessário, expor por ela nossa vida."[41]

Eu já disse o bastante para revelar, tal como é, o caráter da civilização anglo-americana. Ela é o produto (e esse ponto de partida deve estar constantemente presente ao pensamento) de dois elementos perfeitamente distintos, que aliás muitas vezes fizeram-se guerra, mas que na América conseguiu-se incorporar de certa forma um ao outro e combinar maravilhosamente. Estou me referindo ao *espírito de religião* e ao *espírito de liberdade*.

Os fundadores da Nova Inglaterra eram, ao mesmo tempo, ardentes sectários e inovadores exaltados. Retidos nos liames mais estreitos de certas crenças religiosas, eram livres de todo e qualquer preconceito político.

Daí duas tendências diversas, mas não contrárias, cujo vestígio é fácil encontrar em toda a parte, tanto nos costumes como nas leis.

Alguns homens sacrificam a uma opinião religiosa seus amigos, sua família e sua pátria; podemos crê-los absorvidos na busca desse bem intelectual que foram comprar a tão alto preço. Vemo-los, no entanto, procurar com um ardor quase igual as riquezas materiais e os deleites morais, o céu no outro mundo e o bem-estar e a liberdade neste.

Na mão deles, os princípios políticos, as leis e as instituições humanas parecem coisas maleáveis, que se podem manipular e combinar à vontade.

Diante deles abaixam-se as barreiras que aprisionavam a sociedade no seio da qual nasceram; as velhas opiniões, que fazia séculos dirigiam o mundo, se dissipam; uma carreira quase sem termo, um campo sem horizonte se descortinam, e o espírito humano neles se precipita. Percorre-os em todos os sentidos; mas, chegando aos limites do mundo político, detém-se por conta própria; renuncia trêmulo ao uso de suas mais temíveis faculdades; abjura a dúvida; renuncia à necessidade de inovar; abstém-se até de erguer o véu do santuário; inclina-se com respeito diante das verdades que admite sem discuti-las.

Assim, na ordem moral, tudo é classificado, coordenado, previsto, decidido de antemão; no mundo político, tudo é agitado, contestado, incerto. Numa, obediência passiva, embora voluntária; no outro, independência, desprezo da experiência e despeito de toda autoridade.

Longe de se prejudicarem, essas duas tendências, em aparência tão opostas, caminham em concórdia e parecem prestar-se um apoio mútuo.

A religião vê na liberdade civil um nobre exercício das faculdades do homem; no mundo político, um campo entregue pelo Criador aos esforços da inteligência. Livre e poderosa em sua esfera, satisfeita com o lugar que lhe é reservado, ela sabe que seu império está ainda mais bem estabelecido por ela reinar apenas graças a suas próprias forças e dominar sem outro apoio os corações.

A liberdade vê na religião a companheira de suas lutas e de seus triunfos, o berço da sua infância, a fonte divina de seus direitos. Ela considera a religião como a salvaguarda dos costumes; os costumes como a garantia das leis e penhor de sua própria duração (F).

*Motivos de algumas singularidades que as leis
e os costumes dos anglo-americanos apresentam*

Alguns restos de instituições aristocráticas no seio da mais completa democracia. – Por quê? – É necessário distinguir com cuidado o que é de origem puritana e de origem inglesa.

Não deve o leitor tirar conclusões demasiado gerais e absolutas de quanto precede. A condição social, a religião e os costumes dos primeiros emigrantes exerceram sem dúvida enorme influência sobre o destino de sua nova pátria. Todavia, não dependeu deles fundar uma sociedade cujo ponto de partida estivesse situado tão somente neles mesmos. Ninguém poderia livrar-se inteiramente do passado; aconteceu-lhes, assim, mesclar, seja voluntariamente, seja sem que o percebessem, às ideias e aos usos que lhes eram próprios outros usos e outras ideias que lhes vinham de sua educação ou das tradições nacionais de seu país.

Portanto, se quisermos conhecer e julgar os anglo-americanos de nossos dias, deveremos distinguir com cuidado o que é de origem puritana e de origem inglesa.

Encontramos com frequência nos Estados Unidos leis ou costumes que contrastam com tudo o que os rodeia. Essas leis parecem redigidas num espírito oposto ao espírito dominante da legislação americana; esses costumes parecem contrários ao conjunto do estado social. Se as colônias inglesas tivessem sido fundadas num século de trevas ou se sua origem já se perdesse na noite dos tempos, o problema seria insolúvel.

Citarei um único exemplo para fazer compreender meu pensamento.

A legislação civil e criminal dos americanos conhece dois únicos meios de ação: a *prisão* ou a *fiança*. O primeiro ato de um processo consiste em obter uma fiança do réu, ou, se este se recusar, em mandá-lo encarcerar; discute-se em seguida a validade do título ou a gravidade das acusações.

É evidente que tal legislação é voltada contra o pobre e só favorece o rico.

O pobre nem sempre consegue a fiança, inclusive em matéria civil, e, se é obrigado a esperar a justiça na prisão, sua inação forçada logo o reduz à miséria.

O rico, ao contrário, sempre consegue escapar da prisão em matéria civil; mais ainda, se cometeu um delito, esquiva-se facilmente da punição que o deve atingir: uma vez paga a fiança, desaparece. Podemos dizer, então, que para ele todas as penas que a lei inflige se reduzem a multas[42]. Há algo mais aristocrático do que semelhante legislação?

No entanto, na América, os pobres é que fazem a lei e eles reservam habitualmente para si mesmos as maiores vantagens da sociedade.

É na Inglaterra que devemos buscar a explicação desse fenômeno: as leis de que falo são inglesas[43]. Os americanos não as mudaram, embora elas contradigam o conjunto de sua legislação e a massa de suas ideias.

A coisa que um povo menos muda, depois de seus usos, é sua legislação civil. As leis civis são familiares apenas aos legistas, isto é, aos que têm um interesse direto em mantê-las tais como são, boas ou más, pelos motivos que eles sabem. O grosso da nação mal as conhece; só as vê agir em casos particulares, tem dificuldade de perceber sua tendência e submete-se a elas sem pensar.

Citei um exemplo, poderia ter assinalado muitos outros.

O panorama que a sociedade americana apresenta é, se assim posso me expressar, coberto de uma camada democrática, sob a qual vemos surgir de tempo em tempo as velhas cores da aristocracia.

CAPÍTULO III

Estado social dos anglo-americanos

O estado social é, ordinariamente, o produto de um fato, às vezes das leis, quase sempre dessas duas causas reunidas. Porém, uma vez que existe, podemos considerar ele mesmo como a causa primeira da maioria das leis, costumes e ideias que regem a conduta das nações; o que ele não produz, ele modifica.
Para conhecer a legislação e os costumes de um povo, é necessário, pois, começar pelo estudo de seu estado social.

Que o ponto saliente do estado social dos anglo-americanos é ser essencialmente democrático

Primeiros emigrantes da Nova Inglaterra. – Iguais entre si. – Leis aristocráticas introduzidas no Sul. – Época da revolução. – Mudança das leis de sucessão. – Efeitos produzidos por essa mudança. – Igualdade levada a seus limites extremos nos novos Estados do Oeste. – Igualdade entre as inteligências.

Poderíamos fazer várias observações importantes acerca do estado social dos anglo-americanos, mas há uma que domina todas as demais.
O estado social dos americanos é eminentemente democrático. Teve esse caráter desde o nascimento das colônias e o tem mais ainda nos dias de hoje.
Disse no capítulo precedente que reinava uma grande igualdade entre os emigrantes que foram estabelecer-se nas

costas da Nova Inglaterra. O próprio germe da aristocracia nunca foi depositado nessa parte da União. Aí só se puderam fundar influências intelectuais. O povo acostumou-se a reverenciar certos nomes, como emblemas de luzes e de virtudes. A voz de alguns cidadãos obteve sobre ele um poder que talvez se poderia ter chamado com razão aristocrático, se tivesse podido se transmitir invariavelmente de pai para filho.

Isso sucedia a leste do Hudson. A sudoeste desse rio, descendo até a Flórida, as coisas eram outras.

Na maioria dos Estados situados a sudoeste do Hudson, vieram estabelecer-se grandes proprietários ingleses. Os princípios aristocráticos e, com eles, as leis inglesas sobre as sucessões foram importados para lá. Dei a conhecer as razões que impediam que se pudesse estabelecer na América uma aristocracia poderosa. Contudo essas razões, embora subsistindo a sudoeste do Hudson, tinham aí menos força do que a leste desse rio. Ao sul, um só homem podia, com ajuda de escravos, cultivar uma grande extensão de terreno. Viam-se, portanto, florescer nessa parte do continente ricos proprietários de terras; mas sua influência não era precisamente aristocrática, como se entende na Europa, pois não possuíam nenhum privilégio e o cultivo com escravos não lhes dava vassalos, por conseguinte não exerciam patronagem. Todavia, os grandes proprietários, ao sul do Hudson, formavam uma classe superior, com ideias e gostos próprios, concentrando em geral a ação política em seu seio. Era uma espécie de aristocracia pouco diferente da massa do povo, cujas paixões e cujos interesses ela abraçava facilmente, não suscitando nem o amor nem o ódio; em suma, fraca e pouco vivaz. Foi essa classe que, no Sul, pôs-se à frente da insurreição: a revolução da América lhe deve seus maiores homens.

Nessa época, toda a sociedade foi abalada. O povo, em nome do qual se tinha combatido, o povo, que se tornara potência, concebeu o desejo de agir por conta própria; os instintos democráticos despertaram; rompendo o jugo da metrópole, tomou-se gosto por toda espécie de independência; as influências individuais cessaram pouco a pouco de se fazerem sentir; os hábitos, assim como as leis, começaram a caminhar concordes em direção ao mesmo objetivo.

Mas a lei das sucessões é que fez a igualdade dar seu último passo.

Espanta-me que os publicistas antigos e modernos não tenham atribuído às leis sobre as sucessões[1] maior influência na marcha dos assuntos humanos. Essas leis pertencem, é verdade, à ordem civil; mas deveriam ser colocadas à frente de todas as instituições políticas, porque influem incrivelmente sobre o estado social dos povos, de que as leis políticas não são mais que a expressão. Elas têm, além do mais, uma maneira segura e uniforme de agir sobre a sociedade; de certa forma penhoram as gerações antes do nascimento destas. Por elas, o homem é armado de um poder quase divino sobre o futuro de seus semelhantes. O legislador resolve uma vez a sucessão dos cidadãos e repousa durante séculos: dado o movimento à sua obra, ele pode retirar dela sua mão, a máquina age por suas próprias forças e se dirige como por si só para um objetivo indicado de antemão. Constituída de certa maneira, ela reúne, concentra, agrupa em torno de alguma cabeça a propriedade e, logo depois, o poder; ela faz de certa forma a aristocracia jorrar do solo. Conduzida por outros princípios e lançada em outro caminho, sua ação é mais rápida ainda; ela divide, partilha, dissemina os bens e o poder; acontece às vezes de as pessoas ficarem assustadas com a rapidez da sua marcha e, desesperando deter seu movimento, procurarem pelo menos criar diante dela dificuldades e obstáculos, pretenderem contrabalançar sua ação mediante esforços contrários. Cuidados inúteis! Ela esmaga ou faz voar em pedaços tudo o que encontra em sua passagem, ergue-se e torna incessantemente a cair no chão, até que este não apresente à vista mais que uma poeira movediça e impalpável, sobre a qual se assenta a democracia.

Quando a lei das sucessões permite e, com maior razão, ordena a igual divisão dos bens do pai entre todos os filhos, seus efeitos são de duas sortes. É importante distingui-los com cuidado, muito embora tendam ao mesmo fim.

Em virtude da lei das sucessões, a morte de cada proprietário acarreta uma revolução na propriedade; não apenas os bens mudam de dono, como mudam, por assim dizer, de natureza: eles se fracionam sem cessar em porções menores.

É esse o efeito direto e, de certa forma, material da lei. Nos países em que a legislação estabelece a igualdade das partilhas, os bens e, em particular, as fortunas territoriais devem pois ter uma tendência permanente a se atenuar. Todavia, os efeitos dessa legislação só se fariam sentir a longo prazo, se a lei fosse abandonada às suas próprias forças; porque, se a família não se compuser de mais de dois filhos (e a média das famílias num país povoado como a França é apenas de três, ao que se diz), esses filhos, dividindo a fortuna do pai e da mãe, não serão mais pobres que cada um destes últimos individualmente.

Mas a lei da partilha igual não exerce sua influência apenas sobre a sorte dos bens; ela também age sobre a própria alma dos proprietários e chama as paixões deles em seu auxílio. Seus efeitos indiretos é que destroem rapidamente as grandes fortunas e, sobretudo, as grandes propriedades fundiárias.

Nos povos em que a lei das sucessões baseia-se no direito de primogenitura, os domínios territoriais passam na maioria das vezes de geração em geração sem se dividir. Resulta daí que o espírito de família se materializa de certa forma na terra. A família representa a terra, a terra representa a família; ela perpetua seu nome, sua origem, sua glória, sua potência, suas virtudes; é uma testemunha imperecível do passado e uma garantia preciosa da existência vindoura.

Quando a lei das sucessões estabelece a partilha igual, ela destrói a ligação íntima que existia entre o espírito de família e a conservação da terra. A terra deixa de representar a família, porque, não podendo deixar de ser partilhada ao cabo de uma ou duas gerações, é evidente que deve diminuir sem cessar e acabar desaparecendo inteiramente. Os filhos de um grande proprietário fundiário, se forem em número reduzido, ou se a fortuna lhes for favorável, podem muito bem conservar a esperança de não ser menos ricos do que ele; sua riqueza se comporá necessariamente de outros elementos que não a dele.

Ora, a partir do momento em que se tira dos proprietários fundiários um grande interesse de sentimento, lembranças, orgulho, ambição em conservar a terra, pode-se estar certo de que cedo ou tarde eles irão vendê-la, porque têm um grande interesse pecuniário em fazê-lo, já que os capitais mobiliários produzem mais rendimentos que os outros e se prestam mais facilmente a satisfazer as paixões do momento.

Uma vez divididas, as grandes propriedades fundiárias não se reconstituem mais, porque o pequeno proprietário extrai mais renda de seu campo[2], guardadas as devidas proporções, do que o grande proprietário do seu; portanto este o vende muito mais caro do que aquele. Assim, os cálculos econômicos que levaram o homem rico a vender vastas propriedades irão impedi-lo, com maior razão, de comprar pequenas propriedades para recompor grandes.

O que se chama espírito de família funda-se com frequência numa ilusão do egoísmo individual. As pessoas procuram se perpetuar e se imortalizar de certa forma em seus pósteros. Onde termina o espírito de família, o egoísmo individual entra na realidade de suas inclinações. Como a família passa a se apresentar ao espírito apenas como uma coisa vaga, indeterminada, incerta, cada qual se concentra na comodidade do presente; pensa-se no estabelecimento da geração que virá, e só.

Portanto não se procura perpetuar a família ou, pelo menos, procura-se perpetuá-la por outros meios que não a propriedade fundiária.

Assim, não apenas a lei das sucessões torna difícil para as famílias conservar intactas as mesmas terras, como tira-lhes o desejo de tentá-lo e leva-as, de certa forma, a cooperar com essa lei para a sua própria ruína.

A lei da partilha igual procede por dois caminhos: agindo sobre a coisa, ela age sobre o homem; agindo sobre o homem, ela chega à coisa.

Das duas maneiras, ela consegue atacar profundamente a propriedade fundiária e fazer desaparecer com rapidez tanto as famílias como as fortunas[3].

Não cabe sem dúvida a nós, franceses do século XIX, testemunhas cotidianas das mudanças políticas e sociais que a lei das sucessões provoca, questionar seu poder. Cada dia a vemos passar e repassar sem cessar em nosso solo, derrubando em seu caminho os muros de nossas casas e destruindo a cerca de nossos campos. Mas, se a lei das sucessões já fez muito entre nós, muito ainda lhe resta a fazer. Nossas lembranças, nossas opiniões e nossos hábitos lhe opõem poderosos obstáculos.

Nos Estados Unidos, sua obra de destruição está praticamente terminada. É lá que podemos estudar seus principais resultados.

A legislação inglesa sobre a transmissão dos bens foi abolida em quase todos os Estados na época da revolução.

A lei sobre as substituições foi modificada de maneira a só atrapalhar imperceptivelmente a livre circulação dos bens (G).

A primeira geração passou; as terras começaram a dividir-se. O movimento tornou-se cada vez mais rápido à medida que o tempo caminhava. Hoje, quando transcorreram apenas sessenta anos, o aspecto da sociedade já é irreconhecível; quase todas as famílias dos grandes proprietários fundiários naufragaram no seio da massa comum. No Estado de Nova York, onde havia grande número deles, dois mal conseguem sobreviver sobre esse abismo pronto para tragá-los. Os filhos desses opulentos cidadãos são hoje comerciantes, advogados, médicos. A maioria caiu na obscuridade mais profunda. O último vestígio das hierarquias e das distinções hereditárias está destruído; a lei das sucessões passou por toda a parte seu nível.

Não é que nos Estados Unidos não haja ricos, como em outros países. Ao contrário, não conheço país em que o amor ao dinheiro ocupe maior espaço no coração do homem e em que se professe um desprezo mais profundo pela teoria da igualdade permanente dos bens. Mas lá a fortuna circula com incrível rapidez, e a experiência ensina que é raro ver duas gerações recolherem seus favores.

Esse panorama, por mais colorido que o suponhamos, proporciona apenas uma ideia incompleta do que acontece nos novos Estados do Oeste e do Sudoeste.

No fim do século passado, ousados aventureiros começaram a penetrar nos vales do Mississippi. Foi como que uma nova descoberta da América. Logo o grosso da emigração para lá se dirigiu; viram-se então sociedades desconhecidas surgirem de repente do deserto. Estados cujo nome sequer existia poucos anos antes tomaram lugar no seio da União americana. É no Oeste que podemos observar a democracia chegar ao seu limite extremo. Nesses Estados, de certa forma improvisados pela sorte, os habitantes chegaram ontem ao solo que ocupam. Mal se conhecem, cada um ignora a história de seu vizinho mais próximo. Nessa parte do continente americano, a população escapa pois não apenas à influência dos grandes nomes e das grandes riquezas, mas a essa aristocracia natural que decorre das luzes e da virtude. Ninguém exerce ali esse respeitável poder que os homens concedem à lembrança de uma vida inteira dedicada a fazer o bem ante seus olhos. Os novos Estados do Oeste já têm habitantes, mas a sociedade ainda não existe neles.

No entanto não só as fortunas são iguais: a igualdade se estende até certo ponto às próprias inteligências.

Não creio que haja país no mundo em que, guardada a proporção com a população, encontremos tão poucos ignorantes e menos sábios do que na América.

A instrução primária está ao alcance de todos; a instrução superior quase não está ao alcance de ninguém.

É fácil compreender isso, que é, por assim dizer, o resultado necessário do que sustentamos anteriormente.

Quase todos os americanos vivem bem; podem portanto proporcionar-se facilmente os primeiros elementos dos conhecimentos humanos.

Na América, há poucos ricos; quase todos os americanos têm pois a necessidade de exercer uma profissão. Ora, toda profissão requer um aprendizado. Logo, os americanos só podem dedicar à cultura geral da inteligência os primeiros anos da vida. Aos quinze anos, eles entram numa carreira; assim, sua educação acaba na maioria dos casos no ponto em que a nossa começa. Se vai além, dirige-se apenas para uma matéria especial e lucrativa; estudam uma ciência como se abraça um ofício e só se interessam pelas aplicações cuja utilidade presente é reconhecida.

Na América, a maioria dos ricos começou sendo pobre; quase todos os ociosos foram, em sua juventude, pessoas ocupadas, donde resulta que, quando poderiam ter o gosto pelo estudo, não têm tempo de se consagrar a ele, e que, quando adquirem o tempo para se consagrar a ele, não têm mais o gosto.

Portanto não existe na América classe em que a inclinação pelos prazeres intelectuais se transmita com uma naturalidade e uma disponibilidade hereditárias e que tenha em apreço os trabalhos da inteligência.

Por isso falta tanto a vontade como o poder de se dedicar a esses trabalhos.

Estabeleceu-se na América, nos conhecimentos humanos, certo nível mediano. Todos os espíritos se aproximaram desse nível; uns elevando-se, outros abaixando-se.

Encontramos assim uma imensa multidão de indivíduos que têm mais ou menos a mesma quantidade de noções em matéria de religião, história, ciências, economia política, legislação, governo.

A desigualdade intelectual vem diretamente de Deus, e o homem não poderia impedir que ela sempre exista.

Mas, pelo menos, acontece, em relação ao que acabamos de dizer, que as inteligências, muito embora permanecendo desiguais, tal como quis o Criador, encontram à sua disposição meios iguais.

Assim, pois, em nossos dias, na América, o elemento aristocrático, sempre fraco desde o seu nascimento, se não está destruído, está em todo caso debilitado, de tal sorte que é difícil atribuir-lhe uma influência qualquer no andamento das coisas.

O tempo, os acontecimentos e as leis, ao contrário, tornaram o elemento democrático ali não apenas preponderante, mas por assim dizer único. Nenhuma influência de família nem de corpo se deixa perceber; muitas vezes até não seríamos capazes de lá descobrir uma influência individual um tanto duradoura.

A América apresenta, pois, em seu estado social, o mais estranho fenômeno. Lá os homens se mostram mais iguais por sua fortuna e por sua inteligência, ou, em outras palavras, mais igualmente fortes do que são em qualquer outro país do mundo e do que foram em qualquer outro século de que a história conserve a lembrança.

Consequências políticas do estado social dos anglo-americanos

As consequências políticas de semelhante estado social são fáceis de deduzir.

É impossível compreender que a igualdade não acabe penetrando no mundo político como em outras partes. Não se poderia conceber os homens eternamente desiguais entre si num só ponto e iguais em outros; portanto eles chegarão, num tempo dado, a sê-lo em todos.

Ora, só conheço duas maneiras de fazer reinar a igualdade no mundo político: dar direitos a cada cidadão ou não dar a ninguém.

No caso dos povos que alcançaram o mesmo estado social dos anglo-americanos, é dificílimo portanto perceber um termo médio entre a soberania de todos e o poder absoluto de um só.

Não se deve dissimular que o estado social que acabo de descrever se presta com quase idêntica facilidade a essas duas consequências.

De fato, há uma paixão vigorosa e legítima pela igualdade que leva todos os homens a querer ser fortes e estimados. Essa paixão tende a elevar os pequenos ao nível dos grandes; mas também existe no coração humano um gosto depravado pela igualdade, que leva os fracos a querer atrair os fortes a seu nível e que reduz os homens a preferir a igualdade na servidão à desigualdade na liberdade. Não é que os povos cujo estado social é democrático desprezem naturalmente a liberdade; ao contrário, eles têm um gosto instintivo por ela. Mas a liberdade não é o objeto principal e contínuo de seu desejo: o que eles amam com um amor eterno é a igualdade; eles se projetam para a liberdade por um impulso rápido e por esforços súbitos e, se fracassam, resignam-se;

mas nada saberia satisfazê-los sem a igualdade, e eles prefeririam perecer a perdê-la.

De outro lado, quando os cidadãos são, todos, mais ou menos iguais, fica difícil para eles defender sua independência contra as agressões do poder. Como nenhum deles é forte o bastante para lutar sozinho com vantagem, apenas a combinação das forças de todos é capaz de garantir a liberdade. Ora, semelhante combinação não se encontra sempre.

Os povos podem pois tirar duas grandes consequências políticas do mesmo estado social. Essas consequências diferem prodigiosamente entre si, mas provêm todas do mesmo fato.

Primeiros a se verem submetidos a essa temível alternativa que acabo de descrever, os anglo-americanos foram bastante felizes para escapar do poder absoluto. As circunstâncias, a origem, as luzes e, sobretudo, os costumes permitiram-lhes fundar e manter a soberania do povo.

CAPÍTULO IV

Do princípio da soberania do povo na América

Ele domina toda a sociedade americana. – Aplicação que os americanos já faziam desse princípio antes de sua revolução. – Desenvolvimento que lhe deu essa revolução. – Redução gradual e irresistível do censo.

Quando se quiser falar das leis políticas dos Estados Unidos, é sempre pelo dogma da soberania do povo que convém começar.

O princípio da soberania do povo, que se encontra sempre mais ou menos no fundo de quase todas as instituições humanas, aí costuma permanecer como que sepulto. As pessoas lhe obedecem sem o reconhecer ou, se às vezes acontece trazê-lo por um momento à luz do dia, logo se apressam em precipitá-lo de novo nas trevas do santuário.

A vontade nacional é um dos termos de que os intrigantes de todos os tempos e os déspotas de todas as eras mais abusaram amplamente. Uns viram sua expressão nos sufrágios comprados de alguns agentes do poder; outros nos votos de uma minoria interessada ou temerosa; há até mesmo os que a descobriram totalmente formulada no silêncio dos povos e que pensaram que do *fato* da obediência nascia, para eles, o *direito* do comando.

Na América, o princípio da soberania do povo não é oculto ou estéril, como em certas nações; ele é reconhecido pelos costumes, proclamado pelas leis; estende-se com liberdade e chega sem obstáculos às últimas consequências.

Se há um país no mundo em que se possa esperar apreciar por seu justo valor o dogma da soberania do povo, estudá-lo em sua aplicação aos assuntos da sociedade e julgar suas vantagens e seus perigos, esse país é seguramente a América.

Disse precedentemente que, desde a origem, o princípio da soberania do povo havia sido o princípio gerador da maioria das colônias inglesas da América.

No entanto, ele esteve longe de dominar então o governo da sociedade, como faz em nossos dias.

Dois obstáculos, um externo, outro interno, retardavam sua marcha invasora.

Ele não podia abrir caminho ostensivamente no seio das leis, pois as colônias ainda eram obrigadas a obedecer à metrópole; era portanto reduzido a se esconder nas assembleias provinciais e, sobretudo, na comuna. Aí ele se expandia em segredo.

A sociedade americana de então ainda não estava preparada para adotá-lo em todas as suas consequências. As luzes na Nova Inglaterra, as riquezas ao sul do Hudson exerceram por muito tempo, como mostrei no capítulo anterior, uma espécie de influência aristocrática que tendia a concentrar em poucas mãos o exercício dos poderes sociais. Ainda estava longe o dia em que todos os funcionários públicos seriam eleitos e todos os cidadãos, eleitores. O direito eleitoral estava em toda a parte contido em certos limites e subordinado à existência de um censo. Esse censo era muito fraco no Norte, mais considerável no Sul.

A revolução americana estourou. O dogma da soberania do povo saiu da comuna e apoderou-se do governo; todas as classes se comprometeram por sua causa; combateu-se e triunfou-se em seu nome; ele se tornou a lei das leis.

Uma mudança quase tão rápida efetuou-se no interior da sociedade. A lei das sucessões acabou de destruir as influências locais.

No momento em que esse efeito das leis e da revolução começou a se revelar a todos os olhos, a vitória já se havia irrevogavelmente pronunciado em favor da democracia. O poder estava, de fato, em suas mãos. Já não era nem sequer permitido lutar contra ela. As altas classes submeteram-se pois sem murmúrio e sem combate a um mal dali em diante inevitável. Aconteceu com elas o que costuma acontecer com as potências que caem: o egoísmo individual apoderou-se de seus membros; como não podiam mais arrancar a força das mãos do povo e como não detestavam a multidão a ponto de aprazer-se em afrontá-la, não pensaram em outra coisa que não conquistar a qualquer preço seu beneplácito. Rivalizaram então em votar as leis mais democráticas homens cujos interesses elas mais feriam. Dessa maneira, as altas classes não suscitaram contra si as paixões populares: elas mesmas apressaram o triunfo da nova ordem. Assim, coisa singular, viu-se um elã democrático tão mais irresistível nos Estados em que a aristocracia tinha mais raízes.

O Estado de Maryland, que fora fundado por grandes senhores, foi o primeiro a proclamar o voto universal[1] e introduziu no conjunto de seu governo as formas mais democráticas.

Quando um povo começa a tocar no censo eleitoral, pode-se prever que chegará, num prazo mais ou menos longo, a fazê-lo desaparecer completamente. Essa é uma das regras mais invariáveis que regem as sociedades. À medida que se recua o limite dos direitos eleitorais, sente-se a necessidade de recuá-lo ainda mais; porque, depois de cada nova concessão, as forças da democracia aumentam e suas exigências crescem com seu novo poder. A ambição dos que são deixados abaixo do censo inflama-se proporcionalmente ao grande número dos que se acham acima. A exceção se torna enfim a regra; as concessões sucedem-se sem parar e só se para quando se chega ao sufrágio universal.

Em nossos dias, o princípio da soberania do povo teve nos Estados Unidos todos os desenvolvimentos práticos que a imaginação é capaz de conceber. Ele se depurou de todas as ficções com que tomaram o cuidado de cercá-lo em outros países; vemo-lo revestir-se sucessivamente de todas as formas, conforme a necessidade do caso. Ora o povo em corpo faz as leis, como em Atenas; ora deputados, que o voto universal criou, o representam e agem em seu nome sob sua vigilância quase imediata.

Há países em que um poder, de certa forma exterior ao corpo social, atua sobre ele e força-o a caminhar em certo sentido.

Outros há em que a força é dividida, situando-se ao mesmo tempo na sociedade e fora dela. Nada parecido se vê nos Estados Unidos; lá a sociedade age por si e sobre si mesma. Só há força em seu seio; quase não se encontra ninguém que ouse conceber e, sobretudo, exprimir a ideia de buscá-la em outra parte. O povo participa da composição das leis pela escolha dos legisladores, da sua aplicação pela eleição dos agentes do poder executivo; podemos dizer que governa por si mesmo, a tal ponto a importância deixada à administração é fraca e restrita, a tal ponto ela é marcada por sua origem popular e obedece ao poder de que emana. O povo reina sobre o mundo político americano como Deus sobre o universo. Ele é a causa e o fim de todas as coisas. Tudo provém dele e tudo nele se absorve (H).

CAPÍTULO V

Necessidade de estudar o que acontece nos Estados antes de falar do governo da União

Propomo-nos a examinar, no capítulo seguinte, qual é, na América, a forma do governo fundado no princípio da soberania do povo, quais são seus meios de ação, seus embaraços, suas vantagens e seus perigos.

Uma primeira dificuldade se apresenta: os Estados Unidos têm uma constituição complexa; notamos ali duas sociedades distintas envolvidas e, se assim posso me explicar, encaixadas uma na outra; vemos dois governos completamente separados e quase independentes: um, habitual e indefinido, que responde às necessidades cotidianas da sociedade, o outro, excepcional e circunscrito, que só se aplica a certos interesses gerais. São, numa palavra, vinte e quatro pequenas nações soberanas, cujo conjunto forma o grande corpo da União.

Examinar a União antes de estudar os Estados é enveredar por um caminho semeado de obstáculos. A forma do governo federal nos Estados Unidos foi a última a aparecer; foi apenas uma modificação da república, um resumo dos princípios políticos difundidos na sociedade inteira antes dela e subsistindo na sociedade independentemente dela. Aliás, o governo federal, como acabo de dizer, não passa de uma exceção; o governo dos Estados é a regra comum. O escritor que quisesse dar a conhecer o conjunto de semelhante quadro antes de ter mostrado seus detalhes cairia necessariamente em obscuridades ou repetições.

Os grandes princípios políticos que regem hoje em dia a sociedade americana nasceram e se desenvolveram nos

Estados. Disso não se pode duvidar. É portanto o Estado que precisamos conhecer para termos a chave de todo o resto.

Todos os Estados que compõem atualmente a União americana oferecem, quanto ao aspecto externo das instituições, o mesmo espetáculo. A vida política ou administrativa se encontra concentrada nos três focos de ação que poderiam ser comparados aos diversos centros nervosos que fazem mover o corpo humano.

No primeiro degrau está a *comuna*, mais acima o *condado*, enfim o *Estado*.

Do sistema comunal na América

Por que o autor começa o exame das instituições políticas pela comuna. – A comuna é encontrada em todos os povos. – Dificuldade de estabelecer e de conservar a liberdade comunal. – Sua importância. – Por que o autor escolheu a organização comunal da Nova Inglaterra para objeto principal de seu exame.

Não é por acaso que examino antes de mais nada a comuna.

É a única associação tão natural que, onde quer que haja homens reunidos, forma-se por si mesma.

A sociedade comunal existe, pois, em todos os povos, quaisquer que sejam seus usos e suas leis; é o homem que faz os reinos e cria as repúblicas; a comuna parece sair diretamente das mãos de Deus. Mas se ela existe desde que há homens, a liberdade comunal é coisa rara e frágil. Um povo sempre pode estabelecer grandes assembleias políticas, porque existe habitualmente em seu seio certo número de homens nos quais as luzes substituem até certo ponto a experiência nos negócios. A comuna se compõe de elementos grosseiros que frequentemente se recusam à ação do legislador. A dificuldade de fundar a independência das comunas, em vez de diminuir à medida que as nações se esclarecem, aumenta com suas luzes. Uma sociedade muito civilizada tem grande dificuldade de tolerar os intentos de liberdade comunal; ela se revolta à vista dos numerosos descompassos desta e desespera o sucesso antes de alcançar o resultado final da experiência.

Entre todas as liberdades, a das comunas, que se estabelece tão dificilmente, é também a mais exposta às invasões do poder. Entregues a si mesmas, as instituições comunais não seriam capazes de lutar contra um governo empreendedor e forte; para se defenderem com êxito, precisam ter se desenvolvido plenamente e incorporado às ideias e aos hábitos nacionais. Assim, enquanto a liberdade comunal não estiver arraigada nos costumes, é fácil destruí-la, e ela só se pode arraigar nos costumes depois de haver subsistido por muito tempo nas leis.

A liberdade comunal escapa, pois, por assim dizer, ao esforço do homem. Por isso é tão raro ser criada: ela nasce, de certa forma, de si mesma. Ela se desenvolve quase em segredo no seio de uma sociedade semibárbara. A ação contínua das leis e dos costumes, as circunstâncias e, sobretudo, o tempo é que conseguem consolidá-la. De todas as nações do continente europeu, podemos dizer que não há uma só que a conheça.

No entanto, é na comuna que reside a força dos povos livres. As instituições comunais estão para a liberdade assim como as escolas primárias estão para a ciência: elas a colocam ao alcance do povo, fazem-no provar seu uso tranquilo e habituam-no a empregá-la. Sem instituições comunais uma nação pode se dotar de um governo livre, mas não possui o espírito da liberdade. Paixões passageiras, interesses de um momento, o acaso das circunstâncias podem lhe dar as formas externas da independência; mas o despotismo reprimido no interior do corpo social cedo ou tarde volta à tona.

Para fazer o leitor compreender bem os princípios gerais sobre os quais repousa a organização política da comuna e do condado nos Estados Unidos, achei útil tomar por modelo um Estado em particular, examinar em detalhe o que nele sucede e lançar em seguida um olhar rápido sobre o resto do país.

Escolhi um dos Estados da Nova Inglaterra.

A comuna e o condado não são organizados da mesma maneira em todas as partes da União; contudo é fácil reconhecer que em toda a União mais ou menos os mesmos princípios presidiram a formação de uma e de outro.

Ora, pareceu-me que esses princípios tinham recebido na Nova Inglaterra desenvolvimentos mais consideráveis e alcançado consequências mais distantes do que em qualquer outra parte. Logo eles se mostram aí, por assim dizer, mais em relevo e se entregam assim mais facilmente à observação do estrangeiro.

As instituições comunais da Nova Inglaterra formam um conjunto completo e regular; elas são antigas; são fortes pelas leis, mais fortes ainda pelos costumes; exercem uma influência prodigiosa sobre toda a sociedade.

Por todos esses motivos merecem atrair nossa atenção.

Circunscrição da comuna

A comuna da Nova Inglaterra (*township*) fica a meio caminho entre o cantão e a comuna da França. Em geral, conta dois a três mil habitantes[1]; portanto não é tão extensa a ponto de seus habitantes não terem mais ou menos os mesmos interesses e, por outro lado, é suficientemente povoada para que sempre se tenha a certeza de encontrar em seu seio os elementos de uma boa administração.

Poderes comunais na Nova Inglaterra

O povo, origem de todos os poderes, na comuna como fora dela. – Na comuna ele trata dos principais assuntos por si mesmo. – Ausência de conselho municipal. – A maior parte da autoridade comunal concentrada na mão dos select-men. *– Como os* select-men *agem. – Assembleia geral dos habitantes da comuna* (town-meeting)*. – Enumeração de todos os funcionários comunais. – Funções obrigatórias e retribuídas.*

Na comuna, como em tudo o mais, o povo é a fonte dos poderes sociais, mas em nenhuma outra parte ele exerce seu poder de maneira mais imediata. O povo, na América, é um amo ao qual foi necessário agradar até os extremos limites do possível.

Na Nova Inglaterra a maioria age por meio de representantes quando é necessário tratar dos negócios gerais do Estado. Era preciso que assim fosse. Mas na comuna, onde a ação legislativa e governamental é mais próxima dos governados, a lei da representação não é admitida. Não há conselho municipal; o corpo dos eleitores, depois de nomear seus magistrados, dirige-os ele mesmo em tudo o que não é a execução pura e simples das leis do Estado[2].

Essa ordem de coisas é tão contrária a nossas ideias e tão oposta a nossos hábitos, que é necessário fornecer aqui alguns exemplos para que seja possível compreendê-la bem.

As funções públicas são extremamente numerosas e bastante divididas na comuna, como veremos adiante; no entanto, a maioria dos poderes administrativos está concentrada nas mãos de um pequeno número de indivíduos eleitos cada ano e que se chamam *select-men*[3].

As leis gerais do Estado impuseram aos *select-men* certo número de obrigações. Eles não necessitam da autorização de seus administrados para cumpri-las e não podem furtar-se a elas sem comprometer sua responsabilidade pessoal. A lei do Estado os encarrega, por exemplo, de elaborar as listas eleitorais; se se omitirem, tornam-se culpados de um delito. Mas, em todas as coisas que são deixadas à direção do poder comunal, os *select-men* são executantes das vontades populares, como entre nós o *maire* [prefeito] é o executor das deliberações do conselho municipal. Na maioria das vezes, eles agem sob sua responsabilidade privada e apenas seguem, na prática, a consequência dos princípios que a maioria fixou precedentemente. Mas se quiserem introduzir uma mudança qualquer na ordem estabelecida, se desejarem lançar-se numa nova empreitada, precisarão remontar à fonte de seu poder. Suponhamos que se trate de construir uma escola; os *select-men* convocam para certo dia, num lugar indicado com antecedência, a totalidade dos eleitores; aí expõem a necessidade que se faz sentir, apresentam os meios de satisfazê-la, o dinheiro que será preciso despender, o lugar que convém escolher. A assembleia, consultada acerca de todos esses pontos, adota o princípio, fixa o lugar, vota o imposto e remete a execução de sua vontade às mãos dos *select-men*.

Somente os *select-men* têm o direito de convocar a reunião comunal (*town-meeting*), mas pode-se provocá-los a fazer isso. Se dez proprietários concebem um novo projeto e querem submetê-lo ao assentimento da comuna, eles reclamam uma convocação geral dos habitantes; os *select-men* são obrigados a subscrevê-la e conservam tão só o direito de presidir a assembleia[4].

Esses costumes políticos, esses usos sociais estão sem dúvida bem distantes de nós. Não tenho neste momento vontade de julgá-los nem de dar a conhecer as causas ocultas que os produzem e os vivificam; limito-me a expô-los.

Os *select-men* são eleitos todos os anos no mês de abril ou de maio. A assembleia comunal escolhe ao mesmo tempo uma série de outros magistrados municipais[5], encarregados de certos detalhes administrativos importantes. Uns, com o nome de assessores, devem estabelecer o imposto; outros, com o de coletores, devem arrecadá-lo. Um funcionário, chamado *constable*, é encarregado da função de polícia, de zelar pelos lugares públicos e dar mão forte à execução material das leis. Outro, nomeado escrivão da comuna, registra todas as deliberações; ele escritura os atestados do registro civil. Um caixa guarda os fundos comunais. Acrescentem a esses funcionários um zelador dos pobres, cujo dever, dificílimo de cumprir, é executar a legislação relativa aos indigentes, os comissários das escolas, que dirigem a instrução pública, os supervisores das vias públicas, que se encarregam de todos os detalhes viários, e terão a lista dos principais agentes da administração comunal. Mas a divisão das funções não para aí: encontramos ainda, entre os funcionários municipais[6], comissários de paróquia, que devem cuidar das despesas do culto e supervisores de vários gêneros, encarregados uns de dirigir os esforços dos cidadãos em caso de incêndio, outros de cuidar das colheitas; estes, de suspender provisoriamente as dificuldades que podem surgir em relação às cercas das terras, aqueles, de vigiar a medição da lenha ou fiscalizar os pesos e medidas.

Contam-se ao todo dezenove funções principais na comuna. Cada habitante é obrigado, sob pena de multa, a aceitar essas diferentes funções; mas também a maioria delas é retribuída, de modo que os cidadãos pobres possam consagrar a elas seu tempo sem ter prejuízo. De resto, o sistema americano não é o de pagar um vencimento fixo aos funcionários: em geral, cada ato de seu ministério tem um preço, e eles são remunerados apenas proporcionalmente ao que fizeram.

Da existência comunal

Cada qual é o melhor juiz do que só a si concerne. – Corolário do princípio da soberania do povo. – Aplicação que fazem as comunas americanas dessas doutrinas. – A comuna da Nova Inglaterra, soberana em tudo o que diz respeito exclusivamente a ela, súdita em tudo o mais. – Obrigação da comuna para com o Estado. – Na França, o governo empresta seus agentes à comuna. – Na América, a comuna empresta os seus ao governo.

Disse precedentemente que o princípio da soberania do povo paira sobre todo o sistema político dos anglo-americanos. Cada página deste livro dará a conhecer algumas novas aplicações dessa doutrina.

Nas nações em que reina o dogma da soberania do povo, cada indivíduo constitui uma porção igual do soberano e participa igualmente do governo do Estado.

Portanto cada indivíduo é tido como tão esclarecido, tão virtuoso, tão forte quanto qualquer outro de seus semelhantes.

Por que então ele obedece à sociedade e quais são os limites naturais dessa obediência?

Ele não obedece à sociedade por ser inferior aos que a dirigem, ou menos capaz que outro homem de governar a si mesmo; obedece à sociedade porque a união com seus semelhantes lhe parece útil e porque sabe que essa união não pode existir sem um poder regulador.

Em tudo o que diz respeito aos deveres mútuos dos cidadãos, tornou-se súdito, pois. Em tudo o que só diz respeito a si mesmo, permaneceu senhor: é livre e só deve prestar conta de seus atos a Deus. Daí a máxima de que o indivíduo é o melhor e único juiz de seu interesse particular e que a sociedade só tem o direito de dirigir seus atos quando se sente lesada por um feito dele ou quando precisa reclamar seu concurso.

Essa doutrina é universalmente admitida nos Estados Unidos. Examinarei em outro lugar que influência geral ela exerce até mesmo nas ações ordinárias da vida; mas agora estou falando das comunas.

A comuna, considerada em massa e com relação ao governo central, não é mais que um indivíduo como outro qualquer, ao qual se aplica a teoria que acabo de indicar.

A liberdade comunal decorre, pois, nos Estados Unidos, do próprio dogma da soberania do povo; todas as repúblicas americanas reconheceram mais ou menos essa independência; mas nos povos da Nova Inglaterra as circunstâncias favoreceram particularmente seu desenvolvimento.

Nessa parte da União, a vida política nasceu no próprio seio das comunas; quase poderíamos dizer que, em sua origem, cada uma delas era uma nação independente. Quando, mais tarde, os reis da Inglaterra reclamaram sua parte da soberania, limitaram-se a tomar o poder central. Deixaram a comuna no estado em que a encontraram. Agora as comunas da Nova Inglaterra são súditas; mas no início não eram ou apenas eram. Portanto não receberam seus poderes; ao contrário, parecem é ter aberto mão, em favor do Estado, de uma porção de sua independência – distinção importante que deve permanecer presente no espírito do leitor.

As comunas, em geral, só são submetidas ao Estado quando se trata de um interesse que chamarei *social*, isto é, que elas partilham com outras.

Em tudo o que diz respeito apenas a elas, as comunas permaneceram corpos independentes; e entre os habitantes da Nova Inglaterra não há nenhum, penso eu, que reconheça ter o governo do Estado o direito de intervir na direção dos interesses puramente comunais.

Vemos pois as comunas da Nova Inglaterra vender e comprar, atacar e defender-se diante dos tribunais, onerar seu orçamento ou aliviá-lo, sem que nenhuma autoridade administrativa sequer cogite de se opor[7].

Quanto aos deveres sociais, são obrigadas a cumprir com eles. Assim, se o Estado necessitar de dinheiro, a comuna não tem liberdade de lhe prestar ou recusar seu concurso[8]. Se o Estado quiser abrir uma estrada, a comuna não tem o poder de lhe fechar seu território. Se ele promulgar um regulamento de polícia, a comuna deve executá-lo. Se quiser organizar a instrução num plano uniforme em toda a extensão do território, a comuna é obrigada a criar as escolas queridas pela lei[9]. Veremos, quando falarmos da administração nos Estados Unidos, como e por quem as comunas, em todos esses diferentes casos, são constrangidas à obediência. Aqui desejo apenas estabelecer a existência da obrigação. Essa obrigação é estrita, mas o governo do Estado, ao impô-la, unicamente decreta um princípio; para sua execução, a comuna em geral volta a exercer todos os seus direitos de individualidade. Assim, a taxa é, com efeito, votada pela legislatura, mas é a comuna que a reparte e a arrecada; a existência de uma escola é imposta, mas é a comuna que a constrói, a paga e a dirige.

Na França, o coletor do Estado arrecada as taxas comunais; na América, o coletor da comuna arrecada a taxa do Estado.

Assim, entre nós, o governo central empresta seus agentes à comuna; na América, a comuna empresta seus funcionários ao governo. Esse simples fato permite compreender em que grau as duas sociedades diferem.

Do espírito comunal na Nova Inglaterra

Por que a comuna da Nova Inglaterra conquista a afeição dos que a habitam. – Dificuldade que se tem na Europa de criar o espírito comunal. – Direitos e deveres comunais que concorrem na América a formar esse espírito. – A pátria tem mais fisionomia nos Estados Unidos do que em outros países. – Em que o espírito comunal se manifesta na Nova Inglaterra. – Que felizes efeitos produz aí.

Na América, não apenas existem instituições comunais, mas também um espírito comunal que as sustenta e vivifica. A comuna da Nova Inglaterra reúne duas vantagens que, onde quer que se encontrem, suscitam vivamente o interesse dos homems, a saber: a independência e a força. Ela age, é verdade, num círculo de que não pode sair, mas dentro dele seus movimentos são livres. Essa simples independência já lhe daria uma importância real, se sua população e sua extensão não a conferissem.

Cumpre persuadir-se de que as afeições dos homens em geral só se dirigem para onde há força. Não se vê o amor à pátria reinar por muito tempo num país conquistado. O habitante da Nova Inglaterra apega-se à sua comuna não tanto porque nasceu nela, mas porque vê nessa comuna uma corporação livre e forte de que faz parte e que vale a pena procurar dirigir.

Acontece com frequência, na Europa, que os próprios governantes lamentem a ausência do espírito comunal; porque todos convêm que o espírito comunal é um grande elemento de ordem e de tranquilidade pública, mas não sabem como produzi-lo. Tornando a comuna forte e independente, temem dividir a potência social e expor o Estado à anarquia. Ora, tirem a força e a independência da comuna, e nunca encontrarão nela mais do que administrados, e não cidadãos.

Notem, por sinal, um fato importante: a comuna da Nova Inglaterra é constituída de tal forma que pode servir de foco para vivas afeições e, ao mesmo tempo, não há nada ao lado dela que atraia fortemente as paixões ambiciosas do coração humano.

Os funcionários do condado não são eleitos e sua autoridade é restrita. O próprio Estado só tem uma importância secundária; sua existência é obscura e tranquila. Poucos homens há que, para obter o direito de administrar, aceitam afastar-se do centro de seus interesses e perturbar sua existência.

O governo federal confere poder e glória aos que o dirigem, mas os homens a quem é dado influir sobre seu destino são em número muito pequeno. A presidência é uma alta magistratura a que só se chega numa idade avançada; e, quando se chega às outras funções federais de ordem elevada, é de certa forma por acaso e depois de já se ter tornado célebre seguindo outra carreira. A ambição não pode tomá-las por objetivo permanente de seus esforços. É na comuna, no centro das relações ordinárias da vida, que vêm se concentrar o desejo de estima, a necessidade de interesses reais, o gosto do poder e da fama. Essas paixões, que perturbam com tanta frequência a sociedade, mudam de caráter quando podem se exercer assim, perto do lar e, de certa forma, no seio da família.

Vejam com que arte, na comuna americana, tomou-se o cuidado, se assim posso me exprimir, de *espalhar* o poder, a fim de interessar mais gente pela coisa pública. Independentemente dos eleitores chamados de quando em quando a executar atos de governo, quantas funções diversas, quantos magistrados diferentes, que representam todos, no círculo de suas atribuições, a poderosa corporação em nome da qual agem! Quantos homens exploram assim em seu proveito o poder comunal e nele se interessam por si mesmos!

O sistema americano, ao mesmo tempo que divide o poder comunal entre um grande número de cidadãos, tampouco teme multiplicar os deveres comunais. Nos Estados Unidos, pensa-se com razão que o amor à pátria é uma espécie de culto a que os homens se apegam pelas práticas.

Dessa maneira, a vida comunal se faz, de certa forma, sentir a cada instante; ela se manifesta cada dia pelo cumprimento de um dever ou pelo exercício de um direito. Essa existência política imprime à sociedade um movimento contínuo, mas ao mesmo tempo tranquilo, que a agita sem perturbá-la.

Os americanos se apegam à cidade por um motivo análogo ao que faz os habitantes das montanhas amarem seu torrão. Entre eles, a pátria tem traços marcantes e característicos; possui mais fisionomia que alhures.

As comunas da Nova Inglaterra em geral têm uma existência feliz. Seu governo é a seu gosto, assim como de sua escolha. No seio da paz profunda e da prosperidade material que reinam na América, as tormentas da vida municipal são pouco numerosas. A direção dos interesses comunais é fácil. Ademais, faz muito tempo que a educação política do povo está feita, ou, antes, ele já chegou instruído ao solo que ocupa. Na Nova Inglaterra a divisão hierárquica não existe nem mesmo em lembrança; não há, pois, porção da comuna que seja tentada a oprimir outra, e as injustiças, que só atingem indivíduos isolados, diluem-se no contentamento geral. Se o governo apresenta defeitos, e por certo é fácil assinalar alguns, eles não chocam os olhares, porque o governo emana realmente dos governados e porque lhe basta funcionar como pode para que um tipo de orgulho paterno o proteja. De resto, eles não têm nada a que compará-lo. A Inglaterra reinou outrora sobre o conjunto das colônias, mas o povo sempre dirigiu os assuntos comunais. A soberania do povo na comuna é, pois, não apenas um estado antigo, mas um estado primitivo.

O habitante da Nova Inglaterra prende-se à sua comuna, porque ela é forte e independente; interessa-se por ela, porque colabora para dirigi-la; ama-a, porque não tem de queixar-se de sua sorte; deposita nela sua ambição e seu futuro; envolve-se em cada incidente da vida comunal. Nessa esfera restrita que está a seu alcance, ele tenta governar a sociedade, habitua-se às formas sem as quais a liberdade só procede por meio de revoluções, imbui-se do espírito delas, toma gosto pela ordem, compreende a harmonia dos poderes e reúne enfim ideias claras e práticas sobre a natureza de seus deveres, bem como sobre a extensão de seus direitos.

Do condado na Nova Inglaterra

O condado da Nova Inglaterra, análogo ao arrondissement *da França. – Criado num interesse puramente administrativo. – Não tem representação. – É administrado por funcionários não eleitos.*

O condado americano tem muitas analogias com o *arrondissement* da França. Traçaram para ele, como para este último, uma circunscrição arbitrária; ele forma um corpo cujas diferentes partes não têm entre si laços necessários e a que não se prendem nem afeto, nem lembrança, nem comunidade de existência. É criado num interesse puramente administrativo.

A comuna tinha uma extensão demasiado restrita para que se pudesse encerrar nela a administração da justiça. O condado constitui, pois, o primeiro centro judiciário. Cada condado tem um tribunal de justiça[10], um xerife para executar as decisões dos tribunais, uma prisão que deve conter os criminosos.

Há necessidades que são sentidas de uma maneira mais ou menos igual por todas as comunas do condado; era natural que uma autoridade central fosse encarregada ali do poder. Em Massachusetts, essa autoridade está nas mãos de certo número de magistrados, que o governador do Estado designa, ouvido[11] seu conselho[12].

Os administradores do condado têm apenas um poder limitado e excepcional que se aplica tão só a um pequeníssimo número de casos previstos de antemão. O Estado e a comuna bastam para o andamento ordinário das coisas. Esses administradores não fazem mais que preparar o orçamento do condado, que a legislatura vota[13]. Não há assembleia que represente direta ou indiretamente o condado.

Na verdade, o condado não tem existência política.

Nota-se na maioria das constituições americanas uma dupla tendência que leva os legisladores a dividir o poder executivo e a concentrar o poder legislativo. A comuna da Nova Inglaterra tem, por si mesma, um princípio de existência de que não é despojada; mas no condado seria necessário criar ficticiamente essa vida, e a utilidade disso não foi sentida: todas as comunas reunidas têm uma só representação, o Estado, centro de todos os poderes nacionais; fora da ação comunal e nacional podemos dizer que há unicamente forças individuais.

Da administração na Nova Inglaterra

Na América, não se percebe a administração. – Por quê. – Os europeus creem fundar a liberdade tirando do poder social alguns dos seus direitos; os americanos, dividindo seu exercício. – Quase toda a administração propriamente dita encerrada na comuna e dividida entre funcionários comunais. – Não se percebem os indícios de uma hierarquia administrativa nem na comuna nem acima dela. – Por que é assim. – Como, porém, o Estado é administrado de maneira uniforme. – Quem é encarregado de fazer as administrações da comuna e do condado obedecerem à lei. – Da introdução do poder judiciário na administração. – Consequência do princípio da eleição estendida a todos os funcionários. – Do juiz de paz na Nova Inglaterra. – Por quem é nomeado. – Administra o condado. – Assegura a administração das comunas. – Corte das sessões. – Maneira como ela age. – Quem a provoca. – O direito de inspeção e de queixa, difuso como todas as funções administrativas. – Denunciadores estimulados pela partilha das multas.

O que mais chama a atenção do europeu que percorre os Estados Unidos é a ausência do que, em nossos países, chamamos governo ou administração. Na América, vemos leis escritas; percebemos sua execução cotidiana; tudo se move à nossa volta e não descobrimos em parte alguma o motor. A mão que dirige a máquina social escapa a cada instante.

No entanto, assim como todos os povos são obrigados, para exprimir seus pensamentos, a recorrer a certas formas gramaticais constitutivas das línguas humanas, assim também todas as sociedades, para subsistirem, são obrigadas a se submeter a certa soma de autoridade, sem a qual caem na anarquia. Essa autoridade pode ser distribuída de diferentes maneiras, mas é sempre necessário que ela se encontre em algum lugar.

Há dois meios de diminuir a força da autoridade numa nação.

O primeiro é debilitar o poder em seu princípio mesmo, tirando da sociedade o direito ou a faculdade de se defender em certos casos: debilitar a autoridade dessa maneira é, em geral, o que se chama na Europa fundar a liberdade.

Há um segundo meio de diminuir a ação da autoridade. Este não consiste em despojar a sociedade de alguns de seus direitos ou em paralisar seus esforços, mas em dividir o uso de suas forças entre várias mãos; em multiplicar os funcionários, atribuindo a cada um deles todo o poder de que necessita para fazer o que é destinado a executar. Há povos que essa divisão dos poderes sociais ainda pode levar à anarquia; por si mesma, porém, ela não é anárquica. Partilhando assim a autoridade, sua ação, é verdade, torna-se menos irresistível e menos perigosa, mas não é destruída.

A revolução nos Estados Unidos foi produzida por um gosto maduro e refletido pela liberdade, não por um instinto vago e indefinido de independência. Ela não se apoiou em paixões de desordem, mas, ao contrário, marchou com amor à ordem e à legalidade.

Nos Estados Unidos, portanto, não se pretendeu que o homem, num país livre, tivesse o direito de fazer o que bem entendesse; ao contrário, foram-lhe impostas obrigações sociais mais variadas que em outros países; não se teve a ideia de atacar o poder da sociedade em seu princípio e contestar-lhe os direitos, mas se limitou a dividi-lo em seu exercício. Quis-se chegar dessa maneira a que a autoridade fosse grande e o funcionário pequeno, para que a sociedade continuasse a ser bem dirigida e permanecesse livre.

Não há país no mundo em que a lei fale uma linguagem tão absoluta quanto na América, e tampouco existe país em que o direito de aplicá-la esteja dividido entre tantas mãos.

O poder administrativo nos Estados Unidos não oferece em sua constituição nada central nem hierárquico; é isso que o faz não ser percebido. O poder existe, mas não se sabe onde encontrar seu representante.

Pudemos ver mais acima que as comunas da Nova Inglaterra não eram tuteladas. Elas próprias cuidam, pois, de seus interesses particulares.

Os magistrados municipais é que são encarregados, na maioria das vezes, de zelar pela execução das leis gerais do Estado, ou executá-las eles mesmos[14].

Independentemente das leis gerais, o Estado faz algumas vezes regulamentos gerais de polícia; mas de ordinário as comunas e os funcionários comunais é que, conjuntamente com os juízes de paz e segundo as necessidades das localidades, acertam os detalhes da existência social e promulgam as prescrições relativas à saúde pública, à boa ordem e à moralidade dos condados[15].

Enfim, os magistrados municipais é que, por si mesmos e sem necessidade de receber um impulso externo, atendem a essas necessidades imprevistas que as sociedades têm com frequência[16].

Do que acabamos de dizer resulta que, em Massachusetts, o poder administrativo está quase inteiramente encerrado na comuna[17], mas dividido aí entre várias mãos.

Na comuna francesa existe, na verdade, um só funcionário administrativo, o prefeito.

Vimos que havia pelo menos dezenove na Nova Inglaterra.

Esses dezenove funcionários não dependem em geral uns dos outros. A lei estabeleceu com cuidado em torno de cada um desses magistrados um círculo de ação. Nesse círculo eles têm todo o poder para desempenhar os deveres de seu cargo e não dependem de nenhuma autoridade comunal.

Se erguermos os olhos acima da comuna, mal perceberemos o indício de uma hierarquia administrativa. Acontece às vezes que os funcionários do condado reformem a decisão tomada pelas comunas ou pelos magistrados comunais[18], mas em geral podemos dizer que os administradores do condado não têm o direito de dirigir a conduta dos administradores da comuna[19]. Eles só os comandam nas coisas que dizem respeito ao condado.

Os magistrados da comuna e os do condado são obrigados, num número muito pequeno de casos previstos, a comunicar o resultado de suas operações aos funcionários do governo central[20]. Mas o governo central não é representado por um homem encarregado de elaborar regulamentos gerais de polícia ou de baixar portarias para a execução das leis; nem de se comunicar habitualmente com os administradores do condado a que pertence a comuna; nem de fiscalizar sua conduta, dirigir seus atos e punir seus erros.

Não há, pois, em parte alguma um centro para o qual os raios do poder administrativo vêm convergir.

Como, pois, conseguem conduzir a sociedade num plano mais ou menos uniforme? Como é possível fazer os condados e seus administradores, as comunas e seus funcionários obedecerem?

Nos Estados da Nova Inglaterra, o poder legislativo estende-se a mais objetos que entre nós. O legislador penetra, de certa forma, no próprio seio da administração; a lei desce a detalhes minuciosos; ela prescreve ao mesmo tempo os princípios e o meio de aplicá-los; ela encerra assim os corpos secundários e seus administradores numa multidão de obrigações estritas e rigorosamente definidas.

Daí resulta que, se todos os corpos secundários e todos os funcionários se conformam à lei, a sociedade procede de maneira uniforme em todas as suas partes; mas sempre falta saber como se pode forçar os corpos secundários e seus funcionários a se conformarem à lei.

Podemos dizer, de maneira geral, que a sociedade só tem à sua disposição dois meios para obrigar os funcionários a obedecerem às leis:

Ela pode confiar a um deles o poder discricionário de dirigir todos os demais e destituí-los em caso de desobediência.

Ou pode encarregar os tribunais de infrigir penas judiciárias aos infratores.

Nem sempre tem-se a liberdade de adotar um desses meios.

O direito de dirigir o funcionário supõe o direito de destituí-lo, se ele não atender às ordens que lhes são transmitidas, ou de promovê-lo, se cumprir com zelo todos os seus deveres. Ora, não seria possível destituir nem promover um magistrado eleito. É da natureza das funções eletivas serem irrevogáveis até o fim do mandato. Na realidade, o magistrado eleito nada tem a esperar nem a temer, a não ser dos eleitores, quando todas as funções públicas são produto da eleição. Logo não poderia existir uma verdadeira hierarquia entre os funcionários, pois não se pode reunir no mesmo homem o direito de ordenar e o direito de reprimir eficazmente a desobediência e não se pode somar ao poder de comandar o de recompensar e punir.

Os povos que introduziram a eleição nas engrenagens secundárias de seu governo são, pois, forçosamente, levados a fazer um grande uso das penas judiciárias como meio de administração.

É o que não se descobre ao primeiro olhar. Os governantes consideram como uma primeira concessão tornar eletivas as funções e como uma segunda concessão submeter o magistrado eleito às decisões dos juízes. Eles temem igualmente essas duas inovações e, como são mais solicitados a fazer a primeira do que a segunda, concedem a eleição ao funcionário e deixam-no independente do juiz. No entanto, uma dessas duas medidas é o único contrapeso que se pode dar à outra. Atentem bem: um poder eletivo que não for submetido a um poder judiciário cedo ou tarde acabará escapando a qualquer controle, ou será destruído. Entre o poder central e os corpos administrativos eleitos apenas os tribunais podem servir de intermediário. Só eles podem forçar o funcionário eleito à obediência sem violar o direito do eleitor.

A extensão do poder judiciário no mundo político deve ser, portanto, correlativa à extensão do poder eletivo. Se essas duas coisas não caminharem juntas, o Estado acaba caindo na anarquia ou na servidão.

Foi observado em todos os tempos que os hábitos judiciários preparavam muito mal os homens ao exercício do poder administrativo.

Os americanos herdaram de seus pais, os ingleses, a ideia de uma instituição que não tem nenhuma analogia com a que conhecemos no continente europeu: a dos juízes de paz.

O juiz de paz fica a meio caminho entre o homem mundano e o magistrado, o administrador e o juiz. O juiz de paz é um cidadão esclarecido, mas que não é necessariamente versado no conhecimento das leis. Por isso é encarregado apenas de policiar a sociedade, coisa que requer mais bom senso e retidão do que ciência. O juiz de paz introduz na administração, quando dela toma parte, certo gosto pelas formas e pela publicidade que o torna um instrumento bastante incômodo para o despotismo; mas ele não se mostra escravo daquelas superstições legais que tornam os magistrados pouco capazes de governar.

Os americanos apropriaram-se da instituição dos juízes de paz, tirando-lhe porém o caráter aristocrático que a distinguia na mãe-pátria.

O governador de Massachusetts[21] nomeia, em todos os condados, certo número de juízes de paz, cujas funções devem durar sete anos[22].

Ademais, entre esses juízes de paz, designa três que formam em cada condado o que se chama *corte das sessões*.

Os juízes de paz tomam parte individualmente na administração pública. Ora são encarregados, juntamente com os funcionários eleitos, de certos atos administrativos[23]; ora formam um tribunal diante do qual os magistrados acusam sumariamente o cidadão que se recusa a obedecer, ou o cidadão denuncia os delitos dos magistrados. Mas é na corte das sessões que os juízes de paz exercem as mais importantes de suas funções administrativas.

A corte das sessões se reúne duas vezes por ano na sede do condado. É ela que, em Massachusetts, tem por encargo manter a obediência do maior número[24] de funcionários públicos[25].

Cumpre levar em conta que, em Massachusetts, a corte das sessões é ao mesmo tempo um corpo administrativo propriamente dito e um tribunal político.

Dissemos que o condado[26] tinha uma existência tão somente administrativa. A corte das sessões é que dirige, por si mesma, o pequeno número de interesses que se referem ao mesmo tempo a várias comunas do condado e de que, por conseguinte, não se pode encarregar nenhuma delas em particular.

Quando se trata do condado, os deveres da corte das sessões são, pois, puramente administrativos, e, se ela introduz com frequência em sua maneira de proceder as formas judiciárias, isso é apenas um meio de se esclarecer[27] e uma garantia que ela dá aos administrados. Mas, quando se trata de realizar a administração das comunas, ela age quase sempre como corpo judiciário e, apenas em certos casos raros, como corpo administrativo.

A primeira dificuldade que se apresenta é fazer a própria comuna, poder quase independente, obedecer às leis gerais do Estado.

Vimos que as comunas devem nomear todos os anos certo número de magistrados que, com o nome de assessores, repartem o imposto. Uma comuna tenta escapar da obrigação de pagar o imposto não nomeando os assessores. A corte das sessões a condena a forte multa[28]. A multa é cobrada, sob pena de prisão, de todos os habitantes. O xerife do condado, oficial de justiça, executa a sentença. Assim, nos Estados Unidos, o poder parece preocupado em furtar-se cuidadosamente aos olhares. O comando administrativo é, aí, quase sempre velado sob o mandado judiciário; com o que é tanto mais forte, pois possui então essa força quase irresistível que os homens atribuem à forma legal.

É fácil acompanhar esse processo, que se compreende sem custo. O que se exige da comuna é, em geral, nítido e definido; consiste num fato simples, não num fato complexo, num princípio, não numa aplicação de detalhe[29]. A dificuldade começa, porém, quando se trata de fazer, não mais a comuna, mas os funcionários comunais obedecerem.

Todas as ações repreensíveis que um funcionário público pode cometer incluem-se, finalmente, numa destas categorias:

Ele pode fazer, sem ardor e sem zelo, o que a lei lhe manda.

Ele pode não fazer o que a lei lhe manda.

Enfim, ele pode fazer o que a lei lhe proíbe.

Um tribunal só teria alçada sobre a conduta de um funcionário nos dois últimos casos. É preciso um fato positivo e apreciável para servir de base à ação judiciária.

Assim, se os *select-men* omitirem cumprir as formalidades determinadas pela lei em caso de eleição *municipal*, podem ser condenados a pagar uma multa[30].

Mas quando o funcionário público cumpre sem inteligência seu dever, quando obedece sem ardor e sem zelo às prescrições da lei, acha-se inteiramente fora do alcance de um corpo judiciário.

A corte das sessões, mesmo quando é revestida de suas atribuições administrativas, é impotente para forçá-lo, nesse caso, a cumprir inteiramente suas funções. Somente o medo da exoneração é capaz de prevenir esses quase-delitos, e a corte das sessões não tem em si a origem dos poderes comunais: ela não pode exonerar funcionários que não nomeia.

Aliás, para assegurar-se de que há negligência e falta de zelo, seria necessário exercer sobre o funcionário inferior uma vigilância contínua. Ora, a corte das sessões só se reúne duas vezes por ano; ela não fiscaliza, mas julga os fatos repreensíveis que lhe são denunciados.

O poder arbitrário de destituir os funcionários públicos é o único capaz de garantir, da parte deles, essa espécie de obediência esclarecida e ativa que a repressão judiciária não lhes pode impor.

Na França, buscamos esta última garantia na *hierarquia administrativa*; na América, buscam-na na *eleição*.

Assim, para resumir em algumas palavras o que acabo de expor:

Se o funcionário público da Nova Inglaterra cometer um *crime* no exercício de suas funções, os tribunais ordinários *sempre* são chamados a julgá-lo;

Se cometer uma *falta administrativa*, um tribunal puramente administrativo é encarregado de puni-lo e, quando a coisa é grave ou premente, o juiz faz o que o funcionário deveria ter feito[31].

Enfim, se o funcionário for culpado de um desses delitos inapreensíveis que a justiça humana não pode nem definir, nem apreciar, ele comparece anualmente diante de um tribunal sem apelação, que pode reduzi-lo de repente à impotência: seu poder lhe escapa com seu mandato.

Esse sistema contém, com certeza, grandes vantagens, mas encontra em sua execução uma dificuldade prática que é necessário assinalar.

Já observei que o tribunal administrativo, chamado corte das sessões, não tinha o direito de fiscalizar os magistrados comunais; essa corte só pode agir, para empregar um termo de direito, quando *provocada*. Ora, é esse o ponto delicado do sistema.

Os americanos da Nova Inglaterra não instituíram ministério público junto à corte das sessões[32], e deve-se entender que era difícil que o estabelecessem. Se tivessem se limitado a estabelecer na sede de cada condado um magistrado acusador e se não tivessem lhe dado agentes nas comunas, por que esse magistrado teria estado mais a par do que acontecia no condado do que os próprios membros da corte das sessões? Se lhe tivessem dado agentes em cada comuna, teriam lhe centralizado nas mãos o mais temível dos poderes, o de administrar judiciariamente. De resto, as leis são filhas dos hábitos, e nada parecido existia na legislação inglesa.

Assim, os americanos dividiram o direito de fiscalização e de queixa como fizeram com todas as demais funções administrativas.

Os membros do grande júri devem, segundo os termos da lei, avisar o tribunal, junto ao qual agem, dos delitos de todo tipo que sejam cometidos em seu condado[33]. Há certos delitos administrativos graves que o ministério público ordinário tem a obrigação de processar[34]; quase sempre, a obrigação de punir os delinquentes é imposta ao funcionário fiscal, encarregado de receber o produto da multa; assim, o tesoureiro da comuna é encarregado de processar a maioria dos delitos administrativos que são cometidos ante ele.

Mas é sobretudo ao interesse particular que a legislação americana faz apelo[35]. É esse o grande princípio que encontramos sem cessar quando estudamos as leis dos Estados Unidos.

Os legisladores americanos mostram pouca confiança na honestidade humana, mas sempre supõem ser o homem inteligente. Portanto baseiam-se na maioria das vezes no interesse pessoal para a execução das leis.

Quando um indivíduo é positiva e efetivamente lesado por um delito administrativo, compreende-se de fato que o interesse pessoal garanta a queixa.

Mas é fácil prever que, se se trata de uma prescrição legal que, embora sendo útil à sociedade, não seja de uma utilidade efetivamente sentida por cada um, o indivíduo hesitará em mover o processo. Dessa maneira e por uma espécie de acordo tácito, as leis poderiam acabar caindo em desuso.

Nesse extremo em que seu sistema os lança, os americanos são obrigados a interessar os denunciadores oferecendo-lhes em certos casos a partilha das multas[36].

Meio perigoso que garante a execução das leis degradando os costumes.

Acima dos magistrados do condado não há mais, verdadeiramente, poder administrativo, mas apenas um poder governamental.

Ideias gerais sobre a administração nos Estados Unidos

Em que os Estados da União se diferenciam pelo sistema administrativo. – Vida comunal menos ativa e mais completa à medida que se desce para o Sul. – O poder do magistrado se torna maior então, o do eleitor, menor. – A administração passa da comuna ao condado. – Estado de Nova York, de Ohio, da Pensilvânia. – Princípios administrativos aplicáveis a toda a União. – Eleição dos funcionários públicos ou inamovibilidade de suas funções. – Ausência de hierarquia. – Introdução dos meios judiciários na administração.

Anunciei precedentemente que, após examinar em detalhe a constituição da comuna e do condado na Nova Inglaterra, daria uma olhada geral no resto da União.

Há comunas e vida comunal em cada Estado; mas nenhum dos Estados confederados encontra uma comuna identicamente semelhante à da Nova Inglaterra.

À medida que descemos para o Sul, percebemos que a vida comunal se torna menos ativa; a comuna tem menos magistrados, direitos e deveres; a população não exerce aí uma influência tão direta sobre a coisa pública; as assembleias comunais são menos frequentes e se estendem a menos objetos. O poder do magistrado eleito é, pois, comparativamente, maior e o do eleitor, menor; o espírito comunal é menos vivo e menos poderoso[37].

Começa-se a perceber essas diferenças no Estado de Nova York; elas já são sensíveis na Pensilvânia, mas se tornam cada vez menos notáveis quando se avança para o

Noroeste. A maioria dos emigrantes que vão fundar os Estados do Noroeste sai da Nova Inglaterra e transporta os hábitos administrativos da mãe-pátria à sua pátria adotiva. A comuna de Ohio tem muita analogia com a comuna de Massachusetts.

Vimos que, em Massachusetts, o princípio da administração pública está na comuna. A comuna é o foco em que vêm se reunir os interesses e as afeições dos homens. Mas isso deixa de acontecer à medida que descemos para os Estados em que as luzes não são difundidas de maneira tão universal e em que, por conseguinte, a comuna proporciona menos garantias de sabedoria e menos elementos de administração. Portanto, à medida que nos afastamos da Nova Inglaterra, a vida comunal passa de certa forma para o condado. Este se torna o grande centro administrativo e constitui o poder intermediário entre o governo e os simples cidadãos.

Disse que, em Massachusetts, os negócios do condado são dirigidos pela corte das sessões. A corte das sessões compõe-se de certo número de magistrados nomeados pelo governador e seu conselho. O condado não tem representação e seu orçamento é votado pela legislatura nacional.

No grande Estado de Nova York, ao contrário, no Estado de Ohio e na Pensilvânia, os habitantes de cada condado elegem certo número de deputados; a reunião desses deputados forma uma assembleia representativa do condado[38].

A assembleia do condado possui, em certos limites, o direito de tributar os habitantes; ela constitui, sob esse aspecto, uma verdadeira legislatura; é ela ao mesmo tempo que administra o condado, dirige em vários casos a administração das comunas e encerra seus poderes em limites muito mais estreitos do que em Massachusetts.

São essas as principais diferenças que a constituição da comuna e do condado apresenta nos diversos Estados confederados. Se eu quisesse descer aos detalhes dos meios de execução, teria muitas outras dessemelhanças ainda a assinalar. Mas meu objetivo não é dar um curso de direito administrativo americano.

Já disse o bastante, acho, para fazer compreender em que princípios gerais repousa a administração nos Estados Unidos. Esses princípios são diversamente aplicados; eles proporcionam consequências mais ou menos numerosas segundo os lugares; mas, no fundo, são os mesmos em toda a parte. As leis variam; sua fisionomia muda; um mesmo espírito as anima.

A comuna e o condado não são constituídos em toda a parte da mesma maneira; mas pode-se dizer que a organização da comuna e do condado, nos Estados Unidos, baseia-se em toda parte nessa mesma ideia: a de que cada um é o melhor juiz do que concerne apenas a si mesmo e é quem está em melhores condições de prover a suas necessidades particulares. A comuna e o condado são pois encarregados de zelar por seus interesses especiais. O Estado governa, não administra. Encontramos exceções a esse princípio, mas não um princípio contrário.

A primeira consequência dessa doutrina foi fazer os próprios habitantes escolherem todos os administradores da comuna e do condado, ou pelo menos escolher esses magistrados exclusivamente entre eles.

Sendo os administradores eleitos em toda a parte, ou em todo caso não exoneráveis, resulta que em parte alguma foi possível introduzir as regras da hierarquia. Houve portanto quase tantos funcionários independentes quantas eram as funções. O poder administrativo viu-se disseminado numa multidão de mãos.

Como a hierarquia administrativa não existia em nenhuma parte, como os administradores eram eleitos e não exoneráveis até o fim do mandato, seguiu-se a obrigação de introduzir mais ou menos tribunais na administração. Daí o sistema das multas, por meio das quais os corpos secundários e seus representantes são obrigados a obedecer às leis. Esse sistema é encontrado de uma ponta a outra da União.

De resto, o poder de reprimir os delitos administrativos, ou de realizar, se preciso, atos de administração, não foi concedido em todos os Estados aos mesmos juízes.

Os anglo-americanos buscaram numa fonte comum a instituição dos juízes de paz; encontramo-la em todos os Estados. Mas nem sempre tiraram dela o mesmo proveito.

Em toda a parte os juízes de paz concorrem para a administração das comunas e dos condados[39], seja administrando eles mesmos, seja reprimindo certos delitos administrativos; contudo, na maioria dos Estados, os mais graves desses delitos são submetidos aos tribunais ordinários.

Assim, eleição dos funcionários administrativos ou inamovibilidade de suas funções, ausência de hierarquia administrativa, introdução dos meios judiciários no governo secundário da sociedade são as principais características que reconhecemos na administração americana, do Maine à Flórida.

Há alguns Estados em que começamos a perceber os vestígios de uma centralização administrativa. O Estado de Nova York é o mais avançado nessa via.

No Estado de Nova York, os funcionários do governo central exercem, em certos casos, uma espécie de vigilância e de controle sobre a conduta dos corpos secundários[40]. Em outros, eles constituem uma espécie de tribunal de apelação para a decisão das causas[41]. No Estado de Nova York, as penas judiciárias são menos empregadas do que nos outros como meio administrativo. O direito de processar os delitos administrativos também é colocado, aí, em boas mãos[42].

A mesma tendência se faz notar levemente em alguns outros Estados[43]. Mas, em geral, podemos dizer que o caráter saliente da administração pública nos Estados Unidos é ser prodigiosamente descentralizado.

Do Estado

Falei das comunas e da administração; falta-me falar do Estado e do governo.

Aqui posso me apressar, sem temer não ser compreendido: o que tenho a dizer está esboçado em todas as constituições escritas que todos podem facilmente obter[44]. Essas constituições baseiam-se, por sua vez, numa teoria simples e racional.

A maioria das formas que indicam foi adotada por todos os povos constitucionais e, assim, se nos tornaram familiares.

Basta, pois, fazer aqui uma curta exposição. Mais tarde procurarei julgar o que vou descrever.

Poder legislativo do Estado

Divisão do corpo legislativo em duas câmaras. – Senado. – Câmara dos representantes. – Diferentes atribuições desses dois corpos.

O poder legislativo do Estado é confiado a duas assembleias; a primeira tem em geral o nome de senado.

O senado é habitualmente um corpo legislativo; algumas vezes, porém, torna-se corpo administrativo e judiciário.

Ele toma parte na administração de várias maneiras, conforme as diferentes constituições[45]; mas é concorrendo para a escolha dos funcionários que penetra de ordinário na esfera do poder executivo.

Ele participa do poder judiciário pronunciando-se sobre certos delitos políticos e, também, algumas vezes, estatuindo sobre certas causas civis[46].

Seus membros são sempre pouco numerosos.

O outro ramo da legislatura, chamado ordinariamente câmara dos representantes, não participa de nenhuma forma do poder administrativo e não toma parte no poder judiciário, a não ser acusando os funcionários públicos diante do senado.

Os membros das duas câmaras são submetidos quase em toda a parte às mesmas condições de elegibilidade. Uns e outros são eleitos da mesma maneira e pelos mesmos cidadãos.

A única diferença que existe entre eles provém de que o mandato dos senadores é, em geral, mais longo que o dos representantes. Os segundos raramente permanecem em função mais de um ano; os primeiros em geral têm mandato de dois ou três anos.

Concedendo aos senadores o privilégio de serem nomeados para vários anos e renovando-os por série, a lei tomou o cuidado de manter no seio dos legisladores um núcleo de homens já habituados aos negócios públicos e capazes de exercer sobre os novatos uma influência útil.

Assim, pela divisão do corpo legislativo em dois ramos, os americanos não quiseram criar uma assembleia hereditária e outra eletiva, não pretenderam fazer de uma um corpo aristocrático e da outra um representante da democracia; seu objetivo também não foi proporcionar com a primeira um apoio ao poder, deixando à segunda os interesses e as paixões do povo.

Dividir a força legislativa, moderar assim a marcha das assembleias políticas e criar um tribunal de apelação para a revisão das leis – eis as únicas vantagens que resultam da constituição atual de duas câmaras nos Estados Unidos.

O tempo e a experiência fizeram os americanos ver que, reduzida a essas vantagens, a divisão dos poderes legislativos é também uma necessidade de primeira ordem. De todas as repúblicas unidas, somente a Pensilvânia tentou a princípio estabelecer uma assembleia única. O próprio Franklin, levado pelas consequências lógicas do dogma da soberania do povo, contribuíra para essa medida. Logo foi necessário mudar a lei e constituir duas câmaras. O princípio da divisão do poder legislativo recebeu assim sua derradeira consagração; portanto podemos considerar a partir de então como uma verdade demonstrada a necessidade de partilhar a ação legislativa entre vários corpos. Essa teoria, mais ou menos ignorada nas repúblicas antigas, introduzida no mundo quase por acaso, como acontece com a maioria das grandes verdades, desconhecida de vários povos modernos, entrou enfim como um axioma na ciência política de nossos dias.

Do poder executivo do Estado

O que é o governador num Estado americano. – Que posição ele ocupa diante da legislatura. – Quais são seus direitos e seus deveres. – Sua dependência do povo.

O poder executivo do Estado tem como representante o governador.

Não é por acaso que utilizei a palavra representante. O governador do Estado representa, de fato, o poder executivo, mas só exerce alguns dos direitos deste.

O magistrado supremo, que é chamado governador, é colocado ao lado da legislatura como moderador e conselheiro. É armado de um veto suspensivo que lhe permite deter ou, pelo menos, moderar à sua vontade os movimentos. Ele expõe ao corpo legislativo as necessidades do Estado e lhe dá a conhecer os meios que julga útil empregar a fim de satisfazê-las; é o executor natural de suas vontades em todos os empreendimentos que interessam a toda a nação⁴⁷. Na ausência da legislatura, deve tomar todas as medidas aptas a preservar o Estado dos choques violentos e dos perigos imprevistos.

O governador reúne em suas mãos todo o poder militar do Estado. É o comandante das milícias e o chefe da força armada.

Quando a força de opinião, que os homens acordaram em conceder à lei, é desrespeitada, o governador avança à frente da força material do Estado, quebra a resistência e restabelece a ordem costumeira.

Quanto ao mais, o governador não se intromete na administração das comunas e dos condados, pelo menos nela só toma parte de maneira bastante indireta, pela nomeação dos juízes de paz que não pode em seguida exonerar⁴⁸.

O governador é um magistrado eletivo. Em geral, tem-se inclusive o cuidado de elegê-lo por apenas um ou dois anos, de tal sorte que sempre permanece numa estrita dependência da maioria que o elegeu.

Dos efeitos políticos da descentralização administrativa nos Estados Unidos

Distinção a estabelecer entre a centralização governamental e a centralização administrativa. – Nos Estados Unidos, não há centralização administrativa, mas grande centralização governamental. – Alguns efeitos importunos que resultam nos Estados Unidos da extrema descentralização administrativa. – Vantagens administrativas dessa ordem de coisas. – A força que administra a sociedade, menos regulamentada, menos esclarecida, menos sábia, muito maior que na Europa. – Vantagens políticas da mesma ordem de coisas. – Nos Esta-

dos Unidos, a pátria se faz sentir em toda a parte. – *Apoio que os governados dão ao governo.* – *As instituições provinciais mais necessárias à medida que o estado social se torna mais democrático. Por quê.*

A centralização é uma palavra que se repete sem cessar nos dias de hoje e cujo sentido ninguém, em geral, procura precisar.

Existem contudo duas espécies de centralização muito distintas e que importa conhecer bem.

Alguns interesses são comuns a todas as partes da nação, como a formação das leis gerais e as relações do povo com os estrangeiros.

Outros interesses são específicos de certas partes da nação, como, por exemplo, os empreendimentos comunais.

Concentrar num mesmo lugar ou numa mesma mão o poder de dirigir os primeiros é fundar o que chamarei centralização governamental.

Concentrar da mesma maneira o poder de dirigir os segundos é fundar o que chamarei de centralização administrativa.

Há pontos em que essas duas espécies de centralização vêm confundir-se. Mas, tomando em seu conjunto os objetos que recaem mais particularmente no domínio de cada uma delas, conseguimos facilmente distingui-las.

Compreende-se que a centralização governamental adquire uma força imensa quando se soma à centralização administrativa. Dessa maneira, ela habitua os homens a fazerem abstração completa e contínua de sua vontade; a obedecerem, não uma vez e num ponto, mas em tudo e todos os dias. Não apenas ela os doma então pela força, mas também os agarra por seus hábitos; ela os isola e os pega em seguida um a um na massa comum.

Essas duas espécies de centralização prestam-se um auxílio mútuo, atraem-se reciprocamente; mas eu não poderia crer que sejam inseparáveis.

Sob Luís XIV, a França conheceu a maior centralização governamental que se pôde conceber, pois o mesmo homem fazia as leis gerais e tinha o poder de interpretá-las, representava a França no exterior e agia em seu nome. O Estado sou eu, dizia ele, e tinha razão.

No entanto, sob Luís XIV, havia muito menos centralização administrativa do que em nossos dias.

Em nosso tempo, vemos uma potência, a Inglaterra, onde a centralização governamental é levada a um altíssimo grau: lá o Estado parece mover-se como um só homem, mobiliza à sua vontade massas imensas, reúne e leva aonde bem entender todo o esforço da sua potência.

A Inglaterra, que fez tão grandes coisas nos últimos cinquenta anos, não possui centralização administrativa.

Quanto a mim, não conseguiria conceber que uma nação seja capaz de viver nem, sobretudo, de prosperar sem uma forte centralização governamental.

Mas penso que a centralização administrativa só serve para debilitar os povos que a ela se submetem, porque tende sem cessar a diminuir entre eles o espírito de cidadania. A centralização administrativa, é verdade, consegue reunir em determinada época e em certo lugar todas as forças disponíveis da nação, mas é nociva à reprodução das forças. Ela a faz triunfar no dia do combate, mas diminui com o correr do tempo sua potência. Portanto, pode contribuir admiravelmente para a grandeza passageira de um homem, mas não para a prosperidade duradoura de um povo.

Atentem bem: quando se diz que um Estado não pode agir por não ter centralização, fala-se quase sempre, sem saber, da centralização governamental. O império da Alemanha, repete-se, nunca pôde tirar de suas forças todo o proveito possível. Está bem. Mas por quê? Porque lá a força nacional nunca foi centralizada; porque o Estado nunca pôde fazer obedecer suas leis gerais; porque as partes separadas desse grande corpo sempre tiveram o direito ou a possibilidade de recusar seu concurso aos depositários da autoridade comum, nas próprias coisas que interessavam a todos os cidadãos; em outras palavras, porque não havia centralização governamental. A mesma observação é aplicável à Idade Média. O que produziu todas as misérias da sociedade feudal é que o poder, não apenas de administrar, mas de governar, estava partilhado entre mil mãos e fracionado de mil maneiras; a ausência de toda e qualquer centralização governamental impedia então que as naçãos da Europa marchassem com energia em direção a qualquer objetivo. Vimos que nos Estados Unidos não existia centralização administrativa. Lá, mal encontramos o indício de uma hierarquia. A descentralização foi levada a um grau que nenhuma nação europeia seria capaz de suportar, penso eu, sem profundo mal-estar, e que inclusive produz efeitos importunos na América. Mas, nos Estados Unidos, a centralização governamental existe no mais alto grau. Seria fácil provar que a potência nacional está mais concentrada aí do que foi em qualquer das antigas monarquias da Europa. Não apenas não há em cada Estado mais que um só corpo que elabora as leis; não apenas não existe neles mais que um poder capaz de criar a vida política em torno de si; mas, em geral, evitou-se reunir numerosas assembleias de distritos ou de condados, com medo de que essas assembleias caíssem na tentação de exorbitar de suas atribuições administrativas e de obstruir a marcha do governo. Na América, a legislatura de cada Estado não tem diante de si nenhum poder capaz de resistir a ela. Nada poderia detê-la em seu caminho, nem privilégios, nem imunidade local, nem influência pessoal, nem mesmo a autoridade da razão, pois ela representa a maioria, que se pretende único órgão da razão. Logo, ela não tem outros limites, em sua ação, além de sua própria vontade. Ao lado dela e sob sua mão, encontra-se o representante do poder executivo, que, com a ajuda da força material, deve forçar os descontentes à obediência.

A fraqueza só se encontra em certos detalhes da ação governamental.

As repúblicas americanas não têm força armada permanente para reprimir as minorias, mas nelas as minorias nunca foram reduzidas, até o presente, a fazer guerra, e ainda não foi sentida a necessidade de um exército. Na maioria dos casos, o Estado serve-se dos funcionários da comuna ou do condado para agir sobre os cidadãos. Assim, por exemplo, na Nova Inglaterra, é o assessor da comuna que reparte a taxa; o coletor da comuna a arrecada; o caixa da comuna faz o produto chegar ao tesouro público e as reclamações que se elevam são submetidas aos tribunais ordinários. Semelhante maneira de arrecadar o imposto é lenta, embaraçada; ela atrapalharia em cada momento a marcha de um governo que tivesse grandes necessidades pecuniárias. Em geral, deve-se desejar que, em tudo o que é essencial à sua vida, o governo tenha funcionários próprios, escolhidos por ele, exoneráveis por ele, e formas rápidas de proceder; mas será sempre fácil para o poder central, organizado como é na América, introduzir, de acordo com as necessidades, meios de ação mais enérgicos e mais eficazes.

Assim, como se repete com tanta frequência, não é por não haver centralização nos Estados Unidos que as repúblicas do Novo Mundo perecerão; longe de não serem centralizados, podemos afirmar que os governos americanos o são em demasia. Mais tarde provarei isso. As assembleias legislativas absorvem cada dia alguns destroços dos poderes governamentais; elas tendem a reunir todos eles em si mesmas, tal como a Convenção o fizera. O poder social, assim centralizado, muda de mãos sem cessar, porque está subordinado ao poder popular. Com frequência ocorre-lhe carecer de sensatez e de previdência, porque pode tudo. Aí reside, para ele, o perigo. Portanto, é por causa de sua força mesma, e não em consequência de sua fraqueza, que está ameaçado de perecer um dia.

A descentralização administrativa produz na América vários efeitos diversos.

Vimos que os americanos tinham quase inteiramente isolado a administração do governo; nisso, eles parecem-me ter ultrapassado os limites da razão sadia; porque a ordem, mesmo nas coisas secundárias, ainda é um interesse nacional[49].

Como o Estado não tem funcionários administrativos próprios, estabelecidos em posto fixo nos diferentes pontos do território e aos quais seja capaz de imprimir um impulso comum, resulta que raramente tenta estabelecer regras gerais de polícia. Ora, a necessidade dessas regras se faz sentir vivamente. O europeu não raro nota sua ausência. Essa aparência de desordem que reina na superfície persuade-lhe, à primeira vista, de que há anarquia completa na sociedade;

somente examinando o fundo das coisas é que ele percebe que não é assim.

Certos empreendimentos interessam ao Estado inteiro, mas não podem ser executados, porque não há administração nacional para dirigi-los. Abandonados aos cuidados das comunas e dos condados, entregues a agentes eleitos e temporários, não dão nenhum resultado ou não produzem nada duradouro.

Os partidários da centralização na Europa sustentam que o poder governamental administra melhor as localidades do que elas mesmas seriam capazes de se administrar. Isso pode ser verdade, quando o poder central é esclarecido e as localidades sem luzes, quando ele é ativo e elas inertes, quando ele tem o costume de agir e elas o costume de obedecer. Compreende-se inclusive que quanto mais a centralização aumenta, quanto mais essa dupla tendência cresce, mais a capacidade de um lado e a incapacidade do outro se tornam salientes.

Mas eu nego que seja assim quando o povo é esclarecido, vigilante sobre esses interesses e acostumado a pensar neles, como na América.

Estou persuadido, ao contrário, de que nesse caso a força coletiva dos cidadãos será sempre mais poderosa para produzir o bem-estar social do que a autoridade do governo.

Confesso que é difícil indicar de maneira certa o meio de despertar um povo adormecido para lhe dar as paixões e as luzes que ele não tem: persuadir os homens de que devem cuidar de seus problemas é, não ignoro, árdua empresa. Muita vez seria menos difícil interessá-los pelos detalhes da etiqueta de uma corte do que pelo conserto de sua casa comum.

Mas também penso que, quando a administração central pretende substituir completamente o livre concurso dos primeiros interessados, ela se engana ou quer nos enganar.

Um poder central, por mais esclarecido, por mais sábio que o imaginarmos, não pode abraçar por si só todos os detalhes da vida de um grande povo. Não pode, porque tal trabalho excede as forças humanas. Quando ele quer, apenas por seus cuidados, criar e fazer funcionar tantos meios diversos, contenta-se com um resultado bastante incompleto ou se esgota em esforços inúteis.

A centralização consegue facilmente, é verdade, submeter as ações exteriores do homem a uma certa uniformidade, que acabamos apreciando por si mesma, independentemente das coisas a que se aplica, como esses devotos que adoram a estátua esquecendo a divindade que representa. A centralização consegue sem dificuldade imprimir um andamento regular aos assuntos correntes; governar sabiamente os detalhes da polícia social; reprimir as ligeiras desordens e os pequenos delitos; manter a sociedade num *status quo* que não é propriamente nem uma decadência nem um progresso; entreter no corpo social uma espécie de sonolência administrativa que os administradores costumam chamar de ordem e tranquilidade pública[50]. Numa palavra, ela excede em impedir, não em fazer. Quando se trata de revolver profundamente a sociedade ou de lhe imprimir um andamento rápido, sua força a abandona. Por pouco que suas medidas necessitem do concurso dos indivíduos, causa espécie a fraqueza dessa imensa máquina: ela se encontra subitamente reduzida à impotência.

Às vezes acontece, então, que a centralização tente, em desespero de causa, chamar os cidadãos em seu auxílio. Mas ela lhes diz: "Vocês agirão como eu quiser, tanto quanto eu quiser e precisamente no sentido em que eu quiser. Vocês se encarregarão desses detalhes sem aspirar a dirigir o conjunto; trabalharão nas trevas e julgarão mais tarde minha obra por seus resultados." Não é com semelhantes condições que se obtém o concurso da vontade humana. Ela precisa de liberdade em seus movimentos, de responsabilidade em seus atos. O homem é feito de tal modo, que prefere permanecer imóvel a caminhar sem independência para um objetivo que ignora.

Não vou negar que, nos Estados Unidos, muitas vezes sente-se não encontrar essas regras uniformes que parecem zelar o tempo todo por cada um de nós.

Lá encontramos de quando em quando grandes exemplos de descuido e de incúria social. De longe em longe surgem nódoas grosseiras que parecem em desacordo completo com a civilização em torno.

Empreendimentos úteis que requerem um cuidado contínuo e uma exatidão rigorosa para ter êxito muitas vezes acabam sendo abandonados; porque, na América como em outros lugares, o povo procede por esforços momentâneos e impulsos súbitos.

O europeu, acostumado a encontrar sem cessar à sua mão um funcionário que se intromete em quase tudo, acostuma-se dificilmente com essas diferentes engrenagens da administração comunal. Em geral, podemos dizer que os pequenos detalhes da polícia social que tornam a vida amena e cômoda são desprezados na América; mas as garantias essenciais ao homem em sociedade lá existem tanto quanto em qualquer outra parte. Entre os americanos, a força que administra o Estado é muito menos regulamentada, menos esclarecida, menos sábia, mas cem vezes maior do que na Europa. Não há país no mundo em que os homens façam, em definitivo, tantos esforços para criar o bem-estar social. Não conheço povo que tenha conseguido estabelecer escolas tão numerosas e tão eficazes; templos mais condizentes com as necessidades religiosas dos habitantes; estradas comunais mais bem conservadas. Portanto, não se deve buscar nos Estados Unidos a uniformidade e a permanência das concepções, a atenção minuciosa com os detalhes, a perfeição dos procedimentos administrativos[51]; o que lá encontramos é a imagem da força, um tanto selvagem é verdade, mas cheia de vigor; da vida, acompanhada de acidentes, mas também de movimentos e de esforços.

Admitirei de resto, se quiserem, que as cidadezinhas e os condados dos Estados Unidos seriam mais utilmente administrados por uma autoridade central situada longe deles e que lhes permanecesse estranha, do que por funcionários recrutados em seu seio. Reconhecerei, se exigirem, que reinaria mais segurança na América, que se faria um uso mais inteligente e mais judicioso dos recursos sociais, se a administração de todo o país fosse concentrada numa só mão. As vantagens *políticas* que os americanos extraem do sistema da descentralização ainda me fariam preferi-lo ao sistema contrário.

Afinal de contas, que me importa que haja uma autoridade sempre estabelecida, que zele para que meus prazeres sejam tranquilos, que corra diante de meus passos para afastar todos os perigos, sem que eu nem sequer tenha a necessidade de pensar nisso, se essa autoridade, ao mesmo tempo que tira assim os menores espinhos de minha passagem, for dona absoluta da minha liberdade e da minha vida? Se monopolizar o movimento e a existência a tal ponto que seja necessário que tudo languesça em torno dela quando ela languescer, que tudo durma quando ela dormir, que tudo pereça se ela morrer?

Há nações assim na Europa, em que o habitante se considera como uma espécie de colono indiferente ao destino do lugar que habita. As maiores mudanças sobrevêm em seu país sem seu concurso; ele não sabe nem mesmo direito o que aconteceu; imagina; ouviu o acontecimento ser narrado por acaso. Muito mais, a fortuna da sua aldeia, a polícia da sua rua, a sorte de sua igreja e de seu presbitério não lhe interessam; ele acha que todas essas coisas não lhe dizem absolutamente respeito e pertencem a um estranho poderoso a que chamam governo. Quanto a ele, desfruta desses bens como um usufrutuário, sem espírito de propriedade e sem ideias de qualquer melhora. Esse desinteresse por si mesmo vai tão longe que, se sua própria segurança ou a de seus filhos for enfim comprometida, em vez de procurar afastar o perigo, ele cruza os braços para esperar que a nação inteira corra em sua ajuda. Esse homem, de resto, embora tenha feito um sacrifício tão completo de seu livre-arbítrio, não gosta mais que outro da obediência. Ele se submete, é verdade, ao bel-prazer de um funcionário, mas se compraz em afrontar a lei como um inimigo vencido, mal a força se retira. Por isso nós o vemos oscilar entre a servidão e a licença.

Quando as nações chegam a tal ponto, têm de modificar suas leis e seus costumes, ou perecem, porque a fonte das virtudes públicas fica como que seca: encontramos nelas súditos, mas não vemos mais cidadãos.

Digo que tais nações estão preparadas para a conquista. Se não desaparecem da cena do mundo, é por estarem rodeadas de nações semelhantes ou inferiores a elas; é que ainda resta entre elas uma sorte de instinto indefinível da pátria, não sei que orgulho irrefletido do nome que esta tem, que vaga lembrança de sua glória passada, que, sem se prender precisamente a nada, basta para lhes imprimir se necessário um impulso conservador.

Seria um erro tranquilizar-se pensando que certos povos fizeram esforços prodigiosos para defender uma pátria em que viviam, por assim dizer, como estrangeiros. Atentem bem e verão que a religião era quase sempre, então, seu móbil principal.

A duração, a glória ou a prosperidade da nação tinham se tornado para eles dogmas sagrados e, ao defenderem sua pátria, defendiam também essa cidade santa em que eram todos cidadãos.

As populações turcas nunca tomaram nenhuma parte na direção dos assuntos da sociedade; no entanto realizaram imensas empresas, tanto que viram o triunfo da religião de Maomé nas conquistas dos sultões. Hoje a religião se vai, só lhes resta o despotismo. Elas soçobram.

Montesquieu, emprestando ao despotismo uma força que lhe foi própria, fez-lhe uma honra que, acho eu, ele não merecia. O despotismo, por si só, nada pode manter de maneira duradoura. Se examinarmos bem, perceberemos que o que faz prosperar por muito tempo os governos absolutos é a religião, e não o medo.

Não importa o que fizermos, nunca encontraremos uma verdadeira potência entre os homens, fora do livre concurso das vontades. Ora, o patriotismo ou a religião são as únicas coisas no mundo capazes de fazer marchar por muito tempo em direção a um mesmo objetivo a universalidade dos cidadãos.

Não depende das leis reavivar as crenças que se extinguem, mas depende das leis interessar os homens pelo destino de seu país. Depende das leis despertar e dirigir esse instinto vago da pátria que nunca abandona o coração do homem e, ligando-o aos pensamentos, às paixões, aos hábitos de cada dia, transformá-lo num sentimento refletido e duradouro. E não venham dizer que é tarde demais para tentá-lo: as nações não envelhecem da mesma maneira que os homens. Cada geração que nasce em seu seio é como um outro povo que vem se oferecer à mão do legislador.

O que mais admiro na América não são os efeitos *administrativos* da descentralização, mas os efeitos *políticos*. Nos Estados Unidos, a pátria se faz sentir em toda a parte. É um objeto de solicitude desde a cidadezinha até a União inteira. O habitante se apega a cada um dos interesses de seu país como se fossem os seus. Ele se glorifica com a glória da nação; nos sucessos que ela obtém, crê reconhecer sua própria obra e eleva-se com isso; ele se rejubila com a prosperidade geral de que aproveita. Tem por sua pátria um sentimento análogo ao que sentimos por nossa família, e é também por uma espécie de egoísmo que se interessa pelo Estado.

Não raro, o europeu vê no funcionário público apenas a força; o americano nele vê o direito. Podemos, pois, dizer que na América o homem nunca obedece ao homem, mas à justiça ou à lei.

Por isso ele concebeu de si mesmo uma opinião muitas vezes exagerada, mas quase sempre salutar. Ele confia sem temor em suas próprias forças, que lhe parecem bastar para tudo. Um particular concebe um empreendimento qualquer; mesmo se esse empreendimento tem uma relação direta com o bem-estar da sociedade, não lhe vem à cabeça dirigir-se à autoridade pública para obter seu concurso. Ele dá a conhecer seu plano, oferece-se para executá-lo, convoca as forças individuais em auxílio da sua e luta corpo a corpo contra todos os obstáculos. Muitas vezes, sem dúvida, ele tem menos êxito do que se o Estado estivesse em seu lugar, mas a longo prazo o resultado geral de todos esses empreendimentos individuais supera em muito o que o governo poderia fazer.

Como a autoridade administrativa está situada ao lado dos administrados e, de certa forma, os representa, não suscita nem inveja nem ódio. Como seus meios de ação são limitados, cada qual sente que não pode se apoiar unicamente nela.

Portanto, quando a potência administrativa intervém no círculo de suas atribuições, não se encontra entregue a si mesma, como na Europa. Não se pensa que os deveres dos particulares cessaram, porque o representante pôs-se em ação. Cada qual, ao contrário, o guia, o apoia e o ampara.

Juntando-se a ação das forças individuais à ação das forças sociais, consegue-se com frequência fazer o que a administração mais concentrada e mais enérgica não teria condições de executar (I).

Poderia citar muitos fatos em apoio ao que estou afirmando, mas prefiro valer-me de um só e escolher o que conheço melhor.

Na América, os meios que são postos à disposição da autoridade para descobrir os crimes e processar os criminosos são parcos.

A polícia administrativa não existe; os passaportes são desconhecidos. A polícia judiciária, nos Estados Unidos, não poderia ser comparada à nossa; os agentes do ministério público são pouco numerosos e nem sempre têm a iniciativa dos processos; a instrução é rápida e oral. Duvido, porém, que em qualquer outro país o crime escape tão raramente à pena.

O motivo disso é que todos se acham interessados em fornecer as provas do delito e em prender o delinquente.

Vi, durante minha permanência nos Estados Unidos, os habitantes de um condado em que um grande crime fora cometido formarem espontaneamente comitês com o objetivo de perseguir o culpado e entregá-lo aos tribunais.

Na Europa, o criminoso é um infortunado que combate para escapar dos agentes do poder; a população assiste, de certa forma, à luta. Na América, é um inimigo do gênero humano e tem contra si toda a humanidade.

Creio que as instituições provinciais são úteis a todos os povos; mas nenhum me parece ter uma necessidade mais real dessas instituições do que aquele cujo estado social é democrático.

Numa aristocracia, tem-se sempre a certeza de manter certa ordem no seio da liberdade.

Como os governantes têm muito a perder, a ordem é de grande interesse para eles.

Também se pode dizer que, numa aristocracia, o povo está ao abrigo dos excessos do despotismo, porque sempre há forças organizadas prontas para resistir ao déspota.

Uma democracia sem instituições provinciais não possui nenhuma garantia contra semelhantes males.

Como fazer uma multidão que não aprendeu a servir-se da liberdade nas pequenas coisas suportá-la nas grandes?

Como resistir à tirania num país em que cada indivíduo é fraco e em que os indivíduos não estão unidos por nenhum interesse comum?

Os que temem a licença e os que temem o poder absoluto devem, pois, desejar igualmente o desenvolvimento gradual das liberdades provinciais.

Estou convencido, de resto, de que não há nações mais expostas a cair sob o jugo da centralização administrativa do que aquelas cujo estado social é democrático.

Várias causas concorrem para esse resultado, entre outras as que seguem.

A tendência permanente dessas nações é concentrar toda a potência governamental nas mãos de um só poder que represente diretamente o povo, porque, além do povo, não se percebe mais que indivíduos iguais confundidos numa massa comum.

Ora, quando um mesmo poder já está investido de todos os atributos do governo, lhe é muito difícil não procurar penetrar nos detalhes da administração, e ele não deixa de acabar encontrando a ocasião de fazê-lo. Fomos testemunhas disso em nosso país.

Na Revolução Francesa, houve dois movimentos em sentido contrário que não se deve confundir: um favorável à liberdade, o outro favorável ao despotismo.

Na antiga monarquia, o rei fazia sozinho a lei. Abaixo do poder soberano estavam situados alguns restos, meio destruídos, de instituições provinciais. Essas instituições eram incoerentes, mal ordenadas, não raro absurdas. Nas mãos da aristocracia, elas haviam sido algumas vezes instrumentos de opressão.

A Revolução pronunciou-se ao mesmo tempo contra a realeza e contra as instituições provinciais. Ela confundiu num mesmo ódio tudo o que a precedera, o poder absoluto e o que podia temperar os rigores dele; ela foi ao mesmo tempo republicana e centralizadora.

Esse duplo caráter da Revolução Francesa é um fato de que os amigos do poder absoluto se apossaram com grande desvelo. Quando vocês os veem defender a centralização administrativa creem que trabalham a favor do despotismo? Claro que não, eles defendem uma das grandes conquistas da Revolução (K). Dessa maneira, é possível ser popular e inimigo dos direitos do povo, servidor oculto da tirania e amante confesso da liberdade.

Visitei as duas nações que desenvolveram no mais alto grau o sistema das liberdades provinciais e escutei a voz dos partidos que dividem essas nações.

Na América, encontrei homens que aspiravam em segredo a destruir as instituições democráticas de seu país; na Inglaterra, encontrei outros que atacavam em alta voz a aristocracia; mas nunca encontrei um só que não considerasse a liberdade provincial um grande bem.

Vi, nesses dois países, os males do Estado serem imputados a uma infinidade de causas diversas, mas nunca à liberdade comunal.

Ouvi cidadãos atribuírem a grandeza ou a prosperidade de sua pátria a uma multidão de razões; mas ouvi todos eles colocarem em primeira linha e classificarem à frente de todas as outras vantagens a liberdade provincial.

Acreditaria eu, porventura, que homens naturalmente tão divididos, que não se entendem nem sobre as doutrinas religiosas nem sobre as teorias políticas, concordam sobre um único fato, aquele que melhor podem julgar pois se passa cada dia diante de seus olhos, e que esse fato esteja errado?

Só os povos que têm poucas instituições provinciais, ou nenhuma, negam sua utilidade. Ou seja, só os que não conhecem a coisa falam mal dela.

CAPÍTULO VI

Do poder judiciário nos Estados Unidos e de sua ação sobre a sociedade política

Os anglo-americanos conservaram no poder judiciário todas as características que o distinguem nos outros povos. – No entanto dele fizeram um grande poder político. – Como. – Em que o sistema judiciário dos anglo-americanos difere de todos os outros. – Por que os juízes americanos têm o direito de declarar as leis inconstitucionais. – Como os juízes americanos fazem uso desse direito. – Precauções tomadas pelo legislador para impedir o abuso desse direito.

Achei que devia consagrar um capítulo à parte ao poder judiciário. Sua importância política é tão grande que me pareceu que seria diminuí-la aos olhos dos leitores falar dele de passagem.

Houve confederações em outros países, além da América; vimos repúblicas em outras terras que não as do Novo Mundo; o sistema representativo é adotado em vários Estados da Europa, mas não creio que, até agora, alguma nação do mundo tenha constituído o poder judiciário da mesma maneira que os americanos.

O mais difícil para um estrangeiro compreender nos Estados Unidos é a organização judiciária. Não há, por assim dizer, acontecimento político em que não ouça invocar a autoridade do juiz; e daí conclui naturalmente que nos Estados Unidos o juiz é uma das primeiras forças políticas. Quando examina em seguida a constituição dos tribunais, descobre que, à primeira vista, tem apenas atribuições e hábitos judiciários. O magistrado só lhe parece imiscuir-se nos assuntos públicos por acaso; mas esse acaso acontece todos os dias.

Quando o parlamento de Paris fazia admoestações e recusava-se a registrar um edito; quando citava para comparecer diante de si um funcionário prevaricador, percebia-se a descoberto a ação política do poder judiciário. Mas nada parecido se vê nos Estados Unidos.

Os americanos conservaram no poder judiciário todas as características que se tem o costume de reconhecer-lhe. Encerraram-no exatamente no círculo em que ele tem o hábito de se mover.

A primeira característica do poder judiciário em todos os povos é servir de árbitro. Para que ocorra a ação dos tribunais é necessário haver contestação. Para que haja juiz é necessário haver processo. Enquanto uma lei não der lugar à contestação, o poder judiciário não tem como ocupar-se dela. Ele existe, mas não a vê. Quando um juiz, a propósito de um processo, ataca uma lei relativa a esse processo, ele amplia o círculo de suas atribuições, mas não sai dele, pois de certa forma precisou julgar a lei para chegar a julgar o processo. Quando se pronuncia sobre uma lei, sem partir de um processo, sai completamente de sua esfera e penetra na do poder legislativo.

A segunda característica do poder judiciário é pronunciar-se sobre casos particulares, não sobre princípios gerais. Se um juiz, resolvendo uma questão particular, destrói um princípio geral, devido à certeza que temos de que, por ser cada uma das consequências desse princípio igualmente atingida, esse princípio se tornará estéril, ele permanece no círculo natural de sua ação; mas se o juiz atacar diretamente o princípio geral e o destruir sem ter em vista um caso particular, sai do círculo em que todos os povos concordaram em encerrá-lo, torna-se algo mais importante, mais útil talvez que um magistrado, porém cessa de representar o poder judiciário.

A terceira característica do poder judiciário é só agir quando chamado, ou, conforme a expressão legal, quando provocado. Essa característica não é encontrada de maneira tão geral quanto as outras duas. Creio porém que, apesar das exceções, podemos considerá-la essencial. Por sua natureza, o poder judiciário não tem ação; é preciso pô-lo em movimento para que ele se mexa. Se lhe denunciamos um crime, ele pune o culpado; se o convocamos a corrigir uma injustiça, ele a corrige; se lhe submetemos um ato, ele o interpreta; mas não vai por conta própria perseguir os criminosos, procurar a injustiça e examinar os fatos. O poder judiciário violentaria, de certa forma, essa natureza passiva, se ele mesmo tomasse a iniciativa e se erigisse em censor das leis.

Os americanos conservaram no poder judiciário essas três características distintivas. O juiz americano não pode se pronunciar, a não ser quando há litígio. Ele trata exclusivamente de um caso particular e, para agir, deve sempre esperar que o tenham solicitado.

O juiz americano se parece pois perfeitamente com os magistrados das outras nações. No entanto é dotado de um imenso poder político.

De onde vem isso? Ele se move no mesmo círculo e serve-se dos mesmos meios que os outros juízes; por que possui um poder que estes últimos não têm?

A causa está neste simples fato: os americanos reconheceram aos juízes o direito de fundar suas decisões na *constituição*, em vez de nas *leis*. Em outras palavras, permitiram-lhes não aplicar as leis que lhes parecerem inconstitucionais.

Sei que semelhante direito foi reclamado algumas vezes pelos tribunais de outros países, mas nunca lhes foi concedido. Na América, é reconhecido por todos os poderes; não encontramos um partido nem mesmo um homem que o conteste.

A explicação disso deve se encontrar no princípio mesmo das constituições americanas.

Na França, a constituição é uma obra imutável, ou tida como tal. Nenhum poder poderia mudar o que quer que seja nela. Esta é a teoria herdada (L).

Na Inglaterra, reconhece-se ao parlamento o direito de modificar a constituição. Na Inglaterra, portanto, a constituição pode mudar sem cessar, ou, antes, ela não existe. O parlamento, ao mesmo tempo que é corpo legislativo, é corpo constituinte (M).

Na América, as teorias políticas são mais simples e mais racionais.

Uma constituição americana não é considerada imutável, como na França; ela não poderia ser modificada pelos poderes ordinários da sociedade, como na Inglaterra. Constitui uma obra à parte que, representando a vontade de todo o povo, vincula os legisladores como os simples cidadãos, mas que pode ser mudada pela vontade do povo, segundo formas estabelecidas e nos casos previstos.

Na América, portanto, a constituição pode variar, mas enquanto existe é a origem de todos os poderes. A força predominante reside apenas nela.

É fácil ver em que essas diferenças devem influir sobre a posição e sobre os direitos do corpo judiciário nos três países que citei.

Se, na França, os tribunais pudessem desobedecer às leis, a pretexto de as considerarem inconstitucionais, o poder constituinte estaria de fato em suas mãos, pois só eles teriam o direito de interpretar uma constituição cujos termos ninguém poderia mudar. Eles se poriam assim no lugar da nação e dominariam a sociedade, pelo menos tanto quanto a fraqueza inerente ao poder judiciário lhes permitisse fazer.

Sei que, recusando aos juízes o direito de declarar as leis inconstitucionais, damos indiretamente ao corpo legislativo o poder de mudar a constituição, pois ele não encontra barreira legal que o detenha. Mas é melhor ainda conceder o poder de mudar a constituição do povo a homens que representam imperfeitamente as vontades do povo, do que a outros que só representam a si mesmos.

Seria muito mais insensato ainda dar aos juízes ingleses o direito de resistir à vontade do corpo legislativo, pois o parlamento, que faz a lei, também faz a constituição; por conseguinte, não se pode, em caso algum, tachar de inconstitucional uma lei que emane dos três poderes.

Nenhum desses dois raciocínios é aplicável à América.

Nos Estados Unidos, a constituição domina tanto os legisladores como os simples cidadãos. Ela é pois a primeira das leis e não poderia ser modificada por uma lei. Assim é justo que os tribunais obedeçam à constituição, de preferência a todas as leis. Isso decorre da própria essência do poder judiciário: escolher entre as disposições legais as que o encadeiam mais estreitamente é, de certa forma, o direito natural do magistrado.

Na França, a constituição é igualmente a primeira das leis, e os juízes têm um direito igual a tomá-la por base de suas decisões; mas, ao exercer esse direito, não poderiam deixar de invadir outro mais sagrado ainda que o deles: o da sociedade, em nome da qual agem. Aqui a razão ordinária deve ceder diante da razão de Estado.

Na América, onde a nação sempre pode, mudando sua constituição, reduzir os magistrados à obediência, semelhante perigo não é de temer. Sobre esse ponto, a política e a lógica estão de acordo, pois, e o povo assim como o juiz conservam lá igualmente seus privilégios.

Quando se invoca, diante dos tribunais dos Estados Unidos, uma lei que o juiz considera contrária à constituição, ele pode se recusar a aplicá-la, pois. Esse poder é o único particular ao magistrado americano, mas dele decorre uma grande influência política.

De fato, há poucas leis de tal natureza que escapem por muito tempo à análise judiciária, pois poucas há que não firam um interesse individual e que algum litigante não possa ou não deva invocar diante dos tribunais.

Ora, a partir do dia em que o juiz se recusar a aplicar uma lei sem um processo, ela perderá instantaneamente parte de sua força moral. Os que ela lesou são avisados então de que existe um meio de se subtrair à obrigação de obedecer a ela; os processos se multiplicam e ela cai na impotência. Acontece então uma destas duas coisas: o povo muda sua constituição ou a legislatura revoga sua lei.

Os americanos confiaram pois a seus tribunais um imenso poder político, mas, obrigando-os a só criticar as leis por meios judiciários, diminuíram muito os perigos desse poder.

Se o juiz tivesse podido criticar as leis de maneira teórica e geral; se pudesse tomar a iniciativa e censurar o legislador, teria entrado rumorosamente na cena política; tornando-se expoente ou adversário de um partido, teria chamado todas as paixões que dividem o país a tomar parte na luta.

Mas, quando o juiz critica uma lei num debate obscuro e sobre uma aplicação particular, oculta em parte a importância do ataque aos olhos do público. Sua decisão tem por objetivo unicamente atingir um interesse individual; a lei só é ferida por acaso.

De resto, a lei assim censurada não é destruída: sua força moral é diminuída, mas seu efeito material não é suspenso. Somente pouco a pouco e sob os golpes repetidos da jurisprudência é que ela sucumbe.

Ademais, compreende-se sem custo que, encarregando o interesse particular de provocar a censura das leis, vinculando intimamente o processo movido contra a lei ao processo movido contra um homem, assegura-se que a legislação não será nem de leve atacada. Nesse sistema, ela não é mais exposta às agressões cotidianas dos partidos. Assinalando os erros do legislador, obedece-se a uma necessidade real, parte-se de um fato positivo e apreciável, pois deve servir de base a um processo.

Não sei se essa maneira de agir dos tribunais americanos, ao mesmo tempo que é a mais favorável à ordem pública, não é também a mais favorável à liberdade.

Se o juiz só pudesse criticar os legisladores frontalmente, haveria circunstâncias em que ele temeria fazê-lo; outras haveria em que o espírito partidário o levaria cada dia a ousá-lo. Assim aconteceria que criticariam as leis, quando o poder de que emanam fosse fraco, e que se submeteriam a ela sem murmurar, quando este fosse forte; em outras palavras, frequentemente criticariam as leis quando fosse mais útil respeitá-las e as respeitariam quando se tornasse fácil oprimir em seu nome.

Mas o juiz americano é levado, independentemente de sua vontade, ao terreno da política. Ele só julga a lei porque tem de julgar um processo. A questão política que deve resolver prende-se ao interesse dos litigantes e ele não poderia se recusar a resolvê-la, sem cometer uma denegação de justiça. É cumprindo os deveres estritos impostos à profissão do magistrado que age como cidadão. É verdade que, dessa maneira, a censura judiciária, exercida pelos tribunais sobre a legislação, não pode se estender sem distinção a todas as leis, porque há leis que nunca podem dar lugar a essa espécie de contestação nitidamente formulada que se chama processo. E quando tal contestação é possível, pode-se ainda conceber que não haja ninguém que a queira levar aos tribunais.

Os americanos sentiram com frequência esse inconveniente, mas deixaram o remédio incompleto, com medo de lhe dar, em todos os casos, uma eficácia perigosa.

Encerrado em seus limites, o poder concedido aos tribunais americanos de pronunciar-se sobre a inconstitucionalidade das leis representa também uma das mais poderosas barreiras erguidas contra a tirania das assembleias políticas.

Outros poderes concedidos aos juízes americanos

Nos Estados Unidos, todos os cidadãos têm o direito de acusar os funcionários públicos diante dos tribunais ordinários. – Como fazem uso desse direito. – Art. 75 da constituição francesa do ano VIII. – Os americanos e os ingleses não podem compreender o sentido desse artigo.

Não sei se preciso dizer que, num povo livre, como os americanos, todos os cidadãos têm o direito de acusar os funcionários públicos diante dos juízes ordinários e que todos os juízes têm o direito de condenar os funcionários públicos, a tal ponto a coisa é natural.

Não é conceder um privilégio particular aos tribunais permitir-lhes punir os agentes do poder executivo, quando violam a lei. Seria tirar-lhes um direito natural proibir-lhes fazê-lo.

Não me pareceu que, nos Estados Unidos, tornando todos os funcionários responsáveis diante dos tribunais, tenham se debilitado os meios de ação do governo.

Ao contrário, pareceu-me que os americanos, agindo assim, haviam aumentado o respeito devido aos governantes, pois estes tomam muito mais cuidado para escapar da crítica.

Tampouco observei que, nos Estados Unidos, se movessem muitos processos políticos, o que me explico sem dificuldade. Um processo é sempre, qualquer que seja sua natureza, uma empreitada difícil e custosa. É fácil acusar um homem público nos jornais, mas ninguém se decide, sem graves motivos, citá-lo diante da justiça. Para processar judicialmente um funcionário, é preciso pois ter um motivo justo para a queixa; e os funcionários dificilmente oferecem um motivo assim quando temem ser processados.

Isso não decorre da forma republicana que os americanos adotaram, pois a mesma experiência pode ser feita todos os dias na Inglaterra.

Esses dois povos não acreditaram garantir sua independência permitindo o julgamento dos principais agentes do poder. Eles pensaram que por meio de pequenos processos, postos cotidianamente ao alcance dos menores cidadãos, se conseguiria garantir a liberdade muito mais do que pelos grandes processos aos quais nunca ninguém recorre ou que só são movidos tarde demais.

Na Idade Média, época em que era muito difícil atingir os criminosos, quando os juízes pegavam algum, às vezes infligiam a esses desgraçados suplícios pavorosos, o que não diminuía o número dos culpados. Descobriu-se mais tarde que, tornando a justiça ao mesmo tempo mais segura e mais suave, tornavam-na ao mesmo tempo mais eficaz.

Os americanos e os ingleses pensam que a arbitrariedade e a tirania deve ser tratada como o roubo: facilitar o processo e atenuar a pena.

No ano VIII da República francesa, veio à luz uma constituição cujo art. 75 era assim concebido: "Os agentes do governo, que não os ministros, só podem ser processados, por fatos relativos a suas funções, em virtude de uma decisão do Conselho de Estado; nesse caso, o processo se dá diante dos tribunais ordinários."

A constituição do ano VIII passou, mas não este artigo, que permaneceu depois dela; e opõem-no cada dia às justas reclamações dos cidadãos.

Procurei várias vezes fazer os americanos ou os ingleses compreenderem o sentido desse art. 75, e sempre me foi muito difícil consegui-lo.

O que eles percebiam em primeiro lugar é que o Conselho de Estado, na França, era um grande tribunal estabelecido no centro do reino; havia uma espécie de tirania no fato de enviar preliminarmente diante dele todos os queixosos.

Mas quando eu procurava fazê-los compreender que o Conselho de Estado não era um corpo judiciário, no sentido ordinário da palavra, e sim um corpo administrativo, cujos membros dependiam do rei, de tal sorte que o rei, depois de ter soberanamente ordenado a um de seus servidores, chamado prefeito, que cometesse uma iniquidade, podia ordenar soberanamente a outro de seus servidores, chamado conselheiro de Estado, que impedisse que o primeiro fosse punido. Quando eu lhes mostrava o cidadão, lesado pela ordem do príncipe, reduzido a pedir ao próprio príncipe a autorização de obter justiça, eles se recusavam a crer em semelhantes absurdos e me acusavam de mentira e ignorância.

Acontecia com frequência, na antiga monarquia, o parlamento decretar a detenção do funcionário público que se tornasse culpado de um delito. Algumas vezes, a autoridade real intervinha para anular o processo. O despotismo mostrava-se então a descoberto e, ao obedecer-lhe, o povo de então apenas se submetia à força.

Portanto nós recuamos muito em relação ao ponto a que nossos pais tinham chegado, porque deixamos fazer, sob a aparência de justiça, e consagrar, em nome da lei, o que unicamente a violência lhes impunha.

CAPÍTULO VII

Do julgamento político nos Estados Unidos

O que o autor entende por julgamento político. – Como se compreende o julgamento político na França, na Inglaterra, nos Estados Unidos. – Na América, o juiz político não se ocupa dos funcionários públicos. – Ele pronuncia mais destituições do que penas. – O julgamento político, meio habitual do governo. – O julgamento político, tal como entendido nos Estados Unidos, apesar da sua suavidade e talvez por causa dela, é uma arma poderosíssima nas mãos da maioria.

Entendo por julgamento político a sentença pronunciada por um corpo político momentaneamente dotado do direito de julgar.

Nos governos absolutos, é inútil dar aos julgamentos formas extraordinárias: como o príncipe, em nome do qual se persegue o acusado, é o senhor dos tribunais, e de todo o resto, ele não precisa buscar garantias fora da ideia que se tem da sua força. O único temor que ele pode ter é que não se conservem nem mesmo as aparências exteriores da justiça e se desonre sua autoridade querendo fortalecê-la.

No entanto, na maioria dos países livres, onde a maioria nunca pode agir sobre os tribunais como faria um príncipe absoluto, aconteceu algumas vezes que o poder judiciário foi momentaneamente colocado nas mãos dos próprios representantes da sociedade. Preferiu-se, nesses países, confundir assim momentaneamente os poderes a violar o necessário princípio da unidade do governo. A Inglaterra, a França e os Estados Unidos introduziram o julgamento político em suas leis; é curioso examinar o partido que esses três grandes povos tiraram daí.

Na Inglaterra e na França a câmara dos pares constitui a alta corte criminal[1] da nação. Ela não julga todos os delitos políticos, mas pode julgar todos.

Ao lado da câmara dos pares encontra-se outro poder político dotado do direito de acusar. A única diferença que existe, nesse ponto, entre os dois países, é a seguinte: na Inglaterra, os deputados podem acusar quem bem entenderem diante de seus pares, ao passo que na França eles só podem processar dessa maneira os ministros do rei.

Quanto ao mais, nos dois países, a câmara dos pares tem à sua disposição todas as leis penais para punir os delinquentes.

Nos Estados Unidos, como na Europa, um dos dois ramos da legislatura é dotado do direito de acusar, e o outro, do direito de julgar. Os representantes denunciam o culpado, o senado pune-o.

Mas o senado só pode ser *provocado* pelos *representantes*, e os representantes só podem acusar diante dele *funcionários públicos*. Assim o senado tem uma competência mais restrita do que a corte dos pares da França, e os representantes um direito de acusação mais extenso do que nossos deputados.

Mas eis a maior diferença entre a América e a Europa: na Europa, os tribunais políticos podem aplicar todos os dispositivos do código penal; na América, quando tiram de um réu o caráter público de que ele era investido e declaram-no indigno de ocupar qualquer função pública no futuro, seu direito está esgotado e a tarefa dos tribunais ordinários começa.

Suponhamos que o presidente dos Estados Unidos tenha cometido um crime de alta traição.

A câmara dos representantes acusa-o, os senadores pronunciam sua destituição. Ele comparece em seguida diante de um júri, e só este pode lhe tirar a liberdade ou a vida.

Isso acaba de projetar uma luz viva sobre o tema que nos ocupa.

Introduzindo o julgamento político em suas leis, os europeus quiseram atingir os grandes criminosos, quaisquer que fossem seu nascimento, sua posição ou seu poder no Estado. Para tanto, reuniram momentaneamente, no seio de um grande corpo político, todas as prerrogativas dos tribunais.

O legislador transformou-se então em magistrado; pôde estabelecer o crime, classificá-lo e puni-lo. Dando-lhe os direitos do juiz, a lei lhe impôs todas as obrigações deste e obrigou-o à observância de todas as formas da justiça.

Quando um tribunal político, francês ou inglês, tem por réu um funcionário público e pronuncia contra ele uma condenação, tira-lhe com isso suas funções e pode declará-lo indigno de ocupar outra no futuro; mas nesse caso a destituição e a interdição política são uma consequência da sentença, e não a própria sentença.

Na Europa, o julgamento político é, pois, muito mais um ato judiciário do que uma medida administrativa.

Vê-se o contrário nos Estados Unidos, e é fácil convencer-se de que o julgamento político é lá muito mais uma medida administrativa do que um ato judiciário.

É verdade que a sentença do senado é judiciária na forma; para pronunciá-la, os senadores são obrigados a se conformarem à solenidade e aos usos do processo. É judiciária também pelos motivos em que se funda: o senado é, em geral, obrigado a tomar como base de sua decisão um delito de direito comum. Mas é administrativa por seu objeto.

Se a finalidade principal do legislador americano tivesse realmente sido dotar um corpo político de um grande poder judiciário, não teria restringido sua ação ao círculo dos funcionários públicos, pois os mais perigosos inimigos do Estado podem não estar investidos de nenhuma função. Isso é verdade sobretudo nas repúblicas em que o favor dos partidos é a primeira dentre as forças e em que uma pessoa costuma ser tanto mais forte quando não exerce legalmente nenhum poder.

Se o legislador americano tivesse querido dar à própria sociedade o direito de prevenir os grandes crimes à maneira do juiz, pelo medo do castigo, teria posto à disposição dos tribunais políticos todos os recursos do código penal; mas só lhes forneceu uma arma incompleta e que não poderia atingir os criminosos de maior periculosidade. Pois pouco importa um julgamento de interdição política para aquele que quer subverter as próprias leis.

A finalidade principal do julgamento político, nos Estados Unidos, é, portanto, retirar o poder daquele que o utiliza mal e impedir que esse mesmo cidadão volte a possuí-lo no futuro. É, como se vê, um ato administrativo a que se deu a solenidade de uma sentença.

Nessa matéria, os americanos criaram pois algo misto. Deram à destituição administrativa todas as garantias do julgamento político e tiraram do julgamento político seus maiores rigores.

Estabelecido esse ponto, tudo se concatena; descobre-se então por que as constituições americanas submetem todos os funcionários civis à jurisdição do senado e isentam dela os militares, cujos crimes são, contudo, mais temíveis. Na ordem civil, os americanos não têm, por assim dizer, funcionários exoneráveis: uns são inamovíveis, os outros têm seus direitos decorrentes de um mandato que não se pode ab-rogar. Para tirar-lhes o poder, é necessário pois julgar todos eles. Mas os militares dependem do chefe de Estado, que por sua vez é um funcionário civil. Atingindo o chefe de Estado, atinge-se a todos simultaneamente[2].

Agora, se compararmos o sistema europeu com o americano, nos efeitos que cada um produz e pode produzir, descobriremos diferenças não menos sensíveis.

Na França e na Inglaterra, o julgamento político é considerado uma arma extraordinária, de que a sociedade só se deve servir para salvar-se nos momentos de grandes perigos.

Não se poderia negar que o julgamento político, tal como o entendemos na Europa, não viola o princípio conservador da divisão dos poderes e não ameaça sem cessar a liberdade e a vida dos homens.

O julgamento político nos Estados Unidos só atinge indiretamente o princípio da divisão dos poderes; ele não ameaça a existência dos cidadãos; não pende, como na Europa, sobre todas as cabeças, pois só fere os que, aceitando funções públicas, submetem-se com isso a seus rigores.

É ao mesmo tempo menos temível e menos eficaz.

Por isso os legisladores dos Estados Unidos não o consideraram um remédio extremo para os grandes males da sociedade, e sim um meio habitual de governo.

Desse ponto de vista, ele talvez exerça mais influência real sobre o corpo social na América do que na Europa. De fato, não devemos nos deixar enganar pela aparente brandura da legislação americana no que diz respeito aos julgamentos políticos. Cumpre notar, em primeiro lugar, que, nos Estados Unidos, o tribunal que pronuncia esses julgamentos é composto dos mesmos elementos e submetido às mesmas influências que o corpo encarregado de acusar, o que dá um impulso quase irresistível às paixões vindicativas dos partidos. Se os juízes políticos, nos Estados Unidos, não podem pronunciar penas tão severas quanto os juízes políticos da Europa, há pois menos possibilidade de ser absolvido por eles. A condenação é menos temível e mais certa.

Os europeus, estabelecendo os tribunais políticos, tiveram por objetivo principal *punir* os culpados; os americanos, *tirar-lhes o poder*. O julgamento político, nos Estados Unidos, é de certa forma uma medida preventiva. Portanto, nele, o juiz não deve ser tolhido por definições criminais muito exatas.

Nada mais assustador do que a vagueza das leis americanas, quando definem os crimes políticos propriamente ditos. "Os crimes que motivarão a condenação do presidente (diz a constituição dos Estados Unidos, seção IV, art. 1) são a alta traição, a corrupção ou outros grandes crimes e delitos." A maioria das constituições dos Estados é muito mais obscura ainda.

"Os funcionários públicos", diz a constituição de Massachusetts, "serão condenados pela conduta culpada que tiverem e por sua má administração."[3] "Todos os funcionários que puserem o Estado em perigo, por má administração, corrupção ou outros delitos", diz a constituição da Virgínia, "poderão ser acusados pela câmara dos deputados." Há constituições que não especificam nenhum crime, de maneira a deixar pesar sobre os funcionários públicos uma responsabilidade ilimitada[4].

Mas o que, nessa matéria, torna as leis americanas tão temíveis, nasce, ousarei dizer, de sua própria brandura.

Vimos que, na Europa, a destituição de um funcionário e sua interdição política eram uma das consequências da pena e que na América era a própria pena. Daí resulta o seguinte: na Europa, os tribunais políticos são dotados de direitos terríveis, que algumas vezes não sabem como usar; e às vezes não punem com medo de punir demais. Mas, na América, não se recua diante de uma pena que não faz gemer a humanidade: condenar um inimigo político à morte, para tirar-lhe o poder, é aos olhos de todos um assassinato horrível; declarar seu adversário indigno de possuir esse mesmo poder e tirar-lhe esse poder, deixando-lhe a liberdade e a vida, pode parecer o resultado honesto da luta.

Ora, esse julgamento tão fácil de se pronunciar nem por isso deixa de ser o cúmulo da desgraça para o comum daqueles a quem se aplica. Os grandes criminosos sem dúvida afrontarão seus rigores vãos; os homens ordinários verão nele uma sentença que destrói sua posição, mancha sua honra e os condena a uma vergonhosa ociosidade pior que a morte.

O julgamento político, nos Estados Unidos, exerce pois sobre a marcha da sociedade uma influência tanto maior por parecer menos temível. Não age diretamente sobre os governados, mas torna a maioria inteiramente senhora dos que governam; não dá à legislatura um imenso poder que ela não poderia exercer, a não ser em momento de crise; deixa-lhe adquirir um poder moderado e regular, de que pode fazer uso todos os dias. A força é menor, mas em compensação seu emprego é mais cômodo e o abuso mais fácil.

Impedindo os tribunais políticos de pronunciar penas judiciárias, os americanos parecem-me pois ter prevenido as consequências mais terríveis da tirania legislativa, em vez de a própria tirania. E não sei se, tudo considerado, o julgamento político, tal como é entendido nos Estados Unidos, não é a arma mais formidável que já se pôs nas mãos da maioria.

Se as repúblicas americanas começarem a degenerar, creio que será fácil reconhecer essa degeneração: bastará ver se o número dos julgamentos políticos aumenta (N).

CAPÍTULO VIII

Da constituição federal

Considerei até aqui cada Estado como um todo completo e mostrei os diferentes mecanismos que o povo aciona neles, assim como os meios de ação de que se vale. Mas todos esses Estados que encarei como independentes são forçados a obedecer, em certos casos, a uma autoridade superior, que é a da União. Chegou a hora de examinar a parte de soberania que foi concedida à União e dar uma rápida olhada na constituição federal[1].

Histórico da constituição federal

Origem da primeira União. – Sua fraqueza. – O congresso apela para o poder constituinte. – Intervalo de dois anos que decorre entre esse momento e aquele em que a nova constituição é promulgada.

As treze colônias que sacudiram simultaneamente o jugo da Inglaterra no fim do século passado tinham, como já disse, a mesma religião, a mesma língua, os mesmos costumes, quase as mesmas leis; elas lutavam contra um inimigo comum, logo deviam ter fortes motivos para se unirem intimamente umas às outras e se absorverem numa só e mesma nação.

Mas cada uma delas, tendo sempre levado uma existência à parte e um governo a seu alcance, criara interesses assim como usos particulares e rejeitava uma união sólida e completa que fizesse desaparecer sua importância individual numa importância comum. Daí duas tendências opostas: uma que levava os anglo-americanos a se unirem, a outra que os levava a se dividirem.

Enquanto durou a guerra com a mãe-pátria, a necessidade fez prevalecer o princípio da união. E conquanto as leis que constituíam essa união fossem defeituosas, o vínculo comum subsistiu a despeito delas[2].

Mas assim que a paz foi firmada, os vícios da legislação mostraram-se a descoberto: o Estado pareceu dissolver-se de repente. Cada colônia, tornando-se república independente, apoderou-se da soberania inteira. O governo federal, que sua própria constituição condenava à fraqueza e que o sentimento do perigo público já não sustentava, viu seu pavilhão abandonado aos ultrajes dos grandes povos da Europa, enquanto não podia encontrar recursos suficientes para enfrentar as nações indígenas e pagar os juros das dívidas contraídas durante a guerra da Independência. A ponto de perecer, declarou ele próprio oficialmente sua impotência e apelou para o poder constituinte[3].

Se a Inglaterra soube elevar-se por alguns instantes àquele alto grau de glória em que a imaginação orgulhosa de seus habitantes queria sem cessar mostrá-la, isso aconteceu nesse momento supremo em que o poder nacional vinha de certa forma de abdicar o império.

Um povo lutar com energia para conquistar sua independência é um espetáculo que todos os séculos puderam proporcionar. Aliás, exageraram muito os esforços que os americanos fizeram para livrar-se do jugo dos ingleses. Separados por 1 300 léguas de mar de seus inimigos, socorridos por um poderoso aliado, os Estados Unidos deveram a vitória muito mais à sua posição do que ao valor de seus exércitos ou ao patriotismo de seus cidadãos. Quem ousaria comparar a guerra da América com as guerras da Revolução Francesa, e os esforços dos americanos com os nossos, quando a França, exposta aos ataques da Europa inteira, sem dinheiro, sem crédito, sem aliados, lançava um vigésimo da sua população contra seus inimigos, sufocando com uma mão o incêndio que devorava suas entranhas e, com a outra, passeando a tocha à sua volta? Mas o que é novo na história das sociedades é ver um grande povo, advertido por seus legisladores de que as engrenagens do governo estão parando, voltar sem precipitação e sem medo seus olhares para si mesmo, sondar a profundidade do mal, conter-se durante dois anos inteiros, a fim de descobrir com vagar o remédio e, quando esse remédio é indicado, submeter-se voluntariamente a ele sem que isso custe uma só lágrima nem uma só gota de sangue à humanidade.

Quando a insuficiência da primeira constituição federal se fez sentir, a efervescência das paixões políticas que fizera nascer a revolução estava em parte aplacada, e todos os grandes homens que ela criara ainda existiam. Foi uma dupla felicidade para a América. A assembleia pouco numerosa[4] que se encarregou de redigir a segunda constituição continha os mais belos espíritos e os mais nobres caracteres que apareceram no Novo Mundo. George Washington a presidia.

Essa comissão nacional, após longas e maduras deliberações, ofereceu enfim à adoção do povo o corpo de leis orgânicas que ainda hoje rege a União. Todos os Estados o adotaram sucessivamente[5]. O novo governo federal assumiu suas funções em 1789, após dois anos de interregno. A revolução da América acabou, pois, precisamente no momento em que começava a nossa.

Panorama sumário da constituição federal

Divisão dos poderes entre a soberania federal e a dos Estados. – O governo dos Estados fica sendo o direito comum; – o governo federal, a exceção.

Uma primeira dificuldade deve ter se apresentado ao espírito dos americanos. Tratava-se de partilhar a soberania de tal sorte que os diferentes Estados que formavam a União continuassem a se governar eles mesmos em tudo o que dizia respeito apenas à sua prosperidade interna, sem que a nação inteira, representada pela União, deixasse de constituir um corpo e de prover a todas as suas necessidades gerais. Questão complexa e de difícil solução.

Era impossível estabelecer de antemão de maneira exata e completa a parte de poder que devia caber a cada um dos dois governos entre os quais a soberania iria dividir-se.

Quem poderia prever de antemão todos os detalhes da vida de um povo?

Os deveres e os direitos do governo federal eram simples e bastante fáceis de definir, porque a União fora formada com a finalidade de satisfazer a algumas grandes necessidades gerais. Os deveres e os direitos do governo dos Estados eram, ao contrário, múltiplos e complicados, porque esse governo penetrava em todos os detalhes da vida social.

Portanto definiram-se com cuidado as atribuições do governo federal e declarou-se que tudo o que não estava compreendido na definição fazia parte das atribuições do governo dos Estados. Assim o governo dos Estados ficou sendo o direito comum; o governo federal foi a exceção[6].

Mas como se previa que, na prática, poderiam surgir questões relativas aos limites exatos desse governo excepcional e que teria sido perigoso abandonar a solução dessas questões aos tribunais ordinários instituídos nos diferentes Estados por esses próprios Estados, criou-se uma corte federal superior[7], tribunal único, uma de cujas atribuições foi manter entre os dois governos rivais a divisão dos poderes tal como a constituição estabelecera[8].

Atribuições do governo federal

Poder concedido ao governo federal de firmar a paz, declarar guerra, estabelecer impostos gerais. – Objeto da política interna de que pode se ocupar. – O governo da União, mais centralizado em alguns pontos do que era o governo real sob a antiga monarquia francesa.

Os povos, dentro de si, nada mais são que indivíduos. É sobretudo para apresentar-se vantajosamente diante dos estrangeiros que uma nação necessita de um governo único.

Assim, foi concedido à União o direito exclusivo de firmar a paz e declarar guerra, assinar os tratados de comércio, recrutar exércitos, armar frotas[9].

A necessidade de um governo nacional não se faz sentir de maneira igualmente imperiosa na direção dos negócios internos da sociedade.

Todavia há certos interesses gerais a que apenas uma autoridade geral pode atender de maneira eficaz.

À União foi deixado o direito de resolver tudo o que diz respeito ao valor do dinheiro; foi encarregada do serviço postal; foi-lhe dado o direito de abrir as grandes comunicações que deveriam unir as diversas partes do território[10].

Em geral, o governo dos diferentes Estados foi considerado livre em sua esfera. No entanto, ele podia abusar dessa independência e comprometer, com medidas imprudentes, a segurança de toda a União; por isso, em casos raros e definidos previamente, foi permitido ao governo federal intervir nos assuntos internos dos Estados[11]. Assim é que, ao mesmo tempo que é reconhecido a cada uma das repúblicas confederadas o poder de modificar e alterar sua legislação, é-lhes vetado promulgar leis retroativas e criar em seu seio um corpo de nobres[12].

Enfim, como era necessário que o governo federal pudesse cumprir com as obrigações que lhe eram impostas, foi-lhe concedido o direito ilimitado de arrecadar impostos[13].

Quando atentamos para a divisão dos poderes tal como a constituição federal a estabeleceu; quando examinamos, de um lado, a porção de soberania que os Estados reservaram para si e, de outro, a parte de poder que a União assumiu, descobrimos com facilidade que os legisladores federais tinham ideias muito nítidas e justas do que chamei precedentemente de centralização governamental.

Não apenas os Estados Unidos constituem uma república, mas também uma confederação. No entanto, a autoridade nacional é, lá, sob certos aspectos, mais centralizada do que era na mesma época em várias monarquias absolutas da Europa. Citarei apenas dois exemplos.

A França contava treze cortes soberanas, que, na maioria dos casos, tinha o direito de interpretar a lei sem apelação.

Possuía, além disso, certas províncias chamadas países de Estados [*pays d'États*], que, depois de a autoridade soberana, encarregada de representar a nação, ter ordenado a cobrança de um imposto, podiam recusar-lhe seu concurso.

A União tem um só tribunal para interpretar a lei, bem como uma só legislatura para fazê-la; o imposto votado pelos representantes da nação é obrigatório para todos os cidadãos. Portanto, a União é mais centralizada nesses dois pontos essenciais do que era a monarquia francesa e, no entanto, a União não passa de um agregado de repúblicas confederadas.

Na Espanha, certas províncias tinham o poder de estabelecer um sistema alfandegário próprio, poder esse que, por sua essência mesma, vincula-se à soberania nacional.

Na América, apenas o congresso tem o direito de resolver as relações comerciais entre os Estados. O governo da confederação é, portanto, mais centralizado nesse ponto que o do reino da Espanha.

É verdade que na França e na Espanha, visto que o poder real está sempre em condição de executar, se necessário pela força, o que a constituição do reino lhe recusava de direito fazer, chegava-se, afinal de contas, ao mesmo ponto. Mas estou falando aqui da teoria.

Poderes federais

Após encerrar o governo federal num círculo de ação nitidamente delineado, tratava-se de saber como fazê-lo mover-se dentro dele.

Poderes legislativos

> *Divisão do corpo legislativo em dois ramos.* – *Diferenças na maneira de formar as duas Câmaras.* – *O princípio da independência dos Estados triunfa na formação do senado.* – *O dogma da soberania nacional na composição da câmara dos representantes.* – *Efeitos singulares decorrentes de que as constituições não são lógicas, a não ser quando os povos são jovens.*

Na organização dos poderes da União, foi seguido em muitos pontos o plano que estava previamente traçado pela constituição particular de cada Estado.

O corpo legislativo federal da União compôs-se de um senado e de uma câmara dos representantes.

O espírito de conciliação fez que, na formação de cada uma dessas assembleias, fossem seguidas diferentes regras.

Chamei mais acima a atenção para que, quando quiseram estabelecer a constituição federal, dois interesses opostos viram-se em presença. Esses dois interesses tinham dado origem a duas opiniões.

Uns queriam fazer da União uma liga de Estados independentes, uma espécie de congresso, em que os representantes de povos distintos viriam discutir certos pontos de interesse comum.

Outros queriam reunir todos os habitantes das ex-colônias num só e mesmo povo e dar-lhes um governo que, muito embora sua esfera fosse limitada, pudesse agir nessa esfera como o único representante da nação. As consequências práticas dessas duas teorias eram bem diferentes.

Assim, se se tratasse de organizar uma liga e não um governo nacional, cabia à maioria dos Estados fazer a lei, e não à maioria dos habitantes da União. Pois cada Estado, grande ou pequeno, conservava então seu caráter de potência independente e participava da União em perfeito pé de igualdade com os demais.

Se, ao contrário, se consideravam os habitantes dos Estados Unidos como formando um só e mesmo povo, era natural que apenas a maioria dos cidadãos da União fizesse a lei.

Compreende-se que os pequenos Estados não podiam aceitar a aplicação dessa doutrina sem abdicar completamente sua existência, no que dizia respeito à soberania federal, pois de potência corregulutdora passavam a ser uma fração insignificante de um grande povo. O primeiro sistema ter-lhes-ia proporcionado uma força despropositada, o segundo os anulava.

Nesse estado de coisas, sucedeu o que quase sempre sucede quando os interesses se encontram em oposição ao raciocínio: dobraram-se as regras da lógica. Os legisladores adotaram um meio-termo que conciliava à força dois sistemas teoricamente inconciliáveis.

O princípio da independência dos Estados triunfou na formação do senado; o dogma da soberania nacional, na composição da câmara dos representantes.

Cada Estado devia mandar dois senadores ao congresso e um número de representantes proporcional à sua população[14].

Resulta desse arranjo que, em nossos dias, o Estado de Nova York tem no congresso quarenta representantes e apenas dois senadores; o Estado de Delaware, dois senadores e apenas um representante. O Estado de Delaware é, pois, no senado, igual a Nova York, enquanto este tem, na câmara dos representantes, quarenta vezes mais influência do que o primeiro. Assim, pode suceder que a minoria da nação, dominando o senado, paralise inteiramente a vontade da maioria, representada pela outra câmara, o que é contrário ao espírito dos governos constitucionais.

Isso tudo mostra muito bem a que ponto é raro e difícil ligar entre si de maneira lógica e racional todas as partes da legislação.

O tempo sempre acaba fazendo nascer, no mesmo povo, interesses diferentes e consagra direitos diversos. Quando se trata, em seguida, de estabelecer uma constituição geral, cada um desses interesses e direitos constitui um obstáculo natural que se opõe a que qualquer princípio político chegue a todas as suas consequências. Logo, é apenas quando do nascimento das sociedades que se pode ser completamente lógico nas leis. Quando virem um povo gozar dessa vantagem, não se apressem em concluir que é sábio; pensem antes que é jovem.

Na época em que a constituição federal foi elaborada, ainda não existia entre os anglo-americanos mais que dois interesses positivamente opostos um ao outro: o interesse de individualidade para os Estados, o interesse de união para todo o povo. Foi preciso chegar a um compromisso.

Cumpre reconhecer, todavia, que essa parte da constituição não produziu até agora os males que se podia temer.

Todos os Estados são jovens; são próximos; têm costumes, ideias e necessidades homogêneas; a diferença decorrente de seu maior ou menor tamanho não basta para lhes dar interesses fortemente opostos. Por isso nunca ninguém viu os pequenos Estados se coligarem, no senado, contra os projetos dos grandes. Aliás, há uma força tão irresistível na expressão legal da vontade de todo um povo que, vindo a maioria a se exprimir pelo órgão da câmara dos representantes, o senado se acha bem fraco em sua presença.

Além disso, convém não esquecer que não dependia dos legisladores americanos fazer uma só e mesma nação do povo a que pretendiam dar leis. A finalidade da liberdade federal não era destruir a existência dos Estados, mas apenas restringi-la. Logo, a partir do instante em que se deixava um poder real a esses corpos secundários (e não era possível tirar-lhes esse poder), renunciava-se de antemão a empregar habitualmente a coerção para dobrá-los à vontade da maioria. Dito isso, a introdução de suas forças individuais nas engrenagens do governo federal não tinha nada de extraordinário: apenas constatava um fato existente, o de uma potência reconhecida que era preciso respeitar, e não violentar.

Outra diferença entre o senado e a câmara dos representantes

O senado, nomeado pelos legisladores provinciais. – Os representantes, pelo povo. – Dois graus de eleição para o primeiro. – Um só para o segundo. – Duração dos diferentes mandatos. – Atribuições.

O senado não difere da outra câmara apenas pelo próprio princípio da representação, mas também pelo modo da eleição, pela duração do mandato e pela diversidade das atribuições.

A câmara dos representantes é nomeada pelo povo; o senado, pelos legisladores de cada Estado.

Uma é o produto da eleição direta, a outra da eleição em dois graus.

O mandato dos representantes dura apenas dois anos; o dos senadores, seis.

A câmara dos representantes possui apenas funções legislativas; não participa do poder judiciário, a não ser acusando os funcionários públicos; o senado contribui para a elaboração das leis e julga os delitos políticos que lhe são apresentados pela câmara dos representantes; além disso, é o grande conselho executivo da nação. Os tratados concluídos pelo presidente devem ser ratificados pelo senado; para serem definitivas, as decisões daquele precisam receber a aprovação desse mesmo corpo[15].

Do poder executivo[16]

Dependência do presidente. – Eletivo e responsável. – Livre em sua esfera, o senado o vigia mas não o dirige. – Os vencimentos do presidente, estabelecidos ao assumir a função. – Veto suspensivo.

Os legisladores americanos tinham uma tarefa difícil a cumprir: eles queriam criar um poder executivo que dependesse da maioria e que, não obstante, fosse forte o bastante por si mesmo para agir com liberdade em sua esfera.

A manutenção da forma republicana exigia que o representante do poder executivo fosse submetido à vontade nacional.

O presidente é um magistrado eletivo. Sua honra, seus bens, sua liberdade, sua vida respondem sem cessar ao povo pelo bom uso que fará de seu poder. Ao exercer o poder, de resto, ele não é completamente independente: o senado o vigia em suas relações com as potências estrangeiras, assim como na distribuição dos empregos, de tal sorte que não pode nem ser corrompido nem corromper.

Os legisladores da União reconheceram que o poder executivo não poderia desempenhar digna e eficazmente sua tarefa se não conseguissem lhe dar mais estabilidade e mais força do que lhe haviam concedido nos Estados.

O presidente foi nomeado por quatro anos e pôde ser reeleito. Com o futuro diante de si, teve coragem de trabalhar pelo bem público e meios de realizá-lo.

Fez-se do presidente o único representante do poder executivo da União. Evitou-se inclusive subordinar sua vontade à de um conselho – meio perigoso que, ao mesmo tempo que debilita a ação do governo, diminui a responsabilidade dos governantes. O senado tem o direito de tornar sem efeito alguns atos do presidente, mas não poderia forçá-lo a agir nem partilhar com ele o poder executivo.

A ação da legislatura sobre o poder executivo pode ser direta (acabamos de ver que os americanos tomaram o cuidado de que não fosse). Também pode ser indireta.

As Câmaras, privando o funcionário público de sua remuneração, tiram-lhe uma parte da sua independência; senhoras de fazer as leis, é de temer que elas lhes tirem pouco a pouco a porção de poder que a constituição quis lhes conservar.

Essa dependência do poder executivo é um dos vícios inerentes às constituições republicanas. Os americanos não puderam destruir a inclinação que leva as assembleias legislativas a se apoderarem do governo, mas tornaram essa inclinação menos irresistível.

Os vencimentos do presidente são fixados, quando ele assume as funções, para todo o tempo que deve durar sua magistratura. Além disso, o presidente é armado de um veto suspensivo, que lhe permite bloquear as leis que poderiam destruir a porção de independência que a constituição lhe deixou. No entanto, entre o presidente e a legislatura a luta não poderia deixar de ser desigual, pois se a última perseverar em seus desígnios sempre poderá vencer a resistência que lhe é oposta; mas o veto suspensivo pelo menos a força a voltar atrás, obriga-a a considerar de novo a questão e, dessa vez, só pode decidir com a maioria de dois terços dos votantes. O veto, aliás, é uma espécie de chamado ao povo. O poder executivo, que sem essa garantia teria podido ser oprimido em segredo, defende então sua causa e faz ouvir seus motivos. Mas se a legislatura perseverar em seus desígnios, não poderá sempre vencer a resistência que lhe é oposta? A isso responderei que há, na constituição de todos os povos, qualquer que seja, de resto, sua natureza, um ponto em que o legislador é obrigado a remeter-se ao bom senso e à virtude dos cidadãos. Esse ponto é mais próximo e mais visível nas repúblicas, mais distante e oculto com mais cuidado nas monarquias, mas sempre se encontra em algum lugar. Não há país em que a lei possa prever tudo e em que as instituições devam fazer as vezes da razão e dos costumes.

Em que a posição do presidente dos Estados Unidos difere da de um rei constitucional da França

O poder executivo nos Estados Unidos, limitado e excepcional como a soberania em nome da qual ele age. – O poder executivo na França se estende a tudo, como ela. – O rei é um dos autores da lei. – O presidente é apenas o executante da lei. – Outras diferenças que nascem da duração de dois poderes. – O presidente, tolhido na esfera do poder executivo. – O rei é livre nessa esfera. – A França, apesar dessas diferenças, é muito mais parecida com uma república do que a União com uma monarquia. – Comparação do número de funcionários que, nos dois países, dependem do poder executivo.

O poder executivo desempenha um papel tão grande no destino das nações, que quero me deter um instante nesse ponto, para fazer compreender melhor que lugar ocupa entre os americanos.

Para se ter uma ideia clara e precisa da posição do presidente dos Estados Unidos, é útil compará-la com a do rei, numa das monarquias constitucionais da Europa.

Nessa comparação, vou me prender pouco aos sinais exteriores do poder: eles enganam os olhos do observador mais do que o guiam.

Quando uma monarquia se transforma pouco a pouco em república, o poder executivo nela conserva títulos, honras, respeitos e mesmo dinheiro, muito tempo depois de ter perdido a realidade do poder. Os ingleses, depois de terem cortado a cabeça de um de seus reis e expulso outro do trono, ainda se punham de joelhos para falar aos sucessores desses príncipes.

De outro lado, quando as repúblicas caem sob o jugo de um só, o poder continua a mostrar-se simples, uno e modesto em suas maneiras, como se já não se elevasse acima de todos. Quando os imperadores dispunham despoticamente da fortuna e da vida de seus concidadãos, ainda eram tratados de César quando estes se dirigiam a eles, mas iam cear familiarmente em casa de seus amigos.

Portanto, é preciso abandonar a superfície e penetrar mais fundo.

A soberania, nos Estados Unidos, é dividida entre a União e os Estados, ao passo que, entre nós, é una e compacta. Surge aí a primeira e maior diferença que percebo entre o presidente dos Estados Unidos e o rei na França.

Nos Estados Unidos, o poder executivo é limitado e excepcional, como a própria soberania em nome da qual age; na França, ele se estende a tudo, como ela.

Os americanos têm um governo federal; nós temos um governo nacional.

Eis uma primeira causa de inferioridade, resultante da própria natureza das coisas. Mas não é a única. A segunda em importância é a seguinte: pode-se, com propriedade, definir a soberania como o direito de fazer leis.

O rei, na França, constitui realmente uma parte do soberano, pois as leis não existirão se ele se recusar a sancioná-las; além disso, é o executante das leis.

O presidente também é o executante da lei, mas não contribui realmente para fazê-la, pois que, ao recusar seu assentimento, não pode impedi-la de existir. Portanto, não faz parte do soberano; nada mais é que seu agente.

Não apenas o rei, na França, constitui uma porção do soberano, mas também participa da formação da legislatura, que é a outra porção. Participa dela nomeando os membros de uma câmara e fazendo, à sua vontade, cessar a duração do mandato da outra. O presidente dos Estados Unidos não contribui em nada para a composição do corpo legislativo, nem pode dissolvê-lo.

O rei partilha com as Câmaras o direito de propor a lei. O presidente não tem iniciativa semelhante.

O rei é representado, no seio das Câmaras, por um certo número de agentes, que expõem seus pontos de vista, sustentam suas opiniões e fazem prevalecer suas máximas de governo.

O presidente não tem entrada no congresso; seus ministros são excluídos deste, como ele próprio, e é tão somente por vias indiretas que faz penetrar nesse grande corpo sua influência e suas opiniões.

O rei de França caminha pois de igual para igual com a legislatura, que não pode agir sem ele, como ele não poderia agir sem ela.

O presidente está colocado ao lado da legislatura, como um poder inferior e dependente.

No exercício do poder executivo propriamente dito, ponto sobre o qual sua posição parece mais se aproximar da do rei de França, o presidente ainda tem várias e grandes causas de inferioridade.

O poder do rei, na França, tem antes de tudo, sobre o do presidente, a vantagem da duração. Ora, a duração é um dos primeiros elementos da força. Só se ama e só se teme o que deve existir muito tempo.

O presidente dos Estados Unidos é um magistrado eleito por quatro anos. O rei, na França, é um chefe hereditário.

No exercício do poder executivo, o presidente dos Estados Unidos acha-se continuamente submetido a uma vigilância ciosa. Ele prepara os tratados, mas não os faz; designa para os cargos, mas não nomeia[17].

O rei de França é senhor absoluto na esfera do poder executivo.

O presidente dos Estados Unidos é responsável por seus atos. A lei francesa diz que a pessoa do rei de França é inviolável.

No entanto, acima de um como de outro, encontra-se um poder dirigente, o da opinião pública. Esse poder é menos definido na França do que nos Estados Unidos; menos reconhecido, menos formulado nas leis; mas existe de fato. Na América, ele procede por eleições e decisões; na França, por revoluções. A França e os Estados Unidos têm, assim, apesar da diversidade de sua constituição, o ponto comum de que a opinião pública é, em última análise, o poder dominante. O princípio gerador das leis é, pois, para dizer a verdade, o mesmo nos dois povos, muito embora seus desenvolvimentos sejam mais ou menos livres num e noutro, e as consequências que dele se tiram sejam muitas vezes diferentes. Esse princípio, por natureza, é essencialmente republicano. Por isso acho que a França, com seu rei, é mais parecida com uma república do que a União, com seu presidente, com uma monarquia.

Em tudo o que precede, tomei o cuidado de só assinalar os pontos capitais de diferença. Se tivesse querido entrar nos detalhes, o quadro teria sido ainda mais convincente. Mas tenho coisas demais a dizer para não querer ser breve.

Notei que o poder do presidente dos Estados Unidos só é exercido na esfera de uma soberania restrita, ao passo que o do rei, na França, age no círculo de uma soberania completa.

Teria podido mostrar o poder governamental do rei de França ultrapassar inclusive seus limites naturais, por mais amplos que sejam, e penetrar, de mil maneiras, na administração dos interesses individuais.

A essa causa de influência eu podia somar a que resulta do grande número de funcionários públicos que, quase todos, devem seu mandato ao poder executivo. Esse número superou, em nosso país, todos os limites conhecidos: eleva--se a 138 000[18]. Cada uma dessas 138 000 nomeações deve ser considerada um elemento de força. O presidente não tem o direito absoluto de nomear para os cargos públicos, e esses cargos não são mais que 12 000[19].

*Causas acidentais que podem aumentar
a influência do poder executivo*

Segurança externa de que goza a União. – Política expectante. – Exército de 6 000 soldados. – Apenas alguns navios. – O presidente possui grandes prerrogativas de que não tem oportunidade de se servir. – No que tem oportunidade, é fraco.

Se o poder executivo é menos forte na América do que na França, devemos atribuir a causa disso mais às circunstâncias, talvez, do que às leis.

É principalmente em suas relações com os estrangeiros que o poder executivo de uma nação tem a oportunidade de mostrar habilidade e força.

Se a vida da União estivesse constantemente ameaçada, se esses grandes interesses se vissem todos os dias envolvidos com os de outros povos poderosos, veríamos o poder executivo crescer na opinião pelo que se esperaria dele e pelo que ele executaria.

O presidente dos Estados Unidos, é bem verdade, é o chefe do exército, mas esse exército se compõe de 6 000 soldados; ele comanda a frota, mas a frota conta apenas alguns navios; dirige os negócios da União nas relações com os povos estrangeiros, mas os Estados Unidos não têm vizinhos. Separados do resto do mundo pelo Oceano, demasiado fracos ainda para querer dominar o mar, não têm inimigos, e seus interesses raramente estão em contato com os das outras nações do globo.

Isso mostra claramente que não se deve julgar a prática do governo pela teoria.

O presidente dos Estados Unidos possui prerrogativas quase reais, de que não tem a oportunidade de se servir, e os direitos de que, até agora, ele pode se valer são muito circunscritos. As leis permitem-lhe ser forte, as circunstâncias mantêm-no fraco.

Ao contrário, as circunstâncias, muito mais ainda que as leis, é que proporcionam à autoridade real da França sua maior força.

Na França, o poder executivo luta sem cessar contra imensos obstáculos e dispõe de imensos recursos para vencê-los. Ele cresce com a grandeza das coisas que executa e com a importância dos acontecimentos que dirige, sem com isso modificar sua constituição.

Se as leis o tivessem criado tão fraco e tão circunscrito quanto o da União, sua influência logo se tornaria muito maior.

Por que, para dirigir os negócios, o presidente dos Estados Unidos não precisa ter maioria nas câmaras

É um axioma estabelecido na Europa que um rei constitucional não pode governar quando a opinião das câmaras legislativas não coincide com a sua.

Vimos vários presidentes dos Estados Unidos perderem o apoio da maioria no corpo legislativo sem serem obrigados a abandonar o poder, nem sem que disso resultasse um grande mal para a sociedade.

Ouvi citar esse fato para provar a independência e a força do poder executivo na América. Basta refletir alguns instantes para ver neles, ao contrário, a prova da sua impotência.

Um rei na Europa necessita obter o apoio do corpo legislativo para cumprir a tarefa que a liberdade lhe impõe, porque essa tarefa é imensa. Um rei constitucional na Europa não é apenas o executante da lei: o cuidado com sua execução lhe cabe tão completamente que, se ela lhe fosse contrária, ele poderia paralisar-lhe as forças. Necessita das Câmaras para fazer a lei, as Câmaras precisam dele para executá-la; são duas forças que não podem viver uma sem a outra, as engrenagens do governo param no momento em que há desacordo entre elas.

Na América, o presidente não pode impedir a elaboração das leis e não poderia furtar-se à obrigação de executá-las. Seu concurso cioso e sincero é, sem dúvida, útil, mas não é necessário à boa marcha do governo. Em tudo o que faz de essencial, é submetido direta ou indiretamente à legislatura; onde é inteiramente independente dela, não pode quase nada. É, pois, sua fraqueza, e não sua força, que lhe permite viver em oposição ao poder legislativo.

Na Europa, é necessário haver acordo entre o rei e as Câmaras, porque pode haver uma luta séria entre ambos. Na América, o acordo não é obrigatório, porque a luta é impossível.

Da eleição do presidente

O perigo do sistema de eleição aumenta proporcionalmente à extensão das prerrogativas do poder executivo. – Os americanos podem adotar esse sistema, porque podem prescindir de um poder executivo forte. – Como as circunstâncias favorecem o estabelecimento do sistema eletivo. – Por que a eleição do presidente não faz variar os princípios do governo. – Influência que a eleição do presidente exerce sobre a sorte dos funcionários secundários.

O sistema de eleição, aplicado ao chefe do poder executivo de um grande povo, apresenta perigos que a experiência e os historiadores assinalaram suficientemente.

Por isso não vou falar deles, a não ser em relação à América.

Os perigos que se temem no sistema de eleição são mais ou menos grandes, conforme a posição que o poder executivo ocupe e sua importância no Estado, conforme o modo de eleição e as circunstâncias nas quais se acha o povo que elege.

O que se critica, não sem razão, no sistema eletivo aplicado ao chefe de Estado é que ele oferece tamanho atrativo para as ambições pessoais e as inflama a tal ponto a conquistar o poder, que muitas vezes, não lhes bastando mais os meios legais, elas apelam para a força quando lhes falta o direito.

Está claro que, quanto mais prerrogativas tenha o poder executivo, mais o atrativo é grande; quanto mais a ambição dos pretendentes é excitada, mais também ela encontra apoio numa multidão de ambições secundárias que esperam partilhar o poder após o triunfo de seu candidato.

Os perigos do sistema de eleição crescem, pois, em razão direta da influência exercida pelo poder executivo sobre os negócios do Estado.

As revoluções da Polônia não devem ser atribuídas apenas ao sistema eletivo em geral, mas ao fato de que o magistrado eleito era o chefe de uma grande monarquia.

Antes de discutir o valor absoluto do sistema eletivo, há sempre uma questão prévia a elucidar, a de saber se a posição geográfica, as leis, os hábitos, os costumes e as opiniões do povo em que se quer introduzi-lo permitem estabelecer um poder executivo fraco e dependente; porque querer ao mesmo tempo que o representante do Estado seja armado de um vasto poder e eleito é exprimir, a meu ver, duas vontades contraditórias. Quanto a mim, só conheço um meio de fazer a realeza hereditária passar ao estado de poder eletivo: restringir previamente sua esfera de ação, diminuir gradativamente suas prerrogativas e habituar pouco a pouco o povo a viver sem sua ajuda. Mas isso é coisa de que os republicanos da Europa não se ocupam. Como muitos deles só odeiam a tirania porque estão às voltas com seus rigores, a extensão do poder executivo não os fere: eles só atacam sua origem, sem perceber o vínculo estreito que liga essas duas coisas.

Ainda não se encontrou ninguém que se preocupasse em expor sua honra e sua vida para se tornar presidente dos Estados Unidos, porque o presidente tem um poder apenas temporário, limitado e dependente. É necessário que a fortuna ponha um valor imenso em jogo para que se apresentem jogadores desesperados na liça. Nenhum candidato, até agora, pôde suscitar em seu favor ardentes simpatias e perigosas paixões populares. O motivo disso é simples: chegando à frente do governo, não pode distribuir a seus amigos nem muito poder, nem muita riqueza, nem muita glória, e sua influência no Estado é demasiado fraca para que as facções vejam seu sucesso ou sua ruína na elevação de alguém ao poder.

As monarquias hereditárias têm uma grande vantagem: como, nelas, o interesse particular de uma família está contínua e estreitamente ligado ao interesse do Estado, nunca passa um só momento em que este fique entregue a si mesmo. Não sei se, nessas monarquias, os negócios são mais bem dirigidos que em outros países; mas pelo menos há sempre alguém que, bem ou mal, segundo sua capacidade, cuida deles.

Nos Estados eletivos, ao contrário, ao se aproximar a eleição e muito tempo antes de ela se dar, as engrenagens do governo não funcionam mais, de certa forma, a não ser por si mesmas. Sem dúvida, as leis podem ser feitas de tal modo que, realizando-se a eleição de uma só vez e com rapidez, a sede do poder executivo nunca fique, por assim dizer, vacante; mas, não obstante o que se faça, o vazio existe nos espíritos a despeito dos esforços do legislador.

Ao se aproximar a eleição, o chefe do poder executivo só pensa na luta que se prepara; não tem mais futuro; não pode empreender mais nada e persegue sem ânimo o que talvez outro vá concluir. "Estou tão perto do momento de minha retirada", escrevia o presidente Jefferson em 21 de janeiro de 1809 (seis semanas antes da eleição), "que não tomo mais parte nos negócios, a não ser exprimindo minha opinião. Parece-me justo deixar a meu sucessor a iniciativa das medidas cuja execução deverá seguir e cuja responsabilidade deverá suportar."

Por seu lado, a nação tem os olhos voltados para um único ponto: está ocupada tão só em espreitar o trabalho de parto que se prepara.

Quanto mais vasto o espaço ocupado pelo poder executivo na direção dos negócios, quanto mais sua ação habitual é grande e necessária, mais tal estado de coisas é perigoso. Num povo que contraiu o hábito de ser governado pelo poder executivo e, com maior razão, de ser administrado por ele, a eleição não poderia deixar de produzir uma perturbação profunda.

Nos Estados Unidos, a ação do poder executivo pode se retardar impunemente, porque essa ação é fraca e circunscrita.

Quando o chefe do governo é eleito, resulta quase sempre dessa eleição uma falta de estabilidade na política interna e externa do Estado. É um dos principais vícios desse sistema.

Mas esse vício é mais ou menos sensível segundo a parcela de poder concedido ao magistrado eleito. Em Roma, os princípios do governo não variavam, embora os cônsules fossem mudados todos os anos, porque o senado era o poder dirigente e porque esse senado era um corpo hereditário. Na maioria das monarquias da Europa, se o rei fosse eleito, o reino mudaria de face a cada nova escolha.

Na América, o presidente exerce uma influência bem grande sobre os negócios do Estado, mas não os conduz: o poder preponderante reside na representação nacional inteira. É portanto a massa do povo que se deve mudar, não apenas o presidente, para que as máximas da política variem. Por isso, na América, o sistema da eleição, aplicado ao chefe do poder executivo, não prejudica de maneira muito sensível a fixidez do governo.

De resto, a falta de fixidez é um mal tão inerente ao sistema eletivo, que também se faz vivamente sentir na esfera de ação do presidente, por mais circunscrita que seja.

Os americanos pensaram com razão que o chefe do poder executivo, para cumprir sua missão e arcar com o peso da responsabilidade inteira, devia ser o mais possível livre de escolher ele próprio seus agentes e demiti-los à vontade – o corpo legislativo muito mais vigia o presidente do que o dirige. Daí decorre que, a cada nova eleição, a sorte de todos os funcionários federais fique como que em suspenso.

Queixam-se, nas monarquias constitucionais da Europa, de que o destino dos agentes obscuros da administração muitas vezes depende da sorte dos ministros. Bem pior ainda é nos Estados em que o chefe do governo é eleito. A razão disso é simples: nas monarquias constitucionais, os ministros se sucedem rapidamente, mas o representante principal do poder executivo nunca muda, o que encerra o espírito de inovação dentro de certos limites. Portanto, nelas os sistemas administrativos variam mais nos detalhes do que nos princípios; não se poderia substituir bruscamente uns pelos outros sem causar uma espécie de revolução. Na América, essa revolução se faz a cada quatro anos em nome da lei.

Quanto às misérias individuais que são a consequência natural de semelhante legislação, cumpre confessar que a falta de fixidez na sorte dos funcionários não produz na América os males que poderiam ser esperados em outros países. Nos Estados Unidos, é tão fácil construir uma existência independente, que tirar de um funcionário a posição que ocupa é, algumas vezes, tirar-lhe a comodidade da vida, mas nunca os meios de prover a ela.

Disse no início deste capítulo que os perigos do modo da eleição aplicado ao chefe do poder executivo eram mais ou menos grandes, conforme as circunstâncias em meio às quais se encontra o povo que elege.

Por mais que se procure diminuir o papel do poder executivo, há uma coisa sobre a qual esse poder exerce uma grande influência, qualquer que seja a latitude que as leis lhe tenham dado, a política externa: uma negociação só pode ser entabulada e seguida frutuosamente por um único homem.

Quanto mais um povo se encontra numa posição precária e perigosa, quanto mais a necessidade de continuidade e de fixidez se faz sentir na condução das relações exteriores, mais também a aplicação do sistema da eleição ao chefe do Estado se torna perigosa.

A política dos americanos em relação ao mundo inteiro é simples; quase poderíamos dizer que ninguém precisa deles e que eles não precisam de ninguém. Sua independência nunca é ameaçada.

Em seu país, o papel do poder executivo é, pois, tão restrito pelas circunstâncias quanto pelas leis. O presidente pode mudar frequentemente de ideia sem que o Estado sofra ou pereça.

Quaisquer que sejam as prerrogativas de que o poder executivo esteja investido, é sempre necessário considerar o tempo que precede imediatamente a eleição e aquele durante a qual ela se realiza como uma época de crise nacional.

Quanto mais embaraçada a situação interna de um país, quanto mais seus perigos externos são grandes, mais esse momento de crise é perigoso para ele. Entre os povos da Europa, poucos há que não tivessem a temer a conquista ou a anarquia todas as vezes que escolhessem um novo chefe.

Na América, a sociedade é constituída de tal forma que pode se sustentar por si só e sem ajuda; os perigos externos nunca são prementes. A eleição do presidente é uma causa de agitação, não de ruína.

Modo de eleição

Habilidade de que os legisladores americanos deram prova na escolha do modo de eleição. – Criação de um corpo eleitoral especial. – Voto separado dos eleitores especiais. – Em que caso a câmara dos representantes é chamada a escolher o presidente. – O que aconteceu nas doze eleições que se realizaram desde que a constituição está em vigor.

Independentemente dos perigos inerentes ao princípio, muitos outros há que nascem das próprias formas da eleição e que podem ser evitados pelos cuidados do legislador.

Quando um povo se reúne em armas na praça pública para escolher seu chefe, não apenas se expõe aos perigos que o sistema eletivo por si apresenta, mas também a todos os da guerra civil, que se originam de tal modo de eleição.

Quando as leis polonesas faziam a escolha do rei depender do *veto* de um só homem, elas convidavam ao assassinato desse homem ou constituíam a anarquia antecipada.

À medida que estudamos as instituições dos Estados Unidos e que lançamos um olhar mais atento sobre a situação política e social desse país, notamos um maravilhoso acordo entre a fortuna e os esforços do homem. A América era uma região nova; no entanto o povo que a habitava já havia feito em outras terras um longo uso da liberdade – duas grandes causas de ordem interna. Além disso, a América não temia a conquista. Os legisladores americanos, valendo-se dessas circunstâncias favoráveis, não tiveram dificuldade para estabelecer um poder executivo fraco e dependente; tendo-o criado assim, puderam sem perigo torná-lo eletivo.

Só lhes faltava escolher, entre os diferentes sistemas de eleição, o menos perigoso: as regras que delinearam a esse respeito completam admiravelmente bem as garantias que a constituição física e política do país já fornecia.

O problema a resolver era encontrar o modo de eleição que, ao mesmo tempo que exprimisse as vontades reais do povo, não excitasse muito suas paixões e o mantivesse o menos possível na expectativa. Começou-se por admitir que a maioria *simples* faria a lei. Mas ainda era dificílimo obter essa maioria sem temer prazos que se queria de todo modo evitar.

De fato, é raro ver um homem reunir logo da primeira vez a maioria dos sufrágios num grande povo. A dificuldade aumenta ainda mais numa república de Estados confederados, em que as influências locais são muito mais desenvolvidas e mais poderosas.

Para evitar esse segundo obstáculo, apresentava-se um meio: delegar os poderes eleitorais da nação a um corpo que a representasse.

Esse modo de eleição tornava a maioria mais provável, porque, quanto menos numerosos os eleitores, mais fácil eles se entenderem. Apresentavam-se assim maiores garantias para a boa qualidade da escolha.

Mas deveria confiar-se o direito de eleger ao corpo legislativo mesmo, representante habitual da nação, ou, ao contrário, seria melhor formar um colégio eleitoral cujo único objetivo fosse proceder à nomeação do presidente?

Os americanos preferiram esta última opção. Acharam que os homens que o povo mandava para elaborar as leis ordinárias representariam incompletamente os desejos deste em relação à eleição de seu primeiro magistrado. Sendo, de resto, eleitos por mais de um ano, teriam podido representar uma vontade já mudada. Julgaram que, se a legislatura fosse encarregada de eleger o chefe do poder executivo, seus membros se tornariam, muito tempo antes da eleição, objeto de manobras corruptoras e joguetes da intriga; ao passo que, como os jurados, os eleitores especiais permaneceriam desconhecidos na multidão, até o dia em que devessem agir, e só apareceriam um instante para pronunciar sua decisão.

Ficou estabelecido, pois, que cada Estado nomearia certo número de eleitores[20], os quais elegeriam por sua vez o presidente. E como haviam observado que as assembleias encarregadas de escolher os chefes de governo nos países eletivos tornavam-se inevitavelmente focos de paixões e de manobras; que algumas vezes elas usurpavam poderes que não lhes pertenciam; e que, com frequência, suas operações e a consequente incerteza se prolongavam suficientemente para pôr o Estado em perigo, decidiu-se que todos os eleitores votariam num dia fixo, mas sem estarem reunidos[21].

O modo de eleição em dois graus tornava a maioria provável, mas não a assegurava, pois podia acontecer que os eleitores divergissem entre si, tal como seus comitentes teriam podido fazê-lo.

Se tal caso se apresentasse, ter-se-ia necessariamente de tomar uma destas três medidas: ou nomear novos eleitores, ou consultar de novo os já nomeados, ou confiar a escolha a uma nova autoridade.

Os dois primeiros métodos, independentemente de serem pouco seguros, acarretavam lentidão e perpetuavam uma agitação sempre perigosa.

Decidiram-se, pois, pelo terceiro e acordaram que os votos dos eleitores seriam transmitidos lacrados ao presidente do senado e que, no dia estabelecido, em presença das duas câmaras, este procederia à sua contagem. Se nenhum dos candidatos obtivesse a maioria, a câmara dos representantes realizaria imediatamente, ela própria, a eleição. Mas tomaram o cuidado de limitar seu direito. Os representantes só poderiam eleger um dos três candidatos que tivessem obtido o maior número de sufrágios[22].

Como se vê, somente num caso raro e difícil de prever a eleição é confiada aos representantes ordinários da nação, e ainda assim eles só podem escolher um cidadão já designado por uma forte minoria dos eleitores especiais. Combinação feliz, que concilia o respeito que se deve à vontade do povo com a rapidez de execução e as garantias de ordem que o interesse do Estado requer. De resto, fazendo a questão ser decidida pela câmara dos representantes em caso de empate, ainda não se chegava à solução completa de todas as dificuldades, pois a maioria podia, por sua vez, ser duvidosa na câmara dos representantes e, neste caso, a constituição não oferecia remédio. Mas estabelecendo candidaturas obrigatórias, restringindo seu número a três, remetendo à escolha de alguns homens esclarecidos, removera todos os obstáculos[23] sobre os quais podia ter alguma influência – os demais eram inerentes ao próprio sistema eletivo.

Nos quarenta e quatro anos que a constituição federal existe, os Estados Unidos já elegeram doze vezes seu presidente.

Dez eleições se fizeram num instante, pelo voto simultâneo dos eleitores especiais situados nos diferentes pontos do território.

A câmara dos representantes por enquanto só usou duas vezes o direito excepcional de que é investida em caso de empate. A primeira, em 1801, quando da eleição de Jefferson; a segunda, em 1825, quando Quincy Adams foi nomeado.

Crise da eleição

O momento da eleição do presidente pode ser considerado um momento de crise nacional. – Por quê. – Paixões do povo. – Preocupação do presidente. – Calma que sucede à agitação da eleição.

Já disse em que circunstâncias favoráveis se encontravam os Estados Unidos para a adoção do sistema eletivo e fiz conhecer as precauções que os legisladores tomaram para diminuir os perigos desse sistema. Os americanos estão habituados a proceder a todo tipo de eleição. A experiência ensinou-lhes a que grau de agitação podem chegar e em qual devem se deter. A vasta extensão de seu território e a disseminação dos habitantes torna o choque entre os diferentes partidos menos provável e menos perigoso do que em outros países. As circunstâncias políticas em meio às quais a nação se encontrou quando das eleições até agora não apresentaram nenhum perigo real.

No entanto, ainda podemos considerar o momento da eleição do presidente dos Estados Unidos uma época de crise nacional.

A influência exercida pelo presidente sobre a marcha dos negócios públicos é sem dúvida fraca e indireta, mas se estende sobre toda a nação; a escolha do presidente tem uma importância apenas moderada para cada cidadão, mas a todos eles importa. Ora, um interesse, por menor que seja, adquire um caráter de grande importância a partir do momento em que se torna um interesse geral.

Comparado com um rei europeu, o presidente sem dúvida tem poucos meios de arregimentar partidários; todavia, os cargos de que dispõe são em número grande o bastante para que vários milhares de eleitores sejam direta ou indiretamente interessados em sua causa.

Além disso, os partidos, nos Estados Unidos como em qualquer outro lugar, sentem a necessidade de se agrupar em torno de um homem, a fim de alcançar assim mais facilmente a inteligência da multidão. Eles se servem, pois, em geral, do nome do candidato à presidência como de um símbolo; personificam nele suas teorias. Assim, os partidos têm um grande interesse em determinar a eleição em seu favor, não tanto para fazer triunfar suas doutrinas com a ajuda do presidente eleito, quanto para mostrar, por sua eleição, que essas doutrinas conquistaram a maioria.

Muito tempo antes de o momento estabelecido chegar, a eleição se torna o maior e, por assim dizer, o único assunto a preocupar os espíritos. As facções redobram então seu ardor; todas as paixões factícias que a imaginação pode criar, numa terra feliz e tranquila, se agitam nesse momento em plena luz.

De seu lado, o presidente acha-se absorvido pelo cuidado de se defender. Ele não governa mais no interesse do Estado, mas no da sua reeleição; ele se prosterna diante da maioria e, muitas vezes, em vez de resistir-lhe às paixões, como seu dever obriga, corre ao encontro de seus caprichos.

À medida que a eleição se aproxima, as intrigas se tornam mais ativas, a imaginação mais viva e mais difundida. Os cidadãos se dividem em vários campos, cada um dos quais toma o nome de seu candidato. A nação inteira mergulha num estado febril, a eleição passa a ser o texto cotidiano dos papéis públicos, o tema das conversas particulares, o objetivo de todas as gestões, o objeto de todos os pensamentos, o único interesse do presente.

Tão logo, é verdade, a sorte é pronunciada, esse ardor se dissipa, tudo se acalma, e o rio que por um momento transbordara volta tranquilamente ao seu leito. Mas não deveríamos nos espantar com que a tempestade tenha podido se produzir?

Da reeleição do presidente

Quando o chefe do poder executivo é reelegível, é o próprio Estado que intriga e corrompe. – Desejo de ser reeleito que domina todos os pensamentos do presidente dos Estados Unidos. – Inconveniente da reeleição, particular à América. – O vício natural das democracias é a submissão gradual de todos os poderes aos mais ínfimos desejos da maioria. – A reeleição do presidente favorece esse vício.

Os legisladores dos Estados Unidos erraram ou acertaram ao permitir a reeleição do presidente?

Impedir que o chefe do poder executivo possa ser reeleito parece, à primeira vista, contrário à razão. Sabe-se que influência os talentos ou o caráter de um homem exercem sobre a sorte de todo um povo, sobretudo nas circunstâncias difíceis e em tempo de crise. As leis que proibissem os cidadãos de reeleger seu primeiro magistrado tiraria deles o melhor meio de fazer prosperar o Estado ou de salvá-lo. Aliás, chegar-se-ia assim ao estranho resultado de que um homem seria excluído do governo no exato momento em que acabava de provar que era capaz de governar bem.

Essas razões são poderosas, sem dúvida, mas não se poderá opor a elas outras ainda mais fortes?

A intriga e a corrupção constituem vícios naturais dos governos eletivos. Mas quando o chefe do Estado pode ser reeleito, esses vícios se estendem indefinidamente e comprometem a própria existência do país. Se um simples candidato quisesse vencer pela intriga, suas manobras só se exerceriam num espaço circunscrito. Se, ao contrário, o próprio chefe de Estado é um dos postulantes, toma emprestada para seu uso próprio a força do governo.

No primeiro caso, é um homem com seus frágeis meios; no segundo, é o próprio Estado, com seus imensos recursos, que intriga e corrompe.

O simples cidadão que emprega manobras censuráveis para chegar ao poder só pode prejudicar de maneira indireta a prosperidade pública; mas se o representante do poder executivo entra na liça, a atenção ao governo se torna para ele o interesse secundário: o interesse principal é sua eleição. As negociações, tanto como as leis, passam a ser para ele apenas combinações eleitorais; os cargos tornam-se a recompensa pelos serviços prestados, não à nação, mas a seu chefe. Ainda que nem sempre fosse contrária ao interesse do país, a ação do governo em todo caso não estaria mais a seu serviço. E é exclusivamente ao país que essa ação deve destinar-se.

Impossível considerar a marcha ordinária das coisas nos Estados Unidos sem perceber que o desejo de ser reeleito domina os pensamentos do presidente; que toda a política da sua administração tende para esse ponto; que as menores gestões suas estão subordinadas a esse objetivo; que, sobretudo, à medida que o momento da crise se aproxima, o interesse individual toma em seu espírito o lugar do interesse geral.

O princípio da reeleição torna pois a influência corruptora dos governos eletivos mais vasta e mais perigosa. Ele tende a degradar a moral política do povo e a substituir pela habilidade o patriotismo.

Na América, ele ataca ainda mais de perto as fontes da existência nacional.

Cada governo traz em si um vício natural, que parece preso ao princípio mesmo da sua existência; o gênio do legislador consiste em discerni-lo bem. Um Estado pode triunfar sobre muitas leis ruins, e muitas vezes se exagera o mal que elas causam. Mas toda lei cujo efeito é desenvolver esse germe mortal não poderia deixar, com o tempo, de se tornar fatal, ainda que seus efeitos nefastos não se façam sentir imediatamente.

O princípio de ruína, nas monarquias absolutas, é a extensão ilimitada e irracional do poder régio. Seria, pois, radicalmente ruim uma medida que tirasse os contrapesos que a constituição deixara a esse poder, ainda que os efeitos dela parecessem por muito tempo insensíveis.

Do mesmo modo, nos países em que a democracia governa e em que o povo chama sem cessar tudo a si, as leis que tornam sua ação cada vez mais pronta e irresistível atacam de maneira direta a existência do governo.

O maior mérito dos legisladores americanos é ter percebido claramente essa verdade e tido a coragem de pô-la em prática.

Conceberam que era necessário haver fora do povo um certo número de poderes que, sem serem completamente independentes dele, desfrutassem porém, em sua esfera, de um grau de liberdade suficientemente grande para que, forçados a obedecer à direção permanente da maioria, pudessem contudo lutar contra seus caprichos e rejeitar suas exigências perigosas.

Com esse fim, concentraram todo o poder executivo da nação numa só mão: deram ao presidente amplas prerrogativas e armaram-no do veto, para resistir às intromissões da legislatura.

Mas, ao introduzir o princípio da reeleição, destruíram em parte sua obra. Concederam ao presidente um grande poder e tiraram-lhe a vontade de utilizá-lo.

Não reelegível, o presidente não seria independente do povo, pois não cessaria de ser responsável perante ele; mas o beneplácito do povo não lhe seria tão necessário, a ponto de ter de se dobrar em tudo à sua vontade.

Reelegível (e isso é verdade sobretudo em nossos dias, em que a moral política se relaxa e em que os grandes caracteres desaparecem), o presidente dos Estados Unidos não é mais que um instrumento dócil nas mãos da maioria. Ele gosta do que ela gosta, detesta o que ela detesta; voa ao encontro de suas vontades, antecipa-se às suas queixas, dobra-se a seus mais ínfimos desejos – os legisladores queriam que ele a guiasse, e ele a segue.

Assim, para não privar o Estado dos talentos de um homem, tornaram esses talentos quase inúteis; e, para se garantirem um recurso em circunstâncias extraordinárias, expuseram o país a perigos cotidianos.

PRIMEIRA PARTE

Dos tribunais federais[24]

Importância política do poder judiciário nos Estados Unidos. – Dificuldade de tratar esse tema. – Utilidade da justiça nas confederações. – De que tribunais a União podia servir--se? – Necessidade de estabelecer cortes de justiça federal. – Organização da justiça federal. – A corte suprema. – Em que ela se diferencia de todas as cortes de justiça que conhecemos.

Examinei o poder legislativo e o poder executivo da União. Falta-me ainda considerar o poder judiciário.

Aqui devo expor meus receios aos leitores.

As instituições judiciárias exercem uma grande influência sobre a sorte dos anglo-americanos; elas ocupam um lugar importantíssimo entre as instituições políticas propriamente ditas. Desse ponto de vista, merecem atrair particularmente nossa atenção.

Mas como fazer entender a ação política dos tribunais americanos sem entrar em alguns detalhes técnicos sobre a sua constituição e sobre as suas formas? E como descer aos detalhes sem contrariar, pela aridez natural de tal tema, a curiosidade do leitor? Como permanecer claro, sem deixar de ser breve?

Não me gabo de ter escapado desses diferentes perigos. Os homens do mundo ainda acharão que sou demasiado prolixo; os legistas acharão que sou breve demais. Mas é esse um inconveniente próprio de meu tema em geral e da matéria especial que trato neste momento.

A maior dificuldade não era saber como se constituiria o governo federal, mas como se faria para que se cumprissem as suas leis.

Os governos, em geral, possuem apenas dois meios para vencer as resistências que lhes opõem os governados: a força material que encontram em si mesmos; a força moral que lhes dão as decisões dos tribunais.

Um governo que não tivesse outro meio que a guerra para fazer cumprir suas leis estaria bem próximo da ruína. Sucederia com ele provavelmente uma destas duas coisas:

Se fosse fraco e moderado, só empregaria a força em última instância, e deixaria passar despercebida uma multidão de desobediências parciais; então o Estado cairia pouco a pouco na anarquia;

Se fosse audacioso e forte, recorreria todos os dias ao uso da violência, e logo o veríamos degenerar em puro despotismo militar; sua inação e sua atividade seriam igualmente funestas aos governados.

O grande objetivo da justiça é substituir pela ideia do direito a da violência, colocar intermediários entre o governo e o emprego da força material.

É surpreendente a força de opinião concedida em geral, pelos homens, à intervenção dos tribunais. Esse poder é tão grande que ainda se prende à forma judiciária quando a substância já não existe. Ele dá corpo à sombra.

A força moral de que os tribunais são investidos torna o emprego da força material infinitamente mais raro, substituindo-a na maioria dos casos; e, quando é enfim necessário que esta última aja, aquela redobra seu poder somando-se a ela.

Um governo federal deve almejar, mais que outro, obter o apoio da justiça, dado que, por sua natureza, é mais fraco e que é mais fácil organizar resistências contra ele[25]. Se sempre precisasse chegar, e logo de saída, ao emprego da força, não daria conta de sua tarefa.

Para fazer os cidadãos obedecerem às suas leis, ou para rejeitar as agressões de que elas seriam objeto, a União tinha pois uma necessidade particular dos tribunais.

Mas de que tribunais devia servir-se? Cada Estado já tinha um poder judiciário organizado. Dever-se-ia recorrer a seus tribunais? Dever-se-ia criar uma justiça federal? É fácil provar que a União não podia adaptar a seu uso o poder judiciário estabelecido nos Estados.

É sem dúvida importante para a segurança de cada um e para a liberdade de todos que o poder judiciário seja separado de todos os demais; mas não é menos necessário para a existência nacional que os diferentes poderes do Estado tenham a mesma origem, sigam os mesmos princípios e ajam na mesma esfera; numa palavra, sejam *correlativos* e *homogêneos*. Ninguém, imagino eu, nunca pensou em mandar julgar por tribunais estrangeiros os delitos cometidos na França, para ter mais certeza da imparcialidade dos magistrados.

Os americanos constituem um só povo, em relação a seu governo federal; mas, no meio desse povo, deixou-se que subsistissem corpos políticos dependentes do governo nacional em alguns pontos, independentes em todos os outros, corpos esses que têm sua origem particular, suas doutrinas próprias e seus meios especiais de agir. Confiar a execução das leis da União aos tribunais instituídos por esses corpos políticos seria entregar a nação a juízes estrangeiros.

Mais que isso, cada Estado não é apenas um estrangeiro em relação à União, mas também um adversário de todos os dias, pois a soberania da União só poderia ser perdida em benefício da dos Estados.

Fazendo as leis da União serem aplicadas pelos tribunais dos Estados, entregar-se-ia pois a nação a juízes não apenas estrangeiros, mas também parciais.

De resto, não era apenas seu caráter que tornava os tribunais dos Estados incapazes de servir a um objetivo nacional, era sobretudo sua quantidade.

No momento em que a constituição federal foi elaborada, já havia nos Estados Unidos treze cortes de justiça julgando sem apelação. Hoje são vinte e quatro. Como admitir que um Estado possa subsistir se suas leis fundamentais podem ser interpretadas e aplicadas de vinte e quatro maneiras diferentes ao mesmo tempo? Tal sistema é tão contrário à razão quanto às lições da experiência.

Os legisladores da América convieram pois em criar um poder judiciário federal, para aplicar as leis da União e decidir certas questões de interesse geral, que foram previamente definidas com cuidado.

Todo o poder judiciário da União foi concentrado num só tribunal, chamado corte suprema dos Estados Unidos. Mas, para facilitar a tramitação das causas, foram-lhe agregados tribunais inferiores, encarregados de julgar de maneira soberana as causas pouco importantes ou estatuir, em primeira instância, sobre contestações mais graves. Os membros da corte suprema não foram eleitos pelo povo ou pela legislatura; o presidente dos Estados Unidos é que deveria escolhê-los, ouvido o senado.

Para fazê-los independentes dos outros poderes, esses juízes foram tornados inamovíveis e decidiu-se que, uma vez fixados, sua remuneração escaparia ao controle da legislatura[26].

Era bastante fácil proclamar em princípio o estabelecimento de uma justiça federal, mas as dificuldades surgiam em profusão quando se tratava de estabelecer suas atribuições.

Maneira de estabelecer a competência dos tribunais federais

Dificuldade de estabelecer a competência dos diversos tribunais nas confederações. – Os tribunais da União obtiveram o direito de estabelecer sua própria competência. – Por que essa regra ataca a porção de soberania que os Estados tinham reservado para si. – A soberania desses Estados, restringida pelas leis e pela interpretação das leis. – Os Estados correm assim um perigo mais aparente do que real.

Uma primeira questão se apresentava. Uma vez que a constituição dos Estados Unidos punha face a face duas soberanias distintas, representadas, quanto à justiça, por duas ordens de tribunais diferentes, não obstante todo o cuidado que se tivesse ao estabelecer sua jurisdição, era impossível impedir que houvesse frequentes colisões entre elas. Ora, nesse caso, a quem devia pertencer o direito de estabelecer a competência?

Nos povos que constituem uma só e mesma sociedade política, quando uma questão de competência se levanta entre dois tribunais, ela é levada, em geral, diante de um terceiro, que serve de árbitro.

Isso se dá sem problemas, porque, nesses povos, as questões de competência judiciária não têm mais nenhuma relação com as questões de soberania nacional.

Mas, acima da corte superior de um Estado e da corte superior dos Estados Unidos, era impossível estabelecer um tribunal qualquer que não fosse nem aquela nem esta.

Portanto era imprescindível dar a uma dessas duas cortes o direito de julgar em causa própria e conhecer ou avocar a competência da causa que lhe fosse contestada. Não se podia conceder esse privilégio às diversas cortes dos Estados, pois isso significaria destruir de fato a soberania da União, depois de a ter estabelecido em direito – a interpretação da constituição logo restituiria aos Estados a porção de independência que os termos da constituição lhe tiravam.

Ao criar um tribunal federal, havia-se pretendido tirar das cortes dos Estados o direito de decidir, cada uma à sua maneira, as questões de interesse nacional e conseguir, assim, formar um corpo de jurisprudência uniforme para a interpretação das leis da União. Tal objetivo não teria sido alcançado se as cortes dos Estados, embora se abstendo de julgar os processos havidos por federais, tivessem podido julgá-los pretendendo que não o fossem.

A corte suprema dos Estados Unidos foi, portanto, investida do direito de decidir sobre todas as questões de competência[27].

Foi esse o golpe mais perigoso infligido à soberania dos Estados. Com isso ela se viu restringida não apenas pelas leis, mas também pela interpretação das leis; por um limite conhecido e por outro que não o era; por uma regra fixa e por uma regra arbitrária. A constituição estabelecera, é verdade, limites precisos para a soberania federal, mas cada vez que essa soberania está em concorrência com a dos Estados, um tribunal federal deve se pronunciar.

De resto, os perigos com que essa maneira de proceder parecia ameaçar a soberania dos Estados não eram na realidade tão grandes quanto pareciam.

Veremos mais adiante que na América a força real reside mais nos governos provinciais do que no governo federal. Os juízes federais sentem a fraqueza relativa do poder em nome do qual agem e tendem mais a abandonar um direito de jurisdição, nos casos em que a lei o dá a eles, do que a reclamá-lo ilegalmente.

Diferentes casos de jurisdição

A matéria e a pessoa, bases da jurisdição federal. – Processos movidos contra embaixadores, – contra a União, – contra um Estado. – Por quem são julgados. – Processos que nascem das leis da União. – Por que são julgados pelos tribunais federais. – Processo relativo à não execução dos contratos julgados pela justiça federal. – Consequência disso.

Depois de ter reconhecido o meio de estabelecer a competência federal, os legisladores da União determinaram os casos de jurisdição sobre os quais ela devia exercer-se.

Admitiu-se que havia certos litigantes que só podiam ser julgados pelas cortes federais, qualquer que fosse o objeto do processo.

Estabeleceu-se em seguida que havia certos processos que só podiam ser decididos por essas mesmas cortes, qualquer que fosse a qualidade dos litigantes.

A pessoa e a matéria tornaram-se, pois, as duas bases da competência federal.

Os embaixadores representam as nações amigas da União; tudo o que concerne a eles concerne, de certa forma, a toda a União. Quando um embaixador é parte de um processo, o processo torna-se uma causa que diz respeito ao bem-estar da nação; é natural que quem o julgue seja um tribunal federal.

A própria União pode sofrer processos. Nesse caso, teria sido contrário à razão, assim como ao uso das nações, atribuir seu julgamento a tribunais que representam outra soberania que não a sua. Cabe apenas às cortes federais pronunciar-se.

Quando dois indivíduos pertencentes a dois Estados diferentes têm um litígio, não se pode, sem inconveniente, fazê-lo julgar pelos tribunais de um dos dois Estados. É mais seguro escolher um tribunal que não possa levantar suspeitas de nenhuma das partes, e o tribunal que se apresenta naturalmente para tanto é o da União.

Quando os dois litigantes são, não mais indivíduos isolados, mas Estados, à mesma razão de equidade vem somar-se uma razão política de primeira ordem: neste caso a qualidade dos litigantes dá uma importância nacional a todos os processos; a menor questão litigiosa entre dois Estados diz respeito à paz de toda a União[28].

Muitas vezes a própria natureza dos processos teve de servir de regra para a competência. Assim, todas as questões relativas ao comércio marítimo devem ser resolvidas pelos tribunais federais[29].

O motivo é fácil de indicar: quase todas essas questões pertencem à apreciação do direito dos povos. Sob esse aspecto, elas dizem essencialmente respeito à União inteira perante os estrangeiros. Aliás, como o mar não está encerrado numa circunscrição judiciária dada em vez de em outra, somente a justiça nacional pode estar habilitada a conhecer processos que têm uma origem marítima.

A constituição encerrou numa só categoria quase todos os processos que, por sua natureza, devem ser da competência das cortes federais.

A regra que ela indica a esse respeito é simples, mas compreende por si só um vasto sistema de ideias e uma multidão de fatos.

As cortes federais, diz ela, deverão julgar todos os processos que *se originarem das leis dos Estados Unidos*.

Dois exemplos farão compreender perfeitamente o pensamento do legislador.

A constituição veda aos Estados o direito de fazer leis sobre a circulação do dinheiro; apesar dessa proibição, um Estado faz uma lei a esse respeito. As partes interessadas se recusam a obedecer a ela, por ser contrária à constituição. É diante de um tribunal federal que se deve comparecer, porque o meio de contestação é dado nas leis dos Estados Unidos. O congresso estabelece uma taxa de importação. Apresentam-se dificuldades para a cobrança dessa taxa. É também diante dos tribunais federais que se deve comparecer, porque a causa do processo está na interpretação de uma lei dos Estados Unidos.

Essa regra está perfeitamente de acordo com as bases adotadas para a constituição federal.

A União, tal como foi constituída em 1789, tem, é verdade, apenas uma soberania restrita, mas se quis que nesse círculo ela formasse um só e mesmo povo[30]. Nesse círculo, ela é soberana. Estabelecido e admitido esse ponto, todo o resto se torna fácil. Porque, se você reconhecer que os Estados Unidos, nos limites estabelecidos por sua constituição, formam um só povo, terá de lhes conceder os direitos que pertencem a todos os povos.

Ora, desde a origem das sociedades, há um acordo sobre esse ponto: cada povo tem o direito de levar a julgamento em seus tribunais todas as questões relacionadas com a execução de suas próprias leis. Mas, replicam, a União está na singular posição de formar um povo unicamente em relação a certos objetos; quanto a todos os demais, ela não é nada. Que resulta disso? Que, pelo menos por todas as leis referentes a esses objetos, ela tem os direitos que se concederiam a uma soberania completa. O ponto real da dificuldade é saber quais são esses objetos. Esclarecido tal ponto (e vimos acima, ao tratar da competência, como o foi), não há mais verdadeiramente questão, pois, uma vez estabelecido que um processo é federal, ou seja, inseria-se na parte de soberania reservada à União pela constituição, decorre naturalmente que somente um tribunal federal deve pronunciar-se.

Todas as vezes que se quer contestar as leis dos Estados Unidos ou invocá-las para se defender, é aos tribunais federais que se deve dirigir.

Assim, a jurisdição dos tribunais da União se estende ou se estreita conforme a própria soberania da União se estreite ou se estenda.

Vimos que a finalidade principal dos legisladores de 1789 fora dividir a soberania em duas partes distintas. Numa, puseram a direção de todos os interesses gerais da União; na outra, a direção de todos os interesses específicos de algumas de suas partes.

Seu cuidado principal foi armar o governo federal de poderes bastantes para que pudesse, em sua esfera, defender-se contra as intromissões dos Estados.

Quanto a estes, adotou-se como princípio geral deixá-los livres na sua esfera. Nela, o governo central não pode nem dirigi-los, nem mesmo fiscalizar sua conduta.

Indiquei no capítulo da divisão dos poderes que este último princípio nem sempre fora respeitado. Há certas leis que um Estado não pode fazer, muito embora aparentemente só digam respeito a ele.

Quando um Estado da União promulga uma lei de tal natureza, os cidadãos que forem lesados por sua execução podem apelar às cortes federais.

Assim, a jurisdição das cortes federais se estende não apenas a todos os processos que se originam das leis da União, mas também a todos que se originam das leis que os Estados fizeram contrariamente à constituição.

É vedado aos Estados promulgar leis retroativas em matéria criminal; o homem que for condenado em virtude de uma lei dessa espécie pode apelar para a justiça federal.

A constituição também proíbe os Estados de fazerem leis que possam destruir ou alterar os direitos adquiridos em virtude de um contrato (*impairing the obligations of contracts*)[31].

A partir do instante em que crê que uma lei de seu estado fere um direito dessa espécie, o particular pode se recusar a obedecer e recorrer à justiça federal[32].

Esse dispositivo, parece-me, ataca mais profundamente que todo o resto a soberania dos Estados.

Os direitos concedidos ao governo federal, com finalidades evidentemente nacionais, são definidos e fáceis de compreender. Os que lhe concede indiretamente o artigo que acabo de citar não são muito evidentes, nem seus limites muito nitidamente traçados. Há, de fato, uma multidão de leis políticas que reagem sobre a existência dos contratos e que poderiam dar matéria a uma intromissão do poder central.

Maneira de proceder dos tribunais federais

Fraqueza natural da justiça nas confederações. – Esforços que os legisladores devem fazer para, na medida do possível, só colocar indivíduos isolados, e não Estados, diante dos tribunais federais. – Como os americanos conseguiram fazê-lo. – Ação direta dos tribunais federais sobre os simples particulares. – Ataque indireto aos Estados que violam as leis da União. – A decisão da justiça federal não destrói a lei estadual, tira-lhe a força.

Mostrei quais eram os direitos das cortes federais; não é menos importante saber como elas os exercem.

A força irresistível da justiça, nos países em que a soberania não é dividida, vem de que os tribunais, nesses países, representam a nação inteira em luta com um só indivíduo, que é objeto da decisão. À ideia de direito soma-se a da força que apoia o direito.

Mas nos países em que a soberania é dividida, nem sempre é assim. Neles a justiça tem diante de si, na maioria das vezes, não um indivíduo isolado, mas uma fração da nação. Em consequência, sua força moral e sua força material são menores.

Nos Estados federais, a justiça é pois naturalmente mais fraca, e o jurisdicionado, mais forte.

O legislador, nas confederações, deve trabalhar incessantemente para dar aos tribunais uma posição análoga à que ocupam nos povos que não partilharam a soberania; em outras palavras, seus mais constantes esforços devem tender a que a justiça federal represente a nação e o jurisdicionado, um interesse particular.

Um governo, qualquer que seja a sua natureza, necessita agir sobre os governados, para forçá-los a lhes dar o que lhe é devido; necessita agir contra eles para se defender de seus ataques.

Quanto à ação direta do governo sobre os governados para forçá-los a obedecer às leis, a constituição dos Estados Unidos dispôs de tal modo que (e foi essa sua obra-prima) as cortes federais, agindo em nome dessas leis, sempre tivessem diante de si indivíduos. De fato, como se havia declarado que a confederação formava um só e mesmo povo no círculo traçado pela constituição, resultava que o governo criado por essa constituição e agindo em seus limites era investido de todos os direitos de um governo nacional, sendo o principal deles fazer suas injunções chegarem sem intermediário até o simples cidadão. Assim, quando a União ordenava a cobrança de um imposto, por exemplo, não era aos Estados que devia dirigir-se, mas a cada cidadão americano, segundo sua cota-parte. A justiça federal, por sua vez, encarregada de garantir a execução dessa lei da União, devia condenar, não o Estado recalcitrante, mas o contribuinte. Como a justiça dos outros povos, ela só encontrou diante de si um indivíduo.

Notem que, nesse caso, a União escolheu ela própria seu adversário. E escolheu-o fraco: é natural que ele sucumba.

Mas quando, em vez de atacar, a União se vê obrigada a defender-se, a dificuldade aumenta. A constituição reconhece aos Estados o poder de fazer leis. Essas leis podem violar os direitos da União. Aqui, necessariamente, ela se encontra em luta com a soberania do Estado que fez a lei. Só resta escolher, entre os meios de ação, o menos perigoso. Esse meio era indicado de antemão pelos princípios gerais que enunciei precedentemente[33].

Concebe-se que, no caso que acabo de supor, a União teria podido citar o Estado diante de um tribunal federal, que teria declarado a lei nula: seria seguir a marcha mais natural das ideias. Mas, dessa maneira, a justiça federal ver-se-ia diretamente diante de um Estado, o que se pretendia, tanto quanto possível, evitar.

Os americanos pensaram ser quase impossível que uma nova lei não lesasse em sua execução algum interesse particular.

É nesse interesse particular que os autores da constituição federal se baseiam para atacar a medida legislativa de que a União pode ter a se queixar. É a ele que oferecem um abrigo.

Um Estado vende terras a uma companhia; um ano depois, uma nova lei dispõe de outro modo das mesmas terras, violando assim aquele dispositivo da constituição que proíbe mudarem-se os direitos adquiridos em virtude de um contrato. Quando aquele que comprou em virtude da nova lei se apresenta para tomar posse, o possuidor, cujos direitos provêm da antiga lei, aciona-o diante dos tribunais da União e pede que o título do outro seja declarado nulo[34]. Assim, na realidade, a justiça federal se vê às voltas com a soberania do Estado, mas ela só o ataca indiretamente e com base numa aplicação de detalhe. Ela atinge assim a lei em suas consequências, não em seu princípio; não a destrói, tira-lhe a força.

Restava enfim uma derradeira hipótese.
Cada Estado formava uma corporação que tinha uma existência e direitos civis à parte; por conseguinte, podia acionar ou ser acionado perante os tribunais. Um Estado podia, por exemplo, processar outro Estado.

Nesse caso, já não se tratava, para a União, de contestar uma lei estadual, mas de julgar um processo em que um Estado era parte. Era um processo como outro qualquer, somente a qualidade dos litigantes era diferente. Aqui, o perigo assinalado no começo deste capítulo ainda existe, mas, desta feita, não haveria como evitá-lo: ele é inerente à própria essência das constituições federais, cujo resultado será sempre criar, no seio da nação, particulares fortes o bastante para que a justiça se exerça com dificuldade contra eles.

*Nível elevado que ocupa a corte suprema
entre os grandes poderes do Estado*

Nenhum povo constituiu como os americanos um poder judiciário tão grande. – Extensão de suas atribuições. – Sua influência política. – A paz e a própria existência da União dependem da sabedoria dos sete juízes federais.

Quando, depois de examinar em detalhe a organização da corte suprema, consideramos em seu conjunto as atribuições que lhe foram dadas, descobrimos sem custo que nunca um poder judiciário mais gigantesco foi constituído por nenhum povo.

A corte suprema é situada mais alto do que qualquer tribunal conhecido tanto pela *natureza* de seus direitos como pela *espécie* de seus jurisdicionados.

Em todas as nações civilizadas da Europa, o governo sempre mostrou grande aversão em deixar a justiça ordinária decidir as questões que interessavam a ele. Essa aversão é, naturalmente, maior quando o governo é mais absoluto. Ao contrário, à medida que aumenta a liberdade, o círculo das atribuições dos tribunais vai sempre se ampliando, mas nenhuma nação europeia ainda pensou que qualquer questão judicial, independentemente de sua origem, pudesse ser deixada aos juízes de direito comum.

Na América, essa teoria foi posta em prática. A corte suprema dos Estados Unidos é o único tribunal da nação. É encarregada da interpretação das leis e dos tratados; as questões relativas ao comércio marítimo e todas as questões em geral concernentes aos direitos das pessoas são de sua exclusiva competência. Podemos até dizer que suas atribuições são quase inteiramente políticas, muito embora sua constituição seja inteiramente judicial. Sua única finalidade é fazer cumprir as leis da União, e a União regula unicamente as relações do governo com os governados, e da nação com os estrangeiros. As relações dos cidadãos entre si são quase todas regidas pela soberania dos Estados.

A essa primeira causa importante cumpre acrescentar outra maior ainda. Nas nações da Europa, os tribunais só têm particulares como jurisdicionados; mas podemos dizer que a corte suprema dos Estados Unidos faz comparecer soberanos diante de si. Quando o oficial de justiça, adiantando-se nos degraus do tribunal, pronuncia estas poucas palavras: "O Estado de Nova York contra o de Ohio", sentimos não estar na sala de um tribunal de justiça ordinário. E, quando pensamos que um dos litigantes representa um milhão de homens e o outro dois milhões, ficamos impressionados com a responsabilidade que pesa sobre os sete juízes cuja decisão vai alegrar ou entristecer tão grande número de seus concidadãos.

Nas mãos dos sete juízes federais repousam incessantemente a paz, a prosperidade, a própria existência da União. Sem eles, a constituição é obra morta; é a eles que recorre o poder executivo para resistir às intromissões do corpo legislativo; a legislatura, para se defender das empreitadas do poder executivo; a União, para se fazer obedecer pelos Estados; os Estados, para repelir as pretensões exageradas da União; o interesse público contra o interesse privado; o espírito de conservação contra a instabilidade democrática. Seu poder é imenso, mas é um poder de opinião. Eles são onipotentes enquanto o povo aceitar obedecer à lei; nada podem quando ele a despreza. Ora, a força de opinião é a mais difícil de empregar, porque é impossível dizer exatamente onde estão seus limites. Costuma ser tão perigoso ficar aquém deles quanto ultrapassá-los.

Os juízes federais não devem pois ser apenas bons cidadãos, homens instruídos e probos, qualidades necessárias a todos os magistrados; é necessário além disso ter neles homens de Estado. É necessário que saibam discernir o espírito de seu tempo, afrontar os obstáculos que é possível vencer e desviar-se da corrente quando o turbilhão ameaça arrastar junto com eles mesmos a soberania da União e a obediência devida às suas leis.

O presidente pode falhar sem que o Estado sofra com isso, porque o presidente tem um dever limitado. O congresso pode errar sem que a União pereça, porque acima do congresso reside o corpo eleitoral, que pode mudar seu espírito, mudando seus membros.

Mas se a corte suprema fosse composta de homens imprudentes ou corruptos, a confederação teria a temer a anarquia ou a guerra civil.

De resto, não nos enganemos, a causa originária do perigo não está na constituição do tribunal, mas na própria natureza dos governos federais. Vimos que em parte alguma é mais necessário constituir fortemente o poder judiciário do que entre os povos confederados, pois em nenhuma outra parte as existências individuais, que podem lutar contra o corpo social, são maiores e se encontram em melhor condição de resistir ao emprego da força material do governo. Ora, quanto mais necessário é um poder ser forte, mais extensão e independência cumpre lhe dar. Quanto mais um poder é extenso e independente, mais o abuso que dele se pode fazer é perigoso. A origem do mal não está pois na constituição desse poder, mas na constituição mesma do Estado que requer a existência de tal poder.

Em que a constituição federal é superior
à constituição dos Estados

Como podemos comparar a constituição da União com a dos Estados. – Devemos atribuir em particular à sabedoria dos legisladores federais a superioridade da constituição da União.

– A legislatura da União menos dependente do povo que a dos Estados. – O poder executivo mais livre em sua esfera. – O poder judiciário menos submisso à vontade da maioria. – Consequências práticas disso. – Os legisladores federais atenuaram os perigos inerentes ao governo da democracia; os legisladores dos Estado aumentaram esses perigos.

A constituição federal difere essencialmente da constituição dos Estados pelo objetivo que se propõe, mas se aproxima muito quanto aos meios de atingi-lo. O objetivo do governo é diferente, mas as formas do governo são as mesmas. Desse ponto de vista especial, podemos compará-los com proveito.

Creio que a constituição federal é superior a todas as constituições dos Estados. Essa superioridade deve-se a várias causas.

A atual constituição da União foi elaborada depois das da maioria dos Estados; tirou-se proveito, pois, da experiência adquirida.

Todavia é fácil convencer-se de que essa causa é apenas secundária, se se recordar que, desde o estabelecimento da constituição federal, a confederação americana ganhou onze novos Estados e que estes quase sempre exageraram, em vez de atenuar, os defeitos existentes nas constituições de seus antecessores.

A grande causa da superioridade da constituição federal está no próprio caráter dos legisladores.

Na época em que foi elaborada, a ruína da confederação parecia iminente; ela estava por assim dizer presente a todos os olhos. Nessa situação extrema o povo escolheu, talvez não os homens que mais amava, e sim os que mais estimava.

Já observei acima que quase todos os legisladores da União haviam sido notáveis por suas luzes, mais notáveis ainda por seu patriotismo.

Todos tinham se erguido em meio a uma crise social, durante a qual o espírito de liberdade teve de lutar continuamente contra uma autoridade forte e dominadora. Terminada a luta e enquanto, segundo o uso, as paixões excitadas da multidão ainda se dedicavam a combater perigos que havia muito já não existiam, eles tinham parado; tinham lançado um olhar mais tranquilo e mais penetrante sobre sua pátria; tinham visto que uma revolução definitiva estava consumada e que, dali em diante, os perigos que ameaçavam o povo só podiam nascer dos abusos da liberdade. O que pensavam, tiveram a coragem de dizer, porque sentiam no fundo do coração um amor sincero e ardente por essa mesma liberdade; eles ousaram falar em cerceá-la, porque estavam certos de não querer destruí-la[35].

A maior parte das constituições estaduais dá ao mandato da câmara de representantes um só ano de duração, e dois ao do senado. De tal sorte que os membros do corpo legislativo são incessantemente ligados, e da maneira mais estreita, aos menores desejos de seus constituintes.

Os legisladores da União pensaram que essa extrema dependência da legislatura desnaturava os principais efeitos do sistema representativo, colocando no próprio povo não apenas a origem dos poderes, mas também do governo.

Eles aumentaram a duração do mandato eleitoral para permitir ao deputado um maior emprego de seu livre-arbítrio.

A constituição federal, assim como as diferentes constituições estaduais, dividiu o corpo legislativo em dois ramos. Mas, nos Estados, essas duas partes da legislatura eram compostas dos mesmos elementos e segundo o mesmo modo de eleição. Resultou daí que as paixões e a vontade da maioria se manifestaram com a mesma facilidade e encontraram com a mesma rapidez um órgão e um instrumento numa ou noutra câmara. O que deu um caráter violento e precipitado à elaboração das leis.

A constituição federal também fez as duas Câmaras originarem-se dos votos do povo; mas variou as condições de elegibilidade e o modo de eleição, a fim de que um dos dois ramos da legislatura, conquanto não representasse, como em algumas nações, interesses diferentes do outro, pelo menos representasse uma sabedoria superior.

Era necessário ter alcançado uma idade madura para ser senador, e uma assembleia já escolhida e pouco numerosa foi encarregada da eleição.

As democracias são naturalmente levadas a concentrar toda a força social nas mãos do corpo legislativo. Sendo este o poder que emana mais diretamente do povo, é também o que mais participa de sua onipotência.

Assim, nota-se nele uma tendência habitual a reunir toda espécie de autoridade em seu seio.

Essa concentração dos poderes, ao mesmo tempo que é singularmente prejudicial à boa conduta dos negócios, funda o despotismo da maioria.

Os legisladores dos Estados abandonaram-se com frequência a esses instintos da democracia; os da União sempre lutaram corajosamente contra eles.

Nos Estados, o poder executivo é posto nas mãos de um magistrado aparentemente situado fora da legislatura, mas que, na realidade, nada mais é que um agente cego e um instrumento passivo da vontade desta. De onde extrairia sua força? Da duração das funções? Em geral, ele é nomeado por apenas um ano. De suas prerrogativas? Não as tem, por assim dizer. A legislatura pode reduzi-lo à impotência, encarregando da execução de suas leis comissões especiais formadas em seu seio. Se ela quisesse, poderia de certa forma anulá-lo, retirando-lhe sua remuneração.

A constituição federal concentrou todos os direitos do poder executivo, como toda a sua responsabilidade, num só homem. Ela deu ao presidente quatro anos de existência; assegurou-lhe, por toda a duração de sua magistratura, o recebimento de seu ordenado; deu-lhe uma clientela e armou-o de um veto suspensivo. Numa palavra, depois de ter traçado cuidadosamente a esfera do poder executivo, procurou dotá-lo o mais possível, nessa esfera, de uma posição forte e livre.

O poder judiciário é, de todos os poderes, o que, nas constituições estaduais, menos dependente ficou do poder legislativo.

Todavia, em todos os Estados, a legislatura continuou com o poder de fixar os emolumentos dos juízes, o que submete necessariamente estes últimos à sua influência imediata.

Em certos Estados, os juízes são nomeados apenas temporariamente, o que lhes tira outra grande parte de sua força e de sua liberdade.

Em outros, vemos os poderes legislativo e judiciário inteiramente confundidos. O senado de Nova York, por exemplo, reúne para certos processos o tribunal superior do Estado.

A constituição federal, ao contrário, tomou o cuidado de separar o poder judiciário de todos os outros. Além disso, ela tornou os juízes independentes, declarando sua remuneração fixa e suas funções inamovíveis.

As consequências práticas dessas diferenças são fáceis de perceber. É evidente, para todo observador atento, que os negócios da União são infinitamente mais bem conduzidos que os negócios de qualquer um dos Estados.

O governo federal é mais justo e mais moderado em sua marcha que o dos Estados. Há mais sabedoria em suas concepções, mais duração e combinação sábia em seus projetos, mais habilidade, continuidade e firmeza na execução de suas medidas.

Poucas palavras bastam para resumir este capítulo.

Dois perigos principais ameaçam a existência das democracias:

A completa submissão do poder legislativo à vontade do corpo eleitoral;

A concentração, no poder legislativo, de todos os outros poderes do governo.

Os legisladores dos Estados propiciaram o desenvolvimento desse perigos. Os legisladores da União fizeram o possível para torná-los menos temíveis.

O que distingue a constituição federal dos Estados Unidos da América de todas as outras constituições federais

A confederação americana assemelha-se aparentemente a todas as confederações. – No entanto seus efeitos são diferentes. – De onde vem isso? – Em que essa confederação se afasta de todas as outras. – O governo americano não é um governo federal, mas um governo nacional incompleto.

Os Estados Unidos da América não proporcionaram o primeiro e único exemplo de uma confederação. Sem falar na Antiguidade, a Europa moderna forneceu vários. A Suíça, o Império germânico, a República dos Países Baixos foram ou ainda são confederações.

Quando estudamos as constituições desses diferentes países, notamos com surpresa que os poderes por elas conferidos ao governo federal são mais ou menos os mesmos que a constituição americana concedeu ao governo dos Estados Unidos. Como esta última, elas dão ao poder central o direito de firmar a paz ou declarar a guerra, o direito de arregimentar homens e dinheiro, de prover às necessidades gerais e equacionar os interesses comuns da nação.

No entanto, o governo federal, nesses diferentes povos, permaneceu quase sempre débil e impotente, ao passo que o da União conduz os negócios com vigor e facilidade.

Há mais. A primeira União americana não pôde subsistir por causa da excessiva fraqueza de seu governo; no entanto esse governo tão fraco recebera direitos tão extensos quanto o governo federal de nossos dias. Podemos dizer inclusive que, sob certos aspectos, seus privilégios eram maiores.

Encontram-se pois na atual constituição dos Estados Unidos alguns novos princípios que de início não chamam a atenção, mas cuja influência faz-se sentir profundamente.

Essa constituição, que à primeira vista somos tentados a confundir com as constituições federais que a precederam, baseia-se, em verdade, numa teoria inteiramente nova, que se deve distinguir como uma grande descoberta da ciência política de nossos dias.

Em todas as confederações que precederam a confederação americana de 1789, os povos, que se aliavam com um objetivo comum, consentiam em obedecer às injunções de um governo federal, mas preservavam o direito de ordenar e fiscalizar em seu território a execução das leis da União.

Os Estados americanos que se uniram em 1789 não apenas consentiram em que o governo federal lhes ditasse leis, mas também em que ele próprio zelasse pelo cumprimento das suas.

Nos dois casos, o direito é o mesmo, só é diferente o seu exercício. Mas essa simples diferença produz imensos resultados.

Em todas as confederações que precederam a União americana em nossos dias, o governo federal, para atender às suas necessidades, dirigia-se aos governos estaduais. Caso a medida prescrita desagradasse a um deles, este sempre podia furtar-se à necessidade de obedecer. Se fosse forte, apelava para as armas; se fosse fraco, tolerava a resistência às leis da União, que haviam se tornado suas, pretextava impotência e recorria à força de inércia.

Assim vimos acontecer com frequência uma destas duas coisas: ou o mais poderoso dos povos unidos, tomando em mãos os direitos da autoridade federal, dominou todos os outros em seu nome[36]; ou o governo federal ficou abandonado às suas próprias forças, e então a anarquia se estabeleceu entre os confederados, e a União caiu na impotência de agir[37].

Na América, a União tem por governados, não Estados, mas simples cidadãos. Quando quer arrecadar uma taxa, não se dirige ao governo do Massachusetts, mas a cada habitante desse Estado. Os antigos governos federais tinham diante de si povos, o da União tem indivíduos. Não toma sua força de empréstimo, busca-a em si mesmo. Tem seus administradores próprios, seus tribunais, seus oficiais de justiça e seu exército.

Sem dúvida o espírito nacional, as paixões coletivas, os preconceitos provinciais de cada Estado também tendem singularmente a diminuir a extensão do poder federal assim constituído e a criar centros de resistência a suas vontades. Restringido em sua soberania, o poder federal não poderia ser tão forte quanto o poder que a possui por inteiro, mas esse é um mal inerente ao sistema federativo.

Na América, cada Estado tem muito menos oportunidades e tentações de resistir. E se lhe ocorre tal ideia, só a pode pôr em execução violando abertamente as leis da União, interrompendo o curso ordinário da justiça, erguendo o estandarte da revolta; numa palavra, tem de tomar de repente uma posição extrema, o que os homens hesitam por muito tempo em fazer.

Nas antigas confederações, os direitos concedidos à União eram, para ela, causas de guerras e não de força, pois esses direitos multiplicavam suas exigências, sem aumentar seus meios de fazer-se obedecer. Por isso quase sempre se viu a fraqueza real dos governos federais crescer na razão direta de seu poder nominal.

Não é o que ocorre na União americana. Como a maioria dos governos ordinários, o governo federal pode fazer tudo o que lhe dão o direito de executar.

O espírito humano inventa mais facilmente as coisas do que as palavras, donde o uso de tantos termos impróprios e de tantas expressões incompletas.

Várias nações formam uma liga permanente e estabelecem uma autoridade suprema, que, sem atuar sobre os simples cidadãos, como um governo nacional poderia fazer, age no entanto sobre cada um dos povos confederados, tomados em conjunto.

Esse governo, tão diferente de todos os demais, recebe o nome de federal.

Em seguida, descobre-se uma forma de sociedade em que vários povos se fundem realmente num só quanto a certos interesses comuns e permanecem separados e apenas confederados no que concerne a todos os outros.

Aqui o poder central age sem intermediário sobre os governados, administra-os e julga-os ele próprio, como fazem os governos nacionais, mas só age desse modo num círculo restrito. Evidentemente não se trata mais de um governo federal, mas apenas de um governo nacional incompleto. Encontrou-se assim uma forma de governo que não era precisamente nem nacional nem federal; mas ficou-se nisso, e a nova palavra que deve exprimir a coisa nova ainda não existe.

É por não terem conhecido essa nova espécie de confederação que todas as Uniões chegaram à guerra civil, à submissão ou à inércia. Todos os povos que as compunham careceram de luzes para ver o remédio a seus males, ou de coragem para aplicá-lo.

A primeira União americana também caíra nesses defeitos.

Mas na América, os Estados confederados, antes de chegarem à independência, fizeram parte por muito tempo do mesmo império; portanto ainda não haviam contraído o hábito de se governarem completamente eles mesmos, e os preconceitos nacionais não haviam podido lançar raízes profundas; mais esclarecidos que o resto do mundo, eram iguais entre si em luzes, não sentiam muito as paixões que, de ordinário, se opõem nos povos à extensão do poder federal, e essas paixões eram combatidas pelos maiores cidadãos. Os americanos, ao mesmo tempo que sentiram o mal, encararam com firmeza o remédio. Corrigiram suas leis e salvaram o país.

Das vantagens do sistema federativo em geral e da sua utilidade especial para a América

Felicidade e liberdade de que gozam as pequenas nações. – Poderio das grandes nações. – Os grandes impérios favorecem os desenvolvimentos da civilização. – Que a força muitas vezes é para as nações o primeiro elemento de prosperidade. – O sistema federal tem por objetivo unir as vantagens que os povos tiram da grandeza e da pequenez de seu território. – Vantagens que os Estados Unidos tiram desse sistema. – A lei dobra-se às necessidades das populações, mas as populações não se dobram às necessidades da lei. – Atividade, progresso, gosto e uso da liberdade entre os povos americanos. – O espírito público da União não passa do resumo do patriotismo provincial. – As coisas e as ideias circulam livremente no território dos Estados Unidos. – A União é livre e feliz como uma pequena nação, respeitada como uma grande.

Nas pequenas nações, o olho da sociedade penetra em toda a parte, o espírito de melhoria desce aos menores detalhes; como a ambição do povo é consideravelmente temperada por sua fraqueza, seus esforços e seus recursos voltam-se quase inteiramente para seu bem-estar interior e não são sujeitos a se dissipar em vã fumaça de glória. Ademais, como as faculdades de cada um são geralmente limitadas nelas, os desejos também o são. A mediocridade das fortunas torna as condições mais ou menos iguais; os costumes têm um aspecto simples e tranquilo. Assim, afinal de contas e fazendo o balanço dos diversos graus de moralidade e de luz, em geral encontramos, nas pequenas nações, mais bem-estar, mais população e mais tranquilidade do que nas grandes. Quando vem se estabelecer no seio de uma pequena nação, a tirania é mais incômoda do que numa nação maior, porque, agindo num círculo mais restrito, estende-se a tudo nesse círculo. Não podendo prender-se a algum grande objeto, ocupa-se de uma multidão de pequenos; mostra-se ao mesmo tempo violenta e implicante. Do mundo político que é, propriamente, seu domínio, ela penetra na vida privada. Depois das ações, aspira a reger os gostos; depois do Estado, quer governar as famílias. Mas isso raramente acontece; a liberdade constitui, na verdade, a condição natural das pequenas sociedades. Nelas o governo oferece pouco atrativo para a ambição, os recursos dos particulares são demasiado limitados para que o soberano poder se concentre, facilmente, nas mãos de um só. Caso isso se produza, não é difícil para os governados se unir e, por um esforço comum, derrubar ao mesmo tempo o tirano e a tirania.

Por conseguinte as pequenas nações sempre foram o berço da liberdade política. Sobreveio que a maior parte delas perdeu essa liberdade ao crescer, o que mostra bem que esta dependia da pequenez do povo, não do próprio povo.

A história do mundo não proporciona exemplo de uma grande nação que tenha permanecido por muito tempo em república[38], o que levou a dizer que a coisa era impraticável. Quanto a mim, penso que é imprudente o homem querer limitar o possível e julgar o futuro, quando o real e o presente lhe escapam todo dia e ele se encontra sem cessar pego de surpresa nas coisas que melhor conhece. O que podemos dizer com certeza é que a existência de uma grande república sempre será infinitamente mais exposta que a de uma pequena.

Todas as paixões fatais às repúblicas crescem com a extensão do território, ao passo que as virtudes que lhes servem de apoio não o fazem na mesma medida.

A ambição dos particulares aumenta com o poderio do Estado; a força dos partidos, com a importância da finalidade que se propõem; mas o amor à pátria, que deve lutar contra essas paixões destrutivas, não é mais forte numa vasta república do que numa pequena. Seria fácil, inclusive, provar que nesta é menos desenvolvido e menos poderoso. As grandes riquezas e as profundas misérias, as metrópoles, a depravação dos costumes, o egoísmo individual, a complicação dos interesses, são perigos que nascem quase sempre da grandeza do Estado. Várias dessas coisas não prejudicam a existência de uma monarquia, algumas podem até contribuir para sua duração. Aliás, nas monarquias, o governo tem uma força que lhe é própria; ele se serve do povo e não depende dele; quanto maior o povo, mais o príncipe é forte. Mas o governo republicano não pode opor a esses perigos senão o apoio da maioria. Ora, esse elemento de força não é mais poderoso, guardadas as devidas proporções, numa vasta república do que numa pequena. Assim, enquanto os meios de ataque aumentam sem cessar de número e de poder, a força de resistência permanece a mesma. Podemos até dizer que ela diminui, pois quanto mais o povo é numeroso e quanto mais a natureza dos espíritos e dos interesses se diversifica, mais por conseguinte é difícil formar uma maioria compacta.

Pôde-se observar de resto que as paixões humanas adquirem intensidade, não apenas pela grandeza do objetivo que querem alcançar, mas também pela multidão de indivíduos que as sentem ao mesmo tempo. Não há ninguém que não se tenha sentido mais emocionado no meio de uma multidão agitada que partilhava sua emoção do que se tivesse sido o único a senti-la. Numa grande república, as paixões políticas tornam-se irresistíveis, não apenas porque o objeto que elas perseguem é imenso, mas também porque milhões de homens as sentem da mesma maneira e no mesmo momento.

Pode-se dizer então, de maneira geral, que nada é tão contrário ao bem-estar e à liberdade dos homens do que os grandes impérios.

Os grandes Estados têm contudo vantagens que lhes são particulares e que cumpre reconhecer.

Assim como o desejo do poder é mais ardente neles do que em outros Estados, em meio aos homens comuns, assim também o amor à glória é mais desenvolvido neles do que em certas almas que encontram nos aplausos de um grande povo um objeto digno de seus esforços e próprio a elevá-las de certa forma acima de si mesmas. Neles o pensamento recebe, em todas as coisas, um impulso mais rápido e mais poderoso, as ideias circulam mais livremente, as metrópoles são como vastos centros intelectuais em que vêm resplandecer e se combinar todos os raios do espírito humano. Esse fato nos explica por que as grandes nações fazem as luzes e a causa geral da civilização realizar progressos mais rápidos do que as pequenas. Cumpre acrescentar que as descobertas importantes exigem com frequência um desenvolvimento de força nacional de que o governo de um pequeno povo é incapaz; nas grandes nações, o governo tem mais ideias gerais, liberta-se mais completamente da rotina dos antecendentes e do egoísmo das localidades. Há mais gênio em suas concepções, mais ousadia em suas atitudes.

O bem-estar interior é mais completo e mais profuso nas pequenas nações, enquanto se mantêm em paz; mas o estado de guerra lhes é mais prejudicial do que às grandes. Nestas, a distância das fronteiras permite às vezes que a massa do povo permaneça durante séculos afastada do perigo. Para ela, a guerra é muito mais uma causa de mal-estar do que de ruína.

Apresenta-se, de resto, nessa matéria como em muitas outras, uma consideração que domina todo o resto: a da necessidade.

Se só houvesse pequenas nações e nenhuma grande, a humanidade seria com certeza mais livre e mais feliz; mas é impossível não haver grandes nações.

Isso introduz no mundo um novo elemento de prosperidade nacional, que é a força. Que importa um povo apresentar a imagem do bem-estar e da prosperidade, se se vê exposto cada dia a ser devastado ou conquistado? Que importa ser ele manufatureiro ou comerciante, se outro domina os mares e impõe sua lei em todos os mercados? As pequenas nações são frequentemente miseráveis, não por serem pequenas, mas por serem fracas; as grandes prosperam, não por serem grandes, mas por serem fortes. A força é, pois, com frequência, para as nações, uma das primeiras condições da felicidade e até mesmo da existência. Daí resulta que, salvo circunstâncias particulares, os pequenos povos sempre acabam por ser reunidos violentamente aos grandes ou por se reunirem a eles por iniciativa própria. Não conheço condição mais deplorável do que a de um povo que não pode se defender nem se bastar.

Foi para unir as diversas vantagens que resultam da grandeza e da pequenez das nações que se criou o sistema federativo.

Basta lançar um olhar nos Estados Unidos da América para perceber todos os benefícios que decorrem, para esse país, da adoção desse sistema.

Nas grandes nações centralizadas, o legislador é obrigado a dar às leis um caráter uniforme que não comporta a diversidade dos lugares e dos costumes; nunca estando a par dos casos particulares, ele só pode proceder por regras gerais. Os homens são obrigados, então, a se dobrar às necessidades da legislação, porque a legislação não sabe se acomodar às necessidades e aos costumes dos homens, o que é uma grande causa de tumultos e de misérias.

Esse inconveniente não existe nas confederações. Nelas, o congresso resolve os principais atos das existência social, e todo detalhe é deixado às legislações estaduais.

Não se pode imaginar a que ponto essa divisão da soberania contribui para o bem-estar de cada um dos Estados de que a União se compõe. Nessas pequenas sociedades que não têm a preocupação de se defender ou de se ampliar, todo o poder público e toda a energia individual são canalizados para os melhoramentos internos. O governo central de cada Estado, por estar próximo dos governados, é cotidianamente informado dos interesses que se fazem sentir; por isso, vemos apresentarem-se cada dia novos planos que, discutidos nas assembleias comunais ou diante da legislatura do Estado e reproduzidos em seguida pela imprensa, suscitam o interesse universal e o zelo dos cidadãos. Essa necessidade de melhorar agita sem cessar as repúblicas americanas e não as tumultua; nelas, a ambição do poder cede lugar ao amor ao bem-estar, paixão mais vulgar porém menos perigosa. É uma opinião geralmente difundida na América a de que a existência e a duração das formas republicanas no Novo Mundo dependem da existência e da duração do sistema federativo. Atribui-se grande parte das misérias em que são mergulhados os novos Estados da América do Sul ao fato de que se quis estabelecer aí grandes repúblicas, em vez de fracionar a soberania.

De fato, é incontestável que, nos Estados Unidos, o gosto e o uso do governo republicano nasceram nas comunas e no seio das assembleias provinciais. Numa pequena nação, como o Estado de Connecticut, por exemplo, em que a grande questão política é a abertura de um canal e o traçado de um caminho, em que o Estado não tem exército a pagar nem guerra a travar, e não poderia dar aos que o dirigem nem muitas riquezas nem muita glória, não se pode imaginar nada mais natural e mais apropriado à natureza das coisas do que a república. Ora, é esse mesmo espírito republicano, são esses costumes e esses hábitos de um povo livre que, depois de nascer e se desenvolver nos diversos Estados, se aplicam em seguida sem dificuldade ao conjunto do país. De certa forma, o espírito público da União não passa de um resumo do patriotismo provincial. Cada cidadão dos Estados Unidos transporta, por assim dizer, o interesse que lhe inspira sua pequena república para o amor à pátria comum. Defendendo a União, defende a prosperidade crescente de seu cantão, o direito de dirigir os negócios dele e a esperança de fazer prevalecer nele os planos de melhoramento que devem enriquecer a ele próprio – coisas essas que, de ordinário, mexem mais com os homens do que os interesses gerais do país e a glória da nação.

De outro lado, se o espírito e os costumes dos habitantes os tornam mais propícios que outros a fazer prosperar uma grande república, o sistema federativo tornou a tarefa menos difícil. A confederação de todos os Estados americanos não apresenta os inconvenientes ordinários das numerosas aglomerações de homens. A União é uma grande república quanto à extensão; mas, de certa forma, seria possível assimilá-la a uma pequena república, por causa do pouco número de objetos de que seu governo se ocupa. Seus atos são importantes, mas raros. Como a soberania da União é tolhida e incompleta, o uso dessa soberania não é perigoso para a liberdade. Ele tampouco provoca esses desejos imoderados de poder e de fama tão funestos às grandes repúblicas. Como nem tudo converge necessariamente para um centro comum, não vemos aí nem vastas metrópoles, nem riquezas imensas, nem grandes misérias, nem súbitas revoluções. As paixões políticas, em vez de se alastrarem num instante, como uma língua de fogo, sobre toda a superfície do país, vão se quebrar contra os interesses e as paixões individuais de cada Estado.

Na União, entretanto, como num só e mesmo povo, circulam livremente as coisas e as ideias. Nada detém aí o progresso do espírito empreendedor. Seu governo chama a si os talentos e as luzes. Dentro das fronteiras da União, reina uma paz profunda, como no interior de um país submetido ao mesmo império; fora, ela toma lugar entre as mais poderosas nações da Terra; oferece ao comércio estrangeiro mais de oitocentas léguas de costas e, trazendo nas mãos as chaves de todo um mundo, faz respeitar seu pavilhão até nas extremidades dos mares.

A União é livre e feliz como uma pequena nação, gloriosa e forte como uma grande.

O que faz o sistema federal não estar ao alcance de todos os povos e o que permitiu que os anglo-americanos o adotassem

Há em todo o sistema federal vícios inerentes que o legislador não pode combater. – Complicação de qualquer sistema federal. – Ele exige dos governados um uso diário de sua inteligência. – Ciência prática dos americanos em matéria de governo. – Fraqueza relativa do governo da União, outro vício inerente ao sistema federal. – Os americanos tornaram-no menos grave, mas não o puderam destruir. – A soberania dos Estados mais fraca em aparência, mais forte na realidade do que a da União. – Por quê. – É necessário, pois, que exista, independentemente das leis, causas naturais de união nos povos confederados. – Quais são essas causas entre os anglo-americanos. – O Maine e a Geórgia, 400 léguas distantes um do outro, mais naturalmente unidos do que a Normandia e a

Bretanha. – Que a guerra é o principal escolho das confederações. – Isso é provado pelo próprio exemplo dos Estados Unidos. – A União não tem grandes guerras a temer. – Por quê. – Perigos que corriam os povos da Europa adotando o sistema federal dos americanos.

Às vezes, após mil esforços, o legislador consegue exercer uma influência direta sobre o destino das nações e, então, seu gênio é celebrado, ao passo que, muitas vezes, a posição geográfica do país, com respeito à qual nada pode, um estado social que se criou sem o seu concurso, costumes e ideias cuja origem ignora, um ponto de partida que não conhece imprimem à sociedade movimentos irresistíveis contra os quais ele luta em vão e que o arrastam, por sua vez.

O legislador parece o homem que traça sua rota no meio dos mares. Ele também pode dirigir o barco que o transporta, mas não poderia mudar sua estrutura, criar os ventos, nem impedir que o Oceano se erguesse a seus pés.

Mostrei que vantagens os americanos extraem do sistema federal. Resta-me mostrar o que lhes possibilitou adotar esse sistema, pois nem todos os povos podem desfrutar de seus benefícios.

Encontramos no sistema federal vícios acidentais oriundos das leis; esses vícios podem ser corrigidos pelos legisladores. Outros há que, sendo inerentes ao sistema, não poderiam ser destruídos pelos povos que o adotam. Portanto, é necessário que esses povos encontrem em si mesmos a força necessária para suportar as imperfeições naturais de seu governo.

Dentre os vícios inerentes a qualquer sistema federal, o mais visível de todos é a complicação dos meios que emprega. Esse sistema põe necessariamente em presença duas soberanias. O legislador consegue tornar os movimentos dessas duas soberanias tão simples e tão iguais quanto possível, e pode encerrar ambas em esferas de ação nitidamente delineadas; mas não poderia fazer de modo que só haja uma, nem impedir que elas se toquem em algum ponto.

O sistema federativo repousa, pois, não obstante o que se faça, numa teoria complicada, cuja aplicação requer, nos governados, um uso cotidiano das luzes de sua razão.

Em geral, apenas as concepções simples apoderam-se do espírito do povo. Uma ideia falsa, mas clara e precisa, sempre terá mais força no mundo do que uma ideia verdadeira, mas complexa. Vem daí que os partidos, que são como pequenas nações numa grande, sempre se apressam em adotar para símbolo um nome ou um princípio que, frequentemente, representam apenas de maneira muito incompleta o objetivo que se propõem e os meios que empregam, mas sem o qual não poderiam subsistir nem se mover. Os governos que se baseiam numa única ideia ou num único sentimento fácil de definir talvez não sejam os melhores, mas são sem dúvida nenhuma os mais fortes e mais duradouros.

Quando examinamos a constituição dos Estados Unidos, a mais perfeita de todas as constituições federais conhecidas, ficamos assustados, ao contrário, com a multidão de conhecimentos diversos e com o discernimento que ela supõe que nos deve reger. O governo da União repousa quase por inteiro em ficções legais. A União é uma nação ideal que, por assim dizer, só existe nos espíritos e de que apenas a inteligência descobre a extensão e os limites.

Estando bem compreendida a teoria geral, restam as dificuldades de aplicação. Elas são incontáveis, porque a soberania da União está tão comprometida com a dos Estados que é impossível, à primeira vista, perceber os limites delas. Tudo é convencional e artificial em tal governo, que só poderia convir a um povo acostumado desde há muito a dirigir ele mesmo seus negócios e no qual a ciência política tenha descido até os últimos escalões da sociedade. Em ponto algum admirei mais o bom senso e a inteligência prática dos americanos do que na maneira como escapam das dificuldades sem número que nascem de sua constituição federal. Quase nunca encontrei homem do povo, na América, que não discernisse com surpreendente facilidade as obrigações nascidas das leis do Congresso e aquelas cuja origem está nas leis de seu Estado, e que, depois de ter distinguido os objetos postos nas atribuições gerais da União dos que a legislatura local deve regulamentar, não pudesse indicar o ponto em que começa a competência das cortes federais e o limite em que se detém a dos tribunais estaduais.

A constituição dos Estados Unidos parece essas belas criações da indústria humana que enchem de glória e de bens os que as inventam, mas que permanecem estéreis em outras mãos.

É o que o México faz ver nos dias de hoje.

Os habitantes do México, querendo estabelecer o sistema federativo, tomaram por modelo e copiaram quase inteiramente a constituição federal dos anglo-americanos, seus vizinhos[39]. Mas, ao transportarem para seu país a letra da lei, não puderam transportar ao mesmo tempo o espírito que a vivifica. Vimo-los então se embaraçar o tempo todo entre as engrenagens de seu duplo governo. A soberania dos Estados e a da União, saindo do círculo que a constituição traçara, penetraram cada dia uma na outra. Atualmente ainda, o México se vê incessantemente arrastado da anarquia ao despotismo militar, e do despotismo militar à anarquia.

O segundo e mais funesto de todos os vícios, que considero uma fraqueza inerente ao próprio sistema federal, é a relativa fraqueza do governo da União.

O princípio sobre o qual repousam todas as confederações é o fracionamento da soberania. Os legisladores tornam esse fracionamento pouco sensível; furtam-no inclusive por um tempo aos olhares, mas não poderiam fazer que não exista. Ora, uma soberania fracionada sempre será mais fraca do que uma soberania completa.

Vimos, na exposição da constituição dos Estados Unidos, com que arte os americanos, ao mesmo tempo que encerram o poder da União no círculo restrito dos governos federais, conseguiram apesar disso lhe dar a aparência e, até certo ponto, a força de um governo nacional.

Agindo assim, os legisladores da União diminuíram o perigo natural das confederações; mas não puderam fazê-lo desaparecer de todo.

O governo americano, dizem, não se dirige aos Estados; ele faz suas injunções chegarem imediatamente aos cidadãos e dobra-os isoladamente sob o esforço da vontade comum.

Mas se a lei federal se chocasse violentamente contra os interesses e os preconceitos de um Estado, não seria de temer que cada cidadão desse Estado se acreditasse interessado na causa do homem que se recusasse a obedecer? Todos os cidadãos do Estado, achando-se assim lesados, ao mesmo tempo e da mesma maneira, pela autoridade da União, em vão o governo federal tentaria isolá-los para combatê-los: eles sentiriam instintivamente que devem se unir para se defender e encontrariam uma organização já preparada na porção de soberania que deixaram seu Estado desfrutar. A ficção desapareceria então para dar lugar à realidade, e poder-se-ia ver a força organizada de uma parte do território em luta com a autoridade central.

Direi o mesmo da justiça federal. Se, num processo particular, os tribunais da União violassem uma lei importante de um Estado, a luta, se não aparente pelo menos real, seria entre o Estado lesado, representado por um cidadão, e a União, representada por seus tribunais[40].

É preciso ter muito pouca experiência das coisas deste mundo para imaginar que, após ter deixado às paixões dos homens um meio de se satisfazerem, sempre se conseguirá impedi-los, com a ajuda de ficções legais, de perceber tal meio e utilizá-lo.

Os legisladores americanos, ao tornar menos provável a luta entre as duas soberanias, não destruíram pois suas causas.

Podemos inclusive ir mais longe e dizer que não puderam, em caso de luta, assegurar ao poder federal a preponderância.

Deram à União dinheiro e soldados, mas os Estados guardaram o amor e os preconceitos dos povos.

A soberania da União é um ser abstrato que só se prende a um pequeno número de objetos externos. A soberania dos Estados é perceptível a todos os sentidos; compreendemo-la sem dificuldade; vemo-la agir a cada instante. Uma é nova, a outra nasceu com o próprio povo.

A soberania da União é obra da arte. A soberania dos Estados é natural, existe por si mesma, sem esforços, como a autoridade do pai de família.

A soberania da União só sensibiliza os homens por meio de alguns grandes interesses; ela representa uma pátria imensa, distante, um sentimento vago e indefinido. A soberania dos Estados envolve cada cidadão, de certa forma, e o atinge cada dia em detalhe. É ela que se encarrega de garantir sua propriedade, sua liberdade, sua vida; ela influi a todo instante em seu bem-estar ou em sua miséria. A soberania dos Estados se baseia nas lembranças, nos hábitos, nos preconceitos locais, no egoísmo provinciano e familiar; numa palavra, em todas as coisas que tornam o instinto da pátria tão poderoso no coração do homem. Como duvidar de suas vantagens?

Já que os legisladores não podem impedir que sobrevenham, entre as duas soberanias que o sistema federal põe em presença, colisões perigosas, é necessário pois que, a seus esforços para desviar os povos confederados da guerra, juntem-se dispositivos particulares que os conduzam à paz.

Resulta daí que o pacto federal não pode vir a ter uma longa existência, se não encontrar, nos povos a que se aplica, certo número de condições de união que lhes tornem cômoda essa vida comum e facilitem a tarefa do governo.

Assim, o sistema federal, para ter êxito, não necessita apenas de boas leis; é preciso também que as circunstâncias o favoreçam.

Todos os povos que vimos confederar-se tinham um certo número de interesses comuns, que constituíam como que os vínculos intelectuais da associação.

No entanto, além dos interesses materiais, o homem também tem ideias e sentimentos. Para que uma confederação subsista por muito tempo, é necessário haver homogeneidade tanto na civilização quanto nas necessidades dos diversos povos que a compõem. Entre a civilização do cantão de Vaud e a do cantão de Uri, há como que do século XIX ao século XV; por isso a Suíça nunca teve, propriamente, um governo federal. A União entre seus diferentes cantões só existe no papel; e logo se a perceberia, se uma autoridade central quisesse aplicar as mesmas leis a todo o território.

Há um fato que facilita admiravelmente, nos Estados Unidos, a existência do governo federal. Os diferentes Estados têm não só mais ou menos os mesmos interesses, a mesma origem e a mesma língua, mas também o mesmo grau de civilização, o que torna quase sempre o acordo entre eles coisa fácil. Não sei se há alguma nação europeia pequena o bastante para não apresentar em suas diferentes partes um aspecto menos homogêneo que o povo americano, cujo território é tão grande quanto a metade da Europa.

Do Estado do Maine ao da Geórgia, há cerca de quatrocentas léguas. Existe porém, entre a civilização do Maine e a da Geórgia, menos diferença do que entre a da Normandia e a da Bretanha. O Maine e a Geórgia, situados nas duas extremidades de um vasto império, encontram pois naturalmente mais facilidades reais para formar uma confederação do que a Normandia e a Bretanha, que só são separadas por um riacho.

A essas facilidades, que os costumes e os hábitos do povo ofereciam aos legisladores americanos, somavam-se outras que nasciam da posição geográfica do país. É principalmente a estas últimas que cumpre atribuir a adoção e a manutenção do sistema federal.

O mais importante de todos os atos capazes de marcar a vida de um povo é a guerra. Na guerra, um povo age diante dos povos estrangeiros como se fosse um só indivíduo: ele luta por sua existência mesma.

Enquanto só se trata de manter a paz no interior de um país e favorecer sua prosperidade, a habilidade do governo, a razão dos governados e certo apego natural que os homens quase sempre têm por sua pátria podem bastar folgadamente; mas para que uma nação se ache em condições de travar uma grande guerra, os cidadãos devem impor-se numerosos e penosos sacrifícios. Acreditar que um grande número de homens serão capazes de se submeter por si próprios a semelhantes exigências sociais é conhecer muito mal a humanidade.

Isso explica por que todos os povos que tiveram de travar grandes guerras foram levados, quase a contragosto, a aumentar a força do governo. Os que não tiveram êxito nisso foram conquistados. Uma longa guerra quase sempre coloca as nações nesta triste alternativa: sua derrota as entrega à destruição, seu triunfo ao despotismo.

Portanto, é em geral na guerra que se revela, de maneira mais visível e mais perigosa, a fraqueza de um governo; e mostrei que o vício inerente aos governos federais era serem fracos.

No sistema federativo, não apenas não há centralização administrativa nem nada que dela se aproxime, mas a própria centralização governamental só existe incompletamente, o que é sempre uma grande causa de fraqueza, quando é necessário defender-se contra os povos nos quais ela é completa.

Na constituição federal dos Estados Unidos, que é, de todas, aquela em que o governo central é revestido de mais forças reais, esse mal ainda se faz sentir vivamente.

Um só exemplo permitirá ao leitor julgá-lo.

A constituição dá ao congresso o direito de convocar a milícia dos diferentes Estados para o serviço ativo, quando se trata de sufocar uma insurreição ou repelir uma invasão. Outro artigo diz que, nesse caso, o presidente dos Estados Unidos é o comandante-em-chefe da milícia.

Quando da guerra de 1812, o presidente deu às milícias do Norte a ordem de deslocar-se para as fronteiras; Connecticut e Massachusetts, cujos interesses a guerra lesava, recusaram-se a mandar seu contingente.

A constituição, disseram, autoriza o governo federal a servir-se das milícias em caso de *insurreição* e de *invasão*; ora não há, por enquanto, nem insurreição nem invasão. Acrescentaram que a mesma constituição que dava à União o direito de convocar as milícias para o serviço ativo deixava aos Estados o direito de nomear os oficiais; daí decorria, segundo eles, que, mesmo na guerra, nenhum oficial da União tinha o direito de comandar as milícias, salvo o presidente em pessoa. Ora, tratava-se de servir num exército comandado por outro que não ele.

Essas doutrinas absurdas e destrutivas receberam não apenas a sanção dos governadores e da legislatura, mas também a das cortes de justiça desses dois Estados, e o governo federal foi obrigado a buscar em outros Estados as tropas de que carecia[41].

Como é então que a União americana, toda protegida que está pela perfeição relativa de suas leis, não se dissolve no meio de uma grande guerra? É que ela não tem grandes guerras a temer.

Situada no centro de um continente imenso, onde a indústria humana pode se estender ilimitadamente, a União está quase tão isolada do mundo quanto se fosse cercada de todos os lados pelo Oceano.

O Canadá conta apenas um milhão de habitantes; sua população é dividida em duas nações inimigas. Os rigores do clima limitam a extensão de seu território e fecham seus portos durante seis meses.

Do Canadá ao golfo do México, ainda encontramos algumas tribos selvagens semidestruídas, que seis mil soldados empurram diante de si.

Ao sul, a União toca por um ponto no império do México; é daí que provavelmente virão um dia as grandes guerras. Mas, por muito tempo ainda, o estado pouco avançado da civilização, a corrupção dos costumes e a miséria impedirão que o México assuma uma posição de destaque entre as nações. Quanto às potências da Europa, sua distância as torna pouco temíveis (O).

A grande felicidade dos Estados Unidos não está pois em ter encontrado uma constituição federal que lhes permita sustentar grandes guerras, mas em ser situados de tal modo que nada têm a temer.

Ninguém poderia apreciar melhor que eu as vantagens do sistema federativo. Vejo nele uma das mais poderosas combinações em favor da prosperidade e da liberdade humanas. Invejo a sorte das nações que puderam adotá-lo. Mas recuso-me a acreditar que povos confederados possam lutar por muito tempo, em igualdade de força, contra uma nação em que a força governamental seja centralizada.

O povo que, em presença das grandes monarquias militares da Europa, viesse fracionar sua soberania, abdicaria, parece-me, por esse simples fato, seu poder e, talvez, sua existência e seu nome.

Admirável posição do Novo Mundo, que faz que o homem não tenha aí outros inimigos além dele mesmo! Para ser feliz e livre basta-lhe querer.

SEGUNDA PARTE

Até aqui examinei as instituições, percorri as leis escritas, pintei as formas atuais da sociedade política nos Estados Unidos.

Mas acima de todas as instituições e fora de todas as formas reside um poder soberano, o do povo, que as destrói ou modifica a seu bel-prazer.

Resta-me dar a conhecer por que vias procede esse poder, dominador das leis; quais são seus instintos, suas paixões; que mecanismos secretos o impelem, o retardam ou o dirigem em sua marcha irresistível; que efeitos produz sua onipotência e que futuro lhe é reservado.

CAPÍTULO I

Como se pode dizer rigorosamente que nos Estados Unidos é o povo que governa

Na América, o povo nomeia aquele que faz a lei e aquele que a executa; ele mesmo constitui o júri que pune as infrações à lei. Não apenas as instituições são democráticas em seu princípio, mas também em todos os seus desdobramentos. Assim, o povo nomeia *diretamente* seus representantes e os escolhe em geral *todos os anos*, a fim de mantê-los mais ou menos em sua dependência. É, pois, realmente o povo que dirige e, muito embora a forma do governo seja representativa, é evidente que as opiniões, os preconceitos, os interesses, até as paixões do povo não podem encontrar obstáculos duradouros que os impeçam de produzir-se na direção cotidiana da sociedade.

Nos Estados Unidos, como em todos os países em que o povo reina, é a maioria que governa em nome do povo.

Essa maioria se compõe principalmente dos cidadãos pacatos que, seja por gosto, seja por interesse, desejam sinceramente o bem do país. Em torno deles agitam-se sem cessar os partidos, que procuram atraí-los em seu seio e fazer deles um apoio.

CAPÍTULO II

Dos partidos nos Estados Unidos

É necessário fazer uma grande divisão entre os partidos. – Partidos que são entre si como nações rivais. – Partidos propriamente ditos. – Diferença entre os grandes e os pequenos partidos. – Em que tempos eles nascem. – Suas diversas características. – A América teve grandes partidos. – Não tem mais. – Federalistas. – Republicanos. – Derrota dos federalistas. – Dificuldade de criar partidos nos Estados Unidos. – O que se fez para consegui-lo. – Caráter aristocrático ou democrático encontrado em todos os partidos. – Luta do general Jackson contra o banco.

Devo estabelecer antes de mais nada uma grande divisão entre os partidos.

Há países tão vastos que as diferentes populações que os habitam, conquanto reunidas sob a mesma soberania, têm interesses contraditórios, de que resulta uma oposição permanente entre elas. As diversas frações de um mesmo povo não formam então, propriamente falando, partidos, mas nações distintas; e, se a guerra civil nasce, há muito mais conflito entre povos rivais do que luta entre facções.

Mas, quando os cidadãos divergem acerca de pontos que dizem igualmente respeito a todas as porções do país, como, por exemplo, os princípios gerais do governo, então vemos surgir o que chamarei verdadeiramente de partidos.

Os partidos são um mal inerente aos governos livres; mas não possuem em todos os tempos o mesmo caráter e os mesmos instintos. Há épocas em que as nações sentem-se atormentadas por males tão grandes que se apresenta a seu pensamento a ideia de uma mudança total em sua constituição política. Há outras em que o mal-estar é mais profundo ainda e em que o próprio estado social está comprometido. É o tempo das grandes revoluções e dos grandes partidos.

Entre esses séculos de desordens e de misérias, outros há em que as sociedades repousam e em que a raça humana parece retomar fôlego. Na verdade, isso também não passa de uma aparência. Tanto quanto no caso dos homens, o tempo não detém sua marcha no dos povos; ambos avançam cada dia rumo a um futuro que ignoram e, quando cremos que são estacionários, é que seus movimentos nos escapam. São pessoas que caminham: parecem imóveis para as que correm.

Como quer que seja, há épocas em que as mudanças que se operam na constituição política e no estado social dos povos são tão lentas e tão insensíveis, que os homens pensam ter chegado a um estado final; o espírito humano crê-se então firmemente assentado em certas bases e não dirige seus olhares além de certo horizonte.

É o tempo das intrigas e dos pequenos partidos.

O que chamo de grandes partidos políticos são os que se prendem mais aos princípios do que às consequências destes; às generalidades, e não aos casos particulares; às ideias, e não aos homens. Esses partidos têm, em geral, traços mais nobres, paixões mais generosas, convicções mais reais, uma aparência mais franca e mais ousada que os outros. O interesse particular, que sempre desempenha o maior papel nas paixões políticas, esconde-se aqui com mais habilidade sob o véu do interesse público; chega inclusive às vezes a furtar-se aos olhares dos que anima e faz agir.

Os pequenos partidos, ao contrário, em geral não têm fé política. Como não se sentem elevados e sustentados por grandes objetivos, seu caráter é marcado por um egoísmo que se manifesta ostensivamente em cada um de seus atos. Eles sempre se aquecem a frio; sua linguagem é violenta, mas sua marcha é tímida e incerta. Os meios que empregam são miseráveis como a própria finalidade que se propõem. Resulta daí que, quando um tempo de calma sucede a uma revolução violenta, os grandes homens parecem desaparecer de repente e as almas parecem fechar-se em si mesmas.

Os grandes partidos subvertem a sociedade, os pequenos agitam-na; uns a dilaceram, outros a depravam; os primeiros às vezes a salvam abalando-a, os segundos sempre a perturbam sem proveito.

A América teve grandes partidos; hoje eles não mais existem. Ela ganhou muito com isso em felicidade, mas não em moralidade.

Quando a guerra da Independência terminou e se tratou de estabelecer as bases do novo governo, a nação viu-se dividida entre duas opiniões. Essas opiniões eram tão antigas quanto o mundo, e encontramo-las sob diferentes formas e revestidas de nomes diferentes em todas as sociedades livres. Uma queria restringir o poder popular, a outra estendê-lo indefinidamente.

A luta entre essas duas opiniões nunca adquiriu, entre os americanos, o caráter de violência que tantas vezes a distinguiu em outras partes. Na América, os dois partidos estavam de acordo sobre os pontos mais essenciais. Nenhum dos dois, para vencer, precisava destruir uma ordem antiga, nem subverter todo um estado social. Nenhum dos dois, por conseguinte, fazia o triunfo de seus princípios depender de um grande número de existências individuais. Mas tocavam interesses imateriais de primeira ordem, como o amor à igualdade e à independência. Era o bastante para provocar violentas paixões.

O partido que queria restringir o poder popular buscou sobretudo aplicar suas doutrinas à Constituição da União, o que lhe valeu o nome de *federal*.

O outro, que se pretendia amante exclusivo da liberdade, tomou o título de *republicano*.

A América é a terra da democracia. Os federalistas estiveram, pois, sempre em minoria; mas contavam em suas fileiras quase todos os grandes homens que a guerra da Independência fizera nascer, e seu poder moral era muito extenso. As circunstâncias lhes foram, aliás, desfavoráveis. A ruína da primeira confederação fez que o povo temesse cair na anarquia, e os federalistas aproveitaram essa disposição passageira.

Durante dez ou doze anos, dirigiram os negócios e puderam aplicar, não todos os seus princípios, mas alguns deles, porque a corrente oposta tornava-se a cada dia demasiado violenta para que se ousasse lutar contra ela.

Em 1801, os republicanos apoderaram-se enfim do governo. Thomas Jefferson foi nomeado presidente, dando a eles o apoio de um nome célebre, de um grande talento e de uma imensa popularidade.

Os federalistas sempre se tinham mantido por meios artificiais e com a ajuda de recursos momentâneos; a virtude ou o talento de seus chefes, assim como a felicidade das circunstâncias, é que os haviam levado ao poder. Quando os republicanos a ele subiram por sua vez, o partido contrário viu-se como que envolvido no meio de uma inundação súbita. Uma imensa maioria se declarou contra ele, que se encontrou de repente em tão pequena minoria, que logo perdeu as esperanças em si. A partir desse momento, o partido republicano ou democrático foi de conquista em conquista, e apoderou-se da sociedade inteira.

Sentindo-se vencidos, sem recursos e vendo-se isolados no meio da nação, os federalistas se dividiram. Uns se juntaram aos vencedores; outros depuseram sua bandeira e mudaram de nome. Já faz muitos anos que cessaram inteiramente de existir como partido.

A ascensão dos federalistas ao poder é, a meu ver, um dos acontecimentos mais felizes que acompanharam o nascimento da grande união americana. Os federalistas lutavam contra a tendência irresistível de seu século e de seu país. Qualquer que fosse a qualidade ou o vício de suas teorias, elas tinham o defeito de serem inaplicáveis por inteiro à sociedade que queriam dirigir. O que aconteceu sob Jefferson teria pois acontecido mais cedo ou mais tarde. Mas seu governo deixou pelo menos à nova república o tempo de se assentar e permitiu-lhe em seguida suportar sem inconveniente o desenvolvimento rápido das doutrinas que tinham combatido. Um grande número de seus princípios acabou, aliás, introduzindo-se no símbolo de seus adversários, e a constituição federal, que ainda hoje subsiste, é um monumento duradouro de seu patriotismo e de sua sabedoria.

Assim, pois, em nossos dias, não se percebem nos Estados Unidos grandes partidos políticos. Encontramos sim partidos que ameaçam o futuro da União, mas não existe nenhum que pareça atacar a forma atual do governo e a marcha geral da sociedade. Os partidos que ameaçam a União baseiam-se não em princípios, mas em interesses materiais. Esses interesses constituem, nas diferentes províncias de tão vasto império, muito mais nações rivais do que partidos. Assim viu-se ultimamente o Norte sustentar o sistema das proibições comerciais, e o Sul pegar em armas em favor da liberdade de comércio, pela simples razão de que o Norte é manufatureiro e o Sul cultivador e de que o sistema restritivo age em benefício de um e em detrimento do outro.

Na ausência de grandes partidos, formigam pequenos nos Estados Unidos, e a opinião pública se fraciona ao infinito sobre questões de detalhe. Seria impossível imaginar o trabalho que lá se tem para criar partidos; não é coisa fácil nos dias de hoje. Nos Estados Unidos, não há ódio religioso, porque a religião é universalmente respeitada e nenhuma seita é dominante; não há ódio de classes, porque o povo é tudo e ninguém ainda ousa lutar contra ele; enfim não há misérias públicas a explorar, porque o estado material do país oferece tão imensa carreira à indústria, que basta deixar o homem entregue a si mesmo para que faça prodígios. No entanto, é preciso que a ambição consiga criar partidos, pois é difícil derrubar o que se mantém no poder, pela simples razão que se quer tomar seu lugar. Toda a habilidade dos homens políticos consiste pois em compor partidos. Nos Estados Unidos, um homem político procura antes de mais nada discernir seu interesse e ver quais são os interesses análogos que poderiam agrupar-se em torno do seu; ele procura em seguida descobrir se por acaso não existiria no mundo uma doutrina ou um princípio que se pudesse pôr convenientemente à frente da nova associação, para lhe dar o direito de se produzir e circular livremente. É como que o privilégio do rei que nossos pais imprimiam outrora na primeira folha de suas obras e que eles incorporavam ao livro, embora não fizesse parte dele.

Feito isso, introduz-se a nova potência no mundo político.

Para um estrangeiro, quase todas as querelas domésticas dos americanos parecem, à primeira vista, incompreensíveis ou pueris, e não sabemos se devemos ter dó de um povo que se ocupa seriamente de semelhantes tolices ou invejar a sua felicidade de poder fazê-lo.

Mas quando se estuda com cuidado os instintos secretos que, na América, governam as facções, descobre-se sem dificuldade que a maioria delas prende-se mais ou menos a um ou a outro dos dois grandes partidos que dividem os homens, desde que há sociedades livres. À medida que se penetra mais profundamente no pensamento íntimo desses partidos, percebe-se que uns trabalham para restringir o uso do poder público, outros para ampliá-lo.

Não estou dizendo que os partidos americanos sempre tenham por objetivo ostensivo, nem mesmo por objetivo oculto, fazer prevalecer a aristocracia ou a democracia no país; estou dizendo que as paixões aristocráticas ou democráticas se encontram facilmente no fundo de todos os partidos e que, muito embora elas aí se furtem aos olhares, constituem como que o ponto sensível e a alma deles.

Citarei um exemplo recente. O presidente ataca o Banco dos Estados Unidos; o país se comove e se divide: as classes esclarecidas perfilam-se em geral do lado do banco; o povo, em favor do presidente. Você acha que o povo foi capaz de discernir as razões de sua opinião no meio dos meandros de uma questão tão difícil, sobre a qual os homens experientes hesitam? De maneira nenhuma. Mas o Banco é um grande estabelecimento, tem uma existência independente; o povo, que destrói ou ergue todas as potências, nada pode contra ele, e isso o surpreende. No meio do movimento universal da sociedade, esse ponto imóvel choca seus olhares, e ele quer ver se não conseguirá abalá-la como o resto.

Restos do partido aristocrático nos Estados Unidos

Oposição secreta dos ricos à democracia. – Eles se retiram à vida privada. – Gosto que denotam no interior de sua residência pelos prazeres exclusivos e pelo luxo. – Sua simplicidade fora dela. – Sua condescendência afetada pelo povo.

Acontece, por vezes, em meio a um povo de opiniões divididas, que, rompendo-se o equilíbrio entre os partidos, um deles adquira uma preponderância irresistível. Ele derruba todos os obstáculos, subjuga seu adversário e explora toda a sociedade em seu benefício. Os vencidos, desesperando então o sucesso, se escondem ou se calam. Faz-se uma imobilidade e um silêncio universais. A nação parece reunida num só pensamento. O partido vencedor se ergue e diz: "Trouxe a paz de volta ao país, devem-se ações de graças."

Mas sob essa unanimidade aparente escondem-se ainda divisões profundas e uma oposição real.

Foi o que aconteceu na América: quando o partido democrático obteve a preponderância, vimo-lo assenhorear-se da direção exclusiva dos negócios. Desde então, não cessou de modelar os costumes e as leis de acordo com seus desejos.

Em nossos dias, podemos dizer que nos Estados Unidos as classes ricas da sociedade estão quase inteiramente fora dos negócios políticos e que a riqueza, longe de ser um direito, é lá uma causa real de desfavor e um obstáculo para chegar ao poder.

Os ricos preferem pois abandonar a liça a sustentar uma luta muitas vezes desigual contra os mais pobres de seus concidadãos. Não podendo assumir na vida pública uma posição análoga à que ocupam na vida privada, abandonam a primeira para se concentrar na segunda. Formam dentro do Estado como que uma sociedade particular que tem seus gostos e seus prazeres à parte.

O rico se submete a esse estado de coisas como a um mal irremediável; evita até, com grande cuidado, mostrar que ele o fere. Assim, ouvimo-lo gabar em público as comodidades do governo republicano e as vantagens das formas democráticas. Porque, depois do fato de odiar seus inimigos, há coisa mais natural nos homens do que elogiá-los?

Está vendo aquele cidadão opulento? Não parece um judeu da Idade Média que teme deixar suspeitarem de suas riquezas? Suas roupas são simples, seu aspecto modesto; entre as quatro paredes de sua casa adora-se o luxo; ele só deixa penetrar nesse santuário alguns convidados escolhidos que chama solenemente de seus iguais. Não há na Europa nobre que se mostre mais exclusivo que ele em seus prazeres, mais cobiçoso das menores vantagens que uma posição privilegiada proporciona. Mas eis que sai de casa para ir trabalhar num reduto poeirento que ocupa no centro da cidade e dos negócios, e onde qualquer um é livre de ir encontrá-lo. No meio do caminho, passa seu sapateiro, os dois param e põem-se a conversar. Que podem dizer? Esses dois cidadãos falam dos negócios do Estado e não se separarão sem antes se apertarem as mãos.

No fundo desse entusiasmo convencional e em meio a essas formas obsequiosas em relação ao poder dominante, é fácil perceber nos ricos um grande desgosto pelas instituições democráticas de seu país. O povo é um produto que eles temem e desprezam. Se o mau governo da democracia acarretasse um dia uma crise política, se a monarquia se apresentasse um dia aos Estados Unidos como coisa praticável, logo se descobriria quanto é verdadeiro o que sustento.

As duas grandes armas que os partidos empregam para vencer são os jornais e as associações.

CAPÍTULO III

Da liberdade de imprensa nos Estados Unidos

Dificuldade de restringir a liberdade de imprensa. – Motivos particulares que têm certos povos de apegar-se a essa liberdade. – A liberdade de imprensa é uma consequência necessária da soberania do povo, tal como é entendida na América. – Violência da linguagem da imprensa periódica nos Estados Unidos. – A imprensa periódica tem instintos que lhe são próprios; o exemplo dos Estados Unidos prova-o. – Opinião dos americanos sobre a repressão judicial dos delitos de imprensa. – Por que a imprensa é menos poderosa nos Estados Unidos do que na França.

A liberdade de imprensa não faz seu poder sentir-se apenas sobre as opiniões políticas, mas também sobre todas as opiniões dos homens. Ela não modifica apenas as leis, mas os costumes. Numa outra parte desta obra, procurarei determinar o grau de influência que a liberdade de imprensa exerceu sobre a sociedade civil nos Estados Unidos; procurarei discernir a direção que ela deu às ideias, os hábitos que ela fez o espírito e o sentimento dos americanos adotar. Neste momento, quero examinar tão somente os efeitos produzidos pela liberdade de imprensa no mundo político.

Confesso que não tenho pela liberdade de imprensa esse amor completo e instantâneo que se concede às coisas soberanamente boas de sua natureza. Aprecio-a em consideração muito mais pelos males que ela impede do que pelos bens que ela faz.

Se alguém me mostrasse, entre a independência completa e a submissão inteira do pensamento, uma posição intermediária em que eu pudesse esperar manter-me, talvez me estabelecesse nela. Mas quem descobrirá essa posição intermediária? Você parte da liberdade de imprensa e caminha na ordem; que faz? Primeiro submete os escritores aos jurados; mas os jurados absolvem e o que não passava da opinião de um homem isolado se torna a opinião do país. Você, então, fez demais e muito pouco; é preciso caminhar ainda. Entrega os autores a magistrados competentes; mas os juízes são obrigados a ouvir antes de condenar; o que o autor teme confessar no livro proclama em sua defesa – o que teria sido dito obscuramente numa narrativa vê-se repetido assim em mil outras. A expressão é a forma exterior e, se assim posso me exprimir, o corpo do pensamento, mas não é o próprio pensamento. Seus tribunais prendem o corpo, mas a alma lhe escapa e escorrega sutilmente entre suas mãos. Portanto você fez demais e muito pouco; é preciso continuar a caminhar. Você abandona enfim os escritores à censura. Muito bem! Estamos chegando. Mas a tribuna política não é livre? Portanto você ainda não fez nada – engano-me, você aumentou o mal. Por acaso você considera o pensamento uma dessas forças materiais que aumentam graças ao número de seus agentes? Você conta os escritores como soldados de um exército? Ao revés de todas as forças materiais, o poder do pensamento aumenta muitas vezes por meio do pequeno número dos que o exprimem. A palavra de um homem poderoso, que penetra sozinha no meio das paixões de uma assembleia muda, tem mais poder do que os gritos confusos de mil oradores; e por pouco que se possa falar livremente num só lugar público, é como se se falasse publicamente em cada aldeia. Você precisa, pois, destruir a liberdade de falar, assim como a de escrever. Desta vez, você chegou ao fim da viagem; todos se calam. Mas onde foi dar? Você tinha partido dos abusos da liberdade e encontro-o sob os pés de um déspota.

Você foi da extrema independência à extrema servidão, sem encontrar, em tão longo espaço, um só lugar em que pudesse deter-se.

Há povos que, independentemente das razões gerais que acabo de enunciar, têm razões particulares que devem prendê-los à liberdade de imprensa.

Em certas nações que se pretendem livres, cada um dos agentes do poder tem a faculdade de violar impunemente a lei sem que a constituição do país dê aos oprimidos o direito de se queixar diante da justiça. Nesses povos, não se deve mais considerar a independência da imprensa como uma das garantias, mas como a única garantia que resta da liberdade e da segurança dos cidadãos.

Portanto, se os homens que governam essas nações falassem de despojar a imprensa de sua independência, o povo inteiro poderia responder-lhes: deixem-nos acusar seus crimes diante dos juízes ordinários e talvez aceitemos não apelar para o tribunal da opinião.

Num país em que reina ostensivamente o dogma da soberania do povo, a censura não é apenas um perigo, mas um grande absurdo.

Quando se concede a cada qual um direito de governar a sociedade, cumpre reconhecer-lhe a capacidade de escolher entre as diferentes opiniões que agitam seus contemporâneos e apreciar os diferentes feitos cujo conhecimento pode guiá-lo.

A soberania do povo e a liberdade de imprensa são, pois, duas coisas inteiramente correlativas. A censura e o voto universal são, ao contrário, duas coisas que se contradizem e não se podem encontrar por muito tempo nas instituições políticas de um mesmo povo. Entre os doze milhões de homens que vivem no território dos Estados Unidos, não há *um só* que tenha ousado propor a restrição da liberdade de imprensa.

O primeiro jornal que me veio aos olhos, quando cheguei à América, continha o seguinte artigo, que traduzo fielmente:

> "Em todo esse caso, a linguagem de Jackson (o presidente) foi de um déspota sem coração, preocupado unicamente em conservar seu poder. A ambição é seu crime, e ele encontrará sua pena para este. Ele tem por vocação a intriga, e a intriga confundirá seus desígnios e lhe tirará o poder. Ele governa pela corrupção, e suas manobras culpadas resultarão em sua confusão e em sua vergonha. Ele se mostrou na arena política como um jogador sem pudor e sem freio. Teve êxito;

mas a hora da justiça se aproxima; logo terá de devolver o que ganhou, jogar para longe de si seu dado enganador e acabar em algum retiro em que possa blasfemar em liberdade contra sua loucura, porque o arrependimento não é uma virtude que foi dada a conhecer a seu coração."

(Vincenne's Gazette)

Muitas pessoas na França imaginam que a violência da imprensa se deve, entre nós, à instabilidade do estado social, a nossas paixões políticas e ao mal-estar geral que daí decorre. Eles esperam pois sem cessar uma época em que, voltando a sociedade a uma situação tranquila, a imprensa por sua vez tornar-se-á calma. Por mim, atribuiria de bom grado às causas indicadas mais acima a extrema ascendência que ela tem sobre nós; mas não penso que essas causas influam muito em sua linguagem. A imprensa periódica parece-me ter instintos e paixões próprias, independentemente das circunstâncias em meio às quais age. O que acontece na América acaba de prová-lo a mim.

A América talvez seja, neste momento, o país do mundo que encerra em seu seio menos germes de revolução. No entanto, na América, a imprensa tem os mesmos gostos destruidores que na França, e a mesma violência sem as mesmas causas de cólera. Na América, como na França, ela é essa força extraordinária, tão estranhamente mista de bens e de males que, sem ela, a liberdade não poderia existir e que, com ela, a ordem mal pode se manter.

O que é necessário dizer é que a imprensa tem muito menos poder nos Estados Unidos do que entre nós. Nada porém é mais raro nesse país do que ver uma ação judicial movida contra ela. O motivo disso é simples: os americanos, admitindo entre eles o dogma da soberania do povo, fizeram desse dogma a aplicação sincera. Não tiveram a ideia de fundar, com elementos que mudam todos os dias, constituições cuja duração fosse eterna. Atacar as leis existentes não é criminoso, pois, contanto que não se queira subtrair-se a elas pela violência.

Eles acreditam, aliás, que os tribunais são impotentes para moderar a imprensa e que, como a flexibilidade do linguajar humano escapa sem cessar da análise judicial, os delitos dessa natureza se esquivam, de certa forma, diante da mão que se estende para capturá-los. Acham que, para poder agir de maneira eficaz sobre a imprensa, seria necessário encontrar um tribunal que não apenas fosse devotado à ordem existente, mas também pudesse se colocar acima da opinião pública que se agita à sua volta; um tribunal que julgasse sem admitir a publicidade, se pronunciasse sem motivar suas decisões e punisse a intenção mais ainda que as palavras. Quem tivesse o poder de criar e de manter semelhante tribunal perderia seu tempo perseguindo a liberdade de imprensa; porque, então, seria senhor absoluto da própria sociedade e poderia desembaraçar-se dos escritores ao mesmo tempo que de seus escritos. Assim, pois, em matéria de imprensa, não há realmente meio entre a servidão e a licença. Para colher os bens inestimáveis que a liberdade de imprensa proporciona, é preciso saber submeter-se aos males inevitáveis que ela gera. Querer obter uns escapando dos outros é entregar-se a uma dessas ilusões que de ordinário acalentam as nações enfermas, quando, cansadas das lutas e esgotadas com os esforços, procuram os meios de fazer coexistir, ao mesmo tempo, no mesmo solo, opiniões inimigas e princípios contrários.

O pequeno poder dos jornais na América prende-se a várias causas, de que enumero as principais.

A liberdade de escrever, como todas as outras, é tanto mais temível quanto mais é nova; um povo que nunca ouviu tratarem diante de si dos negócios do Estado acredita no primeiro tribuno que se apresenta. Entre os anglo-americanos, essa liberdade é tão antiga quanto a fundação das colônias; aliás, a imprensa, que sabe inflamar tão bem as paixões humanas, não pode porém criá-las sozinha. Ora, na América, a vida política é ativa, variada, agitada até, mas raramente é perturbada por paixões profundas; é raro que elas despertem quando os interesses materiais não são comprometidos, e nos Estados Unidos esses interesses prosperam. Para julgar a diferença que existe nesse ponto entre os anglo-americanos e nós, basta correr os olhos pelos jornais dos dois povos. Na França, os anúncios ocupam um espaço restritíssimo, mesmo as notícias são pouco numerosas; a parte vital de um jornal é aquela em que se encontram as discussões políticas. Na América, três quartos do imenso jornal que é posto diante de seus olhos são ocupados pelos anúncios, e o resto, na maioria das vezes, pelas notícias políticas ou simples anedotas; somente de longe em longe você percebe, num cantinho ignorado, uma dessas discussões inflamadas que entre nós são o pasto cotidiano dos leitores.

Toda potência aumenta a ação de suas forças à medida que centraliza sua direção. É esta uma lei geral da natureza, que o exame demonstra ao observador e que um instinto ainda mais seguro sempre mostrou aos menores déspotas.

Na França, a imprensa reúne duas espécies de centralização distintas.

Quase todo o seu poder está concentrado num mesmo lugar e, por assim dizer, nas mesmas mãos, pois seus órgãos são em pequeníssimo número.

Assim constituído no meio de uma nação cética, o poder da imprensa deve ser quase ilimitado. É um inimigo com o qual um governo pode firmar tréguas mais ou menos longas, mas diante do qual lhe é difícil viver por muito tempo.

Nem uma nem outra dessas duas espécies de centralização de que acabo de falar existe na América.

Os Estados Unidos não têm capital: as luzes, como o poder, são disseminadas em todas as partes dessa vasta terra; os raios da inteligência humana, em vez de partir de um centro comum, lá se cruzam em todos os sentidos; os americanos não sediaram em lugar nenhum a direção geral do pensamento, como tampouco a dos negócios.

Isso se deve a circunstâncias locais que não dependem dos homens. Mas eis o que vem das leis.

Nos Estados Unidos, não há patentes para os impressores, selo, nem registro para os jornais; enfim, a regra das cauções é desconhecida.

Daí resulta que a criação de um jornal é empresa simples e fácil. Poucos assinantes bastam para que o jornalista possa cobrir suas despesas. Por isso, o número de escritos periódicos ou semiperiódicos, nos Estados Unidos, está além do imaginável. Os americanos mais esclarecidos atribuem a essa incrível disseminação das forças da imprensa seu parco poder. É um axioma da ciência política, nos Estados Unidos, que o único meio de neutralizar os efeitos dos jornais é multiplicar seu número. Não consigo entender por que uma verdade tão evidente ainda não se tornou mais corriqueira entre nós. Que os que desejam fazer revoluções com a ajuda da imprensa procurem só lhe dar alguns órgãos poderosos, compreendo facilmente; mas que os partidários oficiais da ordem estabelecida e os defensores naturais das leis existentes acreditem atenuar a ação da imprensa concentrando-a, é coisa que eu não seria capaz de conceber. Os governos da Europa parecem-me agir em relação à imprensa da mesma maneira que agiam outrora os cavaleiros em relação a seus adversários: eles notaram por experiência própria que a centralização era uma arma poderosa e querem dotar dela seu inimigo, sem dúvida para terem mais glória em resistir a ele.

Nos Estados Unidos, quase não há cidadezinha que não tenha seu jornal. Não é difícil conceber que, entre tantos combatentes, não se pode estabelecer nem disciplina, nem unidade de ação, por isso vê-se cada um empunhar sua bandeira. Não é que todos os jornais políticos da União se alinhem a favor ou contra a administração; mas eles atacam-na e defendem-na por mil meios diferentes. Portanto os jornais não podem estabelecer nos Estados Unidos essas grandes correntes de opinião que erguem ou transbordam os mais poderosos diques. Essa divisão das forças da imprensa produz também outros efeitos não menos notáveis. Como a criação de um jornal é coisa fácil, todo o mundo pode empreendê-la; por outro lado, a concorrência faz que um jornal não possa esperar grandes lucros, o que impede que as altas capacidades industriais se metam nesse gênero de empreendimento. Aliás, ainda que os jornais fossem a fonte das riquezas, como são numerosíssimos, os escritores talentosos não poderiam bastar para dirigi-los. Assim, os jornalistas têm em geral, nos Estados Unidos, uma posição pouco elevada, sua educação é apenas esboçada e a apresentação de suas ideias não raro é vulgar. Ora, em todas as coisas a maioria faz lei: ela estabelece certas aparências a que, em seguida, todos se conformam. O conjunto desses hábitos comuns chama-se espírito: há o espírito de tribunal, o espírito de corte... O espírito de jornalista, na França, é discutir de uma maneira violenta, mas elevada e muitas vezes eloquente, os grandes interesses do Estado; se nem sempre é assim, é que toda regra tem suas exceções. O espírito de jornalista, na América, é atacar grosseiramente, sem esmero e sem arte, as paixões daqueles contra quem ele se volta, é largar de lado os princípios para visar os homens, é seguir a estes em sua vida privada e pôr a nu suas fraquezas e seus vícios.

Deve-se deplorar tal abuso do pensamento. Mais tarde, terei a oportunidade de procurar ver que influência os jornais exercem sobre o gosto e a moralidade do povo americano; mas, repito, neste momento só cuido do mundo político. Não se pode dissimular que os efeitos políticos dessa licenciosidade da imprensa contribuem indiretamente para a manutenção da tranquilidade pública. Daí resulta que os homens que já desfrutam de uma posição elevada na opinião de seus concidadãos não ousam escrever nos jornais e perdem assim a arma mais temível de que podem servir-se para revolver em seu benefício as paixões populares[1]. Daí resulta sobretudo que os pontos de vista pessoais expressos pelos jornalistas não têm, por assim dizer, nenhum peso aos olhos dos leitores. O que eles buscam nos jornais é o conhecimento dos fatos; é apenas alterando ou desnaturando esses fatos que o jornalista pode obter para sua opinião alguma influência.

Reduzida a esses únicos recursos, a imprensa ainda exerce um imenso poder na América. Ela faz circular a vida política em todas as porções desse vasto território. É ela cujo olho sempre aberto põe incessantemente a nu os mecanismos secretos da política e força os homens públicos a comparecer sucessivamente diante do tribunal da opinião. É ela que agrupa os interesses em torno de certas doutrinas e formula o símbolo dos partidos; é por ela que estes se falam sem se ver, se ouvem sem ser postos em contato. Quando um grande número de órgãos da imprensa consegue caminhar no mesmo sentido, sua influência se torna, com o tempo, quase irresistível, e a opinião pública, atingida sempre do mesmo lado, acaba cedendo a seus golpes.

SEGUNDA PARTE

Nos Estados Unidos, cada jornal tem pouco poder individual; mas a imprensa periódica ainda é, junto ao povo, a primeira dentre as forças (A).

Que as opiniões que se estabelecem sob o império da liberdade de imprensa nos Estados Unidos são muitas vezes mais tenazes do que as que se formam em outros países sob o império da censura.

Nos Estados Unidos, a democracia traz sem cessar novos homens à direção dos negócios; portanto, o governo põe pouca continuidade e ordem em suas medidas. Mas os princípios gerais do governo são mais estáveis aí do que em muitos outros países, e as opiniões principais que regem a sociedade se mostram mais duradouras. Quando uma ideia se apossa do espírito do povo americano, seja ela justa ou insensata, nada é mais difícil do que extirpá-la.

O mesmo fato foi observado na Inglaterra, o país da Europa em que se viu durante um século a maior liberdade de pensar e os mais invencíveis preconceitos.

Atribuo esse efeito à mesma causa que, à primeira vista, deveria impedi-lo de se produzir: a liberdade de imprensa. Os povos nos quais existe essa liberdade se apegam a suas opiniões tanto por orgulho quanto por convicção. Eles as apreciam porque elas lhes parecem justas e também porque são de sua escolha, e prendem-se a elas não apenas como uma coisa verdadeira, mas também como uma coisa que lhes é própria.

Há vários outros motivos ainda.

Um grande homem disse que *a ignorância estava nas duas extremidades da ciência*. Talvez teria sido mais verdadeiro dizer que as convicções profundas só se encontram nas duas extremidades e que no meio está a dúvida. De fato, podemos considerar a inteligência humana em três estados distintos e muitas vezes sucessivos.

O homem crê firmemente porque adota sem aprofundar. Ele duvida quando as objeções se apresentam. Muitas vezes consegue resolver todas as suas dúvidas, e então recomeça a crer. Desta vez, não capta mais a verdade ao acaso e nas trevas, mas a vê cara a cara e caminha diretamente em direção à sua luz².

Quando a liberdade de imprensa encontra os homens no primeiro estado, deixa-lhes por muito tempo ainda esse hábito de crer firmemente sem refletir; só que todo dia ela muda o objeto de suas crenças irrefletidas. Em todo o horizonte intelectual, o espírito do homem continua a ver apenas um ponto de cada vez, mas esse ponto varia sem cessar. É o tempo das revoluções súbitas. Ai das primeiras gerações a admitirem de repente a liberdade de imprensa!

Logo porém o círculo das novas ideias está praticamente percorrido. A experiência chega e o homem mergulha numa dúvida e numa desconfiança universal.

Pode-se contar que a maioria dos homens se deterá um dia num destes dois estados: acreditará sem saber por quê; ou não saberá direito no que deve crer.

Quanto a esta outra espécie de convicção refletida e senhora de si que nasce da ciência e se eleva do meio mesmo das agitações da dúvida, somente aos esforços de um pequeníssimo número de homens será dado alcançar.

Ora, viu-se que, nos séculos de fervor religioso, os homens mudavam às vezes de crença, ao passo que, nos séculos de dúvida, cada um conservava obstinadamente a sua. O mesmo acontece na política, sob o reinado da liberdade de imprensa. Todas as teorias sociais tendo sido contestadas e combatidas sucessivamente, os que se fixaram numa delas a conservam, não tanto porque estão certos de que é boa, mas porque não estão certos de que há uma melhor.

Nesses séculos, ninguém se faz matar tão facilmente por suas opiniões, mas não se muda de opinião e há ao mesmo tempo menos mártires e apóstatas.

Acrescentem a essa razão esta outra, mais poderosa ainda: em dúvida quanto às opiniões, os homens acabam prendendo-se unicamente aos instintos e aos interesses materiais, que são muito mais visíveis, mais apreensíveis e mais permanentes por natureza do que as opiniões.

SEGUNDA PARTE

É uma questão difícílima de resolver, a de saber quem melhor governa, a democracia ou a aristocracia. Mas está claro que a democracia incomoda um e a aristocracia oprime o outro.

Esta é uma verdade que se afirma por si mesma e que não é necessário discutir: você é rico e eu sou pobre.

CAPÍTULO IV

Da associação política nos Estados Unidos

Uso cotidiano que os anglo-americanos fazem do direito de associação. – Três gêneros de associações políticas. – Como os americanos aplicam o sistema representativo às associações. – Perigos que disso resultam para o Estado. – Grande convenção de 1831 relativa à tarifa. – Caráter legislativo dessa convenção. – Por que o exercício ilimitado do direito de associação não é tão perigoso nos Estados Unidos quanto em outros países. – Por que podemos considerá-lo necessário nos Estados Unidos. – Utilidade das associações entre os povos democráticos.

A América é o país do mundo em que se tirou maior partido da associação e em que se aplicou esse poderoso meio de ação a uma diversidade maior de objetos.

Independentemente das associações permanentes criadas pela lei sob o nome de comunas, cidades e condados, há uma multidão de outras que devem seu surgimento e seu desenvolvimento apenas a vontades individuais.

O habitante dos Estados Unidos aprende desde o nascimento que deve contar consigo mesmo para lutar contra os males e os embaraços da vida; ele lança à autoridade social um olhar desconfiado e inquieto, e só apela para o seu poder quando não pode dispensá-lo. Isso começa a se perceber desde a escola, onde as crianças se submetem, até mesmo nos jogos, a regras que elas mesmas estabelecem e punem entre si os delitos que elas mesmas definem. O mesmo espírito se encontra em todos os atos da vida social. Um problema qualquer ocorre na via pública, a passagem é interrompida, o tráfego detido; os vizinhos logo se estabelecem em corpo deliberador; dessa assembleia improvisada sairá um poder executivo que remediará o mal, antes que a ideia de uma autoridade preexistente à dos interessados se apresente à imaginação de alguém. Se se trata de um prazer, logo se associarão para dar maior esplendor e regularidade à festa. Unem-se enfim para resistir a inimigos totalmente intelectuais: combatem em comum a intemperança. Nos Estados Unidos, as pessoas se associam com fins de segurança pública, comércio e indústria, moral e religião. Não há nada que a vontade humana desespere alcançar pela livre ação da força coletiva dos indivíduos.

Terei a oportunidade, mais tarde, de falar dos efeitos que a associação produz na vida civil. Devo encerrar-me neste momento no mundo político.

Sendo o direito de associação reconhecido, os cidadãos podem servir-se dele de diferentes maneiras.

Uma associação consiste apenas na adesão pública que certo número de indivíduos dá a determinadas doutrinas e no compromisso que contraem de contribuir de uma certa maneira para fazê-las prevalecer. O direito de se associar quase se confunde, assim, com a liberdade de escrever; já a associação possui mais força do que a imprensa. Quando uma opinião é representada por uma associação, é obrigada a tomar uma forma mais nítida e mais precisa. Ela conta seus partidários e os compromete com sua causa. Estes aprendem a se conhecer uns aos outros, e seu ardor cresce com seu número. A associação reúne em feixe os esforços de espíritos divergentes e impele-os com vigor em direção a um só objetivo claramente indicado por ela.

O segundo grau no exercício do direito de associação é poder se reunir. Quando se deixa uma associação política estabelecer focos de ação em certos pontos importantes do país, sua atividade se torna maior e sua influência mais extensa. Nela os homens se encontram, os meios de execução se combinam, as opiniões se apresentam com aquela força e aquele calor que o pensamento escrito jamais pode alcançar.

Enfim, há no exercício do direito de associação, em matéria política, um último grau: os partidários de uma mesma opinião podem se reunir em colégios eleitorais e nomear mandatários para ir representá-los numa assembleia central. É o sistema representativo propriamente dito aplicado a um partido.

Assim, no primeiro caso, os homens que professam uma mesma opinião estabelecem entre si um vínculo puramente intelectual; no segundo, eles se reúnem em pequenas assembleias que representam apenas uma fração do partido; no terceiro, enfim, eles formam como que uma nação à parte na nação, um governo no governo. Seus mandatários, semelhantes aos mandatários da maioria, representam por si sós toda a força coletiva de seus partidários. Assim como estes últimos, apresentam-se com uma aparência de nacionalidade e toda a força moral que daí resulta. É verdade que não têm, como aqueles, o direito de fazer a lei, mas têm o poder de criticar a que existe e formular previamente a que deve existir.

Suponho um povo que não seja perfeitamente habituado ao uso da liberdade ou no qual fermentem paixões políticas profundas. Ao lado da maioria que faz as leis, coloco uma minoria que se encarrega apenas dos *considerandos* e detém-se no *dispositivo*; e não posso me impedir de crer que a ordem pública está exposta a grandes riscos.

Entre provar que uma lei é melhor em si do que outra e provar que deve substituir esta outra, há uma grande diferença sem dúvida. Mas onde o espírito dos homens esclarecidos ainda vê uma grande distância, a imaginação da multidão já não a percebe. Existem, por sinal, tempos em que a nação se divide quase igualmente entre dois partidos, cada um dos quais pretende representar a maioria. Se vem se estabelecer, perto do poder que dirige, um poder cuja autoridade moral é quase tão grande, pode-se acreditar que ele se limite por muito tempo a falar sem agir?

Será que ele irá se deter sempre diante da consideração metafísica de que o objetivo das associações é dirigir as opiniões e não as forçar, aconselhar a lei, não fazê-la?

Quanto mais encaro a independência da imprensa em seus principais efeitos, mais me convenço de que entre os modernos a independência da imprensa é o elemento capital e, por assim dizer, constitutivo da liberdade. Um povo que quer permanecer livre tem pois o direito de exigir que ela seja respeitada a qualquer preço. Mas a liberdade *ilimitada* de associação em matéria política não poderia ser inteiramente confundida com a liberdade de escrever. Uma é ao mesmo tempo menos necessária e mais perigosa que a outra. Uma nação pode limitá-la sem deixar de ser senhora de si mesma; ela deve às vezes fazê-lo para continuar a sê-lo.

Na América, a liberdade de se associar com finalidades políticas é ilimitada.

Um exemplo fará ver, melhor do que tudo o que eu poderia acrescentar, até que grau é tolerada.

Todos se lembram quanto a questão da tarifa ou da liberdade de comércio agitou os espíritos na América. A tarifa favorecia ou atacava não apenas opiniões, mas também interesses materiais poderosíssimos. O Norte lhe atribuía uma parte de sua prosperidade, o Sul quase todas as suas misérias. Podemos dizer que, por muito tempo, a tarifa fez nascer as únicas paixões políticas que já agitaram a União.

Em 1831, quando a querela estava mais envenenada, um obscuro cidadão de Massachusetts imaginou propor, por meio dos jornais, que todos os inimigos da tarifa mandassem deputados à Filadélfia, a fim de acordar juntos os meios de devolver ao comércio sua liberdade. Essa proposta circulou em poucos dias, graças à imprensa, do Maine a New Orleans. Os inimigos da tarifa abraçaram-na com ardor. Reuniram-se vindos de todas as partes e nomearam deputados. A maioria deles era de homens conhecidos e alguns tinham se tornado célebres. A Carolina do Sul, que vimos depois disso pegar em armas pela mesma causa, mandou de sua parte sessenta e três delegados. No dia 1º de outubro de 1831, a assembleia, que, seguindo o costume americano, tomara o nome de convenção, constituiu-se na Filadélfia; contava mais de duzentos membros. As discussões eram públicas e assumiram, desde o primeiro dia, um caráter totalmente legislativo. Discutiram-se a extensão dos poderes do congresso, as teorias da liberdade do comércio e, enfim, os diversos dispositivos da tarifa. Ao cabo de dez dias, a assembleia se separou depois de ter redigido uma mensagem ao povo americano.

Nessa mensagem, expunha-se: 1º que o congresso não tinha o direito de criar uma tarifa e que a tarifa existente era inconstitucional; 2º que não era do interesse de nenhum povo, em particular do povo americano, que o comércio não fosse livre.

Cumpre reconhecer que a liberdade ilimitada de se associar em matéria política não produziu, até aqui, nos Estados Unidos, os resultados funestos que talvez se pudessem esperar em outros lugares. O direito de associação é uma importação inglesa e existiu desde sempre na América. O uso desse direito integrou-se hoje aos hábitos e costumes.

Em nosso tempo, a liberdade de associação tornou-se uma garantia necessária contra a tirania da maioria. Nos Estados Unidos, quando uma vez um partido se torna dominante, todo o poder público passa para as suas mãos; seus amigos particulares ocupam todos os empregos e dispõem de todas as forças organizadas. Como os homens mais distintos do partido contrário não podem atravessar a barreira que os separa do poder, é preciso que possam se estabelecer fora; é preciso que a minoria oponha sua força moral inteira ao poderio material que a oprime. Opõe-se, pois, um perigo a um perigo mais temível.

A onipotência da maioria parece-me um risco tão grande para as repúblicas americanas que o meio perigoso que se usa para limitá-la parece-me, ainda assim, um bem.

Exprimirei aqui um pensamento que lembrará o que disse em outra parte a respeito das liberdades comunais: não há país em que as associações sejam mais necessárias, para impedir o despotismo dos partidos ou a arbitrariedade do príncipe, do que aquele em que o estado social é democrático. Nas nações aristocráticas, os corpos secundários formam associações naturais que detêm os abusos de poder. Nos países em que semelhantes associações não existem, se os particulares não podem criar artificial e momentaneamente alguma coisa que se lhes assemelhe, não percebo mais nenhum dique contra nenhuma sorte de tirania, e um grande povo pode ser oprimido impunemente por um punhado de facciosos ou por um homem.

A reunião de uma grande convenção política (porque elas são de todos os tipos), que pode muitas vezes se tornar uma medida necessária, é sempre, mesmo na América, um acontecimento grave que os amigos do país encaram temerosos.

Isso se viu claramente na convenção de 1831, na qual todos os esforços dos homens distintos que dela participaram tenderam à moderação da linguagem e à restrição do objetivo dessa assembleia. É provável que a convenção de 1831 tenha exercido de fato grande influência sobre o espírito dos descontentes e os tenha preparado para a revolta aberta que ocorreu em 1832 contra as leis comerciais da União.

Não podemos dissimular que a liberdade ilimitada de associação, em matéria política, é, de todas as liberdades, a última que um povo pode suportar. Se ela não o faz cair na anarquia, o faz tocá-la por assim dizer a cada instante. Essa liberdade, tão perigosa, oferece porém num ponto algumas garantias: nos países em que as associações são livres, as sociedades secretas são desconhecidas. Na América, há facciosos, mas não conspiradores.

> *Das diferentes maneiras em que se entende o direito de associação na Europa e nos Estados Unidos e do uso diferente que dela se faz.*

Depois da liberdade de agir só, a mais natural ao homem é a de conjugar seus esforços com os esforços de seus semelhantes e agir em comum. O direito de associação parece-me, pois, quase tão inalienável por sua natureza quanto a liberdade individual. O legislador não poderia querer destruí-lo sem atacar a própria sociedade. No entanto, se há povos nos quais a liberdade de se unir é tão somente benfazeja e fecunda em prosperidade, outros há também que, por seus excessos, a desnaturam, e de um elemento de vida fazem uma causa de destruição. Pareceu-me que a comparação dos caminhos diversos que as associações seguem, nos países em que a liberdade é compreendida e nos que ela se transforma em licença, seria útil ao mesmo tempo aos governos e aos partidos.

A maioria dos europeus ainda vê na associação uma arma de guerra que se cria apressadamente para ir experimentá-la incontinenti num campo de batalha.

As pessoas se associam com a finalidade de falar, mas o pensamento próximo de agir preocupa todos os espíritos. Uma associação é um exército; nela as pessoas falam para se contar e se animar, depois marcham contra o inimigo. Aos olhos dos que a compõem, os recursos legais podem parecer meios, mas nunca são o único meio de ter êxito.

Não é essa a maneira como se entende o direito de associação nos Estados Unidos. Na América, os cidadãos que constituem a minoria se associam primeiramente para constatar seu número e debilitar assim o império moral da maioria; o segundo objetivo dos associados é reunir e, assim, descobrir os argumentos mais propícios a impressionar a maioria; pois eles sempre têm a esperança de atrair para si esta última e dispor em seguida, em nome dela, do poder.

As associações políticas nos Estados Unidos são, pois, pacíficas em seu objetivo e legais em seus meios; e quando elas pretendem querer triunfar apenas por meio das leis, em geral dizem a verdade.

A diferença que se nota nesse ponto entre os americanos e nós decorre de várias causas.

Existem na Europa partidos que diferem a tal ponto da maioria, que nunca podem esperar encontrar apoio nela, e esses mesmos partidos se acham fortes o bastante por si mesmos para lutar contra ela. Quando um partido dessa espécie forma uma associação, não quer convencer mas combater. Na América, os homens que se situam muito longe da maioria por sua opinião nada podem contra seu poder – todos os outros esperam conquistá-la.

O exercício do direito de associação se torna, pois, perigoso na mesma proporção da impossibilidade em que se acham os grandes partidos de se tornar maioria. Num país como os Estados Unidos, em que as opiniões só se diferenciam por nuanças, o direito de associação pode permanecer, por assim dizer, sem limites.

O que ainda nos leva a ver na liberdade de associação nada mais que o direito de fazer guerra aos governantes é nossa inexperiência em matéria de liberdade. A primeira ideia que se apresenta ao espírito, tanto de um partido como de um homem, quando cobra forças, é a ideia de violência; a ideia de persuasão só chega mais tarde, ela nasce da experiência.

Os ingleses, que são divididos entre si de uma maneira tão profunda, raramente abusam do direito de associação, porque têm uma experiência mais antiga dele.

Além disso, temos, entre nós, um gosto tão apaixonado pela guerra que não há empresa tão insensata, ainda que subverta o Estado, na qual a gente não estimasse glorioso morrer de armas na mão.

Mas de todas as causas que concorrem nos Estados Unidos a moderar as violências da associação política, a mais poderosa talvez seja o voto universal. Nos países em que o voto universal é admitido, a maioria nunca é duvidosa, porque nenhum partido seria razoavelmente capaz de se estabelecer como representante dos que não votaram. As associações sabem, pois, e todos sabem, que não representam a maioria. O que resulta do próprio fato de sua existência, pois, se a representassem, elas mesmas transformariam a lei em vez de pedir sua reforma.

A força moral do governo que elas atacam vê-se bastante aumentada com isso; a delas, muito enfraquecida.

Na Europa, quase não há associações que não pretendam ou não creiam representar a vontade da maioria. Essa pretensão ou essa crença aumenta prodigiosamente sua força, e serve à maravilha para legitimar seus atos. Pois há algo mais desculpável do que a violência para fazer triunfar a causa oprimida do direito?

É assim que, na imensa complicação das leis humanas, sucede às vezes que a extrema liberdade corrige os abusos da liberdade e que a extrema democracia previne os perigos da democracia.

Na Europa, as associações se consideram de certa forma o conselho legislativo e executivo da nação, a qual não pode fazer ouvir por si mesma sua voz; partindo dessa ideia, agem e comandam. Na América, onde aos olhos de todos representam apenas uma minoria na nação, elas falam e peticionam.

Os meios de que se servem as associações na Europa se harmonizam com a finalidade que se propõem.

Como o objetivo principal dessas associações era agir, e não falar, combater e não convencer, elas são levadas naturalmente a se dar uma organização que nada tem de civil e introduzir em seu seio os hábitos e as máximas militares; por isso as vemos centralizar, tanto quanto podem, a direção de suas forças e consignar o poder de todos a um pequeníssimo número.

Os membros dessas associações respondem a uma palavra de ordem como soldados em campanha; professam o dogma da obediência passiva ou, antes, unindo-se, fazem de um só golpe o sacrifício inteiro de seu julgamento e de seu livre-arbítrio. Por isso reina com frequência no seio dessas associações uma tirania mais insuportável do que a que se exerce numa sociedade em nome do governo que se ataca.

Isso diminui em muito sua força moral. Elas perdem, assim, o caráter sagrado que se prende à luta dos oprimidos contra os opressores. Porque aquele que aceita obedecer servilmente em certos casos a alguns de seus semelhantes, aquele que lhes entrega sua vontade e submete a eles seu próprio pensamento, como pode pretender que quer ser livre?

Os americanos estabeleceram também um governo no seio das associações; mas, se assim posso me exprimir, é um governo civil. A independência individual nelas encontra seu lugar: como na sociedade, todos os homens nelas caminham ao mesmo tempo para o mesmo objetivo, mas cada um não é obrigado a marchar exatamente pelos mesmos caminhos. Não se faz nelas o sacrifício de sua vontade e de sua razão, mas aplica-se sua vontade e sua razão para o êxito de uma empresa comum.

CAPÍTULO V

Do governo da democracia na América

Sei que estou pisando aqui num terreno delicado. Cada uma das palavras deste capítulo deve melindrar em alguns pontos os diferentes partidos que dividem meu país. Ainda assim, não deixarei de externar todo o meu pensamento.

Na Europa, temos dificuldade para julgar o verdadeiro caráter e os instintos permanentes da democracia, porque há uma luta entre dois princípios contrários e não se sabe precisamente que importância atribuir aos princípios mesmos, ou às paixões que o combate faz nascer.

O mesmo não sucede na América. Lá, o povo domina sem obstáculos; não há perigos a temer nem injúrias a vingar.

Na América, a democracia está pois entregue a suas próprias inclinações. Suas posturas são naturais e todos os seus movimentos são livres. É aí que devemos julgá-la. E para quem esse estudo seria interessante e proveitoso, se não para nós, que um movimento irresistível arrasta cada dia e que caminhamos como cegos, talvez rumo ao despotismo, talvez rumo à república, mas com certeza na direção de um estado social democrático?

Do voto universal

Disse precedentemente que todos os Estados da União tinham admitido o voto universal. Encontramo-lo em populações situadas em diferentes graus da escala social. Tive a oportunidade de ver seus efeitos em lugares diversos e entre raças de homens cuja língua, religião ou costumes tornam quase estrangeiras uma em relação à outra: na Louisiana como na Nova Inglaterra, na Geórgia como no Canadá. Notei que o voto universal estava longe de produzir, na América, todos os bens e todos os males que dele se esperam na Europa e que seus efeitos eram, em geral, bem diferentes dos que se supõe.

Das escolhas do povo e dos instintos da democracia americana nas suas

Nos Estados Unidos, os homens mais notáveis raramente são chamados à direção dos negócios públicos. – Causas desse fenômeno. – A inveja que anima as classes inferiores da França contra os superiores não é um sentimento francês, mas democrático. – Por que, na América, os homens distintos se afastam da carreira política, muitas vezes por conta própria.

Muitas pessoas, na Europa, acreditam sem dizer, ou dizem sem acreditar, que uma das grandes vantagens do voto universal é chamar à direção dos negócios homens dignos da confiança pública. O povo não seria capaz de se governar, dizem, mas sempre quer sinceramente o bem do Estado, e seu instinto não deixa de lhe designar os que um mesmo desejo anima e que mais capazes são de empunhar o poder.

Quanto a mim, devo dizer, o que vi na América não me autoriza a pensar que seja assim. Ao chegar aos Estados Unidos, fiquei surpreso ao descobrir a que ponto o mérito era comum entre os governados e quão pouco o era entre os governantes. É um fato constante que, em nossos dias, nos Estados Unidos, os homens mais notáveis raramente são chamados para as funções públicas, e forçoso é reconhecer que assim foi à medida que a democracia superava todos os seus antigos limites. É evidente que a raça dos homens de Estado americanos diminuiu singularmente no último meio século.

Podem-se indicar várias causas para esse fenômeno.

É impossível, não importa o que se faça, elevar as luzes do povo acima de certo nível. Por mais que se facilite o acesso aos conhecimentos humanos, por mais que se melhorem os métodos de ensino e se vulgarize a ciência, nunca se conseguirá que os homens se instruam e desenvolvam sua inteligência sem dedicar tempo para fazê-lo.

A facilidade maior ou menor que o povo encontra em viver sem trabalhar constitui, pois, o limite necessário de seus progressos intelectuais. Esse limite é situado mais longe em alguns países, menos em outros; mas para que não existisse, seria necessário que o povo não tivesse de se preocupar com os cuidados materiais da vida, isto é, que não fosse mais o povo. Portanto é tão difícil conceber uma sociedade em que todos os homens sejam esclarecidos, como um Estado em que todos os cidadãos sejam ricos. São duas dificuldades correlativas. Admitirei sem custo que a massa dos cidadãos quer sinceramente o bem do país; vou mesmo mais longe e digo que as classes inferiores da sociedade parecem-me mesclar, em geral, a esse desejo menos combinações de interesse pessoal do que as classes elevadas; mas o que sempre lhes falta, mais ou menos, é a arte de avaliar os meios, embora desejando sinceramente o fim. Que longo estudo, quantas noções diversas são necessárias para se ter uma ideia exata do caráter de um só homem! Os maiores gênios se perdem ao tentá-lo e a multidão teria êxito! O povo nunca encontra tempo e meios para se consagrar a esse trabalho. Sempre precisa avaliar às carreiras e prender-se ao objeto mais saliente. Daí por que os charlatães de todo gênero sabem tão bem o segredo de lhe agradar, ao passo que, na maioria das vezes, seus verdadeiros amigos fracassam.

De resto, não é sempre a capacidade que falta à democracia para escolher os homens de mérito, mas o desejo e o gosto.

Não se deve dissimular que as instituições democráticas desenvolvem em altíssimo grau o sentimento de inveja no coração humano. Não é tanto porque elas oferecem a cada um meios de se igualar aos outros, mas porque esses meios fracassam sem cessar para os que os empregam. As instituições democráticas despertam e afagam a paixão da igualdade sem nunca poder satisfazê-la inteiramente. Essa igualdade completa escapa todos os dias das mãos do povo no momento em que ele pensa agarrá-la, e foge, como diz Pascal, uma fuga eterna; o povo se inflama em busca desse bem tanto mais precioso por estar perto o bastante para ser conhecido, longe o bastante para não ser provado. A possibilidade de ter êxito comove-o, a incerteza do sucesso irrita-o; ele se agita, se cansa, se azeda. Tudo o que o supera por algum viés parece-lhe então um obstáculo a seus desejos, e não há superioridade tão legítima cuja visão não canse seus olhos.

Muita gente imagina que esse instinto secreto, que leva em nosso país as classes inferiores a se afastar tanto quanto podem das superiores na direção dos negócios, só se revela na França. É um erro: o instinto de que falo não é francês, é democrático; as circunstâncias políticas puderam lhe dar um caráter particular de amargor, mas não o fizeram nascer.

Nos Estados Unidos, o povo não tem ódio pelas classes elevadas da sociedade, mas sente pouca benevolência por elas e as mantém com cuidado fora do poder; não teme os grandes talentos, mas aprecia-os pouco; em geral, nota-se que tudo o que se eleva sem seu apoio dificilmente obtém seu beneplácito.

Enquanto os instintos naturais da democracia levam o povo a afastar os homens notáveis do poder, um instinto não menos forte leva-os a se afastar da carreira política, em que lhes é tão difícil permanecer completamente fiéis a si mesmos e caminhar sem se aviltar. É esse pensamento que o chanceler Kent exprime de maneira tão ingênua. O célebre autor de que falo, depois de ter prodigado grandes elogios a essa porção da constituição que atribui ao poder executivo a nomeação dos juízes, acrescenta: "De fato, é provável que os homens mais aptos a preencher esses cargos teriam demasiada reserva nas maneiras e demasiada severidade nos princípios para poder reunir a maioria dos sufrágios numa eleição que repousasse no voto universal" (*Kent's Commentaries*, v. I, p. 272). Eis o que se imprimia sem contradição na América, no ano de 1830.

Para mim está demonstrado que os que consideram o voto universal uma garantia do acerto das escolhas se iludem por completo. O voto universal tem outras vantagens, mas não essa.

Das causas que podem corrigir em parte esses instintos da democracia

Efeitos contrários produzidos sobre os povos como sobre os homens pelos grandes perigos. – Por que a América viu tantos homens notáveis à frente de seus negócios há cinquenta anos. – Influência que exercem as luzes e os costumes nas escolhas do povo. – Exemplo da Nova Inglaterra. – Estados do Sudoeste. – Como certas leis influem nas escolhas do povo. – Eleição em dois graus. – Seus efeitos na composição do senado.

Quando grandes perigos ameaçam o Estado, vemos muitas vezes o povo escolher com felicidade os cidadãos mais aptos a salvá-lo.

Notou-se que o homem num perigo premente raramente ficava em seu nível habitual; ele se eleva bem acima, ou cai abaixo. É o que acontece com os próprios povos. Os perigos extremos, em vez de elevar uma nação, às vezes acabam de abatê-la; eles despertam suas paixões, sem conduzi-las, e perturbam sua inteligência, longe de esclarecê-la. Os judeus ainda se degolavam no meio dos escombros fumegantes do Templo. No entanto é mais comum ver, nas nações como nos homens, as virtudes extraordinárias nascerem da iminência mesma dos perigos. Os grandes caracteres aparecem então em relevo como esses monumentos que a escuridão da noite ocultava e que vemos desenhar-se de repente ao fulgor de um incêndio. O gênio não despreza mais se reproduzir por si mesmo, e o povo, impressionado com seus próprios perigos, esquece por um tempo suas paixões invejosas. Não é raro, então, ver sair da urna eleitoral nomes célebres. Disse acima que, na América, os homens de Estado de nossos dias parecem muito inferiores aos que apareceram, faz cinquenta anos, à frente dos negócios. Isso não se deve apenas às leis, mas às circunstâncias. Quando a América lutava pela mais justa das causas, a de um povo escapando ao jugo de outro; quando se tratava de fazer entrar uma nova nação no mundo, todas as almas se elevavam para atingir a altura da finalidade de seus esforços. Nessa excitação geral, os homens superiores corriam à frente do povo, e este, tomando-os em seus braços, colocava-os à sua cabeça.

Mas semelhantes acontecimentos são raros, e é com base no andamento ordinário das coisas que convém julgar.

Se acontecimentos passageiros conseguem por vezes combater as paixões da democracia, as luzes e, sobretudo, os costumes, exercem sobre suas inclinações uma influência não menos poderosa, porém mais duradoura. Percebe-se isso muito bem nos Estados Unidos.

Na Nova Inglaterra, onde a educação e a liberdade são filhas da moral e da religião, onde a sociedade, já antiga e desde há muito assentada, pôde formar máximas e hábitos, o povo, ao mesmo tempo que escapa de todas as superioridades que a riqueza e o nascimento já criaram entre os homens, habituou-se a respeitar as superioridades intelectuais e morais e a elas se submeter sem desprazer. Por isso vemos a democracia na Nova Inglaterra fazer melhores escolhas que em todo o resto do país.

Ao contrário, à medida que descemos para o Sul, nos Estados em que o vínculo social é menos antigo e menos forte, em que a instrução se difundiu menos e em que os princípios da moral, da religião e da liberdade combinaram-se de uma maneira menos feliz, percebemos que os talentos e as virtudes se tornam cada vez mais raras entre os governantes.

Quando enfim penetramos nos novos Estados do Sudoeste, em que o corpo social, formado ontem, ainda apresenta mais que uma aglomeração de aventureiros ou de especuladores, ficamos surpresos ao ver a que mãos o poder público foi entregue e perguntamo-nos por que força independente da legislação e dos homens o Estado aí pode crescer e a sociedade prosperar.

Há certas leis cuja natureza é democrática mas que conseguem corrigir em parte esses instintos perigosos da democracia.

Quando você entra na sala dos representantes em Washington, sente-se chocado com o aspecto vulgar dessa grande assembleia. Seu olhar busca, não raro em vão, em seu interior um homem célebre. Quase todos seus membros são personagens obscuros, cujo nome não fornece nenhuma imagem ao pensamento. São, na maioria, advogados de província, comerciantes ou mesmo homens pertencentes às últimas classes. Num país em que a instrução é quase universalmente difundida, diz-se que os representantes do povo nem sempre sabem escrever corretamente.

A dois passos dali abre-se a sala do senado, cujo estreito recinto encerra uma grande parte das celebridades da América. Mal percebemos lá um só homem que não evoque a ideia de uma ilustração recente. São eloquentes advogados, generais distintos, hábeis magistrados ou homens de Estado conhecidos. Todas as palavras que escapam dessa assembleia fariam honra aos maiores debates parlamentares da Europa.

Donde vem esse contraste esquisito? Por que a elite da nação se encontra nesta sala e não na outra? Por que a primeira assembleia reúne tantos elementos vulgares, ao passo que a segunda parece ter o monopólio dos talentos e das luzes? Ambas porém emanam do povo, ambas são produto do sufrágio universal e nenhuma voz, até aqui, já se elevou na América para sustentar que o senado fosse inimigo dos interesses populares. Donde vem pois tão enorme diferença? A meu ver um só fato a explica: a eleição que produz a câmara dos representantes é direta; aquela de que emana o senado é submetida a dois graus. A universalidade dos cidadãos nomeia a legislatura de cada Estado, e a constituição federal, transformando por sua vez cada uma dessas legislaturas estaduais em corpo eleitoral, aí busca os membros do senado. Os senadores exprimem portanto, muito embora indiretamente, o resultado do voto universal, porque a legislatura, que nomeia os senadores, não é um corpo aristocrático ou privilegiado que tira seu direito eleitoral de si mesmo: ela depende essencialmente da universalidade dos cidadãos; ela é, em geral, eleita por eles todos os anos e eles sempre podem dirigir suas escolhas compondo-a com novos membros. Mas basta que a vontade popular passe através dessa assembleia escolhida para, de certa forma, nela se elaborar e dela sair revestida de formas mais nobres e mais belas. Os homens assim eleitos representam pois, sempre exatamente, a maioria da nação que governa; mas representam tão somente os pensamentos elevados que lá circulam, os instintos generosos que a animam, e não as pequenas paixões que muitas vezes agitam-na e os vícios que a desonram.

É fácil perceber no futuro um momento em que as repúblicas americanas serão forçadas a multiplicar os dois graus em seu sistema eleitoral, sob pena de se perderem miseravelmente entre os escolhos da democracia.

Não criarei dificuldade para confessar: vejo no duplo grau eleitoral o único meio de colocar o uso da liberdade política ao alcance de todas as classes do povo. Os que esperam fazer desse meio a arma exclusiva de um partido, e os que o temem, parecem-me incorrer num erro igual.

Influência que a democracia americana exerceu sobre as leis eleitorais

A raridade das eleições expõe o Estado a grandes crises. – Sua frequência o mantém numa agitação febril. – Os americanos escolheram o segundo desses dois males. – Versatilidade da lei. – Opinião de Hamilton, de Madison e de Jefferson sobre esse tema.

Quando a eleição só se faz em longos intervalos, a cada eleição o Estado corre o risco de uma comoção.

Os partidos fazem então esforços prodigiosos para agarrar uma fortuna que passa tão raramente a seu alcance e, como o mal é quase irremediável para os candidatos que fracassam, há que temer tudo de sua ambição levada ao desespero. Se, ao contrário, a luta igual deve logo se renovar, os vencidos esperam.

Quando as eleições se sucedem rapidamente, sua frequência mantém na sociedade um movimento febril e os negócios públicos num estado de versatilidade contínua.

Assim, de um lado, há para o Estado possibilidade de mal-estar; de outro, possibilidade de revolução. O primeiro sistema prejudica a qualidade do governo, o segundo ameaça sua existência.

Os americanos preferiram expor-se antes ao primeiro mal a expor-se ao segundo. Nisso guiaram-se muito mais pelo instinto do que pelo raciocínio, com a democracia levando o gosto pela variedade até a paixão. Do que resulta uma mutabilidade singular na legislação.

Muitos americanos consideram a instabilidade de suas leis a consequência necessária de um sistema cujos efeitos gerais são úteis. Mas, creio eu, não há ninguém nos Estados Unidos que pretenda negar que essa instabilidade existe ou que não a veja como um grande mal.

Hamilton, depois de ter demonstrado a utilidade de um poder que pudesse impedir ou pelo menos retardar a promulgação de leis ruins, acrescenta: "Talvez me respondam que o poder de prevenir as leis ruins implica o poder de prevenir as boas. Essa objeção não poderia satisfazer os que foram capazes de examinar todos os males que decorrem para nós da inconstância e da mutabilidade da lei. A instabilidade legislativa é a maior mácula que se pode assinalar em nossas instituições." [*form the greatest blemish in the character and genius of our government*]. (*Federalist*, n. 73.)

"A facilidade que se tem de mudar as leis", diz Madison, "e o excesso que se pode fazer do poder legislativo parecem-me as doenças mais perigosas a que nosso governo está exposto." (*Federalist*, n. 62.)

O próprio Jefferson, o maior democrata que já saiu do seio da democracia americana, assinalou os mesmos perigos.

"A instabilidade de nossas leis é realmente um inconveniente gravíssimo", diz ele. "Acho que deveríamos remediá-lo decidindo que sempre haveria um intervalo de um ano entre a apresentação de uma lei e o voto definitivo. Seria em seguida discutida e votada, sem que se pudesse mudar uma só palavra nela e, se as circunstâncias parecessem exigir uma resolução mais pronta, a proposta não poderia ser adotada por maioria simples, mas por maioria de dois terços de ambas as Câmaras."[1]

Os funcionários públicos sob o império da democracia americana

Simplicidade dos funcionários americanos. – Ausência de costume. – Todos os funcionários são pagos. – Consequências políticas desse fato. – Na América não há carreira pública. – O que resulta disso.

Os funcionários públicos, nos Estados Unidos, permanecem confundidos no meio da multidão dos cidadãos; não têm nem palácios, nem guardas, nem uniformes aparatosos. Essa simplicidade dos governantes não é produto apenas de uma feição particular do espírito americano, mas dos princípios fundamentais da sociedade.

Aos olhos da democracia, o governo não é um bem, é um mal necessário. É preciso conceder aos funcionários certo poder, porque, sem esse poder, de que serviriam? Mas as aparências exteriores do poder não são indispensáveis à marcha dos negócios; elas ferem inutilmente a vista do público.

Os próprios funcionários sentem perfeitamente que só obtiveram o direito de se pôr acima dos outros por seu poder com a condição de descer ao nível de todos por suas maneiras.

Eu não poderia imaginar nada mais uniforme em seu modo de agir, de mais acessível a todos, de mais atento aos reclamos e de mais civil nas respostas do que um homem público dos Estados Unidos.

Gosto desse jeito natural do governo da democracia; nessa força interna que se prende mais à função do que ao funcionário, mais ao homem do que aos sinais exteriores do poder, percebo algo viril que admiro.

Quanto à influência que podem exercer os costumes, creio que se exagera muito a importância que devem ter num século como o nosso. Não notei que na América o funcionário, no exercício de seu poder, fosse acolhido com menos consideração e respeito, por estar reduzido apenas a seu mérito.

Por outro lado, duvido muito que uma indumentária particular leve os homens públicos a se respeitarem, quando não são naturalmente propensos a fazê-lo; pois eu não poderia acreditar que tenham mais consideração por seu traje do que por sua pessoa.

Quando vejo, entre nós, certos magistrados tratarem rudemente os pares ou dirigir-lhes pilhérias, dar de ombros para os meios da defesa e sorrir complacentemente ante a enumeração das acusações, gostaria que tentassem lhe tirar sua toga, para descobrir se, estando vestidos como os simples cidadãos, isso não os chamaria à dignidade natural da espécie humana.

Nenhum funcionário público dos Estados Unidos tem uniforme, mas todos recebem um salário.

Isso decorre, mais naturalmente ainda do que precede, dos princípios democráticos. Uma democracia, sem atacar diretamente o princípio de sua existência, pode cercar de pompa seus magistrados e cobri-los de seda e ouro. Semelhantes privilégios são passageiros, prendem-se ao cargo, não ao homem. Mas estabelecer funções gratuitas é criar uma classe de funcionários ricos e independentes, é formar o núcleo de uma aristocracia. Portanto, se o povo ainda conserva o direito da escolha, o exercício desse direito tem limites necessários.

Quando se vê uma república democrática tornar gratuitas as funções remuneradas, creio que se pode concluir que ela caminha para a monarquia. E, quando uma monarquia começa a remunerar as funções gratuitas, é sinal garantido de que caminha para um estado despótico ou para um estado republicano.

A substituição das funções gratuitas pelas funções assalariadas parece-me, pois, por si só, constituir uma verdadeira revolução.

Considero um dos indícios mais visíveis do império absoluto que a democracia exerce na América a ausência completa das funções gratuitas. Os serviços prestados ao público, quaisquer que sejam, são pagos; por isso qualquer um tem não apenas o direito, mas também a possibilidade de prestá-los.

Embora, nos Estados democráticos, todos os cidadãos possam obter os empregos públicos, nem todos se sentem tentados a disputá-los. Não são as condições da candidatura, mas o número e a capacidade dos candidatos, o que muitas vezes limita a escolha dos eleitores.

Nos povos em que o princípio da eleição se estende a tudo, não há carreira pública propriamente dita. Os homens, de certa forma, só chegam às funções por acaso, e não têm nenhuma segurança de se manter nelas. Isso é verdade sobretudo quando as eleições são anuais. Daí resulta que, em tempos de acalmia, as funções públicas ofereçam poucos atrativos para a ambição. Nos Estados Unidos, as pessoas moderadas em seus desejos é que se empenham nos meandros da política. Os grandes talentos e as grandes paixões em geral se afastam do poder, a fim de buscar a riqueza; e acontece com frequência que alguém só se encarregue de dirigir a fortuna do Estado quando se sente pouco capaz de conduzir seus próprios negócios.

É a essas causas, tanto quanto às más escolhas da democracia, que se deve atribuir o grande número de homens comuns que ocupam as funções públicas. Nos Estados Unidos, não sei se o povo escolheria os homens superiores que disputassem seus sufrágios, mas é certo que estes não os disputam.

Da arbitrariedade dos magistrados[2] sob o império da democracia americana

Há duas espécies de governos sob os quais muita arbitrariedade se mescla à ação dos magistrados: assim é no governo absoluto de um só e no governo da democracia.

Esse mesmo efeito provém de causas quase análogas.

Nos Estados despóticos, a sorte de ninguém é garantida, nem a dos funcionários públicos nem a dos simples particulares. O soberano, sempre mantendo em sua mão a vida, a fortuna e às vezes a honra dos homens que emprega, pensa nada ter a temer deles e deixa-lhes uma grande liberdade de ação, por se imaginar seguro de que nunca abusarão dela contra ele.

Nos Estados despóticos, o soberano é tão apaixonado por seu poder, que teme o incômodo de suas próprias regras; ele gosta de ver seus agentes irem mais ou menos ao acaso, a fim de ter certeza de nunca encontrar neles uma tendência contrária a seus desejos.

Nas democracias, assim como pode a cada ano tirar o poder das mãos daqueles a quem o confiou, a maioria também não teme que abusem dele contra ela. Podendo dar a conhecer a cada instante sua vontade aos governantes, prefere abandoná-los a seus próprios esforços a encadeá-los a uma regra invariável que, limitando-os, de certa forma limitaria ela mesma.

Analisando bem, descobrimos até que, sob o império da democracia, a arbitrariedade do magistrado deve ser maior ainda do que nos Estados despóticos.

Nesses Estados, o soberano pode punir num momento todos os erros que percebe, mas não poderia gabar-se de perceber todos os erros que deveria punir. Nas democracias, ao contrário, o soberano, ao mesmo tempo que é onipotente, está em toda a parte ao mesmo tempo. Assim, vemos que os funcionários americanos são muito mais livres no círculo de ação que a lei lhes estabelece do que qualquer funcionário da Europa. Muitas vezes não se faz mais que lhes indicar o objetivo para o qual devem tender, deixando-os senhores de escolher os meios.

Na Nova Inglaterra, por exemplo, confia-se aos *selectmen* de cada comuna o cuidado de elaborar a lista do júri; a única regra que lhes é estipulada é a seguinte: devem escolher os jurados entre os cidadãos que desfrutam dos direitos eleitorais e que possuem boa reputação[3].

Na França, acreditaríamos estar a vida e a liberdade dos homens em perigo se confiássemos a um funcionário, qualquer que fosse, o exercício de um direito tão temível quanto esse.

Na Nova Inglaterra, esses mesmos magistrados podem mandar afixar nos cabarés avisos com o nome dos bêbados e impedir, sob pena de multa, que os habitantes lhes forneçam bebidas[4].

Tal poder censório revoltaria o povo na monarquia mais absoluta; lá, porém, as pessoas se submetem sem problema a ele.

Em parte alguma a lei deixou maior latitude à arbitrariedade do que nas repúblicas democráticas, porque nelas a arbitrariedade não parece temível. Podemos dizer até que o magistrado se torna mais livre nelas, à medida que o direito eleitoral desce mais baixo e que o tempo da magistratura é mais limitado.

Daí ser tão difícil fazer uma república democrática passar ao estado de monarquia. O magistrado, deixando de ser eletivo, em geral conserva nesta última os direitos e os usos do magistrado eleito. Chega-se então ao despotismo.

Somente nas monarquias temperadas a lei, ao mesmo tempo que traça um círculo de ação em torno dos funcionários públicos, toma além disso o cuidado de guiá-los a cada passo. É fácil explicar a causa desse fato.

Nas monarquias temperadas, o poder se encontra dividido entre o povo e o príncipe. Um e outro têm interesse em que a posição do magistrado seja estável.

O príncipe não quer deixar a sorte dos funcionários nas mãos do povo, com medo de que estes traiam sua autoridade; por sua vez, o povo teme que os magistrados, postos na dependência absoluta do príncipe, sirvam para oprimir a liberdade. Portanto, de certa forma faz-se que não dependam de ninguém.

A mesma causa que leva o príncipe e o povo a tornar o funcionário independente, leva-os a buscar garantias contra os abusos da sua independência, para que ele não a volte contra a autoridade de um ou a liberdade de outro. Ambos, pois, põem-se de acordo sobre a necessidade de traçar de antemão para o funcionário público uma linha de conduta e têm todo interesse em lhe impor regras de que lhe seja impossível afastar-se.

Instabilidade administrativa nos Estados Unidos

Na América, os atos da sociedade deixam muitas vezes menos vestígios do que as ações de uma família. – Jornais, únicos monumentos históricos. – Como a extrema instabilidade administrativa é prejudicial à arte de governar.

Dado que os homens apenas passam um instante pelo poder, para irem em seguida se perder numa multidão que, ela mesma, muda de rosto cada dia, resulta que os atos da sociedade, na América, muitas vezes deixam menos vestígios do que as ações de uma simples família. Lá, a administração pública é de certa forma oral e tradicional. Não se escreve, ou o que é escrito leva-o o menor vento, como as folhas da Sibila, e desaparece para sempre. Os únicos monumentos históricos dos Estados Unidos são os jornais. Se falta um número, a cadeia do tempo fica como se tivesse sido rompida: o presente e o passado não se ligam mais. Não duvido que, daqui a cinquenta anos, seja mais difícil reunir os documentos autênticos sobre os detalhes da existência social dos americanos de nossos dias do que sobre a administração dos franceses na Idade Média; e se uma invasão de bárbaros viesse surpreender os Estados Unidos, seria necessário, para saber alguma coisa sobre o povo que os habita, recorrer à história das outras nações.

A instabilidade administrativa começou penetrando nos hábitos; quase poderia dizer que hoje em dia todos acabaram contraindo o gosto por ela. Ninguém se incomoda com o que foi feito antes. Não se adota método; não se compõe uma coleção; não se reúnem documentos, ainda que fosse fácil fazê-lo. Quando por acaso alguém os possui, não lhes dá importância. Tenho em meus papéis peças originais que me foram dadas em administrações públicas para responder a algumas das minhas perguntas. Na América, a sociedade parece viver ao fio dos dias, como um exército em campanha. No entanto, a arte de administrar é sem dúvida uma ciência; e todas as ciências, para progredir, necessitam juntar as descobertas das diferentes gerações, à medida que se sucedem. Um homem, no curto espaço da vida, nota um fato, outro concebe uma ideia; este inventa um meio, aquele encontra uma fórmula; a humanidade recolhe de passagem esses diversos frutos da experiência individual e forma as ciências. É dificílimo os administradores americanos aprenderem o que quer que seja uns com os outros. Assim, eles trazem à direção da sociedade as luzes que encontram difundidas em seu seio, e não conhecimentos que lhes sejam próprios. A democracia, levada a seus últimos limites, é portanto prejudicial à arte de governar. Desse ponto de vista, ela convém mais a um povo cuja educação administrativa já está feita do que a um povo novato na experiência dos negócios.

Isso, de resto, não se refere unicamente à ciência administrativa. O governo democrático, que se baseia numa ideia tão simples e tão natural, sempre supõe, porém, a existência de uma sociedade muito civilizada e culta[5]. À primeira vista, imaginaríamos ser ele contemporâneo das primeiras eras do mundo; examinando melhor, descobrimos facilmente que deve ter sido o último a chegar.

Dos cargos públicos sob o império da democracia americana

Em todas as sociedades, os cidadãos se dividem em certo número de classes. – Instinto que cada uma dessas classes traz à direção das finanças do Estado. – Por que as despesas públicas devem tender a crescer quando o povo governa. – O que torna as profusões da democracia menos temíveis na América. – Emprego do dinheiro público sob a democracia.

O governo da democracia é econômico? Antes de mais nada, é preciso saber a que pretendemos compará-lo.

A questão seria fácil de responder se quiséssemos estabelecer um paralelo entre uma república democrática e uma monarquia absoluta. Veríamos que as despesas públicas na primeira são mais consideráveis do que na segunda. Mas isso se dá no caso de todos os Estados livres, comparados com os que não o são. É certo que o despotismo arruína os homens muito mais impedindo-os de produzir do que tomando deles os frutos da produção; ele seca a fonte das riquezas e costuma respeitar a riqueza adquirida. A liberdade, ao contrário, gera mil vezes mais bens do que destrói e, nas nações que a conhecem, os recursos do povo crescem sempre mais depressa do que os impostos.

O que me importa neste momento é comparar entre si os povos livres e, entre estes últimos, constatar que influência exerce a democracia sobre as finanças do Estado.

As sociedades, assim como os corpos organizados, seguem em sua formação certas regras fixas de que não poderiam afastar-se. São compostas de certos elementos que encontramos em todas as partes e em todas as épocas.

Sempre será fácil dividir de maneira ideal cada povo em três classes.

A primeira classe se comporá dos ricos. A segunda compreenderá os que, sem serem ricos, vivem no meio da suficiência de todas as coisas. Na terceira estarão encerrados os que têm pouca ou nenhuma propriedade e que vivem particularmente do trabalho que as duas primeiras lhes fornecem.

Os indivíduos encerrados nessas diferentes categorias podem ser mais ou menos numerosos, conforme o estado social; mas não se poderia fazer essas categorias não existirem.

É evidente que cada uma dessas classes levará ao manejo das finanças do Estado certos instintos que lhe são próprios.

Suponha que a primeira faça sozinha as leis. É provável que ela se preocupe muito pouco em economizar o dinheiro público, porque um imposto incidente sobre uma fortuna considerável só tira o supérfluo e produz um efeito pouco sensível.

Admita ao contrário que as classes médias é que façam as leis sozinhas. Podemos contar que não exagerarão nos impostos, porque não há nada mais desastroso do que uma grande taxa incidindo sobre uma pequena fortuna.

O governo das classes médias parece-me ser, dentre os governos livres, não direi o mais esclarecido, nem sobretudo o mais generoso, porém o mais econômico.

Suponho agora que a terceira classe seja encarregada, com exclusividade, de fazer a lei; vejo muitas possibilidades para que os encargos públicos aumentem em vez de decrescer, e isso por duas razões.

Como a maior parte dos que nesse caso votam a lei não tem nenhuma propriedade tributável, todo o dinheiro que se gastar no interesse da sociedade parece só lhes poder aproveitar e nunca os prejudicar; e os que têm pouca propriedade encontram facilmente os meios de estabelecer o imposto de tal forma que só incida sobre os ricos e só aproveite aos pobres, coisa que os ricos não saberiam fazer por seu lado quando senhores do governo.

Os países em que os pobres[6] fossem encarregados com exclusividade de fazer a lei não poderiam esperar, pois, uma grande economia nas despesas públicas. Essas despesas serão sempre consideráveis, seja porque os impostos não podem atingir os que os votam, seja porque são instituídos de maneira a não os atingir. Em outras palavras, o governo da democracia é o único em que aquele que vota o imposto pode escapar da obrigação de pagá-lo.

Objetarão inutilmente que o interesse verdadeiro do povo está em tratar com cuidado a fortuna dos ricos, pois ele não tardaria a sentir o incômodo que viesse a lhes causar. Mas o interesse dos reis por acaso não é tornar seus súditos felizes, e o dos nobres saber abrir apropriadamente seu círculo? Se o interesse distante pudesse prevalecer sobre as paixões e as necessidades do momento, nunca teria havido soberanos tirânicos nem aristocracia exclusiva.

Vão me parar de novo dizendo: quem algum dia imaginou encarregar os pobres de fazer sozinhos a lei? Quem? Os que estabeleceram o voto universal. É a maioria ou a minoria que faz a lei? A maioria sem dúvida. E se eu provar que os pobres sempre compõem a maioria, acaso não teria razão de acrescentar que, nos países em que são chamados a votar, somente os pobres fazem a lei?

Ora, é certo que, até aqui, em todas as nações do mundo, o maior número sempre foi composto pelos que não tinham propriedade, ou por aqueles cuja propriedade era demasiado restrita para que pudessem viver comodamente sem trabalhar. O voto universal entrega, pois, de fato, o governo da sociedade aos pobres.

A influência incômoda que às vezes o poder popular pode exercer sobre as finanças do Estado se fez ver em certas repúblicas democráticas da Antiguidade, em que o tesouro público se exauria socorrendo os cidadãos indigentes ou oferecendo jogos e espetáculos ao povo.

É verdade dizer que o sistema representativo era quase desconhecido na Antiguidade. Em nossos dias, as paixões populares se produzem mais dificilmente nos negócios públicos; no entanto, podemos contar que, a longo prazo, o mandatário sempre acabará se conformando ao espírito de seus comitentes e fazendo prevalecer tanto suas inclinações como seus interesses.

As profusões da democracia são, de resto, menos temíveis à medida que o povo se torna proprietário, porque então, de um lado, o povo tem menos necessidade do dinheiro dos ricos e, de outro, fica-lhe mais difícil não atingir a si mesmo ao estabelecer o imposto. Sob esse aspecto, o voto universal seria menos perigoso na França do que na Inglaterra, onde quase toda propriedade tributável está reunida em algumas mãos. A América, onde a grande maioria dos cidadãos é proprietária, encontra-se numa situação mais favorável do que a França.

Há ainda outras causas que podem aumentar a soma das despesas públicas nas democracias.

Quando a aristocracia governa, os homens que conduzem os negócios do Estado escapam por sua própria posição a todas as necessidades; contentes com sua sorte, pedem à sociedade sobretudo poder e glória e, situados acima da multidão obscura dos cidadãos, nem sempre percebem claramente como o bem-estar geral deve concorrer para sua própria grandeza. Não é que veem sem piedade os sofrimentos do pobre, mas não poderiam sentir suas misérias como se eles mesmos as partilhassem. Desde que o povo pareça acomodar-se com sua sorte, dão-se por satisfeitos e nada mais esperam do governo. A aristocracia sonha muito mais manter do que aperfeiçoar.

Quando, ao contrário, o poder público está nas mãos do povo, o soberano busca em toda parte o melhor, porque se sente mal.

O espírito de melhoria se estende então a mil objetos diversos. Desce a detalhes infinitos e, sobretudo, aplica-se a certas espécies de melhoramentos que só se poderia obter pagando; pois se trata de tornar melhor a condição do pobre que não pode se ajudar a si mesmo.

Existe, ademais, nas sociedades democráticas uma agitação sem finalidade precisa, reina uma espécie de febre permanente que se transforma em inovação de todo tipo, e as inovações são quase sempre onerosas.

Nas monarquias e nas aristocracias, os ambiciosos estimulam o gosto natural que tem o soberano pelo renome e pelo poder, e muitas vezes levam-no assim a grandes dispêndios.

Nas democracias, onde o soberano é necessitoso, só se pode adquirir sua benevolência aumentando seu bem-estar; o que quase nunca se pode fazer de outro modo que com dinheiro.

Além disso, quando o povo começa ele mesmo a refletir sobre sua posição, surge-lhe uma porção de necessidades que ele não sentira antes e que só podem ser satisfeitas lançando mão dos recursos do Estado. Daí resulta que, em geral, os encargos públicos parecem aumentar com a civilização e que vemos os impostos aumentarem à medida que as luzes se difundem.

Há enfim uma última causa que faz o governo democrático ser, com frequência, mais caro do que outro. Algumas vezes a democracia quer fazer economia em suas despesas, mas não pode consegui-lo, porque não tem a arte de ser econômica.

Como ela muda com frequência de ponto de vista e, com maior frequência ainda, de agentes, é comum seus empreendimentos serem mal conduzidos ou permanecerem inacabados. No primeiro caso, o Estado faz despesas desproporcionais à grandeza da meta que quer alcançar; no segundo, faz despesas improdutivas.

Dos instintos da democracia americana no estabelecimento da remuneração dos funcionários

Nas democracias, os que instituem as remunerações elevadas não têm a oportunidade de desfrutar delas. – Tendência da democracia americana a aumentar a remuneração dos funcionários secundários e a reduzir a dos funcionários principais. – Por que é assim. – Quadro comparativo da remuneração dos funcionários públicos nos Estados Unidos e na França.

Há uma grande razão que leva, em geral, as democracias a economizar nas remunerações dos funcionários públicos.

Nas democracias, os que instituem as remunerações, por serem muito numerosos, têm pouquíssimas possibilidades de recebê-las.

Já nas aristocracias os que instituem as grandes remunerações têm quase sempre a vaga esperança de aproveitá-las. São capitais que criam para si mesmos, ou pelo menos recursos que preparam para seus filhos.

No entanto, cumpre confessar que a democracia só se mostra parcimoniosa para com seus principais agentes.

Na América, os funcionários de escalão inferior são mais bem pagos que em outros países, mas os altos funcionários o são muito menos.

Esses efeitos contrários são produzidos pela mesma causa. O povo, em ambos os casos, estabelece o salário dos funcionários públicos; ele pensa em suas próprias necessidades e essa comparação esclarece-o. Como ele mesmo vive numa grande comodidade, parece-lhe natural que aqueles de quem se serve a compartilhem[7]. Mas, quando vai fixar a sorte dos altos funcionários do Estado, seu critério lhe escapa e ele passa a proceder ao acaso.

O pobre não tem uma ideia distinta das necessidades que podem sentir as classes superiores da sociedade. O que pareceria uma soma módica a um rico, parece uma soma prodigiosa para ele, que se contenta com o necessário; e ele estima que o governador do Estado, provido de seus dois mil escudos, deve dar-se por feliz com isso e causar inveja[8].

Se você tentar fazê-lo entender que o representante de uma grande nação deve se apresentar com certo esplendor aos olhos dos estrangeiros, de início ele irá compreendê-lo; mas, quando, vindo a pensar em sua casa simples e nos modestos frutos de seu penoso trabalho, pensar em tudo o que ele mesmo poderia fazer com esse mesmo salário que você julga insuficiente, ficará surpreso e como que assustado à vista de tantas riquezas.

Acrescente a isso que o funcionário de escalão inferior está quase no mesmo nível do povo, ao passo que o outro o domina. O primeiro pode, portanto, suscitar seu interesse, mas o outro começa a provocar sua inveja.

Isso se percebe claramente nos Estados Unidos, onde os salários parecem de certa forma decrescer à medida que maior é o poder dos funcionários[9].

Sob o império da aristocracia, ao contrário, os altos funcionários recebem elevados emolumentos, ao passo que os pequenos muitas vezes mal têm do que viver. É fácil encontrar a razão desse fato em causas análogas às que indicamos acima.

Se a democracia não concebe os prazeres do rico ou os inveja, por sua vez a aristocracia não compreende as misérias do pobre, ou, antes, ela as ignora. O pobre não é, propriamente, um semelhante ao rico: é um ser de outra espécie. A aristocracia se inquieta, pois, muito pouco com a sorte de seus agentes inferiores. Ela só eleva seus salários quando eles se recusam a servi-la a um preço demasiado baixo.

É a tendência parcimoniosa da democracia para com os principais funcionários que levou a lhe atribuírem uma propensão à economia que ela não tem.

É verdade que a democracia mal proporciona de que viver honestamente aos que a governam, mas despende somas enormes para socorrer as necessidades ou facilitar as alegrias do povo[10]. É um uso melhor do produto do imposto, não uma economia.

Em geral, a democracia dá pouco aos governantes e muito aos governados. O contrário se vê nas aristocracias, onde o dinheiro do Estado aproveita sobretudo à classe que gere os negócios.

Dificuldade de discernir as causas que levam o governo americano a economizar

Quem procura nos fatos a influência real que as leis exercem sobre a sorte da humanidade está exposto a grandes equívocos, pois nada é mais difícil do que apreciar um fato.

Um povo é naturalmente despreocupado e entusiasta; outro ponderado e calculista. Isso se deve à sua constituição física mesma ou a causas remotas que ignoro.

Vemos povos que apreciam a representação, o barulho e a alegria, e que não lamentam um milhão gasto em fumaça. Vemos outros que só apreciam os prazeres solitários e que parecem ter vergonha de parecer contentes.

Em certos países, dá-se grande valor à beleza dos edifícios. Em outros, não se dá o menor valor aos objetos de arte e despreza-se o que não rende nada. Há enfim aqueles em que as pessoas apreciam o renome, outros em que se põe o dinheiro antes de tudo.

Independentemente das leis, todas essas causas influem de maneira poderosíssima na conduta das finanças do Estado.

Se nunca aconteceu que os americanos despendessem o dinheiro do povo em festas públicas, não é apenas porque, em seu país, o povo vota o imposto, mas porque o povo não gosta de festejar.

Se repelem os ornamentos de sua arquitetura e só apreciam as vantagens materiais e positivas, não é apenas porque formam uma nação democrática, mas também porque são um povo comerciante.

Os hábitos da vida privada prolongaram-se na vida pública, e é preciso distinguir com cuidado, entre os americanos, as economias que dependem das instituições das que decorrem dos hábitos e dos costumes.

Podem-se comparar as despesas públicas dos Estados Unidos com as da França?

Dois pontos a estabelecer para apreciar a extensão dos encargos públicos: a riqueza nacional e o imposto. – Não se conhece exatamente a fortuna e os encargos da França. – Por que não se pode esperar saber a fortuna e os encargos da União. – Pesquisas do autor para descobrir o montante dos impostos na Pensilvânia. – Indícios gerais pelos quais é possível reconhecer a extensão dos encargos de um povo. – Resultado desse exame no caso da União.

Muita gente se ocupou nestes últimos tempos em comparar as despesas públicas dos Estados Unidos com as nossas. Todos esses trabalhos foram infrutíferos, e poucas palavras bastarão, creio eu, para provar que deviam sê-lo.

A fim de poder apreciar a extensão dos encargos públicos num povo, duas operações são necessárias. Primeiro, é necessário saber qual a riqueza desse povo e, em seguida, qual porção dessa riqueza ele consagra às despesas do Estado. Quem fosse procurar o montante das taxas sem mostrar a extensão dos recursos que devem fornecê-las consagrar-se-ia a um trabalho improdutivo; porque não é a despesa, mas a relação entre despesa e renda que é interessante conhecer.

O mesmo imposto que um contribuinte rico suporta facilmente acabará de reduzir o pobre à miséria.

A riqueza dos povos se compõe de vários elementos. Os fundos imobiliários formam o primeiro, os bens mobiliários constituem o segundo.

É difícil conhecer a extensão das terras cultiváveis que uma nação possui e seu valor natural ou adquirido. É mais difícil ainda estimar todos os bens mobiliários de que um povo dispõe. Estes escapam, por sua diversidade e seu número, a quase todos os esforços da análise.

Por isso vemos que as nações mais antigamente civilizadas da Europa, aquelas em que a administração é centralizada, não estabeleceram até hoje de maneira precisa o estado de sua fortuna.

Na América, nem sequer se concebeu a ideia de tentá-lo. E como alguém poderia gabar-se de consegui-lo nesse país novo em que a sociedade ainda não chegou a uma situação tranquila e definitiva, em que o governo nacional não encontra à sua disposição, como o nosso, uma multidão de agentes cujos esforços possa comandar e dirigir simultaneamente; em que a estatística, enfim, não é cultivada, porque não há lá ninguém que tenha a faculdade de reunir documentos ou o tempo de folheá-los?

Assim, pois, os elementos constitutivos de nossos cálculos não poderiam ser obtidos. Ignoramos a fortuna comparativa da França e da União. A riqueza de uma ainda não é conhecida, e os meios de estabelecer a da outra não existem.

Mas aceito, por um momento, afastar esse termo necessário da comparação; renuncio a saber qual é a relação entre imposto e renda e limito-me a querer estabelecer qual é o imposto.

O leitor há de reconhecer que, restringindo o círculo de minhas pesquisas, não tornei minha tarefa mais cômoda.

Não duvido de que a administração central da França, ajudada por todos os funcionários de que dispõe, consiga descobrir exatamente o montante das taxas diretas e indiretas que pesam sobre os cidadãos. Mas esses trabalhos, que um particular não pode empreender, o governo francês mesmo ainda não concluiu, ou pelo menos não deu a conhecer seus resultados. Sabemos quais são os encargos do Estado; o total das despesas departamentais é sabido; ignoramos o que acontece nas comunas – portanto ninguém saberia dizer presentemente a que montante se elevam as despesas públicas na França.

Se volto agora à América, percebo as dificuldades, que se tornam mais numerosas e insuperáveis. A União me faz conhecer com exatidão qual o montante de seus encargos; consigo obter os orçamentos particulares dos vinte e quatro Estados de que se compõe; mas quem vai me dizer quanto gastam os cidadãos para a administração do condado e da comuna?[11]

A autoridade federal não pode se estender a ponto de obrigar os governos estaduais a nos esclarecer sobre esse ponto; e mesmo se esses governos quisessem nos prestar simultaneamente seu concurso, duvido que estivessem em condição de nos satisfazer. Independentemente da dificuldade natural da empresa, a organização política do país também se oporia ao sucesso de seus esforços. Os magistrados da comuna e do condado não são nomeados pelos administradores do Estado e não dependem deles. Portanto pode-se crer que, se o Estado quisesse obter as informações que nos são necessárias, encontraria grandes obstáculos na negligência dos funcionários inferiores de que seria obrigado a valer-se[12].

Inútil, aliás, procurar saber o que os americanos poderiam fazer em tal matéria, pois é certo que até aqui não fizeram nada.

Não há, pois, na América ou na Europa um só homem que possa nos informar quanto paga anualmente cada cidadão da União para cobrir os encargos da sociedade[13].

Concluamos que é tão difícil comparar frutuosamente as despesas sociais da América com as nossas quanto a riqueza da União com a da França. Acrescento que até seria perigoso tentá-lo. Quando a estatística não se funda em cálculos rigorosamente verdadeiros, ela confunde em vez de orientar. O espírito se deixa enganar facilmente pelos falsos ares de exatidão que ela conserva até mesmo em seus desacertos e repousa sossegado em erros que lhe são revestidos com as formas matemáticas da verdade.

Abandonemos pois os números e tentemos encontrar nossas provas em outro domínio.

Um país apresenta o aspecto da prosperidade material. Depois de ter pago o Estado, o pobre conserva seus recursos e o rico, o supérfluo; ambos parecem satisfeitos com sua sorte e procuram cada dia melhorá-la ainda mais, de tal modo que os capitais nunca faltam à indústria, e a indústria, por sua vez, nunca falta aos capitais. São esses os indícios a que, na ausência de documentos positivos, é possível recorrer para saber se os encargos públicos que pesam sobre um povo são proporcionais à sua riqueza.

O observador que se ativesse a esses testemunhos julgaria sem dúvida que o americano dos Estados Unidos dá ao Estado uma parte menor de sua renda do que o francês.

Mas como se poderia conceber que assim não fosse?

Uma parte da dívida francesa é o resultado de duas invasões; a União não tem por que temê-las. Nossa posição nos obriga a manter habitualmente um exército numeroso em armas; o isolamento da União permite-lhe não ter mais que 6 000 soldados. Mantemos quase 300 navios de guerra; os americanos têm apenas 52[14]. Como o habitante da União poderia pagar ao Estado tanto quanto o habitante da França?

Não há, pois, paralelo a estabelecer entre as finanças de países situados tão diversamente.

É examinando o que sucede na União, e não comparando a União com a França, que podemos avaliar se a democracia americana é verdadeiramente econômica.

Corro os olhos em cada uma das diversas repúblicas de que se forma a confederação e descubro que seu governo muitas vezes carece de perseverança em seus projetos e não exerce uma vigilância contínua sobre os homens que emprega. Tiro naturalmente daí a consequência de que deve muitas vezes gastar inutilmente o dinheiro dos contribuintes ou consagrar mais do que o necessário para suas empresas.

Vejo que, fiel à sua origem popular, ele faz prodigiosos esforços para satisfazer as necessidades das classes inferiores da sociedade, abrir-lhes os caminhos do poder e difundir em seu seio o bem-estar e as luzes. Ele sustenta os pobres, distribui cada ano milhões para as escolas, paga todos os serviços e remunera com generosidade o menor de seus agentes. Se tal maneira de governar me parece útil e razoável, sou obrigado a reconhecer que é dispendiosa.

Vejo o pobre que dirige os negócios públicos e dispõe dos recursos nacionais, e não poderia crer que, beneficiando-se das despesas do Estado, não leve frequentemente o Estado a fazer novas despesas.

Concluo, pois, sem recorrer a números incompletos e sem querer estabelecer comparações arriscadas, que o governo democrático dos americanos não é, como às vezes se pretende, um governo barato; e não temo predizer que, se um dia grandes embaraços viessem acometer os povos dos Estados Unidos, veríamos os impostos subirem aí para o mesmo tanto da maioria das aristocracias ou das monarquias da Europa.

Da corrupção e dos vícios dos governantes na democracia; dos efeitos que daí resultam sobre a moralidade pública

Nas aristocracias, os governantes procuram algumas vezes corromper. – Muitas vezes, nas democracias, eles mesmos se revelam corruptos. – Nas primeiras, os vícios atacam diretamente a moralidade do povo. – Exercem sobre ele, nas segundas, uma influência indireta que é mais temível ainda.

A aristocracia e a democracia dirigem-se mutuamente a crítica de facilitar a corrupção. Cumpre distinguir: nos governos aristocráticos, os homens que chegam aos negócios públicos são gente rica, que desejam apenas o poder; nas democracias, os homens de Estado são pobres e têm sua fortuna por fazer.

Daí decorre que, nos Estados aristocráticos, os governantes são pouco acessíveis à corrupção e têm um gosto apenas moderado pelo dinheiro, ao passo que o contrário acontece nos povos democráticos.

Mas, nas aristocracias, como os que querem chegar à direção dos negócios públicos dispõem de grandes riquezas e o número dos que podem levá-los a tanto costuma estar circunscrito em certos limites, o governo se acha de certa forma em leilão. Nas democracias, ao contrário, os que disputam o poder quase nunca são ricos e o número dos que contribuem para proporcionar o poder é enorme. Talvez nas democracias não haja menos homens a vender, mas quase não se encontram compradores – de resto, seria necessário comprar gente demais ao mesmo tempo para alcançar o objetivo.

Entre os homens que ocuparam o poder na França nos últimos quarenta anos, vários foram acusados de ter feito fortuna à custa do Estado e de seus aliados, crítica que raramente foi dirigida aos homens públicos da antiga monarquia. Mas, na França, quase não há exemplo de se comprar o voto de um eleitor por dinheiro, ao passo que tal coisa se faz notória e publicamente na Inglaterra.

Nunca ouvi dizer que nos Estados Unidos alguém investisse suas riquezas para ganhar os governados; mas vi frequentemente duvidarem da probidade dos funcionários públicos. Com maior frequência ainda ouvi atribuírem seus sucessos a intrigas vis ou a manobras culposas.

Portanto, se os homens que dirigem as aristocracias às vezes procuram corromper, os líderes das democracias mostram-se eles mesmos corruptos. Em umas ataca-se diretamente a moralidade do povo; exerce-se em outras, sobre a consciência pública, uma ação indireta que se deve temer mais ainda.

Nos povos democráticos, os que se acham na direção do Estado, por se verem quase sempre às voltas com suspeitas incômodas, dão de certa forma o apoio do governo aos crimes de que são acusados. Apresentam assim perigosos exemplos à virtude que ainda luta e fornecem comparações gloriosas ao vício que se oculta.

Em vão dir-se-ia que as paixões desonestas se encontram em todos os níveis; que elas muitas vezes ascendem ao trono por direito de nascimento; que assim podemos encontrar homens desprezíveis tanto à frente das nações aristocráticas como no seio das democracias.

Essa resposta não me satisfaz. Há, na corrupção dos que chegam por acaso ao poder, algo grosseiro e vulgar que a torna contagiosa para a multidão; reina ao contrário, até mesmo na depravação dos grão-senhores, certo refinamento aristocrático, um ar de grandeza que não raro impede que ela se propague.

O povo nunca penetrará no labirinto obscuro do espírito cortesão; sempre descobrirá com dor a baixeza que se oculta sob a elegância das maneiras, o requinte dos gostos e as graças da linguagem. Mas roubar o tesouro público, ou vender a preço de dinheiro os favores do Estado, é coisa que o primeiro miserável compreende e pode gabar-se de fazer igual, chegando a sua vez.

O que se deve temer, por sinal, não é tanto a vista da imoralidade dos grandes quanto a da imoralidade que conduz à grandeza. Na democracia, os simples cidadãos veem um homem que sai de entre eles e que alcança em poucos anos a riqueza e o poder; esse espetáculo provoca sua surpresa e sua inveja; procuram saber como aquele que ontem era igual a eles vê-se hoje investido do direito de dirigi-los. Atribuir sua elevação a seu talento ou a suas virtudes é incômodo, porque é confessar que eles mesmos são menos virtuosos e menos hábeis do que ele. Assim dão como causa principal alguns de seus vícios, e muitas vezes têm razão de fazê-lo. Produz-se desta forma não sei que odiosa mistura entre as ideias de baixeza e de poder, de indignidade e de sucesso, de utilidade e de desonra.

De que esforços a democracia é capaz

A União só lutou uma vez por sua existência. – Entusiasmo no começo da guerra. – Arrefecimento no fim. – Dificuldade de estabelecer na América o alistamento no exército ou na marinha. – Por que um povo democrático é menos capaz que outro de grandes esforços contínuos.

Previno o leitor de que falo aqui de um governo que segue a vontade real do povo, não de um governo que se limite apenas a comandar em nome do povo.

Não há nada tão irresistível quanto um poder tirânico que comande em nome do povo, já que, estando investido do poder moral pertencente à vontade da maioria, age ao mesmo tempo com a decisão, a presteza e a tenacidade de um só homem.

É muito difícil dizer de que grau de esforço é capaz um governo democrático em tempo de crise nacional.

Nunca se viu, até agora, uma grande república democrática. Seria uma injúria às repúblicas chamar por esse nome a oligarquia que reinava na França em 1793. Somente os Estados Unidos apresentam esse novo espetáculo.

Ora, no meio século que a União está formada sua existência foi questionada uma única vez, quando da guerra de Independência. No começo dessa longa guerra, houve extraordinários rasgos de entusiasmo em servir à pátria[15]. Mas à medida que a luta se prolongava, via-se reaparecer o egoísmo habitual: o dinheiro não chegava mais ao tesouro público; os homens não se apresentavam mais ao exército; o povo ainda queria a independência, mas recuava diante dos meios de obtê-la. "Em vão multiplicamos as taxas e tentamos novos métodos de arrecadá-las", diz Hamilton no *Fédéraliste* (nº 12); "a expectativa pública sempre foi frustrada e o tesouro dos Estados ficou vazio. As formas democráticas da administração, que são inerentes à natureza democrática de nosso governo, combinando-se com a raridade de numerário que o estado esmorecido de nosso comércio produzia, tornaram até aqui inúteis todos os esforços tentados para arrecadar somas consideráveis. As diferentes legislaturas compreenderam enfim a loucura de semelhantes tentativas."

Desde essa época, os Estados Unidos não tiveram de travar uma única guerra séria.

Para julgar que sacrifícios as democracias sabem se impor, será necessário pois esperar o tempo em que a nação americana for obrigada a pôr nas mãos de seu governo a metade da renda dos bens, como a Inglaterra, ou tiver de lançar ao mesmo tempo um vigésimo da sua população nos campos de batalha, como fez a França.

Na América, a conscrição é desconhecida; lá os homens são alistados a dinheiro para o serviço militar. O recrutamento forçado é a tal ponto contrário às ideias e tão estranho aos hábitos do povo dos Estados Unidos, que duvido que se ouse introduzi-lo nas leis. O que se chama na França conscrição é, sem dúvida nenhuma, o mais pesado de nossos impostos; mas, sem a conscrição, como poderíamos travar uma grande guerra continental?

Os americanos não adotaram em seu país, como os ingleses, o engajamento obrigatório na marinha, o *press*. Não têm nada que se assemelhe à nossa "inscrição marítima". A marinha de guerra, como a marinha mercante, é recrutada por meio de engajamentos voluntários.

Ora, não é fácil conceber que um povo seja capaz de travar uma grande guerra marítima sem recorrer a um dos dois meios indicados acima; por isso a União, que já combateu gloriosamente no mar, nunca teve frotas numerosas, e o armamento de seu pequeno número de vasos de guerra sempre lhe custou caríssimo.

Ouvi homens de Estado americanos confessar que a União terá dificuldade de manter sua posição nos mares, se não recorrer ao alistamento obrigatório na marinha; mas a dificuldade é obrigar o povo, que governa, a suportar tal alistamento.

É incontestável que os povos livres manifestam em geral, nos perigos, uma energia infinitamente maior do que os que não o são, mas inclino-me a crer que isso é válido sobretudo para os povos livres entre os quais domina o elemento aristocrático. A democracia parece-me muito mais propícia a dirigir uma sociedade pacata ou a fazer, se necessário, um súbito e vigoroso esforço, do que a afrontar por muito tempo as grandes tempestades da vida política dos povos. A razão disso é simples: os homens se expõem aos perigos e às privações por entusiasmo, mas só permanecem expostos a eles por muito tempo graças à reflexão. Há no que se chama coragem instintiva mais cálculo do que se pensa; e muito embora tão somente as paixões levem, em geral, a fazer os primeiros esforços, é em vista de um resultado que se dá continuidade a eles. Arrisca-se uma parte do que é caro para salvar o resto.

Ora, é essa percepção clara do futuro, baseada nas luzes e na experiência, que deve faltar com frequência à democracia. O povo sente muito mais do que pensa; e se os males atuais são grandes, é de temer que esqueça os males maiores que talvez o aguardem em caso de derrota.

Há ainda outra causa que deve tornar os esforços de um governo democrático menos duradouros do que os esforços de uma aristocracia.

O povo não apenas vê com menos clareza do que as classes altas o que pode esperar ou temer do futuro, mas também sofre de maneira bem diferente do que elas os males do presente. O nobre, ao expor sua pessoa, sujeita-se a tantas oportunidades de glória quanto a perigos. Entregando ao Estado a maior parte de sua renda, priva-se momentaneamente de alguns dos prazeres da riqueza; mas, para o pobre, a morte não traz prestígio, e o imposto que incomoda o rico muitas vezes ataca nele as fontes da vida.

Essa fraqueza relativa das repúblicas democráticas, em tempo de crise, talvez seja o maior obstáculo que se opõe a que semelhante república se funde na Europa. Para que a república democrática subsistisse sem dificuldade num povo europeu, seria necessário que ela se estabelecesse ao mesmo tempo em todos os outros.

Creio que o governo da democracia deve, a longo prazo, aumentar as forças reais da sociedade, mas não seria capaz de reunir, ao mesmo tempo, num ponto e num tempo dado, tantas forças quanto um governo aristocrático ou uma monarquia absoluta. Se um país democrático permanecesse submetido durante um século ao governo republicano, podemos acreditar que, no final desse, seria mais rico, mais populoso e mais próspero do que os Estados despóticos que o avizinham. Mas durante esse século, teria corrido várias vezes o risco de ser conquistado por eles.

Do poder que, em geral, a democracia americana exerce sobre si mesma

Que o povo americano não se presta, senão a longo prazo, e às vezes se recusa, a fazer o que é útil a seu bem-estar. – Faculdade que os americanos têm de cometer erros reparáveis.

Essa dificuldade que a democracia encontra para vencer as paixões e calar as necessidades do momento com vistas ao futuro se nota nos Estados Unidos nas menores coisas.

O povo, rodeado de aduladores, dificilmente consegue triunfar por si mesmo. Cada vez que se quer obter dele que se imponha uma privação ou um incômodo, mesmo com uma finalidade que sua razão aprova, quase sempre começa recusando-se. Gaba-se com razão a obediência dos americanos às leis. Cumpre acrescentar que, na América, a legislação é feita pelo povo e para o povo. Nos Estados Unidos, a lei se mostra pois mais favorável àqueles que, em qualquer outra parte, têm mais interesse em violá-la. Assim pode-se crer que uma lei incômoda, cuja utilidade real a maioria não sentisse, não produziria efeito ou não seria obedecida.

Nos Estados Unidos, não existe legislação relativa à falência fraudulenta. Significaria isso que não há falências? Não, significa, ao contrário, que há muitas. O medo de ser processado por falência fraudulenta supera, no espírito da maioria, o medo de ser arruinado pela quebra, e cria-se na consciência pública uma espécie de tolerância culpada para com o delito que cada um condena individualmente.

Nos novos Estados do Sudoeste, os cidadãos quase sempre fazem justiça com as próprias mãos, e os assassinatos lá se renovam sem cessar. Isso decorre de serem demasiado rudes os hábitos do povo e as luzes muito pouco difundidas nesses desertos, para que sintam a utilidade de dar força à lei. Lá ainda preferem os duelos aos processos.

Alguém me contava outro dia, na Filadélfia, que quase todos os crimes na América eram causados pelo abuso das bebidas fortes, que a arraia-miúda podia consumir à vontade, porque lhe eram vendidas a baixo preço. "Por que vocês não instituem uma taxa sobre a aguardente?", indaguei. "Nossos legisladores pensaram muitas vezes em fazê-lo", replicou, "mas seria difícil. Teme-se uma revolta; e, aliás, os congressistas que votassem tal lei teriam a certeza de não se reelegerem." "Com que então", tornei, "no seu país os beberrões são maioria e a temperança é impopular."

Quando se faz ver tais coisas aos homens de Estado, eles se limitam a responder: "Deixe o tempo agir; o sentimento do mal esclarecerá o povo e lhe mostrará suas necessidades." Isso costuma ser verdade: se a democracia tem mais possibilidades de se enganar do que um rei ou um corpo de nobres, também tem mais possibilidades de voltar à verdade, uma vez difundida a luz, porque em geral não há em seu seio interesses contrários aos da maioria e que lutem contra a razão. Mas a democracia só pode obter a verdade da experiência, e muitos povos não seriam capazes de aguardar, sem risco, os resultados de seus erros.

O grande privilégio dos americanos não é pois apenas serem mais esclarecidos do que outros, mas também terem a faculdade de cometer erros reparáveis.

Acrescentem a isso que, para tirar facilmente proveito da experiência do passado, é preciso que a democracia já tenha alcançado certo grau de civilização e de luzes.

Vemos povos cuja educação inicial foi tão viciosa e cujo caráter apresenta tão estranha mescla de paixões, ignorância e noções erradas de todas as coisas, que seriam incapazes de discernir por si sós a causa de suas misérias; eles sucumbem sob os males que ignoram.

Percorri vastas plagas habitadas outrora por poderosas nações indígenas que hoje já não existem; habitei em tribos já mutiladas, que cada dia veem decrescer seu número e desaparecer o esplendor de sua glória selvagem; ouvi esses mesmos índios preverem o destino final que estava reservado à sua raça. No entanto, não há europeu que não perceba o que seria necessário fazer para preservar esses povos infortunados de uma destruição inevitável. Mas eles não veem; sentem os males que, cada ano, se acumulam sobre suas cabeças e perecerão, até o último homem, rejeitando o remédio. Seria necessário empregar a força para forçá-los a viver.

Ficamos espantados ao perceber as novas nações da América do Sul se agitarem, há um quarto de século, em meio a revoluções sempre renascentes, e cada dia esperamos vê-las entrar no que se chama seu *estado natural*. Mas quem pode afirmar que as revoluções não são, em nosso tempo, o estado mais natural dos espanhóis da América do Sul? Nesses países, a sociedade se debate no fundo de um abismo do qual seus esforços próprios não podem fazê-la sair.

O povo que habita essa bela metade de um hemisfério parece obstinadamente apegado a dilacerar suas entranhas; nada poderia desviá-lo disso. O esgotamento o faz, por um instante, cair no repouso, e o repouso logo o manda de volta a novos furores. Quando o considero nesse estado alternante de misérias e crimes, sou tentado a crer que para ele o despotismo seria um bem.

Mas essas duas palavras nunca poderão estar unidas em meu pensamento.

Da maneira como a democracia americana conduz os negócios externos do Estado

Direção dada à política externa dos Estados Unidos por Washington e Jefferson. – Quase todos os defeitos naturais da democracia se fazem sentir na direção dos negócios externos, e suas qualidades são pouco sensíveis nesse domínio.

Vimos que a constituição federal punha a direção permanente dos interesses externos da nação nas mãos do presidente e do senado[16], o que deixa até certo ponto a política geral da União fora da influência direta e cotidiana do povo. Portanto não se pode dizer de maneira absoluta que, na América, é a democracia que conduz os negócios externos do Estado.

Dois homens imprimiram à política dos americanos uma direção ainda seguida em nossos dias: o primeiro é Washington, e Jefferson é o segundo.

Washington dizia, na admirável carta endereçada a seus concidadãos, a qual constitui como que o testamento político desse grande homem:

"Expandir nossas relações comerciais com os povos estrangeiros e estabelecer o menor número possível de vínculos políticos entre eles e nós deve ser a regra de nossa política. Devemos cumprir com fidelidade os compromissos já contraídos, mas evitar contrair outros.

"A Europa tem certo número de interesses que lhe são próprios e que só têm uma relação muito indireta com os nossos; portanto ela deve se encontrar frequentemente comprometida em querelas que nos são naturalmente alheias. Prender-nos por vínculos artificiais às vicissitudes de sua política, entrar nas diferentes combinações de suas amizades e de seus ódios e tomar parte nas lutas que daí resultam seria agir de forma imprudente.

"Nosso isolamento e nossa distância dela convidam-nos a adotar um caminho contrário e nos permitem segui-lo. Se continuarmos formando uma só nação, regida por um governo forte, não estará longe o tempo em que não teremos nada a temer de ninguém. Então poderemos tomar uma atitude que faça respeitar nossa neutralidade. As nações beligerantes, sentindo a impossibilidade de adquirir o que quer que seja contra nós, temerão nos provocar sem motivos, e estaremos em condição de escolher a paz ou a guerra, sem tomar outros guias de nossas ações que nosso interesse e a justiça.

"Por que abandonaríamos as vantagens que podemos tirar de uma situação tão desfavorável? Por que abandonaríamos um terreno que nos é propício, para irmos nos estabelecer num terreno que nos é estranho? Por que, enfim, ligando nosso destino ao de uma porção qualquer da Europa, exporíamos nossa paz e nossa prosperidade à ambição, às rivalidades, aos interesses ou aos caprichos dos povos que a habitam?

"Nossa verdadeira política é não contrair aliança permanente com nenhuma nação estrangeira, pelo menos enquanto ainda somos livres de não o fazer, porque estou longe de querer que faltemos com os compromissos existentes. A honestidade é sempre a melhor política. Eis uma máxima que considero igualmente aplicável aos negócios das nações e dos indivíduos. Penso pois que é necessário executar em toda a sua extensão os compromissos que já contraímos; mas creio inútil e imprudente contrair outros. Coloquemo-nos sempre de maneira a fazer respeitar nossa posição, e as alianças temporárias bastarão para nos permitir enfrentar todos os perigos."

Precedentemente Washington enunciara esta bela e justa ideia: "A nação que se entrega a sentimentos habituais de amor ou de ódio por outro se torna de certa forma escrava. Ela é escrava de seu ódio ou de seu amor."

A conduta política de Washington sempre foi dirigida de acordo com suas máximas. Ele conseguiu manter seu país em paz, quando todo o resto do universo estava em guerra, e estabeleceu como ponto de doutrina que o verdadeiro interesse dos americanos era nunca tomar partido nas querelas internas da Europa.

Jefferson foi mais longe ainda e introduziu na política da União esta outra máxima: "Que os americanos nunca deviam pedir privilégios às nações estrangeiras, a fim de não serem obrigados por sua vez a concedê-los."

Esses dois princípios, que sua evidente justeza pôs facilmente ao alcance da multidão, simplificaram extremamente a política externa dos Estados Unidos.

Não se intrometendo nos negócios da Europa, a União não tem por assim dizer interesses externos a debater, pois ainda não tem vizinhos poderosos na América. Colocada tanto por sua situação quanto por sua vontade fora das paixões do Velho Mundo, não precisa nem se resguardar delas nem fazê-las suas. Quanto às do Novo Mundo, o futuro ainda as mantém ocultas.

A União está livre de compromissos anteriores; ela aproveita pois a experiência dos velhos povos da Europa, sem ser obrigada, como eles, a tirar partido do passado e acomodá-lo ao presente. Como eles, não é forçada a aceitar uma imensa herança legada por seus pais, mescla de glória e de miséria, de amizades e de ódios nacionais. A política externa dos Estados Unidos é eminentemente expectante; ela consiste muito mais em se abster do que em fazer.

Portanto é muito difícil saber, presentemente, que habilidade desenvolverá a democracia americana na conduta dos negócios externos do Estado. Sobre esse ponto, seus adversários como seus amigos devem deixar suspenso seu julgamento.

Quanto a mim, não terei dificuldade em dizer: é na direção dos interesses externos da sociedade que os governos democráticos me parecem decididamente inferiores aos outros. A experiência, os modos e a instrução sempre acabam criando na democracia essa espécie de sabedoria prática de todos os dias e essa ciência dos pequenos acontecimentos da vida que se chama bom senso. O bom senso basta para o andamento ordinário da sociedade e, num povo cuja educação é feita, a liberdade democrática aplicada aos negócios internos do Estado produz mais bens do que os males que os erros do governo da democracia poderiam acarretar. Mas nem sempre é assim nas relações entre os povos.

A política externa não requer o uso de quase nenhuma das qualidades que são próprias à democracia; ao contrário, ela ordena o desenvolvimento de quase todas as que lhe faltam. A democracia favorece o crescimento dos recursos internos do Estado; difunde o bem-estar, desenvolve o espírito público; fortalece o respeito à lei nas diferentes classes da sociedade. Todas essas coisas têm apenas uma influência indireta sobre a posição de um povo diante de outro. Mas a democracia só dificilmente poderia coordenar os detalhes de uma grande empresa, decidir-se por uma meta e persegui-la obstinadamente através dos obstáculos. Ela é pouco capaz de combinar medidas em segredo e esperar pacientemente seu resultado. Estas qualidades pertencem mais particularmente a um homem ou a uma aristocracia. Ora, são precisamente elas que, a longo prazo, fazem um povo, como indivíduo, acabar dominando.

Se, ao contrário, você atentar para os defeitos naturais da aristocracia, verá que as consequências que eles podem produzir quase não são sensíveis na direção dos negócios externos do Estado. O vício capital que se recrimina à aristocracia é trabalhar apenas para si mesma, e não para a massa. Na política externa, é raríssimo que a aristocracia tenha um interesse distinto daquele do povo.

A propensão que leva a democracia a obedecer, em política, mais a sentimentos do que a raciocínios, e a abandonar um projeto longamente amadurecido pela satisfação de uma paixão momentânea, fez-se ver claramente na América quando estourou a Revolução Francesa. As mais simples luzes da razão bastavam então, como hoje, para fazer os americanos entenderem que não era de seu interesse envolver-se na luta que ia ensanguentar a Europa e com a qual os Estados Unidos não podiam sofrer nenhum prejuízo.

As simpatias do povo pela França se declararam porém com tamanha violência, que foi necessário nada menos que o caráter inflexível de Washington e a imensa popularidade de que desfrutava para impedir que se declarasse guerra à Inglaterra. E, ainda assim, os esforços que fez a austera razão desse grande homem para lutar contra as paixões generosas, mas impensadas, de seus concidadãos, quase lhe tiraram a única recompensa que ele reservara para si: o amor de seu país. A maioria se pronunciou contra sua política; agora o povo inteiro a aprova[17].

Se a constituição e o favor público não tivessem dado a Washington a direção dos negócios externos do Estado, é certo que a nação teria feito então precisamente o que condena hoje.

Quase todos os povos que agiram de forma marcante sobre o mundo, os que conceberam, seguiram e executaram grandes projetos, dos romanos aos ingleses, eram dirigidos por uma aristocracia – como se surpreender com isso?

O que há de mais fixo no mundo em suas ideias é uma aristocracia. A massa do povo pode ser seduzida por sua ignorância ou por suas paixões; pode-se surpreender o espírito de um rei e fazê-lo vacilar em seus projetos – de resto, um rei não é imortal. Mas um corpo aristocrático é demasiado numeroso para ser seduzido e muito pouco numeroso para ceder facilmente à embriaguez das paixões impensadas. Um corpo aristocrático é um homem firme e esclarecido que não morre.

CAPÍTULO VI

Quais são as vantagens reais que a sociedade americana retira do governo da democracia

Antes de começar o presente capítulo, sinto necessidade de lembrar ao leitor o que já indiquei várias vezes ao longo deste livro.

A constituição política dos Estados Unidos parece-me uma das formas que a democracia pode dar a seu governo; mas não considero as instituições americanas as únicas, nem as melhores, que um povo democrático deva adotar.

Fazendo ver quais bens os americanos retiram do governo da democracia, estou longe, portanto, de pretender ou de pensar que semelhantes vantagens só podem ser obtidas com o auxílio das mesmas leis.

Da tendência geral das leis sob o império da democracia americana e do instinto dos que as aplicam

Os vícios da democracia se veem de imediato. – Suas vantagens só são percebidas a longo prazo. – A democracia americana muitas vezes é inábil, mas a tendência geral de suas leis é proveitosa. – Os funcionários públicos, sob a democracia americana, não têm interesses permanentes que difiram dos da maioria. – O que resulta disso.

Os vícios e as fraquezas do governo da democracia se veem sem dificuldade, são demonstrados por fatos patentes, ao passo que sua influência salutar se exerce de maneira insensível e, por assim dizer, oculta. Seus defeitos impressionam de saída, mas suas qualidades só se descobrem a longo prazo.

As leis da democracia americana são muitas vezes defeituosas ou incompletas; ocorre-lhes violar os direitos adquiridos ou sancionar direitos perigosos. Ainda que fossem boas, sua frequência mesmo assim seria um grande mal. Tudo isso se percebe à primeira vista.

Por que então as repúblicas americanas se mantêm e prosperam?

Devemos distinguir cuidadosamente, nas leis, o objetivo a que visam da maneira como caminham para esse objetivo; sua qualidade absoluta, da que é tão só relativa.

Suponha-se que o objeto do legislador seja favorecer os interesses da minoria em detrimento dos da maioria; suas disposições seriam combinadas de maneira a obter o resultado visado no menor tempo e com o mínimo possível de esforços. A lei seria benfeita, mas seu objetivo seria ruim; ela seria perigosa à proporção de sua própria eficácia.

As leis da democracia tendem, em geral, ao bem da maioria, pois emanam da maioria de todos os cidadãos, a qual pode se enganar, mas não poderia ter um interesse contrário a si mesma.

As da aristocracia tendem, ao contrário, a monopolizar nas mãos da minoria a riqueza e o poder, porque a aristocracia constitui sempre, por natureza, uma minoria.

Podemos dizer, pois, de maneira geral, que o objeto da democracia, em sua legislação, é mais útil à humanidade do que o objeto da aristocracia na sua.

Mas terminam aí suas vantagens.

A aristocracia é infinitamente mais hábil na ciência do legislador do que a democracia poderia ser. Senhora de si mesma, não está sujeita a impulsos passageiros; tem projetos de longo prazo que sabe amadurecer até a ocasião favorável se apresentar. A aristocracia procede sabiamente; ela conhece a arte de fazer convergir ao mesmo tempo, para um mesmo ponto, a força coletiva de todas as suas leis.

O mesmo não acontece com a democracia: suas leis são quase sempre defeituosas ou intempestivas.

Os meios da democracia são, pois, mais imperfeitos do que os da aristocracia; muitas vezes ela trabalha, sem querer, contra si mesma, mas sua finalidade é mais útil.

Imagine uma sociedade que a natureza, ou sua constituição, tenha organizado de maneira a suportar a ação passageira das leis ruins e que possa esperar sem perecer o resultado da *tendência geral* das leis, e conceberá que o governo da democracia, apesar de seus defeitos, ainda é de todos o mais apto a fazer essa sociedade prosperar.

É precisamente o que acontece nos Estados Unidos. Repito aqui o que já exprimi em outra ocasião: o grande privilégio dos americanos é poder cometer erros reparáveis.

Direi algo análogo dos funcionários públicos.

É fácil ver que a democracia americana se engana com frequência na escolha dos homens a quem confia o poder; mas não é tão fácil dizer por que o Estado prospera em suas mãos.

Note antes de mais nada que se, num Estado democrático, os governantes são menos honestos ou menos capazes, os governados são mais esclarecidos e mais atentos.

O povo, nas democracias, incessantemente ocupado como é com seus negócios, e zeloso de seus direitos, impede que seus representantes se afastem de certa linha geral que seu interesse lhe traça.

Note ainda que, se o magistrado democrático vale-se do poder pior do que um outro, ele em geral o possui por menos tempo.

Mas há uma razão mais geral do que esta, e mais satisfatória.

Importa sem dúvida para o bem das nações que os governantes tenham virtudes ou talentos; mas o que lhes importa ainda mais, talvez, é que os governantes não tenham interesses contrários à massa dos governados, porque, nesse caso, as virtudes poderiam se tornar quase inúteis e os talentos, funestos.

Disse que importava que os governantes não tivessem interesses contrários ou diferentes da massa dos governados, mas não disse que importava que eles tivessem interesses semelhantes aos de *todos* os governados, pois, pelo que sei, tal coisa nunca se deu ainda.

Até hoje não se descobriu forma política que favorecesse igualmente o desenvolvimento e a prosperidade de todas as classes de que a sociedade se compõe. Essas classes continuaram a formar como que nações distintas na mesma nação, e a experiência provou que era quase tão perigoso entregar a uma delas a sorte das outras quanto fazer de um povo o árbitro dos destinos de outro povo. Quando somente os ricos governam, o interesse dos pobres sempre está em perigo; e quando os pobres fazem a lei, o dos ricos corre grandes riscos. Qual é, pois, a vantagem da democracia? A vantagem real da democracia não é, como foi dito, favorecer a prosperidade de todos, mas apenas servir ao bem-estar da maioria.

Os que, nos Estados Unidos, são encarregados de dirigir os negócios públicos muitas vezes são inferiores em capacidade e em moralidade aos homens que a aristocracia levaria ao poder; mas seu interesse se confunde e se identifica com o da maioria de seus concidadãos. Portanto eles podem cometer frequentes infidelidades e graves erros, mas nunca seguirão sistematicamente uma tendência hostil a essa maioria; e não lhes sucederia imprimir ao governo um comportamento exclusivo e perigoso.

A má administração de um magistrado, sob a democracia, é aliás um fato isolado que só tem influência durante a curta duração dessa administração. A corrupção e a incapacidade não são interesses comuns capazes de ligar entre si os homens de maneira permanente.

Um magistrado corrupto, ou incapaz, não combinará seus esforços com outro magistrado, pela simples razão de que este último é incapaz e corrupto como ele, e esses dois homens nunca trabalharão de comum acordo para fazer florescer a corrupção e a incapacidade em seus pósteros. A ambição e as manobras de um servirão, ao contrário, para desmascarar o outro. Os vícios do magistrado, nas democracias, lhe são, em geral, totalmente pessoais.

Mas os homens públicos, sob o governo da aristocracia, têm um interesse de classe que, embora às vezes se confunda com o da maioria, é frequentemente distinto deste. Esse interesse forma entre eles um vínculo comum e duradouro, convida-os a unir e combinar esforços no sentido de um objetivo que nem sempre é a felicidade da maioria: ele não vincula apenas os governantes uns aos outros, une-os também a uma porção considerável de governados, pois muitos cidadãos, sem estarem investidos de nenhum cargo, fazem parte da aristocracia.

O magistrado aristocrático encontra pois um apoio constante na sociedade, ao mesmo tempo que o tem no governo.

Esse objetivo comum, nas aristocracias, une os magistrados ao interesse de uma parte de seus contemporâneos, identifica-os além disso e submete-os por assim dizer ao das gerações vindouras. Eles trabalham tanto para o futuro como para o presente. Assim, o magistrado aristocrático é impelido, ao mesmo tempo e para o mesmo ponto, pelas paixões dos governados, pelas suas e, quase poderia dizer, pelas paixões de sua posteridade.

Como se espantar se ele não resiste? Por isso é frequente vermos nas aristocracias o espírito de classe arrastar aqueles mesmos que ele não corrompe e fazer que, sem que o saibam, eles acomodem pouco a pouco a sociedade a seu uso e a preparem para seus descendentes.

Não me consta que tenha existido uma aristocracia tão liberal quanto a da Inglaterra e que tenha, sem interrupção, fornecido ao governo do país homens tão dignos e tão esclarecidos.

É fácil, porém, reconhecer que na legislação inglesa o bem do pobre acabou muitas vezes sendo sacrificado ao do rico, e os direitos da maioria aos privilégios de alguns. Por isso, a Inglaterra de nossos dias reúne em seu seio tudo o que a fortuna tem de mais extremo, e lá encontramos misérias que quase igualam sua potência e sua glória.

Nos Estados Unidos, onde os funcionários públicos não têm interesse de classe a fazer prevalecer, o andamento geral e contínuo do governo é benéfico, conquanto os governantes muitas vezes sejam inábeis e, às vezes, desprezíveis.

Há, pois, no fundo das instituições democráticas, uma tendência oculta que faz os homens concorrerem frequentemente para a prosperidade geral, apesar de seus vícios ou de seus erros, ao passo que, nas instituições aristocráticas, revela-se às vezes uma propensão secreta que, a despeito dos talentos e das virtudes, leva-os a contribuir para as misérias de seus semelhantes. Pode assim suceder que, nos governos aristocráticos, os homens públicos façam o mal sem o querer e que, nas democracias, produzam o bem sem pensar nele.

Do espírito público nos Estados Unidos

Amor instintivo à pátria. – Patriotismo ponderado. – Suas diferentes características. – Que os povos devem tender todas as suas forças para o segundo quando o primeiro desaparece. – Esforços que os americanos fizeram para lográ-lo. – O interesse do indivíduo intimamente ligado ao do país.

Existe um amor à pátria que tem sua fonte nesse sentimento impensado, desinteressado e indefinível que liga o coração do homem aos lugares em que nasceu. Esse amor instintivo se confunde com o gosto pelos costumes antigos, com o respeito aos ancestrais e à memória do passado; os que o sentem, querem a seu país como se ama a casa paterna. Amam a tranquilidade de que lá desfrutam; gostam dos hábitos calmos que lá contraíram; apegam-se às lembranças que ela lhes apresenta e até veem alguma doçura em nela viver na obediência. Muitas vezes esse amor à pátria é exaltado também pelo zelo religioso, e então vemo-lo fazer prodígios. Ele mesmo é uma espécie de religião: não raciocina, crê, sente, age. Povos houve que, de certo modo, personificaram a pátria e a entreviram no príncipe. Transferiram, pois, a este uma parte dos sentimentos de que o patriotismo se compõe; envaideceram-se com seus triunfos e ufanaram-se de seu poder. Houve um tempo, sob a antiga monarquia, em que os franceses experimentavam uma espécie de alegria ao se sentirem entregues, sem recurso, ao arbítrio do monarca, e diziam com orgulho: "Vivemos sob o mais poderoso rei do mundo."

Como todas as paixões impensadas, esse amor ao país estimula grandes esforços passageiros, em vez de sua continuidade. Depois de ter salvo o Estado em tempo de crise, não raro o deixa definhar no seio da paz.

Quando os povos ainda são simples em seus modos e firmes em sua crença, quando a sociedade repousa docemente numa ordem de coisas antiga, cuja legitimidade não é contestada, vê-se reinar esse amor instintivo à pátria.

Há outro mais racional do que este; menos generoso, menos ardente talvez, porém mais fecundo e mais duradouro. Este nasce das luzes, desenvolve-se com ajuda das leis, cresce com o exercício dos direitos e acaba, de certa forma, por se confundir com o interesse pessoal. Um homem compreende a influência que tem o bem-estar de seu país sobre o seu; sabe que a lei lhe permite contribuir para a produção desse bem-estar e se interessa pela prosperidade de seu país, primeiro como uma coisa que lhe é útil, em seguida como sua obra.

Contudo às vezes se produz, na vida dos povos, um momento em que os costumes antigos são mudados, os usos destruídos, as crenças abaladas, o prestígio das lembranças apagado, e em que, não obstante, as luzes permanecem incompletas e os direitos políticos mal garantidos ou restritos. Então, os homens não percebem mais a pátria, a não ser sob uma forma fraca e duvidosa; não a colocam mais nem no solo, que se tornou, a seus olhos, uma terra inanimada, nem nos usos de seus ancestrais, que foram ensinados a considerar um jugo; nem na religião, de que duvidam; nem nas leis que não fazem, nem no legislador que temem e desprezam. Não a veem em parte alguma, nem sob seus próprios traços nem sob nenhum outro, e se retraem num egoísmo estreito e sem luz. Esses homens escapam dos preconceitos sem reconhecer o império da razão; não possuem o patriotismo instintivo da monarquia, nem o patriotismo impensado da república; detiveram-se entre os dois, no meio da confusão e das misérias.

Que fazer em tal situação? Recuar. Mas os povos não voltam aos sentimentos de sua juventude, tanto quanto os homens não voltam aos gostos inocentes de sua tenra idade. Podem ter saudade deles, mas não fazê-los renascer. Portanto é necessário ir em frente e apressar-se em unir, ante os olhos do povo, o interesse individual ao interesse do país, porque o amor desinteressado à pátria foge irreversivelmente.

Por certo estou longe de pretender que, para chegar a esse resultado, deva-se conceder de repente o exercício dos direitos políticos a todos os homens; mas digo que o meio mais poderoso, e talvez o único que nos reste, de interessar os homens pela sorte de sua pátria seja fazê-los participar de seu governo. Em nossos dias, o espírito de cidadania me parece inseparável do exercício dos direitos políticos; e acho que, doravante, veremos aumentar ou diminuir na Europa o número de cidadãos proporcionalmente à extensão desses direitos.

De onde vem que, nos Estados Unidos, onde os habitantes chegaram ontem à terra que ocupam, aonde não levaram nem usos nem lembranças; onde se encontram pela primeira vez sem se conhecer; onde, para dizê-lo numa palavra, o instinto da pátria mal pode existir; de onde vem que todos se interessam pelos problemas de sua comuna, de seu cantão e do Estado inteiro, como se fossem os seus? É que cada um, em sua esfera, toma uma parte ativa no governo da sociedade.

Nos Estados Unidos, o homem do povo compreendeu a influência que a prosperidade geral exerce sobre sua felicidade, ideia tão simples e, no entanto, tão pouco conhecida do povo. Além do mais, ele se acostumou a ver essa prosperidade como obra sua. Portanto vê na fortuna pública a sua, e trabalha para o bem de seu Estado não apenas por dever ou por orgulho, mas, quase ousaria dizer, por cupidez.

Não é necessário estudar as instituições e a história dos americanos para conhecer a verdade do que precede: os costumes apontam-na suficientemente. O americano, por tomar parte em tudo o que se faz nesse país, crê-se interessado em defender tudo o que é criticado nele, pois não é apenas seu país que atacam então, mas ele mesmo. Por isso vemos seu orgulho nacional recorrer a todos os artifícios e descer a todas as puerilidades da vaidade individual.

Não há nada mais incômodo no hábito da vida do que esse patriotismo irritadiço dos americanos. O estrangeiro aceitaria elogiar muita coisa no país deles; mas gostaria que lhe permitissem criticar alguma coisa, e é o que lhe recusam absolutamente.

A América é, pois, um país de liberdade, em que, para não magoar ninguém, o estrangeiro não deve falar livremente nem dos particulares, nem do Estado, nem dos governados, nem dos governantes, nem dos empreendimentos públicos, nem dos empreendimentos privados; de nada enfim que lá existe, a não ser talvez do clima e do solo. Ainda assim encontramos americanos prestes a defender um e outro, como se tivessem contribuído para formá-los.

Em nossos dias, é preciso saber tomar partido e ousar escolher entre o patriotismo de todos e o governo da minoria, pois não se pode reunir ao mesmo tempo a força e a atividade sociais que o primeiro proporciona junto com as garantias de tranquilidade que às vezes o segundo fornece.

Da ideia dos direitos nos Estados Unidos

Não há grandes povos sem ideia dos direitos. – Qual o meio de dar ao povo a ideia dos direitos. – Respeito aos direitos nos Estados Unidos. – De onde vem.

Depois da ideia geral da virtude, não conheço mais bela que a dos direitos; ou, antes, essas duas ideias se confundem. A ideia dos direitos nada mais é que a ideia da virtude introduzida no mundo político.

Foi com a ideia dos direitos que os homens definiram o que eram a licença e a tirania. Esclarecido por ela, cada qual pôde mostrar-se independente sem arrogância e submisso sem baixeza. O homem que obedece à violência se dobra e se rebaixa; mas quando se submete ao direito de comandar que reconhece a seu semelhante, eleva-se de certa forma acima daquele mesmo que o comanda. Não há grandes homens sem virtude; sem respeito aos direitos não há grande povo – pode-se dizer que não há sociedade, pois o que é uma reunião de seres racionais e inteligentes cujo único vínculo é a força?

Pergunto-me qual é, em nossos dias, o meio de inculcar nos homens a ideia dos direitos e de fazê-la, por assim dizer, ser-lhes óbvia. Vejo um só: dar a todos o exercício sereno de certos direitos. Vemos como isso funciona com as crianças, que são homens, ressalvadas a força e a experiência. Quando a criança começa a se mexer no meio dos objetos externos, o instinto leva-a naturalmente a dispor de tudo o que encontra à sua mão; ela não tem a ideia da propriedade dos outros, nem mesmo a da existência; porém, à medida que aprende o valor das coisas e que descobre que, por sua vez, pode ser despojada das suas, torna-se mais circunspecta e acaba respeitando em seus semelhantes o que deseja que respeitem nela.

O que acontece com a criança com seus brinquedos sucede mais tarde com o homem, em relação a todos os objetos que lhe pertencem. Por que na América, país democrático por excelência, ninguém faz ouvir contra a propriedade em geral essas queixas que não raro ecoam na Europa? Será necessário explicar? É que na América não há proletários. Todos, tendo um bem próprio a defender, reconhecem em princípio o direito de propriedade.

No mundo político dá-se o mesmo. Na América, o homem do povo concebeu uma ideia elevada dos direitos políticos, porque tem direitos políticos; ele não ataca os direitos alheios para que não violem os seus. E, ao passo que na Europa esse mesmo homem desconhece até a autoridade soberana, o americano submete-se sem se queixar ao poder do menor de seus magistrados.

Essa verdade se revela nos menores detalhes da existência dos povos. Na França, há poucos prazeres reservados exclusivamente às classes superiores da sociedade, o pobre é admitido em quase toda a parte em que o rico pode entrar; por isso vemo-lo conduzir-se com decência e respeitar tudo o que serve aos deleites que partilha. Na Inglaterra, onde a riqueza tem o privilégio da alegria, assim como o monopólio do poder, queixam-se de que, quando consegue se introduzir furtivamente no lugar destinado aos prazeres do rico, o pobre gosta de fazer estragos inúteis. Como espantar-se com isso, se se tomou o cuidado de que ele nada tenha a perder?

O governo da democracia faz descer a ideia dos direitos políticos até o menor dos cidadãos, tal como a divisão dos bens põe a ideia do direito de propriedade em geral ao alcance de todos os homens. É esse um de seus maiores méritos, a meu ver.

Não digo que seja fácil ensinar todos os homens a se servir dos direitos políticos; digo apenas que, quando isso é possível, os efeitos resultantes são grandes.

E acrescento que, se há um século em que semelhante empresa deva ser tentada, esse século é o nosso.

Não vê você que as religiões se debilitam e que a noção divina dos direitos desaparece? Não descobre que os costumes se alteram e, com eles, se apaga a noção moral dos direitos?

Não percebe em toda a parte as crenças cederem lugar ao raciocínio, e os sentimentos ao cálculo? Se, no meio dessa comoção universal, você não conseguir ligar a ideia dos direitos ao interesse pessoal que se oferece como único ponto imóvel no coração humano, que lhe restará para governar o mundo, senão o medo?

Portanto, quando me dizem que as leis são fracas e os governados turbulentos; que as paixões são vivas e a virtude impotente; e que, nessa situação, não se deve pensar em aumentar os direitos da democracia, respondo que é por causa disso mesmo que creio que se deve, sim, pensar em aumentá-los – e, na verdade, acho que os governos têm ainda mais interesse nisso do que a sociedade, pois os governos perecem mas a sociedade não poderia morrer. De resto, não quero abusar do exemplo da América.

Na América, o povo foi investido de direitos políticos numa época em que lhe era difícil fazer mau uso deles, porque os cidadãos eram pouco numerosos e de costumes simples. Ao crescerem, os americanos não aumentaram por assim dizer os poderes da democracia, antes ampliaram seu domínio.

Não se pode ter dúvida de que o momento em que se concedem direitos políticos a um povo que estivera privado deles até então é um momento de crise, crise muitas vezes necessária, mas sempre perigosa.

A criança mata quando ignora o valor da vida; tira a propriedade de outrem antes de saber que podem tomar-lhe a sua. O homem do povo, no instante em que lhe concedem direitos políticos, encontra-se, em relação a seus direitos, na mesma posição da criança diante de toda a natureza, e é o caso de lhe aplicar o célebre mote: *Homo puer robustus.*

Essa verdade se vê na América mesma. Os Estados em que os cidadãos gozam há mais tempo de seus direitos são aqueles em que ainda sabem melhor empregá-los.

Nunca será dizer demais: não há nada mais fecundo em maravilhas do que a arte de ser livre; mas não há nada mais difícil do que o aprendizado da liberdade. O mesmo não se aplica ao despotismo. O despotismo se apresenta muitas vezes como o reparador de todos os males sofridos; ele é o apoio do direito justo, o arrimo dos oprimidos e o fundador da ordem. Os povos adormecem no seio da prosperidade momentânea que ele faz nascer e, quando despertam, são miseráveis. A liberdade, ao contrário, nasce de ordinário no meio das tempestades, estabelece-se penosamente entre as discórdias civis e somente quando já está velha é que se podem conhecer seus benefícios.

Do respeito à lei nos Estados Unidos

Respeito dos americanos à lei. – Amor paterno que sentem por ela. – Interesse pessoal que todos têm em aumentar o vigor da lei.

Nem sempre se pode chamar o povo inteiro, seja direta, seja indiretamente, a elaborar a lei; mas não se pode negar que, quando isso é praticável, a lei adquire maior autoridade. Essa origem popular, que muitas vezes prejudica a qualidade e a sabedoria da legislação, contribui singularmente para seu vigor.

Há na expressão da vontade de todo um povo uma força prodigiosa. Quando ela se mostra à luz do dia, a própria imaginação dos que gostariam de lutar contra ela fica como que sufocada por ela.

A verdade disso é bem conhecida dos partidos.

Por isso vemo-los contestar a maioria onde quer que possam. Quando lhes falta esta entre os que votaram, eles a situam entre os que se abstiveram de votar, e quando, aí também, ela lhes escapa, encontram-na no seio dos que não tinham o direito de votar.

Nos Estados Unidos, com exceção dos escravos, dos criados e dos indigentes alimentados pelas comunas, não há ninguém que não seja eleitor e que, por esse motivo, não contribua indiretamente para a lei. Assim, os que querem atacar as leis são forçados a fazer ostensivamente uma destas duas coisas: ou mudar a opinião da nação, ou pisotear a vontade desta.

Acrescente a essa primeira razão esta outra mais direta e mais poderosa: nos Estados Unidos cada um tem uma espécie de interesse pessoal em que todos obedeçam às leis, pois aquele que não faz parte hoje da maioria talvez esteja amanhã entre ela; e esse respeito que professa agora pela vontade do legislador, logo terá ocasião de exigi-lo para a sua. Portanto, por mais incômoda que seja a lei, o habitante dos Estados Unidos se submete a ela sem dificuldade, não apenas como sendo obra da maioria, mas também como sua; ele a considera como um contrato do qual fosse parte.

Não se vê, pois, nos Estados Unidos, uma multidão numerosa e sempre turbulenta, que, vendo a lei como um inimigo natural, só lançasse sobre ela olhares de medo e suspeita. É impossível, ao contrário, não perceber que todas as classes mostram grande confiança na legislação que rege o país e sentem por ela uma espécie de amor paterno.

Equivoco-me ao dizer todas as classes. Na América, por estar invertida a escala europeia dos poderes, os ricos se encontram numa posição análoga à dos pobres na Europa: são eles que, muitas vezes, desconfiam da lei. Eu o disse em outra ocasião: a vantagem real do governo democrático não é garantir os interesses de todos, tal como se pretendeu algumas vezes, mas apenas proteger o da maioria. Nos Estados Unidos, onde o pobre governa, os ricos sempre têm a temer que este use de seu poder contra eles.

Essa disposição de espírito dos ricos pode produzir um descontentamento surdo; mas a sociedade não fica muito perturbada com isso, pois a mesma razão que impede o rico de depositar sua confiança no legislador impede-o de afrontar seus mandamentos. Ele não faz a lei porque é rico, e não ousa violá-la por causa da sua riqueza. Em geral, nas nações civilizadas, só os que não têm nada a perder se revoltam. Assim, pois, se as leis da democracia nem sempre são respeitáveis, quase sempre são respeitadas; pois os que, em geral, violam as leis não podem deixar de obedecer às que eles mesmos fizeram e de que tiram proveito, e os cidadãos que poderiam ter interesse em infrigi-las são levados por caráter e por posição a submeter-se à vontade do legislador, qualquer que seja. De resto, o povo, na América, não obedece à lei apenas porque ela é obra sua, mas também porque pode mudá-la, quando por acaso ela o fere. Primeiro submete-se a ela como um mal que se impôs a si mesmo, em seguida como um mal passageiro.

Atividade que reina em todas as partes do corpo político nos Estados Unidos; influência que ela exerce na sociedade

É mais difícil conceber a atividade política que reina nos Estados Unidos do que a liberdade ou a igualdade que aí encontramos. – O grande movimento que agita sem cessar as legislaturas não passa de um episódio, um prolongamento desse movimento universal. – Dificuldade que o americano tem para tratar apenas de seus próprios assuntos. – A agitação política se propaga à sociedade civil. – Atividade industrial dos americanos provém em parte dessa causa. – Vantagens indiretas que a sociedade obtém do governo da democracia.

Quando se passa de um país livre a outro que não o é, causa espécie um espetáculo extraordinário: lá, tudo é atividade e movimento; aqui, tudo parece calmo e imóvel. Num, trata-se apenas de melhoramentos e progresso; dir-se-ia que a sociedade, no outro, depois de ter adquirido todos os bens, aspira apenas a descansar e desfrutá-los. No entanto, o país que se dá tanta agitação para ser feliz é em geral mais rico e mais próspero do que o que parece tão satisfeito com sua sorte. E considerando um e outro, é difícil conceber como tantas necessidades novas se fazem sentir cada dia no primeiro, enquanto parece sentirem-se tão poucas no segundo.

SEGUNDA PARTE

Se essa observação é aplicável aos países livres que conservaram a forma monárquica e aqueles em que a aristocracia domina, ela o é muito mais ainda nas repúblicas democráticas. Nestas não é mais uma porção do povo que empreende melhorar o estado da sociedade; o povo inteiro encarrega-se disso. Não se trata apenas de satisfazer às necessidades e às comodidades de uma classe, mas de todas as classes ao mesmo tempo.

Não é impossível conceber a imensa liberdade de que desfrutam os americanos; também se pode ter uma ideia da sua extrema igualdade; mas o que não se poderia compreender sem já haver testemunhado é a atividade política que reina nos Estados Unidos.

Mal pisa no solo da América, você se encontra no meio de uma espécie de tumulto; eleva-se de toda a parte um clamor confuso; mil vozes chegam ao mesmo tempo a seu ouvido, cada uma das quais exprime algumas necessidades sociais. À sua volta, tudo se agita: aqui, o povo de um bairro está reunido para saber se deve construir uma igreja; ali, trabalha-se para escolher um representante; mais longe, os deputados de um cantão correm a toda pressa para a cidade, a fim de providenciar certas melhorias locais; em outro lugar, são os cultivadores de uma aldeia que abandonam seus campos para irem discutir o projeto de uma estrada ou de uma escola. Cidadãos se reúnem, com a única finalidade de declarar que desaprovam os passos do governo, enquanto outros se reúnem para proclamar que os homens no poder são os pais da pátria. Eis outros que, considerando o alcoolismo a principal fonte dos males do Estado, vêm se comprometer solenemente a dar o exemplo da temperança[1].

O grande movimento político que agita sem cessar as legislaturas americanas, o único que se pode perceber do exterior, não passa de um episódio e de uma espécie de prolongamento desse movimento universal que começa nas fileiras mais baixas do povo e conquista em seguida, pouco a pouco, todas as classes de cidadãos. Não se poderia trabalhar mais laboriosamente para ser feliz.

É difícil dizer que importância ocupam os cuidados da política na vida de um homem nos Estados Unidos. Meter-se no governo da sociedade e discutir a esse respeito é o maior assunto e, por assim dizer, o único prazer que um americano conhece. Percebe-se isso nos menores hábitos de sua vida: as próprias mulheres comparecem muitas vezes às assembleias públicas e se distraem, ouvindo os discursos políticos, dos aborrecimentos domésticos. Para elas, os clubes substituem até certo ponto os espetáculos. Um americano não sabe conversar, ele discute; não discorre, disserta. Ele sempre fala com você como se falasse a uma assembleia e se, por acaso, se inflamar, dirá "senhores", dirigindo-se a seu interlocutor.

Em certos países, o habitante só aceita com uma espécie de repugnância os direitos políticos que a lei lhe concede; parece-lhe que é lhe roubarem o tempo fazerem-no ocupar-se dos interesses comuns, ele gosta de se fechar num egoísmo estreito, cujo limite exato é formado por quatro valas encimadas por uma cerca viva.

Ao contrário, se o americano fosse reduzido a só cuidar de seus próprios assuntos, a metade de sua existência lhe seria furtada; ele sentiria como que um imenso vazio em seus dias e se tornaria incrivelmente infeliz[2].

Estou persuadido de que, se o despotismo um dia vier se estabelecer na América, encontrará mais dificuldades ainda para vencer os hábitos que a liberdade engendrou do que para superar o próprio amor à liberdade.

Essa agitação sempre renascente, que o governo da democracia introduziu no mundo político, passa em seguida à sociedade civil. Não sei se, afinal de contas, não é essa a maior vantagem do governo democrático, e o aplaudo muito mais por causa do que ele faz fazer do que pelo que ele mesmo faz.

É incontestável que o povo frequentemente dirige muito mal os negócios públicos. Mas o povo não poderia envolver-se neles sem que o círculo de suas ideias se ampliasse e sem que se visse seu espírito sair da rotina costumeira. O homem do povo que é chamado ao governo da sociedade sente certa estima por si mesmo. Como ele é, então, um poder, inteligências esclarecidas põem-se a serviço da sua. Dirigem-se o tempo todo a ele para fazer dele um apoio e, ao procurar enganá-lo de mil maneiras diferentes, esclarecem-no.

Em política, ele participa de empreendimentos que não concebeu, mas que lhe dão o gosto geral de empreender. Indicam-lhe todos os dias novos melhoramentos a fazer na propriedade comum, e ele sente nascer o desejo de melhorar a que lhe é pessoal. Talvez não seja nem mais virtuoso nem mais feliz, porém é mais esclarecido e mais ativo do que seus antecessores. Não duvido que as instituições democráticas, somadas à natureza física do país, sejam a causa, não direta, como tanta gente diz, mas indireta do prodigioso movimento de indústria que se nota nos Estados Unidos. Não foram as leis que o fizeram nascer, o povo é que aprende a produzi-lo fazendo a lei.

Quando os inimigos da democracia pretendem que um só faz melhor aquilo de que se encarrega do que o governo de todos, parece-me que têm razão. O governo de um só, supondo-se de ambas as partes igualdade de luzes, dá maior continuidade a seus empreendimentos do que a multidão; mostra mais perseverança, mais ideia de conjunto, mais perfeição de detalhe, um discernimento mais justo na escolha dos homens. Os que negam essas coisas nunca viram uma república democrática, ou só julgaram com base num pequeno número de exemplos. A democracia, ainda que as circunstâncias locais permitam-lhe manter-se, não apresenta a visão da regularidade administrativa e da ordem metódica no governo, é verdade. A liberdade democrática não executa cada um de seus empreendimentos com a mesma perfeição que o despotismo inteligente; muitas vezes ela os abandona antes de ter colhido seus frutos, ou arrisca empreitadas perigosas. Mas ela acaba produzindo mais que ele; faz menos bem cada coisa, mas faz mais coisas. Sob seu império, não é o que executa a administração pública que é grande, mas sobretudo o que se executa sem ela e fora dela. A democracia não proporciona ao povo o governo mais hábil, mas faz o que o governo mais hábil muitas vezes é incapaz de criar; ela difunde em todo o corpo social uma atividade inquieta, uma força superabundante, uma energia, que nunca existem sem ela e que, por pouco que sejam favoráveis as circunstâncias, podem gerar maravilhas. São essas suas verdadeiras vantagens.

Neste século, em que o destino do mundo cristão parece suspenso, uns se apressam em atacar a democracia como uma potência inimiga, ao passo que ela ainda cresce; outros já adoram nela um novo deus que surge do nada; mas uns e outros só conhecem de maneira imperfeita o objeto de seu ódio ou de seu desejo, combatem nas trevas e desferem seus golpes ao acaso.

O que querem da sociedade e de seu governo? É bom saber.

Querem dar ao espírito humano certa elevação, uma maneira generosa de encarar as coisas deste mundo? Querem inspirar nos homens uma espécie de desprezo pelos bens materiais? Desejam fazer nascer ou manter convicções profundas e preparar grandes abnegações?

Trata-se, para vocês, de burilar os costumes, elevar os modos, fazer as artes brilharem? Querem poesia, fama, glória?

Pretendem organizar um povo de maneira a agir vigorosamente sobre os outros? Destinam-no a tentar grandes empresas e, qualquer que seja o resultado de seus esforços, deixar uma marca imensa na história?

Se for este, na opinião de vocês, o principal objetivo que se devem propor os homens em sociedade, então não adotem o governo da democracia; ele com certeza não os levará à meta.

Mas se lhes parecer útil voltar a atividade intelectual e moral do homem para as necessidades da vida material e empregá-la para produzir o bem-estar; se a razão lhes parecer mais proveitosa aos homens do que o gênio; se seu objetivo não for criar virtudes heroicas, mas hábitos serenos; se preferirem ver vícios a ver crimes, e ver menos grandes ações contanto que se produzam menos fracassos; se, em vez de agir no seio de uma sociedade brilhante, basta-lhes viver no meio de uma sociedade próspera; se, enfim, o objetivo principal de um governo não for, na opinião de vocês, dar ao corpo inteiro da nação o máximo possível de força ou de glória, mas proporcionar a cada um dos indivíduos que o compõem o máximo de bem-estar e evitar-lhe ao máximo a miséria, então igualem as condições e constituam o governo da democracia.

Se não é mais o tempo de fazer uma opção e se uma força superior ao homem já os arrasta, sem consultar seus desejos, na direção de um dos dois governos, procurem pelo menos tirar dele todo o bem que ele pode dar e, conhecendo os bons instintos desse governo, assim como seus maus pendores, esforcem-se por restringir o efeito dos segundos e por desenvolver os primeiros.

CAPÍTULO VII

Da onipotência da maioria nos Estados Unidos e de seus efeitos

Força natural da maioria nas democracias. – A maioria das constituições americanas aumentou artificialmente essa força natural. – Como. – Mandatos imperativos. – Império moral da maioria. – Opinião de sua infalibilidade. – Respeito por seus direitos. – O que o aumenta nos Estados Unidos.

É da própria essência dos governos democráticos o fato de o império da maioria ser absoluto; porque, fora da maioria, não há nada que resista nas democracias.

A maioria das constituições americanas ainda procurou aumentar artificialmente essa força natural da maioria[1].

O legislativo é, de todos os poderes políticos, o que obedece mais facilmente à maioria. Os americanos quiseram que os membros da legislatura fossem nomeados *diretamente* pelo povo, e por um prazo *muito curto*, a fim de obrigá--los a se submeter não apenas às ideias gerais, mas também às paixões cotidianas de seus constituintes.

Eles extraíram das mesmas classes e nomearam da mesma maneira os membros das duas Câmaras, de tal sorte que os movimentos do corpo legislativo são quase tão rápidos e não menos irresistíveis que os de uma só assembleia.

Constituída dessa maneira a legislatura, reuniram em seu seio quase todo o governo.

Ao mesmo tempo que aumentava a força dos poderes que eram naturalmente fortes, a lei debilitava cada vez mais os que eram naturalmente fracos. Não dava aos representantes nem poder executivo, nem estabilidade, nem independência;

e, submetendo-os completamente aos caprichos da legislatura, tirava-lhes o pouco de influência que a natureza do governo democrático lhes teria permitido exercer.

Em vários Estados, fazia o poder judiciário ser eleito pela maioria e, em todos eles, fazia de certo modo a existência desse poder depender do poder legislativo, ao deixar aos representantes o direito de estabelecer cada ano o salário dos juízes.

Os usos foram ainda mais longe que as leis.

Difunde-se cada vez mais, nos Estados Unidos, um costume que acabará por tornar inúteis as garantias do governo representativo: é comum acontecer que os eleitores, nomeando um deputado, lhe tracem um plano de conduta e lhe imponham certo número de obrigações positivas, de que ele não poderia afastar-se. Salvo o tumulto, é como se a própria maioria deliberasse em praça pública.

Várias circunstâncias particulares tendem ainda a tornar, na América, o poder da maioria não apenas predominante, mas irresistível.

O império moral da maioria se baseia, em parte, na ideia de que há mais luzes e sabedoria em muitos homens reunidos do que num só, mais no número de legisladores do que na escolha. É a teoria da igualdade aplicada às inteligências. Essa doutrina ataca o orgulho do homem em seu derradeiro refúgio: eis por que a minoria a admite tão dificilmente e a ela só se acostuma com o passar do tempo. Portanto, como todos os poderes, e mais talvez do que qualquer um deles, o poder da maioria necessita durar para que pareça legítimo. Quando começa a se estabelecer, faz-se obedecer pela coerção; somente depois de se ter vivido muito tempo sob suas leis é que se começa a respeitá-lo.

A ideia do direito de governar a sociedade, que a maioria possui por suas luzes, foi trazida ao solo dos Estados Unidos por seus primeiros habitantes. Essa ideia, que por si só bastaria para criar um povo livre, faz hoje parte dos costumes e a encontramos nos menores hábitos da vida.

Os franceses, sob a antiga monarquia, davam por certo que o rei nunca podia falhar; e, quando este por acaso agia mal, pensavam que a culpa era de seus conselheiros. Isso facilitava maravilhosamente a obediência. Podia-se murmurar contra a lei, sem cessar de amar e respeitar o legislador. Os americanos têm a mesma opinião da maioria.

O império moral da maioria baseia-se também no princípio de que os interesses da maioria devem ter preferência sobre os da minoria. Ora, é fácil compreender que o respeito que se professa por esse direito da maioria aumenta naturalmente ou diminui dependendo do estado dos partidos. Quando uma nação está dividida entre vários grandes interesses inconciliáveis, o privilégio da maioria muitas vezes é desprezado, porque se torna demasiado penoso submeter-se a ele.

Se existisse na América uma classe de cidadãos que o legislador trabalhasse para despojar de certas vantagens exclusivas, possuídas durante séculos, e quisesse rebaixar de uma situação elevada para trazê-los a fazer parte da multidão, é provável que a minoria não se submetesse facilmente a suas leis.

Mas como os Estados Unidos foram povoados por homens iguais entre si, ainda não há dissidência natural e permanente entre os interesses de seus diversos habitantes.

Existe um estado social em que os membros da minoria não podem esperar atrair para si a maioria, porque seria necessário para tanto abandonar o objetivo mesmo da luta que travam contra ela. Uma aristocracia, por exemplo, não poderia se tornar maioria conservando seus privilégios exclusivos e não poderia deixar escapar seus privilégios sem deixar de ser uma aristocracia.

Nos Estados Unidos, as questões políticas não podem ser colocadas de uma maneira tão geral e tão absoluta, e todos os partidos estão prontos para reconhecer os direitos da maioria, porque todos esperam poder um dia exercê-los em seu proveito.

A maioria tem, pois, nos Estados Unidos, um imenso poder de fato e um poder de opinião quase tão grande; e, uma vez que ela é estabelecida sobre uma questão, não há, por assim dizer, obstáculos que possam, não vou dizer deter, mas nem mesmo retardar sua marcha e dar tempo de ouvir as queixas dos que ela esmaga em sua passagem.

As consequências desse estado de coisas são funestas e perigosas para o futuro.

Como a onipotência da maioria aumenta na América a instabilidade administrativa que é natural às democracias

Como os americanos aumentam a instabilidade legislativa, que é natural à democracia, mudando cada ano o legislador e armando-o de um poder quase ilimitado. – Mesmo efeito produzido na administração. – Na América dá-se aos melhoramentos sociais uma força infinitamente maior, porém menos contínua, do que na Europa.

Falei precedentemente dos vícios naturais do governo da democracia; não há um só que não cresça ao mesmo tempo que o poder da maioria.

E, para começar pelo mais aparente de todos, a instabilidade legislativa é um mal inerente ao governo democrático, porque é da natureza das democracias levar novos homens ao poder. Mas esse mal é mais ou menos grande conforme o poder e os meios de ação concedidos ao legislador.

Na América, dota-se a autoridade que faz as leis de um poder soberano. Ela pode se entregar rápida e irresistivelmente a todos os seus desejos, e cada ano lhe dão outros representantes. Isto é, adota-se precisamente a combinação que mais favorece a instabilidade democrática e que permite à democracia aplicar sua vontade mutável aos mais importantes objetos.

Por isso a América é, em nossos dias, o país do mundo em que as leis têm menos duração. Quase todas as constituições americanas foram emendadas nos últimos trinta anos. Portanto não há Estado americano que não tenha, durante esse período, modificado o princípio de suas leis.

Quanto às leis mesmas, basta correr os olhos pelos arquivos dos diferentes Estados da União para convencer-se de que, na América, a ação do legislador nunca reduz seu ritmo. Não é que a democracia americana seja, por natureza, mais instável do que outra qualquer, mas foi-lhe dado o meio de seguir, na formação da leis, a instabilidade natural de suas inclinações[2].

A onipotência da maioria e a maneira mais rápida e absoluta na qual suas vontades se executam nos Estados Unidos não apenas tornam a lei instável, mas exercem também a mesma influência sobre a ação da lei e sobre a ação da administração pública.

Como a maioria é a única força a que é importante agradar, contribui-se com ardor para as obras que ela empreende; mas, a partir do momento em que sua atenção se volta para outra coisa, todos os esforços cessam. Já nos Estados livres da Europa, onde o poder administrativo tem uma existência independente e uma posição garantida, as vontades do legislador continuam a se executar, mesmo se ele estiver cuidando de outros projetos.

Na América, investe-se muito maior zelo e atividade em certos melhoramentos do que em outros lugares.

Na Europa, emprega-se para essas mesmas coisas uma força social infinitamente menor, porém mais contínua.

Alguns homens religiosos empreenderam, faz vários anos, a melhoria do estado das prisões. O público comoveu-se com o seu apelo, e a regeneração dos criminosos tornou-se obra popular.

Novas prisões foram construídas então. Pela primeira vez, a ideia da recuperação do culpado penetrou numa masmorra, ao mesmo tempo que a ideia do castigo. Mas a feliz revolução a que o público se associara com tanto ardor e que os esforços simultâneos dos cidadãos tornavam irresistível não podia realizar-se de um momento para o outro.

Ao lado das novas penitenciárias, cujo desenvolvimento era apressado pelo desejo da maioria, as antigas prisões ainda subsistiam e continuavam a encerrar um grande número de culpados. Estas pareciam tornar-se mais insalubres e mais corruptoras à medida que as novas se tornavam mais reformadoras e mais sadias. Esse duplo efeito é de fácil compreensão: a maioria, preocupada com a ideia de fundar o novo estabelecimento, esquecera o que já existia. Então, como as pessoas desviaram os olhos do objeto que não mais atraía os olhares do amo, a vigilância cessou. Primeiro viu-se o relaxamento, logo depois o rompimento dos vínculos salutares da disciplina. E, ao lado da prisão, monumento duradouro da brandura e das luzes de nosso tempo, encontrava-se uma masmorra que recordava a barbárie da Idade Média.

Tirania da maioria

Como se deve entender o princípio da soberania do povo. – Impossibilidade de conceber um governo misto. – É preciso que o poder soberano esteja em algum lugar. – Precauções que se deve tomar para moderar sua ação. – Essas precauções não foram tomadas nos Estados Unidos. – O que daí resulta.

Considero ímpia e detestável a máxima de que, em matéria de governo, a maioria do povo tem o direito de fazer tudo; apesar disso situo na vontade da maioria a origem de todos os poderes. Estarei em contradição comigo mesmo?

Existe uma lei geral que foi feita ou, pelo menos, adotada não apenas pela maioria deste ou daquele povo, mas pela maioria de todos os homens. Esta lei é a justiça.

A justiça constitui, pois, o limite do direito de cada povo.

Uma nação é como um júri encarregado de representar a sociedade universal e de aplicar a justiça, que é sua lei. O júri, que representa a sociedade, deve ter maior força que a própria sociedade, cujas leis aplica?

Assim, quando me recuso a obedecer a uma lei injusta, não nego à maioria o direito de comandar; apenas, em lugar de apelar para a soberania do povo, apelo para a soberania do gênero humano.

Há pessoas que não temeram dizer que um povo, nos objetos que só interessavam a ele mesmo, não podia sair inteiramente dos limites da justiça e da razão e que, assim, não se devia temer dar todo o poder à maioria que o representa. Mas é, esta, uma linguagem de escravos.

Afinal o que é uma maioria tomada coletivamente, senão um indivíduo que tem opiniões e, na maioria dos casos, interesses contrários a outro indivíduo, denominado minoria? Ora, se você admitir que um homem investido da onipotência pode abusar dela contra seus adversários, por que não admite a mesma coisa para uma maioria? Os homens, reunindo-se, mudaram de caráter? Tornaram-se mais pacientes diante dos obstáculos tornando-se mais fortes?[3] Quanto a mim, não poderia acreditar em tal coisa; e o poder de fazer tudo, que recuso a um só de meus semelhantes, nunca vou conceder a muitos.

Não que, para conservar a liberdade, eu creia que se possam misturar vários princípios num mesmo governo, de maneira a opô-los realmente um ao outro.

O governo que chamamos misto sempre me pareceu uma quimera. Para dizer a verdade, não há governo misto (no sentido que se dá a essa palavra), porque, em cada sociedade, acaba-se descobrindo um princípio de ação que domina todos os demais.

A Inglaterra do século passado, que foi particularmente citada como exemplo dessas espécies de governo, era um Estado essencialmente aristocrático, muito embora houvesse em seu seio grandes elementos de democracia; porque as leis e os costumes estavam estabelecidos de tal forma que a aristocracia devia sempre, a longo prazo, predominar e dirigir de acordo com a sua vontade os negócios públicos.

O erro decorreu de que, vendo sem cessar os interesses dos grandes às turras com os do povo, pensou-se tão só na luta, em vez de atentar para o resultado dessa luta, que era o ponto importante. Quando uma sociedade vem a ter realmente um governo misto, isto é, igualmente dividido entre princípios contrários, ela entra em revolução ou se dissolve.

Penso, pois, que é sempre necessário pôr em algum lugar um poder social superior a todos os outros, mas creio estar a liberdade em perigo quando esse poder não encontra diante de si nenhum obstáculo que possa reter sua marcha e lhe dar tempo de se moderar.

A onipotência parece-me em si uma coisa ruim e perigosa. Seu exercício parece-me acima das forças do homem, qualquer que ele seja, e penso que apenas Deus pode ser, sem perigo, onipotente, porque sua sabedoria e sua justiça são sempre iguais a seu poder. Portanto não há na Terra autoridade tão respeitável em si mesma, ou investida de um direito tão sagrado, que eu aceitasse deixar agir sem controle e dominar sem obstáculos. Portanto, quando vejo concederem o direito e a faculdade de fazer tudo a uma força qualquer, seja ela chamada povo ou rei, democracia ou aristocracia, seja ela exercida numa monarquia ou numa república, digo: aí está o germe da tirania; e procuro ir viver sob outras leis.

O que mais critico no governo democrático, tal como foi organizado nos Estados Unidos, não é, como muitos na Europa pretendem, sua fraqueza, mas, ao contrário, sua força irresistível. E o que mais me repugna na América não é a extrema liberdade que lá reina, mas a pouca garantia que encontramos contra a tirania.

Quando um homem ou um partido sofrem uma injustiça nos Estados Unidos, a quem você quer que ele se dirija? À opinião pública? É ela que constitui a maioria. Ao corpo legislativo? Ele representa a maioria e obedece-lhe cegamente. Ao poder executivo? Ele é nomeado pela maioria e lhe serve de instrumento passivo. À força pública? A força pública não passa da maioria sob as armas. Ao júri? O júri é a maioria investida do direito de pronunciar sentenças – os próprios juízes, em certos Estados, são eleitos pela maioria. Por mais iníqua e insensata que seja a medida a atingi-lo, você tem de se submeter a ela[4].

Suponha, ao contrário, um corpo legislativo composto de tal maneira que represente a maioria, sem ser necessariamente escravo de suas paixões; um poder executivo que tenha uma força própria e um poder judiciário independente dos dois outros poderes: você ainda terá um governo democrático, mas nele quase já não haverá possibilidade de tirania.

Não digo que, na época atual, faça-se na América um uso frequente da tirania; digo que na América não se descobre garantia contra ela e que é necessário buscar as causas da brandura do governo nas circunstâncias e nos costumes, em vez de nas leis.

Efeito da onipotência da maioria sobre a arbitrariedade dos funcionários públicos americanos

Liberdade que a lei americana dá aos funcionários no círculo que traçou. – Seu poder.

Cumpre distinguir a arbitrariedade da tirania. A tirania pode se exercer por meio da própria lei, e então não é arbitrária; a arbitrariedade pode se exercer no interesse dos governados, e então não é tirânica.

A tirania serve-se usualmente da arbitrariedade, mas, se necessário, sabe prescindir dela.

Nos Estados Unidos, a onipotência da maioria, ao mesmo tempo que favorece o despotismo legal do legislador, favorece também a arbitrariedade do magistrado. Sendo senhora absoluta de fazer a lei e zelar por sua execução, tendo um controle igual sobre os governantes e sobre os governados, a maioria considera os funcionários públicos seus agentes passivos e deixa-lhes naturalmente o cuidado de servir a seus desígnios. Portanto ela não entra previamente no detalhe dos deveres e não se dá ao trabalho de definir seus direitos. Trata-os como um amo poderia fazer com seus servidores, se, vendo-os sempre agir ante seus olhos, pudesse dirigir ou corrigir sua conduta a cada instante.

Em geral, a lei deixa os funcionários americanos muito mais livres do que os nossos no círculo que lhes traça em torno. Às vezes acontece, inclusive, que a maioria lhes permita sair dele. Garantidos pela opinião da maioria e fortes de seu concurso, ousam então coisas com que um europeu habituado ao espetáculo da arbitrariedade ainda se espanta. Constituem-se assim no seio da liberdade hábitos que um dia poderão vir a ser-lhe funestos.

Do poder que a maioria exerce sobre o pensamento na América

Nos Estados Unidos, quando a maioria fixou-se definitivamente sobre uma questão, não se discute mais. – Por quê. – Força moral que a maioria exerce sobre o pensamento. – As repúblicas democráticas imaterializam o despotismo.

É quando se examina qual é nos Estados Unidos o exercício do pensamento, que se percebe claramente a que ponto a força da maioria supera todas as forças que conhecemos na Europa.

O pensamento é um poder invisível e quase inapreensível que faz pouco de todas as tiranias. Em nossos dias, os soberanos mais absolutos da Europa não seriam capazes de impedir que certos pensamentos hostis à sua autoridade circulassem surdamente em seus Estados e até mesmo no seio de suas cortes. A mesma coisa não acontece na América: enquanto a maioria for duvidosa, fala-se, mas assim que ela se pronuncia definitivamente todos se calam, e amigos como inimigos parecem, então, jungir-se de comum acordo a seu carro. A razão disso é simples: não há monarca tão absoluto que possa reunir em sua mão todas as forças da sociedade e vencer as resistências, como pode fazê-lo uma maioria investida do direito de fazer as leis e executá-las.

De resto, um rei possui um poder material que age apenas sobre as ações e não poderia atingir as vontades; mas a maioria é investida de uma força ao mesmo tempo material e moral, que age tanto sobre a vontade quanto sobre as ações e que, ao mesmo tempo, impede o fato e o desejo de fazer.

Não conheço país em que reine, em geral, menos independência de espírito e verdadeira liberdade de discussão do que na América.

Não há teoria religiosa ou política que não se possa pregar livremente nos Estados constitucionais da Europa e que não penetre nos outros; porque não há na Europa país tão submetido a um só poder a ponto de aquele que quer dizer a verdade não encontre um apoio capaz de tranquilizá-lo contra os resultados de sua independência. Se tiver a infelicidade de viver sob um governo absoluto, frequentemente terá o povo a seu favor; se habitar um país livre, poderá, se preciso, abrigar-se atrás da autoridade real. A fração aristocrática da sociedade o apoia nas regiões democráticas, e a democracia nas outras. Mas no seio de uma democracia organizada como a dos Estados Unidos, há um só poder, um único elemento de força e de sucesso, e não se encontra nada fora deste.

SEGUNDA PARTE

Na América, a maioria traça um círculo formidável em torno do pensamento. Dentro desses limites, o escritor é livre; mas ai dele, se ousar sair! Não que deva temer um auto de fé, mas vê-se diante de desgostos de todo tipo e de perseguições cotidianas. A carreira política lhe é vedada: ele ofendeu o único poder que tem a faculdade de abri-la. Recusam-lhe tudo, até a glória. Antes de publicar suas opiniões, pensava ter partidários; parece-lhe não os ter mais, agora que se revelou a todos, porque aqueles que o criticam se exprimem em alta voz e os que pensam como ele, sem ter sua coragem, calam-se e afastam-se. Ele cede, dobra-se enfim sob o esforço de cada dia e entra no silêncio, como se sentisse remorso por ter dito a verdade.

Grilhões e carrascos são instrumentos grosseiros, que a tirania empregava outrora; mas em nossos dias a civilização aperfeiçoou até o próprio despotismo, que parecia contudo nada mais ter a aprender.

Os príncipes tinham, por assim dizer, materializado a violência; as repúblicas democráticas de nossos dias tornaram-na tão intelectual quanto a vontade humana que ela quer coagir. Sob o governo absoluto de um só, o despotismo, para chegar à alma, atingia grosseiramente o corpo; e a alma, escapando desses golpes, se elevava gloriosa acima dele. Mas, nas repúblicas democráticas, não é assim que a tirania procede; ela deixa o corpo e vai direto à alma. O amo não diz mais: "Pensará como eu ou morrerá." Diz: "Você é livre de não pensar como eu; sua vida, seus bens, tudo lhe resta; mas a partir deste dia você é um estrangeiro entre nós. Irá conservar seus privilégios na cidade, mas eles se tornarão inúteis, porque, se você lutar para obter a escolha de seus concidadãos, eles não a darão, e mesmo se você pedir apenas a estima deles, ainda assim simularão recusá--la. Você permanecerá entre os homens, mas perderá seus direitos à humanidade. Quando se aproximar de seus semelhantes, eles fugirão de você como de um ser impuro, e os que acreditarem em sua inocência, mesmo estes o abandonarão, porque os outros fugiriam dele por sua vez. Vá em paz, deixo-lhe a vida, mas deixo-a pior, para você, do que a morte."

As monarquias absolutas haviam desacreditado o despotismo; estejamos atentos para que as repúblicas democráticas não o reabilitem e para que, tornando-o mais pesado para alguns, não o dispam, aos olhos da maioria, de seu aspecto odioso e de seu caráter aviltante.

Nas nações mais altivas do Velho Mundo, publicaram-se obras destinadas a pintar fielmente os vícios e os ridículos dos contemporâneos. La Bruyère residia no palácio de Luís XIV quando compôs seu capítulo sobre os grandes, e Molière criticava a corte em peças que encenava diante dos cortesãos. Mas o poder que domina nos Estados Unidos não entende que se troce dele assim. A menor crítica o fere, a menor verdade picante o exaspera; e é necessário que se elogiem desde as formas da sua linguagem até suas mais sólidas virtudes. Nenhum escritor, qualquer que seja seu renome, pode escapar dessa obrigação de incensar seus concidadãos. A maioria vive, pois, numa perpétua adoração de si mesma; somente os estrangeiros ou a experiência podem fazer certas verdades chegar ao ouvido dos americanos.

Se a América ainda não tem grandes escritores, é aí que devemos procurar a explicação de tal fato: não existe gênio literário sem liberdade de espírito, e não há liberdade de espírito na América.

A inquisição nunca pôde impedir que circulassem na Espanha livros contrários à religião da maioria. O império desta faz melhor nos Estados Unidos: ele tirou até mesmo a ideia de publicá-los. Encontramos incrédulos na América, mas a incredulidade lá não encontra, por assim dizer, um órgão.

Vemos governos que se esforçam por proteger os costumes condenando os autores de livros licenciosos. Nos Estados Unidos, não se condena ninguém por esse gênero de obras; mas ninguém se sente tentado a escrevê-los. Não é, porém, que todos os cidadãos tenham costumes puros, mas a maioria é regular nos seus.

Lá, o uso do poder é bom, sem dúvida; por isso só falei do poder em si mesmo. Esse poder irresistível é um fato contínuo, e seu bom uso não passa de um acidente.

Efeitos da tirania da maioria sobre o caráter nacional dos americanos; do espírito cortesão nos Estados Unidos

Os efeitos da tirania da maioria fazem-se sentir, até hoje, mais nos costumes do que na direção da sociedade. – Eles detêm o desenvolvimento dos grandes caracteres. – As repúblicas democráticas organizadas, como as dos Estados Unidos, colocam o espírito cortesão ao alcance da maioria das pessoas. – Provas desse espírito nos Estados Unidos. – Por que há mais patriotismo no povo do que nos que governam em seu nome.

A influência do que precede só se faz sentir fracamente, por enquanto, na sociedade política; mas já se podem notar efeitos daninhos sobre o caráter nacional dos americanos. Acho que é sobretudo à ação sempre crescente do despotismo da maioria, nos Estados Unidos, que se deve atribuir o pequeno número de homens notáveis que hoje se apresentam na cena política desse país.

Quando a revolução americana estourou, eles apareceram em multidão; a opinião pública dirigia então as vontades e não as tiranizava. Os homens célebres dessa época, associando-se livremente ao movimento dos espíritos, tiveram uma grandeza que lhes foi própria: eles propagaram seu brilho sobre a nação, não o tomaram emprestado dela.

Nos governos absolutos, os grandes que se aproximam do trono afagam as paixões do amo e curvam-se voluntariamente a seus caprichos. Mas a massa da nação não se presta à serventia; muitas vezes submete-se a ela por fraqueza, hábito ou ignorância, algumas vezes por amor à realeza ou ao rei. Vimos povos mostrarem uma espécie de prazer e de orgulho em sacrificar sua vontade à do príncipe e estabelecerem, assim, uma espécie de independência d'alma no meio da própria obediência. Nesses povos, encontramos muito menos degradação do que misérias. Por sinal, há uma grande diferença entre fazer o que não se aprova e fingir aprovar o que se faz: uma coisa é própria de um homem fraco, a outra pertence tão só aos hábitos de um lacaio.

Nos países livres, em que cada um é mais ou menos chamado a dar sua opinião sobre os negócios do Estado; nas repúblicas democráticas, em que a vida pública acha-se incessantemente mesclada à vida privada, em que o soberano é abordável de todos os lados e em que basta erguer a voz para ela chegar a seu ouvido, encontramos muito mais gente procurando especular sobre suas fraquezas e viver à custa de suas paixões do que nas monarquias absolutas. Não que os homens sejam naturalmente piores nelas do que em outros sistemas, mas nelas a tentação é mais forte e se oferece a mais gente ao mesmo tempo. Daí resulta um aviltamento muito mais geral das almas.

As repúblicas democráticas colocam o espírito cortesão ao alcance da maior parte das pessoas e o fazem penetrar em todas as classes ao mesmo tempo. É uma das principais críticas que podemos fazer a elas.

Isso é válido sobretudo nos Estados democráticos, organizados como as repúblicas americanas, em que a maioria possui um império tão absoluto e tão irresistível, que quem quiser se afastar do caminho que ela traçou precisará de certa forma renunciar a seus direitos de cidadão e, por assim dizer, à sua qualidade de homem.

Entre a imensa multidão que, nos Estados Unidos, se precipita na carreira política, vi muito poucos homens que mostrassem essa candura viril, essa independência vigorosa do pensamento, que frequentemente distinguiram os americanos nos tempos anteriores e que, onde quer que as encontremos, constituem o traço saliente dos grandes caracteres. Dir-se-ia, à primeira vista, que na América os espíritos foram todos formados a partir do mesmo modelo, a tal ponto seguem exatamente as mesmas vias. É verdade, o estrangeiro encontra, algumas vezes, americanos que se afastam do rigor das fórmulas. Acontece-lhes deplorar o vício das leis, a versatilidade da democracia e sua falta de luzes; chegam até a notar os defeitos que alteram o caráter nacional, e indicam os meios que poderiam ser empregados para corrigi-los – mas ninguém, exceto você, os ouve. E você, a quem confiam esses pensamentos secretos, nada mais é que um estrangeiro, e você passa. Eles lhe confiam de bom grado verdades que para você são inúteis e, ao saírem à praça pública, usam de outra linguagem.

Se estas linhas um dia chegarem à América, tenho certeza de duas coisas: a primeira, que todos os leitores elevarão a voz para me condenar; a segunda, que muitos deles me absolverão no fundo de sua consciência.

Ouvi falar da pátria nos Estados Unidos. Encontrei verdadeiro patriotismo no povo; muitas vezes procurei-o em vão nos que o dirigem. É fácil compreender isso por analogia: o despotismo deprava muito mais quem se submete a ele do que quem o impõe. Nas monarquias absolutas, o rei muitas vezes possui grandes virtudes, mas os cortesãos sempre são vis.

É verdade que os cortesãos, na América, não dizem *Sire* e *Vossa Majestade*, grande e capital diferença; mas falam sem cessar das luzes naturais de seu senhor; não levantam a questão de saber qual das virtudes do príncipe mais merece a admiração, pois garantem que possui todas as virtudes, sem as ter adquirido e, por assim dizer, sem querer; não lhe dão suas mulheres e suas filhas para que ele se digne elevá-las a amantes, mas, sacrificando-lhe suas opiniões, prostituem a si mesmos.

Os moralistas e os filósofos, na América, não são obrigados a envolver suas opiniões com os véus da alegoria; mas, antes de arriscarem uma verdade incômoda, dizem: "Sabemos que falamos a um povo muito acima das fraquezas humanas para não permanecer sempre senhor de si mesmo. Não empregaríamos semelhante linguajar se nos dirigíssemos a homens cujas virtudes e cujas luzes os tornam os únicos, dentre todos os demais, dignos de permanecer livres."

Como os aduladores de Luís XIV poderiam fazer melhor?

Quanto a mim, creio que em todos os governos, quaisquer que sejam, a baixeza prender-se-á à força e a adulação, ao poder. E só sei de um meio para impedir que os homens se degradem: não conceder a ninguém, com a onipotência, o poder soberano de aviltá-los.

Que o maior perigo das repúblicas americanas provém da onipotência da maioria

É por causa do mau uso de sua potência, e não por impotência, que as repúblicas democráticas expõem-se a perecer. – O governo das repúblicas americanas mais centralizado e mais enérgico do que o das monarquias da Europa. – Perigo que daí resulta. – Opinião de Madison e de Jefferson a esse respeito.

Os governos perecem de ordinário por impotência ou por tirania. No primeiro caso, o poder lhes escapa; no outro, lhes é tirado.

Muitas pessoas, vendo certos Estados democráticos caírem na anarquia, acharam que o governo, nesses Estados, era naturalmente fraco e impotente. A verdade é que, uma vez que a guerra aí se acende entre os partidos, o governo perde sua ação sobre a sociedade. Mas não acho que seja próprio da natureza de um poder democrático carecer de força e de recursos; ao contrário, creio que é quase sempre o abuso de sua força e o mau uso de seus recursos que o fazem perecer. A anarquia nasce quase sempre da tirania ou da inabilidade do poder democrático, não da sua impotência.

Não se deve confundir estabilidade com força, a grandeza da coisa com sua duração. Nas repúblicas democráticas, o poder que dirige[5] a sociedade não é estável, pois muda com frequência de mãos e de objeto. Mas, onde quer que se aplique, sua força é quase irresistível.

O governo das repúblicas americanas parece-me tão centralizado e mais enérgico que o das monarquias absolutas da Europa. Não acho, pois, que ele pereça por fraqueza[6].

Se algum dia a liberdade vier a ser perdida na América, dever-se-á imputar essa perda à onipotência da maioria, que terá levado as minorias ao desespero e as terá forçado a apelar para a força material. Ver-se-á então a anarquia, mas ela chegará como consequência do despotismo.

O presidente James Madison exprimiu os mesmos pensamentos (Ver o *Fédéraliste*, nº 51):

"É importantíssimo, nas repúblicas, não apenas defender a sociedade contra a opressão dos que a governam, mas também garantir uma parte da sociedade contra a injustiça da outra. A justiça é o objetivo a que deve tender todo governo; é a finalidade que se propõem os homens ao se reunirem. Os povos fizeram e sempre farão esforços visando a esse objetivo, até conseguirem atingi-lo ou perderem sua liberdade.

"Se houvesse uma sociedade em que o partido mais poderoso fosse capaz de reunir facilmente suas forças e oprimir o mais fraco, poderíamos considerar que a anarquia reina em tal sociedade tanto quanto no estado natural, em que o indivíduo mais fraco não tem nenhuma garantia contra a violência do mais forte. E, assim como, no estado natural, os inconvenientes de uma sorte incerta e precária levam os mais fortes a se submeterem a um governo que protege os fracos, assim como a eles mesmos, assim também, num governo anárquico, os mesmos motivos levarão pouco a pouco os partidos mais poderosos a desejar um governo que possa proteger igualmente todos os partidos, o forte e o fraco. Se o Estado de Rhode Island fosse separado da Confederação e entregue a um governo popular, exercido soberanamente em limites estreitos, não se poderia duvidar que a tirania das maiorias tornaria o exercício dos direitos tão incerto nesse Estado, que se acabaria reclamando um poder inteiramente independente do povo. As próprias facções, que o teriam tornado necessário, se apressariam em apelar para ele."

Jefferson também dizia: "O poder executivo, em nosso governo, não é o único e, talvez, nem mesmo o principal objeto da minha solicitude. A tirania dos legisladores é atualmente, e será durante muitos anos ainda, o perigo mais temível. A do poder executivo virá por sua vez, mas num período mais distante."[7]

Prefiro, nesta matéria, citar Jefferson a qualquer outro, porque o considero o mais poderoso apóstolo que já teve a democracia.

CAPÍTULO VIII

Do que tempera nos Estados Unidos a tirania da maioria

Ausência de centralização administrativa

A maioria nacional não tem a pretensão de fazer tudo. – É obrigada a servir-se dos magistrados da comuna e dos condados para executar sua vontade soberana.

Distingui precedentemente duas espécies de centralização; chamei uma de governamental, a outra de administrativa.

Apenas a primeira existe na América, a segunda é praticamente desconhecida.

Se o poder que dirige as sociedades americanas encontrasse à sua disposição esses dois meios de governo e somasse ao direito de tudo comandar a faculdade e o hábito de tudo executar por si mesmo; se, depois de ter estabelecido os princípios gerais do governo, penetrasse nos detalhes da aplicação e se, depois de ter equacionado os grandes interesses do país, pudesse descer até o limite dos interesses individuais, a liberdade logo seria banida do Novo Mundo.

Mas, nos Estados Unidos, a maioria, que muitas vezes tem os gostos e os instintos de um déspota, ainda carece dos instrumentos mais aperfeiçoados da tirania.

Em todas as repúblicas americanas, o governo central sempre cuidou apenas de um pequeno número de objetos, cuja importância atraía seus olhares. Não procurou resolver as coisas secundárias da sociedade. Nada indica que tenha sequer acalentado o desejo de fazê-lo. A maioria, tornando-se cada vez mais absoluta, não aumentou as atribuições do poder central; ela apenas o torna onipotente em sua esfera. Assim, o despotismo pode ser muito pesado num ponto, mas não poderia estender-se a todos.

De resto, por mais arrebatada que possa ser por suas paixões, por mais ardente que seja em seus projetos, a maioria nacional não poderia fazer que, em todos os lugares, da mesma maneira e no mesmo momento, todos os cidadãos se dobrassem a seus desejos. Quando ordena soberanamente, o governo central que a representa deve remeter-se, para a execução de seu comando, a agentes que muitas vezes não dependem dele e que ele não pode dirigir a cada instante. Os corpos municipais e as administrações dos condados constituem, pois, como que obstáculos ocultos, a retardar ou a dividir o fluxo da vontade popular. Fosse a lei opressiva, a liberdade ainda encontraria abrigo na maneira como a executaria; e a maioria não poderia descer aos detalhes, e, se ouso dizer, às puerilidades da tirania administrativa. Ela nem sequer imagina que possa fazê-lo, pois não tem plena consciência de seu poder. Ela só conhece por enquanto suas forças naturais e ignora até onde a arte poderia estender os limites destas.

Isso merece reflexão. Se algum dia viesse a se fundar uma república democrática como a dos Estados Unidos, num país em que o poder de um só já houvesse estabelecido e introduzido nos costumes, assim como nas leis, a centralização administrativa, não temo dizer que, em tal república, o despotismo se tornaria mais intolerável do que em qualquer uma das monarquias absolutas da Europa. Somente na Ásia se encontraria um que se pudesse comparar com ele.

Do espírito legista nos Estados Unidos e como ele serve de contrapeso à democracia

Utilidade de descobrir quais são os instintos naturais do espírito legista. – Os legistas chamados a desempenhar um grande papel na sociedade que procura nascer. – Como o gênero de trabalhos a que os legistas se dedicam proporciona um aspecto aristocrático a suas ideias. – Causas acidentais que podem se opor ao desenvolvimento dessas ideias. – Facilidade que a aristocracia encontra para se unir aos legistas. – Proveito que um déspota poderia tirar dos legistas. – Como os legistas formam o único elemento aristocrático capaz de se combinar com os elementos naturais da democracia. – Causas particulares que tendem a dar um aspecto aristocrático ao espírito do legista inglês e americano. – A aristocracia americana está no banco dos advogados e na cadeira dos juízes. – Influência exercida pelos legistas sobre a sociedade americana. – Como seu espírito penetra no seio das legislaturas, na administração, e acaba dando ao próprio povo algo dos instintos dos magistrados.

Quando visitamos os americanos e estudamos suas leis, vemos que a autoridade que deram aos legistas e a influência que lhes deixaram tomar no governo constituem hoje a mais poderosa barreira contra os desvios da democracia. Esse efeito parece-me decorrer de uma causa geral que é útil descobrir, pois pode reproduzir-se em outras partes.

Os legistas participaram de todos os movimentos da sociedade política, na Europa, nos últimos quinhentos anos. Ora serviram de instrumento às forças políticas, ora empregaram as forças políticas como instrumento. Na Idade Média, os legistas cooperaram maravilhosamente para ampliar a dominação dos reis; desde esses tempos, trabalharam poderosamente para restringir esse mesmo poder. Na Inglaterra, vimo-los unirem-se intimamente à aristocracia; na França, mostraram-se seus mais perigosos inimigos. Os legistas cedem, então, apenas a impulsos súbitos e momentâneos, ou obedecem mais ou menos, conforme as circunstâncias, a instintos que lhes são naturais e que sempre se reproduzem? Gostaria de esclarecer esse ponto, pois talvez os legistas estejam destinados a desempenhar o papel principal na sociedade política que procura nascer.

Os homens que empreenderam um estudo especial das leis granjearam nesse trabalho hábitos de ordem, um certo gosto pelas formas, uma espécie de amor instintivo pelo encadeamento regular das ideias, que os tornam naturalmente opostos ao espírito revolucionário e às paixões irrefletidas da democracia.

Os conhecimentos especiais que os legistas adquirem estudando a lei garantem-lhes um lugar à parte na sociedade; eles constituem uma espécie de classe privilegiada entre as inteligências. Encontram cada dia a ideia dessa superioridade no exercício de sua profissão; são os mestres de uma ciência necessária, cujo conhecimento não é muito difundido; servem de árbitros entre os cidadãos, e o costume de dirigir para sua meta as paixões cegas dos litigantes lhes porporciona certo desprezo pelo juízo da multidão. Acrescente a isso o fato de formarem naturalmente *um corpo*. Não é que se entendam entre si e se dirijam de comum acordo para um mesmo ponto; mas a comunidade de estudos e a unidade de métodos ligam seu espírito reciprocamente, tal como o interesse poderia unir sua vontade.

Assim, encontramos oculta no fundo da alma dos legistas uma parte dos gostos e dos hábitos da aristocracia. Eles têm como que uma inclinação instintiva para a ordem, um amor natural às formas; como a aristocracia, eles têm grande desdém pela ação da multidão e desprezam secretamente o governo do povo.

Não quero dizer que essas inclinações naturais dos legistas sejam fortes o bastante para acorrentá-los de maneira irresistível. O que domina nos legistas, como em todos os homens, é o interesse particular, sobretudo o interesse do momento.

Há uma sociedade em que os homens de lei não podem assumir no mundo político uma posição análoga à que ocupam na vida privada; pode-se estar certo de que, numa sociedade organizada desta maneira, os legistas serão agentes ativos da revolução. Mas é necessário descobrir se a causa que os leva então a destruir ou a mudar nasce, neles, de uma disposição permanente ou de um acidente. É verdade que os legistas contribuíram singularmente para derrubar a monarquia francesa em 1789. Resta saber se agiram assim porque tinham estudado as leis, ou porque não podiam participar de sua elaboração.

Há quinhentos anos, a aristocracia inglesa punha-se à frente do povo e falava em seu nome; hoje, ela sustenta o trono e faz-se paladina da autoridade real. A aristocracia tem, no entanto, instintos e inclinações que lhe são próprios.

Também é preciso evitar tomar membros isolados do corpo pelo próprio corpo.

Em todos os governos livres, qualquer que seja a sua forma, encontraremos legistas na linha de frente de todos os partidos. Essa mesma observação é aplicável à aristocracia. Quase todos os movimentos democráticos que agitaram o mundo foram dirigidos por nobres.

Um corpo de elite nunca pode ser suficiente para todas as ambições que encerra; sempre há nele mais talentos e paixões do que aplicações, e não deixamos de encontrar em meio a tal corpo um grande número de homens que, não podendo crescer depressa o bastante servindo-se dos privilégios dos corpos, procuram fazê-lo atacando esses privilégios.

Não pretendo em absoluto, pois, que venha uma época em que *todos* os legistas devam mostrar-se amigos da ordem e inimigos das mudanças, nem que em *todos* os tempos a maioria deles assim se apresente.

Digo que, numa sociedade em que os legistas vierem a ocupar sem contestação a posição elevada que lhes pertence naturalmente, seu espírito será eminentemente conservador e se mostrará antidemocrático.

Quando a aristocracia fecha suas portas aos legistas, encontra neles inimigos tanto mais perigosos porquanto, abaixo dela por sua riqueza e seu poder, são independentes dela por seu trabalho e sentem-se do mesmo nível por suas luzes.

No entanto, todas as vezes que os nobres quiseram fazer que os legistas partilhassem alguns de seus privilégios, essas duas classes encontraram para se unir grandes facilidades e, por assim dizer, acharam-se da mesma família.

Sou igualmente levado a crer que sempre será fácil, para um rei, fazer dos legistas os mais úteis instrumentos de seu poder.

Há infinitamente mais afinidade natural entre os homens de lei e o poder executivo do que entre eles e o povo, muito embora os legistas tenham muitas vezes de derrubar o primeiro; do mesmo modo que há mais afinidade natural entre os nobres e o rei do que entre os nobres e o povo, se bem que se tenha visto com frequência as classes superiores da sociedade se unirem às outras para lutar contra o poder real.

O que os legistas apreciam acima de tudo é a vida da ordem, e a maior garantia da ordem é a autoridade. Aliás, não se deve esquecer que, se prezam a liberdade, em geral colocam a legalidade bem acima dela; temem menos a tirania do que a arbitrariedade, e, contanto que seja o legislador mesmo que se encarregue de tirar a independência dos homens, ficam razoavelmente satisfeitos.

Acho, pois, que o príncipe que, diante de uma democracia invasora, procurasse derrubar o poder judiciário em seus Estados e diminuir a influência política dos legistas cometeria um grave erro. Deixaria a substância da autoridade para agarrar-lhe a sombra.

Não tenho dúvida de que lhe seria mais proveitoso introduzir os legistas no governo. Depois de lhes ter confiado o despotismo sob a forma da violência, talvez tornasse a encontrá-lo nas mãos deles sob os traços da justiça e da lei.

O governo da democracia é favorável ao poder político dos legistas. Quando o rico, o nobre e o príncipe são excluídos do governo, os legistas a ele ascendem, por assim dizer, de pleno direito, pois constituem então os únicos homens esclarecidos e hábeis que o povo possa escolher fora dele.

Se bem se inclinem naturalmente, por seus gostos, à aristocracia e ao príncipe, os legistas tendem pois naturalmente ao povo por seu interesse.

Assim, eles gostam do governo da democracia, sem deste partilhar as propensões e imitar as fraquezas, dupla causa para serem poderosos por ela e sobre ela.

O povo, na democracia, não desconfia dos legistas porque sabe que o interesse deles é servir à sua causa; ele os ouve sem cólera, porque não supõe que tenham segundas intenções. De fato, os legistas não querem derrubar o governo que a democracia se deu, mas esforçam-se sem cessar por dirigi-lo de acordo com uma tendência que não é a dele e com meios que são estranhos a ele. O legista pertence ao povo por seu interesse e por seu nascimento, e à aristocracia por seus hábitos e por seus gostos; ele é como que a ligação natural entre essas duas coisas, como o elo que as une.

O corpo dos legistas constitui o único elemento aristocrático capaz de se misturar sem esforço aos elementos naturais da democracia, e de se combinar de uma maneira feliz e duradoura com eles. Não ignoro quais são os defeitos inerentes ao espírito legista. Sem essa mescla do espírito legista com o espírito democrático, duvido porém de que a democracia pudesse governar por muito tempo a sociedade, e não poderia crer que, em nossos dias, uma república pudesse esperar conservar sua existência, se a influência dos legistas nos negócios não crescesse proporcionalmente ao poder do povo.

Esse caráter aristocrático que percebo no espírito legista é muito mais pronunciado ainda nos Estados Unidos e na Inglaterra do que em qualquer outro país. Isso não se deve apenas ao estudo das leis empreendido pelos legistas ingleses e americanos, mas à própria natureza da legislação e à posição que esses intérpretes ocupam nesses dois povos.

Os ingleses e os americanos conservaram a legislação dos precedentes, isto é, continuam a buscar nas opiniões e nas decisões legais de seus pais as opiniões que devem ter em matéria de lei e as decisões que devem tomar.

Num legista inglês ou americano, o gosto e o respeito pelo que é antigo somam-se pois, quase sempre, ao amor pelo que é regular e legal.

Isso tem mais outra influência sobre o espírito dos legistas e, por conseguinte, sobre o andamento da sociedade.

O legista inglês ou americano procura saber o que foi feito, o legista francês o que deveria ter sido feito; um quer decisões, o outro razões.

Quando você ouve um legista inglês ou americano, fica surpreso por vê-lo citar com tanta frequência a opinião dos outros e por ouvi-lo falar tão pouco da sua, ao passo que o contrário ocorre entre nós.

Não há causa, por menor que seja, que o advogado francês admita tratar sem introduzir um sistema de ideias que lhe pertença, e discutirá até mesmo os princípios constitutivos das leis, para que o tribunal haja por bem recuar uma toesa o limite da herança contestada.

Essa espécie de abnegação que o legista inglês e americano faz de seu próprio entendimento, para referir-se ao de seus pais; essa espécie de servidão, na qual é obrigado a manter seu pensamento, deve dar ao espírito legista hábitos mais tímidos e fazê-lo contrair pendores mais estacionários na Inglaterra e na América do que na França.

Nossas leis escritas costumam ser de difícil compreensão, mas todos podem lê-las; não há nada, ao contrário, mais obscuro para o vulgo, e menos a seu alcance do que uma legislação fundada em precedentes. Essa necessidade que se tem do legista na Inglaterra e nos Estados Unidos, essa ideia elevada que se tem de suas luzes separam-no cada vez mais do povo e acabam pondo-o numa classe à parte. O legista francês não passa de um erudito; mas o homem de lei inglês ou americano se assemelha de certo modo aos sacerdotes do Egito: como estes, é o único intérprete de uma ciência oculta.

A posição que os homens de lei ocupam na Inglaterra e na América exerce uma influência não menos grande sobre seus hábitos e suas opiniões. A aristocracia na Inglaterra, que teve o cuidado de atrair a si tudo o que tinha alguma analogia natural com ela, deixou aos legistas uma enorme parte de consideração e de poder. Na sociedade inglesa, os legistas não estão na posição mais elevada, mas dão-se por contentes com a posição que ocupam. Constituem como que o ramo mais novo da aristocracia inglesa e apreciam e respeitam seus antepassados, sem partilhar todos os seus privilégios. Os legistas ingleses mesclam, pois, aos interesses aristocráticos da sua profissão as ideias e os gostos aristocráticos da sociedade em meio à qual eles vivem.

Por isso é sobretudo na Inglaterra que podemos ver em relevo esse tipo de legista que procuro pintar: o legista inglês estima as leis, não tanto por serem boas, mas por serem velhas; e, se se vê reduzido a modificá-las em algum ponto para adaptá-las à mudança que o tempo imprime às sociedades, recorre às mais incríveis sutilezas a fim de se persuadir de que, acrescentando alguma coisa à obra de seus pais, nada mais faz que desenvolver seu pensamento e completar seus trabalhos. Não espere fazê-lo reconhecer que é inovador; ele preferirá ir ao cúmulo do absurdo a confessar-se culpado de tão grande crime. Foi na Inglaterra que nasceu esse espírito legal, que parece indiferente ao fundo das coisas, para só dar atenção à letra e que sairia antes da razão e da humanidade do que da lei.

A legislação inglesa é como uma árvore antiga, na qual os legistas enxertaram sem cessar os rebentos mais estranhos, na esperança de que, embora dando frutos diferentes, pelo menos confudirão sua folhagem com o venerando caule que os suporta.

Na América, não há nobres nem literatos, e o povo desconfia dos ricos. Os legistas formam, pois, a classe política superior e a porção mais intelectual da sociedade. Assim, eles só poderiam perder com a inovação – o que acrescenta um interesse conservador ao amor natural que têm pela ordem.

Se me perguntassem onde situo a aristocracia americana, responderia sem hesitar que não é entre os ricos, que não têm nenhum vínculo comum a reuni-los. A aristocracia americana está no banco dos advogados e na cadeira dos juízes.

Quanto mais refletimos sobre o que acontece nos Estados Unidos, mais ficamos convencidos de que o corpo dos legistas forma nesse país o mais poderoso e, por assim dizer, o único contrapeso da democracia.

É nos Estados Unidos que descobrimos sem dificuldade quanto o espírito legista, por suas qualidades, diria mesmo por seus defeitos, é apto a neutralizar os vícios inerentes ao governo popular.

Quando o povo americano se deixa embriagar por suas paixões ou se entrega ao arrebatamento de suas ideias, os legistas fazem-lhe sentir um freio quase invisível que o modera e o detém. Aos instintos democráticos do povo opõem secretamente seus pendores aristocráticos; ao amor à novidade, seu respeito supersticioso pelo que é antigo; à imensidão dos projetos, suas ideias estreitas; ao desprezo que tem pelas regras, seu gosto pelas formas; e ao ímpeto do povo, seu costume de proceder lentamente.

Os tribunais são os órgãos mais visíveis de que se serve o corpo dos legistas para agir sobre a democracia.

O juiz é um legista que, independentemente do gosto pela ordem e das regras que contraiu no estudo das leis, haure o amor à estabilidade também da inamovibilidade de suas funções. Seus conhecimentos legais já lhe haviam assegurado uma posição elevada entre seus semelhantes; seu poder político acaba de situá-lo numa posição à parte e de lhe proporcionar os instintos das classes privilegiadas.

Armado do direito de declarar as leis inconstitucionais, o magistrado americano penetra sem cessar nos negócios políticos[1]. Ele não pode forçar o povo a fazer leis, mas pelo menos compele-o a não ser infiel às suas próprias leis e a permanecer coerente consigo mesmo.

Não ignoro que existe nos Estados Unidos uma tendência secreta que leva o povo a reduzir o poder do judiciário; na maioria das constituições estaduais, o governo, a pedido das duas Câmaras, pode destituir um juiz. Certas constituições preveem a *eleição* dos membros dos tribunais e os submetem a reeleições frequentes. Ouso predizer que essas inovações cedo ou tarde terão resultados funestos e que perceberemos um dia em que, diminuindo assim a independência dos magistrados, atacou-se não apenas o poder judiciário, mas a própria república democrática.

Não se deve acreditar, de resto, que nos Estados Unidos o espírito legista encerre-se unicamente no recinto dos tribunais: ele se estende muito além.

Os legistas, constituindo a única classe esclarecida de que o povo não desconfia, são chamados naturalmente a ocupar a maioria das funções públicas. Eles enchem as legislaturas e encontram-se à frente das administrações; exercem pois grande influência sobre a elaboração da lei e sobre sua execução. São, no entanto, obrigados a ceder à corrente de opinião pública que os arrasta – mas é fácil encontrar indícios do que fariam se fossem livres. Os americanos, que inovaram tanto em suas leis políticas, só introduziram ligeiras modificações, e a duras penas, em suas leis civis, muito embora várias dessas leis contrariem grandemente seu estado social. Isso decorre do fato de que, em matéria de direito civil, a maioria é sempre obrigada a remeter-se aos legistas; e os legistas americanos, entregues a seu próprio arbítrio, não inovam.

É uma coisa singularíssima para um francês ouvir as queixas que se elevam, nos Estados Unidos, contra o espírito estacionário e os preconceitos dos legistas em favor do que é estabelecido.

A influência do espírito legista se estende ainda mais longe dos limites precisos que acabo de traçar.

Quase não há questão política nos Estados Unidos que não se resolva, mais cedo ou mais tarde, em questão judiciária. Daí a obrigação em que se encontram os partidos, em sua polêmica cotidiana, de tomar emprestadas da justiça as ideias e a linguagem. A maioria dos homens públicos, por serem ou terem sido legistas, introduz no manejo dos negócios públicos os usos e modos de ver que são próprios destes. O júri acaba de familiarizar todas as classes com eles. A linguagem judiciária se torna, assim, de certa forma, a língua vulgar; o espírito legista, nascido no interior das escolas e dos tribunais, difunde-se, pois, pouco a pouco, além de seu recinto; infiltra-se por assim dizer em toda a sociedade, desce aos últimos escalões desta, e o povo inteiro acaba contraindo uma parte dos hábitos e dos gostos do magistrado.

Os legistas constituem, nos Estados Unidos, uma força pouco temida, que mal se percebe, que não possui bandeira própria, que se dobra com flexibilidade às exigências do tempo e se deixa levar sem resistência por todos os movimentos do corpo social; mas envolve a sociedade inteira, penetra em cada uma das classes que a compõem, trabalha-a em segredo, age sem cessar sobre ela sem que ela perceba e acaba modelando-a segundo seus desejos.

Do júri nos Estados Unidos considerado como instituição política

O júri, que é um dos modos da soberania do povo, deve ser relacionado com as outras leis que estabelecem essa soberania. – Composição do júri nos Estados Unidos. – Efeitos produzidos pelo júri sobre o caráter nacional. – Educação que dá ao povo. – Como tende a estabelecer a influência dos magistrados e a difundir o espírito legista.

Já que meu tema levou-me naturalmente a falar da justiça nos Estados Unidos, não abandonarei essa questão sem antes tratar do júri.

Devem-se distinguir duas coisas no júri: uma instituição judiciária e uma instituição política.

Se se tratasse de saber até que ponto o júri, sobretudo o júri em matéria cível, serve à boa administração da justiça, confessaria que sua utilidade poderia ser contestada.

A instituição do júri nasceu numa sociedade pouco adiantada, em que só eram submetidas aos tribunais simples questões de fato; e não é nada fácil adaptá-la às necessidades de um povo muito civilizado quando as relações entre os homens multiplicaram-se singularmente e adquiriram um caráter erudito e intelectual[2].

Minha finalidade principal, neste momento, é focalizar o lado político do júri: outra abordagem me afastaria de meu tema. Quanto ao júri considerado como meio judiciário, direi apenas duas palavras. Quando os ingleses adotaram a instituição do júri, eram um povo semibárbaro; tornaram-se desde então uma das nações mais esclarecidas do globo, e seu apego pelo júri parece ter crescido com suas luzes. Saíram de seu território, e vimo-los espalharem-se por todo o universo: uns formaram colônias; outros, Estados independentes; o corpo da nação conservou um rei; vários emigrantes fundaram poderosas repúblicas; mas em toda parte os ingleses preconizaram igualmente a instituição do júri[3]. Estabeleceram-na em toda parte, ou se apressaram em restabelecê-la. Uma instituição judiciária que obtém assim os sufrágios de um grande povo durante uma longa série de séculos, que é reproduzida com zelo em todas as épocas da civilização, em todos os climas e sob todas as formas de governo, não poderia ser contrária ao espírito da justiça[4].

Mas deixemos esse tema. Seria restringir singularmente seu pensamento limitar-se a encarar o júri como instituição judiciária; porque, se ele exerce uma grande influência sobre a sorte dos processos, exerce uma muito maior ainda sobre o próprio destino da sociedade. O júri é, portanto, antes de mais nada, uma instituição política. É desse ponto de vista que convém situar-se sempre para julgá-lo.

Entendo por júri certo número de cidadãos tomados ao acaso e investidos momentaneamente do direito de julgar.

Aplicar o júri à repressão dos crimes parece-me introduzir no governo uma instituição eminentemente republicana. Explico-me.

A instituição do júri pode ser aristocrática ou democrática, conforme a classe em que se convocam os jurados; mas sempre conserva um caráter republicano, por colocar a direção real da sociedade nas mãos dos governados ou de uma porção deles, e não na dos governantes.

A força nunca é mais que um elemento passageiro de sucesso; depois dela, vem logo a ideia do direito. Um governo reduzido a só poder atingir seus inimigos no campo de batalha logo seria destruído. A verdadeira sanção das leis políticas se encontra, pois, nas leis penais, e, se falta a sanção, a lei perde mais cedo ou mais tarde sua força. O homem que julga na vara criminal é, pois, de fato, o senhor da sociedade. Ora, a instituição do júri coloca o próprio povo ou, pelo menos uma classe de cidadãos na cadeira do juiz. Assim, a instituição do júri põe realmente a direção da sociedade nas mãos do povo ou dessa classe[5].

Na Inglaterra o júri se recruta na porção aristocrática da nação. A aristocracia faz as leis, aplica as leis e julga as infrações às leis (B). Tudo é conforme. Por isso a Inglaterra é, na verdade, uma república aristocrática. Nos Estados Unidos, o mesmo sistema é aplicado ao povo inteiro. Cada cidadão americano é eleitor, elegível e jurado (C). O sistema do júri, tal como é entendido na América, parece-me uma consequência tão direta e tão extrema do dogma da soberania do povo quanto o voto universal. São dois meios igualmente poderosos para fazer reinar a maioria.

Todos os soberanos que quiseram buscar em si mesmos as fontes de seu poder e dirigir a sociedade em vez de se deixar dirigir por ela destruíram a instituição do júri ou lhe tiraram a força. Os Tudor mandavam para a prisão os jurados que não queriam condenar, e Napoleão fazia que fossem escolhidos por seus agentes.

Por mais evidente que seja a maioria das verdades que precedem, elas não causam impressão em todos os espíritos e muitas vezes, entre nós, ainda se parece ter uma ideia confusa da instituição do júri. Se os franceses querem saber de que elementos deve-se compor a lista dos jurados, limitam-se a discutir quais as luzes e a capacidade dos que são chamados a dele participar, como se se tratasse apenas de uma instituição judiciária. Na verdade, parece-me que isso é preocupar-se com a menor porção do problema. O júri é antes de mais nada uma instituição política; devemos considerá-lo um modo da soberania do povo; convém rejeitá-lo inteiramente, quando se repele a soberania do povo, ou relacioná-lo com outras leis que estabelecem essa soberania. O júri constitui a parte da nação encarregada de garantir a execução das leis, do mesmo modo que as Câmaras são a parte da nação encarregada de fazer as leis; e para que a sociedade seja governada de maneira fixa e uniforme, é necessário que a lista dos jurados se amplie ou se restrinja, junto com a dos eleitores. É esse ponto de vista que, na minha opinião, sempre deve atrair a atenção principal do legislador. O resto é, por assim dizer, acessório.

Estou tão convencido de que o júri é, antes de mais nada, uma instituição política, que também o considero assim quando é aplicado em matéria cível.

As leis são sempre pouco firmes, enquanto não se apoiam nos costumes; os costumes são a única força resistente e duradoura num povo.

Quando o júri é reservado para as causas criminais, o povo só o vê agir de longe em longe e em casos particulares; acostuma-se a prescindir dele no curso ordinário da vida e considera-o um meio, e não o único meio de obter justiça[6].

Quando, ao contrário, o júri é estendido às causas cíveis, sua aplicação cai a cada instante diante dos olhos; ele toca então todos os interesses; todos vêm contribuir para a sua ação; ele penetra assim até nos usos da vida, dobra o espírito humano a suas formas e confunde-se, por assim dizer, com a própria ideia da justiça.

Portanto, a instituição do júri, limitada às causas criminais, está sempre em perigo. Uma vez introduzida nas matérias cíveis, arrosta o tempo e os esforços dos homens. Se fosse possível eliminar o júri dos costumes dos ingleses tão facilmente quanto de suas leis, ele teria sucumbido inteiramente sob os Tudor. Foi, pois, o júri civil que realmente salvou as liberdades na Inglaterra.

Como quer que se aplique o júri, ele não pode deixar de exercer uma grande influência sobre o caráter nacional; mas essa influência cresce infinitamente à medida que a introduzimos mais longe nas matérias cíveis.

O júri, sobretudo o júri civil, serve para dar ao espírito de todos os cidadãos uma parte dos hábitos do espírito do juiz; e esses hábitos são precisamente os que melhor preparam o povo para ser livre.

O júri difunde em todas as classes o respeito pela coisa julgada e pela ideia do direito. Tirem essas duas coisas, e o amor à independência não passará de uma paixão destrutiva.

O júri ensina aos homens a prática da equidade. Cada um, ao julgar seu vizinho, pensa que poderá ser julgado por sua vez. Isso é verdade sobretudo para o júri em matéria cível: não há quase ninguém que tema ser um dia objeto de uma ação criminal; mas todos podem ser processados civilmente.

O júri ensina a cada homem não recuar diante da responsabilidade de seus próprios atos; disposição viril, sem a qual não há virtude política.

Ele investe cada cidadão de uma espécie de magistratura; faz todos sentirem que têm deveres a cumprir ante a sociedade e que fazem parte de seu governo. Forçando os homens a cuidar de outra coisa que de seus próprios assuntos, combate o egoísmo individual, que é como que a ferrugem das sociedades.

O júri contribui incrivelmente para formar o discernimento e para aumentar as luzes naturais do povo. É esta, a meu ver, sua maior vantagem. Devemos considerá-lo uma escola gratuita e sempre aberta, em que cada jurado vem se instruir de seus direitos, em que cada jurado entra em comunicação cotidiana com os membros mais instruídos e mais esclarecidos das classes elevadas, em que as leis lhe são ensinadas de maneira prática e postas ao alcance de sua inteligência pelos esforços dos advogados, as opiniões do juiz e as próprias paixões das partes. Acho que se deve atribuir a inteligência prática e o bom senso político dos americanos principalmente ao longo uso que fizeram do júri em matéria cível.

Não sei se o júri é útil aos que têm processos, mas estou certo de que é utilíssimo para os que os julgam. Vejo-o como um dos meios mais eficazes que a sociedade pode utilizar para a educação do povo.

O que precede se aplica a todas as nações, mas vejamos o que é especial aos americanos e, em geral, aos povos democráticos.

Disse acima que, nas democracias, os legistas, e entre eles os magistrados, constituem o único corpo aristocrático capaz de moderar os movimentos do povo. Essa aristocracia não é investida de nenhuma força material, só exerce sua influência conservadora sobre os espíritos. Ora, é na instituição do júri civil que ela encontra as fontes principais de seu poder.

Nos processos criminais, em que a sociedade luta contra um homem, o júri é levado a ver no juiz o instrumento passivo do poder social e desconfia de suas opiniões. Além disso, os processos criminais repousam inteiramente em fatos simples, que o bom senso consegue facilmente apreciar. Nesse terreno, o juiz e o jurado são iguais.

O mesmo não ocorre nos processos civis; o juiz aparece então como um árbitro desinteressado entre as paixões das partes. Os jurados o veem com confiança e ouvem-no com respeito, pois aqui sua inteligência domina inteiramente a deles. É o juiz que desenrola ante eles os diversos argumentos que lhes cansaram a memória e que os conduz pela mão para dirigi-los através dos meandros do processo; é o juiz que os circunscreve ao ponto de fato e lhes aponta a resposta que devem dar à questão de direito. Sua influência sobre eles é quase ilimitada.

Será necessário dizer, enfim, por que me comovem tão pouco os argumentos tirados da incapacidade dos jurados em matéria cível?

Nos processos civis, pelo menos todas as vezes que não se trata de questões de fato, o júri só tem a aparência de um corpo judiciário.

Os jurados pronunciam a sentença que o juiz proferiu. Dão a essa decisão a autoridade da sociedade que representam, e o juiz, a da razão e da lei (D).

Na Inglaterra e na América, os juízes exercem sobre a sorte dos processos criminais uma influência que o juiz francês nunca conheceu. É fácil compreender a razão dessa diferença: o magistrado inglês ou americano estabeleceu seu poder em matéria cível, nada mais faz que o exercer em seguida em outro teatro: não o adquire aí.

Há casos, e muitas vezes são os mais importantes, em que o juiz americano tem o direito de decidir sozinho[7]. Ele se encontra então, ocasionalmente, na posição em que o juiz francês habitualmente está; mas seu poder moral é muito maior: as lembranças do júri ainda o seguem e sua voz tem quase tanta força quanto a da sociedade, de que os jurados eram o órgão.

Sua influência se estende inclusive muito além do recinto dos tribunais: nos passatempos da vida privada como nos trabalhos da vida política, na praça pública como no âmbito das legislaturas, o juiz americano encontra sem cessar à sua volta homens que estão acostumados a ver em sua inteligência algo de superior à deles e, depois de ter-se exercitado nos processos, seu poder se faz sentir sobre todos os hábitos do espírito, até mesmo na alma dos que concorreram com ele para julgá-los.

Portanto, o júri, que parece diminuir os direitos da magistratura, na verdade funda o império desta, e não há país em que os juízes sejam tão poderosos quanto aqueles em que o povo participa de seus privilégios.

É sobretudo com ajuda do júri em matéria cível que a magistratura americana faz penetrar o que chamei de espírito legista até nos últimos escalões da sociedade.

Assim, o júri, que é o meio mais enérgico de fazer o povo reinar, também é o meio mais eficaz de ensiná-lo a reinar.

CAPÍTULO IX

Das principais causas que tendem a manter a república democrática nos Estados Unidos

A república democrática subsiste nos Estados Unidos. A finalidade principal deste livro foi fazer compreender as causas desse fenômeno.

Entre essas causas, há várias à margem das quais a corrente do meu tema me arrastou contra a minha vontade e que apenas indiquei de longe, incidentalmente. Há outras de que não pude tratar; e aquelas sobre as quais me foi permitido estender-me ficaram atrás de mim como que enterradas sob os detalhes.

Achei, portanto, que, antes de prosseguir e de falar do futuro, devia reunir num âmbito restrito todas as razões que explicam o presente.

Nessa espécie de resumo serei breve, porque terei o cuidado de apenas recordar muito sumariamente ao leitor o que ele já sabe, e, dentre os fatos que ainda não tive a oportunidade de expor, escolherei apenas os principais.

Achei que todas as causas tendentes à manutenção da república democrática nos Estados Unidos podiam reduzir-se a três:

A situação particular e acidental em que a Providência colocou os americanos é a primeira;

A segunda provém das leis;

A terceira decorre dos hábitos e dos costumes.

Das causas acidentais ou providenciais que contribuem para a manutenção da república democrática nos Estados Unidos

A União não tem vizinhos. – Não há grande capital. – Os americanos têm a seu favor o acaso do nascimento. – A América é um país vazio. – Como essa circunstância contribui poderosamente para a manutenção da república democrática. – Maneira como se povoam os desertos da América. – Avidez dos anglo-americanos por se apoderar das solidões do Novo Mundo. – Influência do bem-estar material sobre as opiniões políticas dos americanos.

Há mil circunstâncias independentes da vontade dos homens que, nos Estados Unidos, são propícias à república democrática. Umas são conhecidas, outras são fáceis de conhecer. Limitar-me-ei a expor as principais.

Os americanos não têm vizinhos, por conseguinte não têm grandes guerras, crise financeira, devastações, nem conquistas a temer; não precisam nem de impostos volumosos, nem de exército numeroso, nem de grandes generais; quase não têm nada a temer vindo de um flagelo maior ainda que todos esses juntos: a glória militar.

Como negar a incrível influência que a glória militar exerce sobre o espírito do povo? O general Jackson, que os americanos elegeram duas vezes para tê-lo à sua cabeça, é um homem de caráter violento e de capacidade média; nada em todo o curso da sua carreira provara que ele tivesse as qualidades requeridas para governar um povo livre; por isso, a maioria das classes esclarecidas da União sempre foi contrária a ele. Quem, pois, o colocou na cadeira de presidente e ainda o mantém nela? A lembrança de uma vitória alcançada por ele, faz vinte anos, ante as muralhas de Nova Orleans. Ora, essa vitória de Nova Orleans é um feito de armas bem corriqueiro, do qual só se poderia falar por muito tempo num país em que não se travam batalhas; e o povo que se deixa levar assim pelo prestígio da glória é, com certeza, o mais frio, o mais calculista, o menos militar e, se assim posso me exprimir, o mais prosaico de todos os povos do mundo.

A América não tem grande capital[1], cuja influência direta ou indireta se faça sentir em toda a extensão do território, o que considero uma das causas primeiras da manutenção das instituições republicanas nos Estados Unidos. Nas cidades, não se pode impedir que os homens se concertem, se inflamem em comum, tomem decisões súbitas e apaixonadas. As cidades constituem como que grandes assembleias de que todos os habitantes são membros. O povo exerce aí uma influência prodigiosa sobre os magistrados, e muitas vezes executa sem intermediários sua vontade.

Submeter as províncias à capital é, pois, colocar o destino de todo o império não apenas nas mãos de uma porção do povo, o que é injusto, mas também nas mãos do povo que age por si mesmo, o que é perigosíssimo. A preponderância das capitais causa pois um grave dano ao sistema representativo. Ela faz as repúblicas modernas caírem no erro das repúblicas da Antiguidade, que pereceram todas por não terem conhecido esse sistema.

Seria fácil enumerar aqui um grande número de causas secundárias que propiciaram o estabelecimento e garantem a manutenção da república democrática nos Estados Unidos. Mas no meio dessa multidão de circunstâncias felizes, percebo duas principais e apresso-me a indicá-las.

Já disse precedentemente que via na origem dos americanos, no que chamei de seu ponto de partida, a primeira e mais eficaz de todas as causas a que possamos atribuir a prosperidade atual dos Estados Unidos. Os americanos têm a seu favor o acaso do nascimento: seus pais importaram outrora para a terra que habitam a igualdade das condições e das inteligências, de que a república democrática devia brotar um dia como de sua fonte natural. Ainda não é tudo. Com um estado social republicano, legaram a seus descendentes os hábitos, as ideias e os costumes mais aptos a fazer florescer a república. Quando penso no que esse fato original produziu, parece-me ver todo o destino da América encerrado no primeiro puritano que abordou àquelas costas, assim como se pode ver toda a raça humana no primeiro homem.

Entre as circunstâncias felizes que também propiciaram o estabelecimento e garantem a manutenção da república democrática nos Estados Unidos, a primeira em importância é a escolha do próprio país que os americanos habitam. Seus pais deram-lhes o amor à igualdade e à liberdade, mas foi Deus mesmo que, entregando-lhes um continente ilimitado, concedeu-lhes os meios de permanecerem por muito tempo iguais e livres.

O bem-estar geral favorece a estabilidade de todos os governos, mas em particular do governo democrático, que repousa nas disposições da maioria e, principalmente, nas disposições dos que são mais expostos às necessidades. Quando o povo governa, é necessário que seja feliz, para que não subverta o Estado. A miséria produz nele o que a ambição faz nos reis. Ora, as causas materiais e independentes das leis que podem acarretar o bem-estar são mais numerosas na América do que foram em qualquer outro país do mundo, em qualquer outra época da história.

Nos Estados Unidos não é apenas a legislação que é democrática, a própria natureza trabalha pelo povo.

Onde encontrar, nas lembranças do homem, algo semelhante ao que acontece ante nossos olhos na América do Norte?

As sociedades célebres da Antiguidade foram todas fundadas no meio de povos inimigos, que precisaram vencer para se estabelecerem no lugar deles. Os próprios modernos encontraram em algumas partes da América do Sul vastas paragens habitadas por povos menos esclarecidos do que eles, mas que já tinham se apropriado do solo, cultivando-o. Para fundar seus novos Estados tiveram de destruir ou subjugar numerosas populações, enrubescendo a civilização com seus triunfos.

Mas a América do Norte era habitada apenas por tribos errantes que não pensavam em utilizar as riquezas naturais do solo. A América do Norte ainda era, falando propriamente, um continente vazio, uma terra deserta, que esperava habitantes.

Tudo é extraordinário nos americanos, seu estado social como suas leis. Contudo o que é ainda mais extraordinário é o solo que os suporta.

Quando a terra foi entregue aos homens pelo Criador, ela era jovem e inesgotável, mas eles eram fracos e ignorantes; e, quando aprenderam a tirar partido dos tesouros que ela continha em seu seio, já cobriam a sua face, e logo tiveram de combater para adquirir o direito de possuir nela um asilo e de nela repousar em liberdade.

É então que se descobre a América do Norte, como se Deus a houvesse mantido em reserva e que ela acabasse de sair de sob as águas do dilúvio.

Ela apresenta, como nos primeiros dias da criação, rios cuja fonte não seca, verdes e úmidas solidões, campos ilimitados que o arado do lavrador ainda não revolveu. Nesse estado, ela não se oferece mais ao homem isolado, ignorante e bárbaro das primeiras idades, mas ao homem já senhor dos mais importantes segredos da natureza, unido a seus semelhantes e instruído por uma experiência de cinquenta séculos.

No momento em que falo, treze milhões de europeus civilizados estendem-se tranquilamente nos férteis desertos de que nem mesmo eles ainda conhecem exatamente os recursos e a extensão. Três ou quatro mil soldados repelem diante de si a raça errante dos indígenas; atrás dos homens armados avançam lenhadores que adentram as florestas, espantam as feras, exploram o curso dos rios e preparam a marcha triunfante da civilização através do deserto.

Muitas vezes, ao longo desta obra, fiz alusão ao bem-estar material de que desfrutam os americanos; indiquei-o como uma das grandes causas do sucesso de suas leis. Essa razão já havia sido dada por mil outros antes de mim; é a única que, de certa forma, saltando aos olhos dos europeus, tornou-se popular entre nós. Não vou me estender, pois, sobre um tema tratado com tanta frequência e tão bem compreendido; acrescentarei apenas alguns fatos novos.

Imagina-se geralmente que os ermos da América se povoam graças aos emigrantes europeus que descem cada ano nas costas do Novo Mundo, enquanto a população americana cresce e se multiplica no solo que seus pais ocuparam. É um grande erro. O europeu que aborda aos Estados Unidos aí chega sem amigos e, muitas vezes, sem recursos; é obrigado, para viver, a alugar seus serviços, e é raro vê-lo ir além da grande zona industrial que se estende ao longo do Oceano. Não seria possível desbravar o deserto sem um capital ou sem crédito; antes de se arriscar no meio das florestas, é preciso que o corpo se tenha habituado aos rigores de um novo clima. São, pois, americanos os que, abandonando cada dia seu lugar de nascimento, vão criar longe vastos domínios para si. Assim, o europeu deixa sua casinha para ir habitar nas orlas transatlânticas, e o americano que nasceu nessas mesmas costas penetra por sua vez nas solidões do centro da América. Esse duplo movimento de emigração não para nunca: começa no fundo da Europa, continua no grande Oceano, prossegue através das solidões do Novo Mundo. Milhões de homens caminham ao mesmo tempo para o mesmo ponto do horizonte: sua língua, sua religião, seus costumes diferem, sua meta é comum. Disseram-lhes que a fortuna se encontrava em algum lugar a Oeste, e eles correm a seu encontro.

Nada poderia se comparar a esse deslocamento contínuo da espécie humana, a não ser, talvez, o que acontece quando da queda do Império Romano. Viram-se então, como hoje, todos os homens acorrerem em multidão para o mesmo ponto e se encontrarem tumultuosamente nos mesmos lugares; mas os desígnios da Providência eram diferentes. Cada recém-chegado carreava em seus passos a destruição e a morte; hoje cada um deles traz consigo um germe de prosperidade e de vida.

As consequências remotas dessa migração dos americanos para o Ocidente ainda nos são ocultas pelo porvir, mas os resultados imediatos são fáceis de reconhecer: como uma parte dos antigos habitantes se afasta cada ano dos Estados em que nasceram, resulta que esses Estados só se povoam lentamente, conquanto envelheçam. Assim é que, em Connecticut, que ainda não conta mais de cinquenta e nove habitantes por milha quadrada, a população cresceu apenas um quarto nos últimos quarenta anos, ao passo que, na Inglaterra, aumentou um terço no mesmo período. O emigrante da Europa aborda pois a um país cheio apenas pela metade, onde a indústria carece de braços; seu filho vai buscar fortuna num país vazio e se torna um rico proprietário. O primeiro acumula o capital que o segundo faz frutificar, e não há miséria nem entre os estrangeiros nem entre os nativos.

A legislação, nos Estados Unidos, propicia, na medida do possível, a divisão da propriedade; mas uma causa mais poderosa do que a legislação impede que a propriedade se divida excessivamente[2]. Percebe-se bem isso nos Estados que começam enfim a se encher. Massachusetts é o mais populoso da União; contam-se lá oitenta habitantes por milha quadrada, o que é infinitamente menos do que na França, onde há cento e sessenta e dois reunidos no mesmo espaço.

Em Massachusetts, porém, é raro dividirem-se as pequenas propriedades: em geral, o mais velho fica com a terra; os mais moços vão tentar fortuna no deserto.

A lei aboliu o direito de primogenitura, mas podemos dizer que a Providência restabeleceu-o sem que ninguém tenha de que se queixar, e desta vez pelo menos esse direito não fere a justiça.

Um só fato permitirá julgar que número prodigioso de indivíduos deixam assim a Nova Inglaterra e transferem seus lares para o deserto. Garantiram-nos que, em 1830, entre os membros do congresso, havia trinta e seis nascidos no pequeno Estado de Connecticut. A população de Connecticut, que não passa da quadragésima terceira parte da dos Estados Unidos, fornecia pois um oitavo de seus representantes.

Entretanto o Estado de Connecticut só manda cinco deputados ao congresso; os trinta e um outros lá estão como representantes dos novos Estados do Oeste. Se esses trinta e um indivíduos tivessem permanecido em Connecticut, é provável que, em vez de serem ricos proprietários, tivessem continuado a ser pequenos lavradores, vivido na obscuridade sem poderem ingressar na carreira política e, longe de se tornarem legisladores úteis, teriam sido perigosos cidadãos.

Essas considerações não escapam a nosso espírito, nem ao dos americanos.

"Não há dúvida", diz o chanceler Kent em seu *Traité sur le droit américain* (v. IV, p. 380), "de que a divisão das propriedades produz grandes males quando é levada ao extremo, de tal sorte que cada porção de terra não é mais capaz de prover ao sustento de uma família; mas esses inconvenientes nunca foram sentidos nos Estados Unidos, e muitas gerações passarão antes de o serem. A extensão de nosso território inabitado, a abundância das terras que nos tocam e a corrente contínua de emigrações que, partindo das costas do Atlântico, se dirige sem cessar para o interior do país bastam e bastarão por muito tempo ainda para impedir a fragmentação das heranças."

Seria difícil pintar a avidez com a qual o americano se precipita sobre essa presa imensa que a fortuna lhe oferece. Para persegui-la, ele enfrenta sem temor a flecha do índio e as doenças do deserto; o silêncio dos bosques nada tem que o espante, e a aproximação das feras não o perturba: uma paixão mais forte do que o amor à vida o aguilhoa sem cessar. Diante dele estende-se um continente quase ilimitado, e dir-se-ia que, já temendo faltar-lhe lugar, ele se apressa com medo de chegar tarde demais. Falei da emigração dos Estados antigos, mas que direi da dos novos? Não faz cinquenta anos que Ohio está fundado; a maioria de seus habitantes não nasceu lá; sua capital não conta trinta anos de existência e uma imensa extensão de campos desertos ainda cobre seu território; no entanto, a população de Ohio já voltou a pôr-se em marcha rumo ao Oeste: a maioria dos que descem para as férteis pradarias de Illinois é constituída de habitantes de Ohio. Esses homens deixaram sua primeira pátria por estarem bem; deixam a segunda para estarem melhor ainda: em quase toda a parte, encontram a fortuna, mas não a felicidade. Entre eles, o desejo do bem-estar tornou-se uma paixão inquieta e ardente que aumenta satisfazendo-se. Romperam outrora os vínculos que os prendiam ao solo natal; desde então não constituíram novos. Para eles, a emigração começou sendo uma necessidade; hoje tornou-se a seus olhos uma espécie de jogo de azar, cujas emoções apreciam tanto quanto os ganhos.

Algumas vezes o homem caminha tão depressa que o deserto reaparece atrás de si. A floresta nada mais fez que vergar-se a seus pés; mal passa, ela volta a se erguer. Ao percorrer os novos Estados do Oeste, não é raro encontrar casas vazias no meio dos bosques; é frequente descobrir os escombros de uma cabana no mais profundo da solidão, e causa espanto atravessar esses desbravamentos esboçados, que atestam ao mesmo tempo a força e a inconstância humanas. Entre esses campos abandonados, sobre essas ruínas de um dia, a antiga floresta não tarda a fazer brotar novos rebentos; os animais retomam posse de seu império; a natureza vem, sorridente, cobrir de ramagens verdes e de flores os vestígios do homem e se apressa a fazer desaparecer seu sinal efêmero.

Lembro-me que, atravessando um dos cantões desertos que ainda cobrem o Estado de Nova York, cheguei à beira de um lago todo cercado de florestas, como no começo do mundo. Uma pequena ilha se elevava no meio das águas. O bosque que a cobria, estendendo em torno dela sua folhagem, escondia inteiramente suas bordas. Às margens do lago, nada anunciava a presença do homem; somente se percebia no horizonte uma coluna de fumaça que, indo perpendicularmente do topo das árvores até as nuvens, parecia pender do alto do céu, em vez de subir até lá.

Uma piroga indígena estava jogada na areia; aproveitei para ir visitar a ilha que atraíra inicialmente minha atenção, e logo cheguei à sua margem. A ilha inteira constituía um desses ermos deliciosos do Novo Mundo que quase fazem o homem civilizado ter saudade da vida selvagem. Uma vegetação vigorosa anunciava por suas maravilhas as incomparáveis riquezas do solo. Reinava lá, como em todos os desertos da América do Norte, um silêncio profundo que só era interrompido pelo arrulho monótono dos pombos ou pelas bicadas que o pica-pau dava na casca das árvores. Eu estava longe de imaginar que aquele lugar teria sido habitado outrora, a tal ponto a natureza parecia ainda abandonada a si mesma; mas chegando ao centro da ilha, acreditei de repente encontrar os vestígios do homem. Examinei então com cuidado todos os objetos à volta e logo não tive dúvida de que um europeu tinha vindo buscar refúgio naquele lugar. Mas como sua obra mudara de figura! A madeira que ele havia cortado às pressas outrora para construir-se um abrigo lançara desde então seus rebentos; suas cercas tinham se tornado sebes vivas, e sua cabana havia se transformado num arvoredo. No meio daqueles arbustos, ainda se percebiam algumas pedras escurecidas pelo fogo, espalhadas em torno de um pequeno monte de cinzas. Era sem dúvida naquele lugar que ficava a lareira: a chaminé, ao ruir, cobrira-a com seus escombros. Por algum tempo admirei em silêncio os recursos da natureza e a fraqueza do homem; quando enfim tive de me afastar daqueles lugares encantados, ainda repeti com tristeza: como! Já ruínas!

Na Europa, estamos acostumados a considerar um grande perigo social a inquietude do espírito, o desejo imoderado de riquezas, o amor extremo à independência. São precisamente todas essas coisas que garantem às repúblicas americanas um longo e tranquilo futuro. Sem essas paixões inquietas, a população se concentraria em torno de certos lugares e logo sentiria, como em nosso país, necessidades difíceis de satisfazer. Feliz terra o Novo Mundo, onde os vícios do homem são quase tão úteis à sociedade quanto suas virtudes!

Isso exerce grande influência sobre a maneira como se julgam as ações humanas nos dois hemisférios. Muitas vezes os americanos consideram ser uma indústria louvável o que denominamos amor ao lucro, e veem certa frouxidão no que consideramos uma moderação dos desejos.

Na França, veem-se a simplicidade dos gostos, a tranquilidade dos costumes, o espírito familiar e o amor ao lugar de nascimento como grandes garantias de tranquilidade e de felicidade para o Estado; mas na América, nada parece mais prejudicial à sociedade do que semelhantes virtudes. Os franceses do Canadá, que conservaram fielmente as tradições dos velhos usos, já acham difícil viver em seu território, e esse pequeno povo que acaba de nascer logo será presa das misérias das velhas nações. No Canadá, os homens dotados de mais luzes, patriotismo e humanidade, empreendem esforços extraordinários para fazer o povo desgostar-se da simples felicidade que ainda lhe basta. Eles celebram as vantagens da riqueza, assim como em nosso país talvez gabassem os encantos de uma honesta mediocridade, e põem mais cuidado em aguilhoar as paixões humanas do que em outras partes se envidam esforços para aplacá-las. Trocar os prazeres puros e tranquilos que a pátria apresenta ao próprio pobre pelos deleites estéreis que o bem-estar proporciona sob um céu estrangeiro; fugir do lar paterno e dos campos em que repousam seus antepassados; abandonar os vivos e os mortos para correr atrás da fortuna, não há nada que a seus olhos mereça mais louvores.

Em nosso tempo, a América entrega aos homens um fundo sempre mais vasto do que poderia ser a indústria que o faz frutificar.

Na América, pois, nunca se dariam luzes bastantes, porque todas as luzes, ao mesmo tempo que podem ser úteis a quem as possui, beneficiam também os que não as têm. As novas necessidades não são temíveis, porque todas as necessidades se satisfazem sem dificuldade: não há por que temer despertar demasiadas paixões na América, pois todas as paixões encontram um alimento fácil e salutar; não se podem tornar os homens demasiado livres lá, porque quase nunca são tentados a fazer mau uso da liberdade.

As repúblicas americanas dos nossos dias são como que companhias de negociantes formadas para explorar em comum as terras desertas do Novo Mundo e ocupadas num comércio que prospera.

As paixões que agitam mais profundamente os americanos são as comerciais, não as políticas; ou, antes, eles transpõem à política os hábitos do negócio. Gostam da ordem, sem a qual os negócios não poderiam prosperar, e apreciam particularmente a regularidade dos costumes, que funda as boas casas; preferem o bom senso que cria as grandes fortunas ao gênio que não raro as dissipa; as ideias gerais atemorizam seus espíritos acostumados com os cálculos positivos e entre eles a prática é mais estimada que a teoria.

É à América que se deve ir para compreender que força exerce o bem-estar material sobre as ações políticas e até sobre as opiniões mesmas, que deveriam submeter-se tão só à razão. É principalmente entre os estrangeiros que se descobre a verdade disso. A maioria dos emigrantes da Europa traz ao Novo Mundo esse amor selvagem à independência e à mudança que nasce tão frequentemente no meio de nossas misérias. Eu encontrava às vezes nos Estados Unidos desses europeus que haviam sido obrigados outrora a fugir de seu país por causa de suas opiniões políticas. Todos me espantavam por seu discurso; um deles porém me impressionou mais que qualquer outro. Eu atravessava um dos distritos mais remotos da Pensilvânia, a noite me surpreendeu e fui pedir asilo à porta de um rico plantador. Era um francês. Fez-me sentar ao pé da sua lareira e pusemo-nos a discorrer livremente, como convém a pessoas que se encontram no fundo de um bosque, a duas mil léguas do país que os viu nascer. Eu não ignorava que meu anfitrião fora um grande nivelador havia quarenta anos e um ardente demagogo. Seu nome ficara na história.

Fiquei pois estranhamente surpreso ao ouvi-lo discutir sobre direito de propriedade como teria podido fazê-lo um economista – eu já ia dizendo um proprietário. Falou da hierarquia necessária que a fortuna estabelece entre os homens, da obediência à lei estabelecida, da influência dos bons costumes nas repúblicas e do socorro que as ideias religiosas prestam à ordem e à liberdade; chegou até a citar, como que por descuido, em apoio a uma de suas opiniões políticas, a autoridade de Jesus Cristo.

Eu admirava, escutando-o, a imbecilidade da razão humana. Determinada coisa ou é verdadeira, ou é falsa: como descobri-lo em meio às incertezas da ciência e das diversas lições da experiência? Sobrevém um fato novo que suprime todas as minhas dúvidas: eu era pobre, eis-me rico. Se pelo menos o bem-estar, agindo sobre a minha conduta, deixasse meu discernimento livre! Mas não, minhas opiniões de fato mudaram com minha fortuna, e no acontecimento feliz de que aproveito, realmente descobri a razão determinante que até então me faltara.

A influência do bem-estar se exerce mais livremente ainda sobre os americanos que sobre os estrangeiros. O americano sempre viu diante de seus olhos a ordem e a prosperidade públicas se encadearem uma à outra e marcharem ao mesmo passo; ele não imagina que possam viver separadamente; logo nada tem a esquecer, e não deve perder, como tantos europeus, o que recebeu de sua primeira educação.

Da influência das leis sobre a manutenção da república democrática nos Estados Unidos

Três causas principais da manutenção da república democrática. – Forma federal. – Instituições comunais. – Poder judiciário.

A finalidade principal deste livro era dar a conhecer as leis dos Estados Unidos; se essa finalidade foi alcançada, o leitor já pôde julgar por si mesmo quais são, entre essas leis, as que tendem realmente a manter a república democrática e quais a que a põem em perigo. Se eu não tive êxito, ao longo deste livro, terei ainda menos num capítulo.

Não quero pois entrar na trajetória que já percorri, e algumas linhas devem bastar para resumir-me.

Três coisas parecem-me concorrer mais que todas as outras para a manutenção da república democrática no Novo Mundo.

A primeira é a forma federal que os americanos adotaram e que permite que a União desfrute do poder de uma grande república e da segurança de uma pequena.

Encontro a segunda nas instituições comunais, que, moderando o despotismo da maioria, proporcionam de uma só vez ao povo o gosto da liberdade e a arte de ser livre.

A terceira encontra-se na constituição do poder judiciário. Mostrei quanto os tribunais servem para corrigir os desvios da democracia e como, sem nunca poder suster os movimentos da maioria, conseguem moderar-lhes a marcha e dirigi-los.

Da influência dos costumes na manutenção da república democrática nos Estados Unidos

Disse acima que considerava os costumes uma das grandes causas gerais a que se pode atribuir a manutenção da república democrática nos Estados Unidos.

Entendo aqui a expressão *costumes* no sentido que os antigos davam à palavra *mores*. Não a aplico apenas aos costumes propriamente ditos, que poderíamos chamar hábitos do coração, mas também às diferentes noções que os homens possuem, às diversas opiniões correntes entre eles e ao conjunto das ideias de que se formam os hábitos do espírito.

Compreendo, pois, com esta palavra, todo o estado moral e intelectual de um povo. Minha finalidade não é pintar um quadro dos costumes americanos; limito-me neste momento a procurar entre eles o que é favorável à manutenção das instituições políticas.

Da religião considerada como instituição política, como ela serve poderosamente à manutenção da república democrática entre os americanos

A América do Norte povoada por homens que professavam um cristianismo democrático e republicano. – Chegada dos católicos. – Por que em nossos dias os católicos constituem a classe mais democrática e republicana.

Ao lado de cada religião encontra-se uma opinião política que, por afinidade, lhe é adjunta.

Deixem o espírito humano seguir sua tendência, e ele ajustará de maneira uniforme a sociedade política e a cidade divina; ele procurará, se ouso dizê-lo, *harmonizar* a terra com o céu.

A maior parte da América inglesa foi povoada por homens que, depois de terem se furtado à autoridade do papa, não se haviam submetido a nenhuma supremacia religiosa; eles levavam pois ao Novo Mundo um cristianismo que eu não poderia pintar melhor do que chamando-o democrático e republicano. Isso favorecerá singularmente o estabelecimento da república e da democracia nos negócios. Desde o princípio, a política e a religião estavam de acordo, e desde então não deixaram de estar.

Há cerca de cinquenta anos a Irlanda começou a derramar no seio dos Estados Unidos uma população católica. De seu lado, o catolicismo americano fez prosélitos: encontramos hoje na União mais de um milhão de cristãos que professam as verdades da Igreja romana.

Esses católicos mostram uma grande fidelidade nas práticas de seu culto e são cheios de ardor e de zelo por suas crenças; no entanto formam a classe mais republicana e mais democrática que existe nos Estados Unidos. Esse fato surpreende à primeira vista, mas a reflexão descobre facilmente suas causas ocultas.

Acho que é um erro considerar a religião católica uma inimiga natural da democracia. Entre as diferentes doutrinas cristãs, o catolicismo parece-me ao contrário uma das mais favoráveis à igualdade das condições. Entre os católicos, a sociedade religiosa compõe-se de apenas dois elementos: o padre e o povo. O padre se eleva sozinho acima dos fiéis; abaixo dele tudo é igual.

Em matéria de dogmas, o catolicismo atribui o mesmo nível a todas as inteligências. Ele sujeita aos detalhes das mesmas crenças tanto o sábio como o ignorante, tanto o homem de gênio como o vulgar; ele impõe as mesmas práticas ao rico e ao pobre, inflige as mesmas austeridades ao poderoso e ao fraco; não compõe com nenhum mortal e, aplicando a cada um dos humanos a mesma medida, apraz-se a confundir todas as classes da sociedade ao pé do mesmo altar, tal como elas são confundidas aos olhos de Deus.

Se o catolicismo dispõe os fiéis à obediência, não os prepara pois para a desigualdade. Direi o contrário do protestantismo que, em geral, leva os homens muito menos para a igualdade do que para a independência.

O catolicismo é como uma monarquia absoluta. Tire o príncipe, e as condições são mais iguais do que nas repúblicas.

Aconteceu com frequência o padre católico sair do santuário para penetrar como uma potência na sociedade e vir sentar-se no meio da hierarquia social; algumas vezes, então, ele usou de sua influência religiosa para garantir a duração de uma ordem política de que fazia parte, e também então puderam-se ver católicos partidários da aristocracia por espírito de religião.

Mas, uma vez que os padres são afastados ou se afastam do governo, como fazem nos Estados Unidos, não há homens que, por suas crenças, sejam mais dispostos do que os católicos a transpor ao mundo político a ideia de igualdade de condições.

Portanto se os católicos dos Estados Unidos não são arrastados violentamente pela natureza de suas crenças para opiniões democráticas e republicanas, pelo menos não são naturalmente contrários a elas, e sua posição social, assim como seu pequeno número, impõe-lhes não as abraçar.

A maioria dos católicos é pobre, e eles necessitam que todos os cidadãos governem para eles mesmos chegarem ao governo. Os católicos são minoritários e necessitam que todos os direitos sejam respeitados para terem segurança do livre exercício dos seus. Essas duas causas os levam, até mesmo sem que o saibam, a doutrinas políticas que adotariam com talvez menos ardor se fossem ricos e predominantes.

O clero católico dos Estados Unidos não tentou lutar contra essa tendência política; antes procura justificá-la. Os padres católicos da América dividiram o mundo intelectual em duas partes: numa, deixaram os dogmas revelados, a que se submetem sem discuti-los; na outra, colocaram a verdade política, e pensam que Deus aí a abandonou à livre busca dos homens. Assim, os católicos dos Estados Unidos são ao mesmo tempo os fiéis mais submissos e os cidadãos mais independentes.

Podemos dizer, pois, que nos Estados Unidos não há uma só doutrina religiosa que se mostre hostil às instituições democráticas e republicanas. Lá, todos os cleros empregam a mesma linguagem; as opiniões estão de acordo com as leis e, por assim dizer, não reina mais que uma só corrente no espírito humano.

Eu residia momentaneamente numa das maiores cidades da União, quando me convidaram para assistir a uma reunião política cuja finalidade era socorrer os poloneses e fazer chegar até eles armas e dinheiro.

Encontrei, portanto, duas a três mil pessoas reunidas numa vasta sala, que fora preparada para recebê-las. Logo depois, um padre, vestindo seus hábitos eclesiásticos, adiantou-se até a beira do tablado destinado aos oradores. Os assistentes, depois de se descobrirem, ficaram de pé em silêncio, e ele falou nestes termos:

"Deus todo-poderoso! Deus dos exércitos! Tu, que mantiveste o coração e conduziste o braço de nossos pais, quando eles defendiam os direitos sagrados de sua independência nacional; tu, que os fizeste triunfar sobre uma odiosa opressão e que concedeste a nosso povo os benefícios da paz e da liberdade, ó Senhor! volta um olhar favorável para o outro hemisfério; olha com piedade um povo heroico que luta hoje como lutamos outrora e pela defesa dos mesmos direitos! Senhor, que criaste todos os homens segundo o mesmo modelo, não permitas que o despotismo venha deformar tua obra e manter a desigualdade na terra. Deus todo-poderoso! zela pelos destinos dos poloneses, torna-os dignos de ser livres! Que tua sabedoria reine em seus conselhos, que tua força seja em seus braços; espalha o terror entre seus inimigos, divide as potências que tramam sua ruína e não permitas que a injustiça de que o mundo foi testemunha há cinquenta anos se consume hoje. Senhor, que tens em tua mão poderosa o coração dos povos e o dos homens, suscita aliados para a causa sagrada do bom direito; faz que a nação francesa se erga enfim e, saindo do repouso em que seus líderes a retêm, venha combater mais uma vez pela liberdade do mundo.

"Ó Senhor! não desvies jamais de nós tua face; permite que sejamos sempre o povo mais religioso, assim como o mais livre.

"Deus todo-poderoso, ouve hoje nossa prece, salva os poloneses. Pedimos-te isso em nome de teu filho amado, Nosso Senhor Jesus Cristo, que morreu na cruz para a salvação de todos os homens. Amém."

Toda a assembleia repetiu amém com recolhimento.

Influência indireta que exercem as crenças religiosas sobre a sociedade política nos Estados Unidos

Moral do cristianismo que se encontra em todas as seitas. – Influência da religião sobre os costumes dos americanos. – Respeito pelo laço do matrimônio. – Como a religião encerra a *imaginação dos americanos dentro de certos limites e modera neles a paixão de inovar. – Opinião dos americanos sobre a utilidade política da religião. – Seus esforços para ampliar e assegurar seu império.*

Acabo de mostrar qual era, nos Estados Unidos, a ação direta da religião sobre a política. Sua ação indireta parece-me muito mais poderosa ainda, e é quando ela não fala da liberdade que melhor ensina aos americanos a arte de ser livres.

Há uma multidão incontável de seitas nos Estados Unidos. Todas diferem no culto que se deve render ao Criador, mas todas se entendem sobre os deveres dos homens uns para com os outros. Portanto, cada seita adora Deus à sua maneira, mas todas as seitas pregam a mesma moral em nome de Deus. Se é muito útil ao homem como indivíduo que sua religião seja verdadeira, o mesmo não se dá com a sociedade. A sociedade nada tem a temer nem a esperar da outra vida, e o que mais lhe importa não é tanto que todos os cidadãos professem a verdadeira religião, mas que professem uma religião. Por sinal, todas as seitas nos Estados Unidos se encontram numa grande unidade cristã, e a moral do cristianismo é a mesma em toda a parte.

Pode-se pensar que certo número de americanos seguem, no culto que rendem a Deus, mais seus hábitos do que suas convicções. Nos Estados Unidos, aliás, o soberano é religioso e, por conseguinte, a hipocrisia deve ser comum; mas a América ainda é, porém, o lugar do mundo em que a religião cristã mais conservou verdadeiros poderes sobre as almas, e nada mostra melhor quanto ela é útil e natural ao homem, pois o país em que ela exerce em nossos dias maior império é ao mesmo tempo o mais esclarecido e o mais livre.

Eu disse que os padres americanos se pronunciam de maneira geral a favor da liberdade civil, sem excetuar delas nem mesmo os que não admitem a liberdade religiosa; no entanto não os vemos dar seu apoio a nenhum sistema político em particular. Eles tomam o cuidado de manter-se fora dos negócios públicos e não se metem nas combinações dos partidos. Portanto não se pode dizer que nos Estados Unidos a religião exerce uma influência sobre as leis ou sobre o detalhe das opiniões políticas, senão que dirige os costumes, e é regrando a família que trabalha para regrar o Estado.

Não duvido um só instante de que a grande severidade de costumes que se nota nos Estados Unidos tem sua principal fonte nas crenças. Lá a religião muitas vezes é impotente para conter o homem em meio às inúmeras tentações que a fortuna lhe apresenta. Ela não poderia moderar nele o ardor de se enriquecer, que tudo aguilhoa, mas reina soberanamente sobre a alma da mulher, e é a mulher que faz os costumes. A América é seguramente o país do mundo em que o laço do matrimônio é mais respeitado e em que se concebeu a ideia mais elevada e mais justa da felicidade conjugal.

Na Europa, quase todas as desordens da sociedade nascem em torno do fogo doméstico e não longe do leito nupcial. É lá que os homens concebem o desprezo dos laços naturais e dos prazeres permitidos, o gosto pela desordem, a inquietude do coração, a instabilidade dos desejos. Agitado pelas paixões tumultuosas que perturbaram com frequência sua própria casa, o europeu tem dificuldade para submeter-se aos poderes legisladores do Estado. Quando, ao sair das agitações do mundo político, o americano volta ao seio da família, logo encontra lá a imagem da ordem e da paz. Lá todos os seus prazeres são simples e naturais, suas alegrias inocentes e tranquilas; e como ele alcança a felicidade pela regularidade da vida, acostuma-se sem custo a regrar suas opiniões tanto quanto seus gostos.

Enquanto o europeu procura escapar de suas contrariedades domésticas perturbando a sociedade, o americano haure em sua morada o amor à ordem, que leva em seguida aos negócios do Estado.

Nos Estados Unidos, a religião não regra apenas os costumes, ela estende seu império até a inteligência.

Entre os anglo-americanos, uns professam os dogmas cristãos porque acreditam neles, os outros porque temem não parecer acreditar. O cristianismo reina pois sem obstáculos, segundo o testemunho de todos. Daí resulta, como já disse em outra oportunidade, que tudo é certo e definido no mundo moral, muito embora o mundo político pareça entregue à discussão e aos experimentos dos homens. Assim, o espírito humano nunca percebe diante de si um campo ilimitado: qualquer que seja sua audácia, sente de quando em quando que deve se deter diante das barreiras intransponíveis. Antes de inovar, é forçado a aceitar certos dados primeiros e a submeter suas concepções mais ousadas a certas formas que o retardam e o detêm.

A imaginação dos americanos, em seus maiores exageros, tem pois um andamento circunspecto e incerto; seus modos são constrangidos e suas obras incompletas. Esses hábitos de reserva também se encontram na sociedade política e favorecem singularmente a tranquilidade do povo, assim como a duração das instituições que este se proporcionou. A natureza e as circunstâncias haviam feito do habitante dos Estados Unidos um homem audacioso, o que é fácil deduzir, quando se vê de que maneira ele persegue a fortuna. Se o espírito dos americanos fosse livre de todo e qualquer entrave, não se tardaria a encontrar entre eles os mais ousados inovadores e os mais implacáveis lógicos do mundo. Mas os revolucionários da América são obrigados a professar ostensivamente um certo respeito pela moral e pela etiqueta cristãs, que não lhes permite violar facilmente as leis destas quando elas se opõem à execução de seus projetos; e, se pudessem elevar-se acima de seus escrúpulos, sentir-se-iam ainda detidos pelos de seus partidários. Até aqui não houve ninguém nos Estados Unidos que tenha ousado avançar a máxima de que tudo é permitido no interesse da sociedade. Máxima ímpia, que parece ter sido inventada num século de liberdade para legitimar todos os tiranos por vir.

Assim, pois, ao mesmo tempo que a lei permite ao povo americano fazer tudo, a religião impede-o de conceber tudo e proíbe-lhe tudo ousar.

A religião que, entre os americanos, nunca se envolve diretamente no governo da sociedade, deve ser considerada pois a primeira de suas instituições políticas, porque, conquanto não lhes dê o gosto pela liberdade, facilita-lhes singularmente seu uso.

É também desse ponto de vista que os próprios habitantes dos Estados Unidos consideram as crenças religiosas. Não sei se todos os americanos têm fé em sua religião, pois quem pode ler no fundo dos corações? Mas tenho certeza de que a creem necessária à manutenção das instituições republicanas. Essa opinião não pertence a uma classe de cidadãos ou a um partido, mas à nação inteira: encontramo-la em todos os níveis.

Nos Estados Unidos, quando um homem político ataca uma seita, não é uma razão para que os partidários dessa seita não o apoiem; mas se ele ataca todas as seitas juntas, todos o evitam, e ele fica só.

Quando eu estava na América, uma testemunha se apresentou ao tribunal do condado de Chester (Estado de Nova York) e declarou que não acreditava na existência de Deus e na imortalidade da alma. O presidente do júri recusou-se a receber seu juramento, considerando que, disse ele, a testemunha destruíra previamente toda a fé que se podia dar a suas palavras[3]. Os jornais relataram o fato sem comentário.

Os americanos confundem tão completamente em seu espírito o cristianismo e a liberdade, que é quase impossível fazê-los conceber um sem o outro; e não é esta, no caso deles, uma dessas crenças estéreis que o passado lega ao presente e que parece menos viver que vegetar no fundo da alma.

Vi americanos se associarem para mandar padres aos novos Estados do Oeste e aí fundar escolas e igrejas: eles temem que a religião venha a se perder no meio das florestas e que o povo que lá se cria não possa ser tão livre quanto aquele de que nasceu. Encontrei ricos habitantes da Nova Inglaterra que abandonavam sua terra natal a fim de irem lançar, nas margens do Missouri ou nas pradarias de Illinois, os fundamentos do cristianismo e da liberdade. Assim, nos Estados Unidos, o zelo religioso se aquece sem cessar ao pé do fogo do patriotismo. Você acha que esses homens agem unicamente pensando na outra vida, mas se engana: a eternidade é apenas uma de suas preocupações. Se você interrogar esses missionários da civilização cristã, ficará surpreso ao ouvi-los falar com tanta frequência dos bens deste mundo e de encontrar políticos onde acreditava ver religiosos. "Todas as repúblicas americanas são solidárias umas das outras", irão dizer-lhe; "se as repúblicas do Oeste caíssem na anarquia ou sofressem o jugo do despotismo, as instituições republicanas que florescem à beira do oceano Atlântico estariam em grande perigo; portanto temos todo interesse em que os novos Estados sejam religiosos, para que nos permitam continuar livres."

São essas as opiniões dos americanos, mas seu erro é manifesto: todo dia, provam-me mui doutamente que tudo é ótimo na América, salvo precisamente esse espírito religioso que eu admiro, e aprendo que à liberdade e à felicidade da espécie humana do outro lado do Oceano só falta crer com Spinoza na eternidade do mundo e sustentar com Cabanis que o cérebro secreta o pensamento. Na verdade, nada tenho a responder a essas afirmações, a não ser que os que assim falam não estiveram na América e nunca viram povos religiosos como jamais viram povos livres. Espero-os pois ao voltarem de lá.

Há gente na França que considera as instituições republicanas o instrumento passageiro de sua grandeza. Mede com os olhos o imenso espaço que separa seus vícios e suas misérias do poder e das riquezas, e gostaria de acumular ruínas nesse abismo para tentar tapá-lo. Essa gente está para a liberdade assim como as companhias francas da Idade Média estavam para os reis: faziam guerra por sua própria conta, embora com as cores destes. A república viverá bastante tempo para tirá-la dessa baixeza presente. Não é a essas pessoas que falo; mas outras há que veem na república um estado permanente e tranquilo, uma meta necessária para a qual as ideias e os costumes levam cada dia as sociedades modernas e que gostariam sinceramente de preparar os homens a ser livres. Quando estas atacam as crenças religiosas, seguem suas paixões, não seus interesses. O despotismo é que pode prescindir da fé, não a liberdade. A religião é muito mais necessária na república que elas preconizam do que na monarquia que atacam, e mais nas repúblicas democráticas do que em todas as outras. Como a sociedade poderia deixar de perecer se, enquanto o vínculo político se fosse afrouxando, o vínculo moral não se estreitasse? E que fazer de um povo senhor de si mesmo, se não é submetido a Deus?

Das principais causas que tornam a religião poderosa na América

Cuidados que tomaram os americanos para separar a Igreja do Estado. – As leis, a opinião pública, os esforços dos próprios padres contribuem para esse resultado. – É a essa causa que se deve atribuir a força que a religião exerce sobre as almas nos Estados Unidos. – Por quê. – Qual é em nossos dias o estado natural dos homens em matéria de religião. – Que causa particular e acidental se opõe, em certos países, a que os homens se conformem a esse estado.

Os filósofos do século XVIII explicavam de uma maneira bem simples o enfraquecimento gradativo das crenças. O fervor religioso, diziam eles, deve se apagar à medida que a liberdade e as luzes aumentam. Pena que os fatos não coincidam com essa teoria.

Há certa população europeia cuja incredulidade só é igualada pelo embrutecimento e pela ignorância, ao passo que na América vê-se um dos povos mais livres e mais esclarecidos do mundo realizar com ardor todos os deveres externos da religião.

Ao chegar aos Estados Unidos, o aspecto religioso do país foi a primeira coisa a me chamar a atenção. À medida que prolongava minha permanência, percebia as grandes consequências políticas que decorriam desses novos fatos.

Vi entre nós o espírito religioso e o espírito de liberdade caminharem quase sempre em sentido contrário. Eu os encontrava intimamente unidos um ao outro lá: reinavam juntos sobre o mesmo território.

Cada dia eu sentia crescer meu desejo de conhecer a causa desse fenômeno.

Para descobri-la, interroguei os fiéis de todas as comunhões; procurei sobretudo a sociedade dos padres, que conservam o depósito das diferentes crenças e que têm um interesse pessoal na duração destas. A religião que professo me aproximava particularmente do clero católico, e não tardei a estabelecer uma espécie de intimidade com vários de seus membros. A cada um deles exprimi meu espanto e expus minhas dúvidas. Descobri que todos aqueles homens só divergiam entre si em questões de detalhe; mas todos atribuíam principalmente à completa separação entre Igreja e Estado o império pacífico que a religião exerce em seu país. Não temo afirmar que, durante minha estada na América, não encontrei um só homem, padre ou leigo, que não tenha concordado sobre esse ponto.

Isso me levou a examinar com maior atenção do que até então a posição que os padres americanos ocupam na sociedade política. Reconheci com surpresa que não têm nenhum cargo público[4]. Não vi um só na administração, e descobri que nem sequer estavam representados nas assembleias.

A lei, em vários Estados, fechara-lhes a carreira política[5]; a opinião, em todos os demais.

Quando, enfim, fui pesquisar qual o estado de espírito do próprio clero, percebi que a maioria de seus membros parecia distanciar-se voluntariamente do poder e pôr uma espécie de orgulho profissional em permanecer estranho a ele.

Ouvi-os anatematizar a ambição e a má-fé, quaisquer que fossem as opiniões políticas com que elas tomem o cuidado de se cobrir. Mas aprendi, ouvindo-os, que os homens não podem ser condenáveis aos olhos de Deus por causa dessas opiniões, quando são sinceras, e que não é pecado errar em matéria de governo, como não o é enganar-se sobre a maneira como construir sua casa ou arar a terra.

Vi-os se separarem com cuidado de todos os partidos e evitar o contato deles com todo o ardor do interesse pessoal.

Esses fatos acabaram de me provar que tinham me dito a verdade. Então quis ir dos fatos às causas: perguntei-me como podia acontecer que, diminuindo-se a força aparente de uma religião, se acabasse aumentando sua força real, e acreditei que não era impossível descobrir a resposta.

Nunca o curto espaço de sessenta anos encerrará toda a imaginação do homem; as alegrias incompletas deste mundo nunca bastarão a seu coração. O homem é o único dentre todos os seres a mostrar um desgosto natural pela existência e um imenso desejo de existir: ele despreza a vida e teme o nada. Esses diferentes instintos impelem incessantemente sua alma à contemplação de outro mundo, e é a religião que o conduz a ele. A religião não passa, pois, de uma forma particular da esperança, e é tão natural ao coração humano quanto a esperança mesma. É por essa espécie de aberração da inteligência e com a ajuda de uma espécie de violência moral exercida sobre sua natureza mesma que os homens se afastam das crenças religiosas: uma inclinação invencível os traz de volta a elas. A incredulidade é um acidente; somente a fé é o estado permanente da humanidade.

Considerando as religiões de um ponto de vista puramente humano, podemos dizer pois que todas as religiões buscam no homem mesmo um elemento de força que nunca poderia lhes faltar, porque decorre de um dos princípios constitutivos da natureza humana.

Sei que há tempos em que a religião pode somar a essa influência que lhe é própria a força artificial das leis e o apoio dos poderes materiais que dirigem a sociedade. Viram-se religiões intimamente unidas aos governos da Terra dominar as almas simultaneamente pelo terror e pela fé; mas, quando uma religião contrai semelhante aliança, não temo dizê-lo, age como poderia fazer um homem: sacrifica o futuro em vista do presente e, obtendo uma força que não lhe é devida, expõe seu legítimo poder.

Quando uma religião procura fundar seu império unicamente no desejo de imortalidade que atormenta por igual o coração de todos os homens, pode visar à universalidade; mas, quando se une a um governo, tem de adotar máximas que são aplicáveis apenas a certos povos. Assim, pois, aliando-se a um poder político, a religião aumenta seu poder sobre alguns e perde a esperança de reinar sobre todos.

Enquanto uma religião só se apoiar em sentimentos que são o consolo de todas as misérias, pode atrair para si o coração do gênero humano. Envolvida com as paixões amargas deste mundo, por vezes é obrigada a defender aliados que lhe foram dados mais pelo interesse que pelo amor, e tem de repelir como adversários homens que muitas vezes ainda a amam, ao mesmo tempo que combate aqueles a quem se uniu. A religião não poderia, pois, compartilhar da força material dos governantes, sem se carregar de uma parte dos ódios que eles fazem nascer.

As forças políticas que parecem mais bem estabelecidas têm por garantia de sua duração unicamente as opiniões de uma geração, os interesses de um século, muitas vezes a vida de um homem. Uma lei pode modificar o estado social que parece mais definitivo e mais consolidado, e com ele tudo muda.

Os poderes da sociedade são, todos, mais ou menos fugidios, como nossos anos sobre a Terra; eles se sucedem com rapidez, como as diversas preocupações da vida; e nunca se viu governo que se tenha apoiado numa disposição invariável do coração humano, nem que tenha podido fundar-se num interesse imortal.

Enquanto uma religião encontra sua força em sentimentos, instintos, paixões, que vemos reproduzirem-se da mesma maneira em todas as épocas da história, ela arrosta o esforço do tempo; em todo caso, só poderia ser destruída por outra religião. Mas, quando a religião quer se apoiar nos interesses deste mundo, ela se torna quase tão frágil quanto todas as potências da Terra. Sozinha, ela pode esperar a imortalidade; ligada a poderes efêmeros, segue a fortuna deles e muitas vezes cai com as paixões de um dia que os sustentam.

Portanto, unindo-se às diferentes forças políticas a religião contrairia uma aliança necessariamente onerosa. Ela não precisa de seu socorro para viver e, servindo-as, pode morrer.

O perigo que acabo de assinalar existe em todos os tempos, mas nem sempre é tão visível.

Há séculos em que os governos parecem imortais e outros em que a existência da sociedade dir-se-ia mais frágil do que a de um homem.

Certas constituições mantêm os cidadãos numa espécie de sono letárgico, outras os entregam a uma agitação febril.

Quando os governos parecem tão fortes e as leis tão estáveis, os homens não percebem o perigo que pode correr a religião unindo-se ao poder.

Quando os governantes se mostram tão fracos e as leis tão mutáveis, o perigo salta a todos os olhos, mas muitas vezes, então, já não há tempo para evitá-lo. É necessário, portanto, aprender a percebê-lo de longe.

SEGUNDA PARTE

À medida que uma nação assume um estado social democrático e que vemos as sociedades inclinarem-se para a república, torna-se cada vez mais perigoso unir a religião à autoridade, pois se aproxima o tempo em que o poder vai passar de mão em mão, em que as teorias políticas se sucederão, em que os homens, as leis, as próprias constituições desaparecerão ou se modificarão a cada dia, e isso não durante algum tempo, mas sem cessar. A agitação e a instabilidade prendem-se à natureza das repúblicas democráticas, assim como a imobilidade e o sono constituem a lei das monarquias absolutas.

Se os americanos, que mudam de chefe de Estado a cada quatro anos, escolhem novos legisladores a cada dois anos e substituem os administradores estaduais a cada ano; se os americanos, que entregaram o mundo político aos experimentos dos inovadores, não tivessem posto sua religião em alguma parte fora deste mundo, a que poderia ela se agarrar no fluxo e refluxo das opiniões humanas? No meio da luta dos partidos, onde estaria o respeito que lhe é devido? Que seria de sua imortalidade quando tudo viesse a perecer em volta dela?

Os padres americanos perceberam essa verdade antes de todos os outros e conformam a ela sua conduta. Viram que seria necessário renunciar à influência religiosa, se quisessem adquirir uma força política, e preferiram perder o apoio do poder a partilhar suas vicissitudes.

Na América, a religião talvez seja menos poderosa do que foi em certos tempos e em certos povos, mas sua influência é mais duradoura. Ela se reduziu a suas próprias forças, que ninguém poderia tirar-lhe; ela age num círculo único, mas percorre-o por inteiro e domina-o sem esforços.

Ouço na Europa vozes que se erguem de todas as partes: deploram a ausência das crenças e perguntam-se qual o meio de devolver à religião algum resto de seu antigo poder.

Parece-me que é necessário averiguar atentamente qual deveria ser, em nossos dias, o *estado natural* dos homens em matéria de religião. Sabendo então o que podemos esperar e o que devemos temer, perceberíamos claramente o objetivo para o qual devem tender nossos esforços.

Dois grandes perigos ameaçam a existência das religiões: os cismas e a indiferença.

Nos séculos de fervor, às vezes acontece que os homens abandonam sua religião, mas só escapam do seu jugo para se submeter ao de outra. A fé muda de objeto, não morre. A antiga religião provoca então, em todos os corações, ardentes amores ou ódios implacáveis; uns a abandonam com cólera, outros se apegam a ela com novo ardor – as crenças diferem, a irreligião é desconhecida.

O mesmo porém não acontece quando uma crença religiosa é surdamente minada por doutrinas que chamarei negativas, pois, afirmando a falsidade de uma religião, não estabelecem a verdade de nenhuma outra.

Operam-se então prodigiosas revoluções no espírito humano, sem que o homem pareça contribuir para tanto com suas paixões e, por assim dizer, sem que perceba. Vemos homens que deixam escapar, como que por esquecimento, o objeto de suas mais caras esperanças. Arrastados por uma corrente insensível contra a qual não têm a coragem de lutar e à qual cedem, porém, a contragosto, abandonam a fé que amam para seguir a dúvida que os leva ao desespero.

Nos séculos que acabamos de descrever, as pessoas abandonam suas crenças muito mais por frieza do que por ódio; não as rejeitam, elas é que os deixam. Cessando de crer na religião verdadeira, o incrédulo continua a julgá-la útil. Considerando as crenças religiosas sob um aspecto humano, reconhece seu império sobre os costumes, sua influência sobre as leis. Compreende como elas podem fazer os homens viver em paz e prepará-los calmamente para a morte. Ele sente, pois, a falta da fé depois de a ter perdido e, privado de um bem de que sabe todo o preço, teme tirá-lo dos que ainda o possuem.

Por sua vez, aquele que continua a crer não teme expor sua fé a todos os olhares. Nos que não partilham sua esperança, vê antes infelizes que adversários; ele sabe que pode conquistar sua estima sem seguir seu exemplo; portanto não está em guerra com ninguém e, não considerando a sociedade em que vive como uma arena em que a religião deve lutar sem cessar contra mil inimigos encarniçados, ama seus contemporâneos ao mesmo tempo que condena suas fraquezas e se aflige com seus erros.

Com os que não creem escondendo sua incredulidade e os que creem mostrando sua fé, cria-se uma opinião pública favorável à religião: amam-na, sustentam-na, honram-na, e é necessário penetrar até o fundo das almas para descobrir as feridas que ela recebeu.

A massa dos homens, que o sentimento religioso nunca abandona, nada vê então que o afaste das crenças estabelecidas. O instinto de uma outra vida leva-a sem dificuldade ao pé dos altares e entrega seu coração aos preceitos e às consolações da fé.

Por que esse quadro não se aplica a nós?

Percebo, entre nós, homens que cessaram de crer no cristianismo sem se apegar a nenhuma religião.

Vejo outros que se detiveram na dúvida e já simulam não mais crer.

Mais longe, encontro cristãos que ainda creem e não ousam dizê-lo.

No meio desses tépidos amigos e desses ardentes adversários, descubro enfim um pequeno número de fiéis prontos a enfrentar todos os obstáculos e a desprezar todos os perigos por suas crenças. Estes forçaram a fraqueza humana para se elevar acima da opinião comum. Levados por esse próprio esforço, não sabem mais precisamente onde devem deter-se. Como viram que, em sua pátria, o primeiro uso que o homem fez da independência foi atacar a religião, temem seus contemporâneos e se afastam aterrorizados da liberdade que estes perseguem. Como a incredulidade lhes parece coisa nova, envolvem num mesmo ódio tudo o que é novo. Estão, pois, em guerra com seu século e seu país, e em cada uma das opiniões que aí professam veem uma inimiga necessária da fé.

Não deveria ser esse, em nossos dias, o estado natural dos homens em matéria de religião.

Assim, há entre nós uma causa acidental e particular que impede o espírito humano de seguir sua inclinação e impele-o além dos limites em que deve naturalmente deter-se.

Estou profundamente convencido de que essa causa particular e acidental é a união íntima da política e da religião.

Os incrédulos da Europa perseguem os cristãos como inimigos políticos, em vez de como adversários religiosos; odeiam a fé como se fosse a opinião de um partido, muito mais que como uma crença errônea; e é menos o representante de Deus que repelem no padre do que o amigo do poder.

Na Europa, o cristianismo permitiu que o unissem intimamente às potências da Terra. Hoje, essas potências caem e ele se encontra como que enterrado sob seus escombros. É um vivo que quiseram amarrar a mortos – cortem os vínculos que o retêm e ele se reerguerá.

Ignoro o que seria necessário fazer para restituir ao cristianismo da Europa a energia da juventude. Somente Deus o poderia. Mas, em todo caso, depende dos homens deixar à fé o uso de todas as forças que ela ainda conserva.

*Como as luzes, os hábitos e a experiência prática
dos americanos contribuem para o sucesso
das instituições democráticas*

O que devemos entender pelas luzes do povo americano. – O espírito humano recebeu nos Estados Unidos uma cultura menos profunda do que na Europa. – Mas ninguém permaneceu na ignorância. – Por quê. – Rapidez com a qual o pensamento circula nos Estados semidesertos do Oeste. – Como a experiência prática serve mais aos americanos do que os conhecimentos literários.

Em mil lugares nesta obra, mostrei aos leitores qual a influência exercida pelas luzes e os hábitos dos americanos sobre a manutenção de suas instituições políticas. Restam-me pois, agora, poucas novidades a acrescentar.

A América só teve, até o presente momento, um pequeníssimo número de escritores notáveis; não tem grandes historiadores e não conta um só poeta. Seus habitantes veem a literatura propriamente dita com uma espécie de desfavor; e tal cidade de terceria ordem da Europa publica cada ano mais obras literárias do que os vinte e quatro Estados da União somados.

O espírito americano se afasta das ideias gerais; não é voltado para as descobertas teóricas. A própria política e a indústria não poderiam conduzi-lo até elas. Nos Estados Unidos, fazem-se sem parar novas leis, mas ainda não apareceram grandes escritores para investigar os princípios gerais das leis.

Os americanos têm jurisconsultos e comentadores, faltam-lhes os publicistas; e em política dão ao mundo antes exemplos do que lições.

O mesmo se dá nas artes mecânicas.

Os americanos aplicam com sagacidade as invenções da Europa e, depois de aperfeiçoá-las, adaptam-nas maravilhosamente às necessidades do país. Na América, os homens são industriosos, mas não cultivam a ciência da indústria. Há lá bons operários e poucos inventores. Fulton ofereceu por muito tempo seu gênio no estrangeiro, antes de poder consagrá-lo a seu país.

Assim, quem quiser avaliar qual é o estado das luzes entre os anglo-americanos expor-se-á a ver o mesmo objeto sob dois aspectos diferentes. Se só considerar os cientistas, ficará espantado com seu pequeno número; se contar os ignorantes, o povo americano parecer-lhe-á o mais esclarecido da Terra.

A população inteira está situada entre os dois extremos. Já disse isso em outra oportunidade.

Na Nova Inglaterra, cada cidadão recebe as noções elementares dos conhecimentos humanos; aprende além disso quais são as doutrinas e as provas de sua religião; fazem-no conhecer a história de sua pátria e as principais características da constituição que a rege. Em Connecticut e em Massachusetts, é raríssimo encontrar um homem que saiba apenas de maneira imperfeita todas essas coisas, e quem as ignora absolutamente é, de certo modo, um fenômeno.

Quando comparo as repúblicas gregas e romanas com essas repúblicas da América, as bibliotecas manuscritas das primeiras e seu populacho grosseiro com os mil jornais que circulam nas segundas e com o povo esclarecido que as habita; quando em seguida penso em todos os esforços que ainda são feitos para julgar uns com a ajuda dos outros e prever, pelo que aconteceu há dois mil anos, o que acontecerá em nossos dias, sou tentado a queimar meus livros, a fim de aplicar apenas ideias novas a um estado social tão novo.

De resto, não se deve estender indistintamente a toda a União o que digo da Nova Inglaterra. Quanto mais se avança para o oeste ou para o sul, mais a instrução do povo diminui. Nos Estados vizinhos do golfo do México, há, tal como em nosso país, certo número de indivíduos alheios aos elementos dos conhecimentos humanos; mas procuraríamos em vão nos Estados Unidos um só cantão que estivesse mergulhado na ignorância. O motivo disso é simples: os povos da Europa partiram das trevas e da barbárie para rumarem em direção à civilização e às luzes. O progresso deles foi desigual: uns correram nessa trajetória, outros de certa forma não fizeram senão andar a passo; vários se detiveram e ainda dormem no caminho.

O mesmo não se deu nos Estados Unidos.

Os anglo-americanos chegaram já civilizados à terra que sua posteridade ocupa; não precisaram aprender, bastou-lhes não esquecer. Ora, são os filhos desses mesmos americanos que, a cada ano, transportam para o deserto, com sua morada, os conhecimentos já adquiridos e a estima do saber. A educação lhes fez sentir a utilidade das luzes e deixou-os em condição de transmitir essas mesmas luzes a seus descendentes. Nos Estados Unidos, portanto, a sociedade não tem infância; ela nasce na idade viril.

Os americanos não fazem nenhum uso da palavra camponês; não empregam a palavra, porque não têm ideia do que significa; a ignorância das primeiras eras, a simplicidade dos campos, a rusticidade da aldeia foram conservadas entre eles, e não concebem bem as virtudes, nem os vícios, nem os hábitos grosseiros, nem as graças ingênuas de uma civilização nascente.

Nos extremos limites dos Estados confederados, nos confins da sociedade e do deserto, está uma população de aventureiros ousados que, para fugir da pobreza, a ponto de os atingir sob o teto paterno, não temeram enfiar-se nas solidões da América e lá procurar uma nova pátria. Mal chegando ao lugar que lhe deve servir de asilo, o pioneiro abate algumas árvores apressadamente e ergue uma cabana sob a folhagem. Não há nada que ofereça aspecto mais miserável do que essas moradas isoladas. O viajante que se aproxima ao entardecer percebe de longe reluzir, através das paredes, a chama do fogão; e à noite, se o vento se põe a soprar, ouve o teto de folhagem se agitar ruidosamente no meio das árvores da floresta. Quem não iria acreditar que esse pobre casebre serve de asilo à grosseria e à ignorância? No entanto não se deve estabelecer nenhuma relação entre o pioneiro e o lugar que lhe serve de asilo. Tudo é primitivo e selvagem em torno dele, mas ele é, por assim dizer, o resultado de dezoito séculos de trabalho e de experiência. Ele traja roupa citadina, fala o linguajar da cidade; sabe o passado, é curioso do futuro, argumenta sobre o presente; é um homem civilizadíssimo, que, por algum tempo, se submete a viver no meio dos bosques e que se mete pelos desertos do novo mundo adentro com a Bíblia, um machado e jornais.

É difícil imaginar com que incrível rapidez o pensamento circula no seio desses desertos[6].

Não acredito que se produza um movimento intelectual tão grande assim nos cantões mais esclarecidos e mais populosos da França[7].

É indubitável que, nos Estados Unidos, a instrução do povo serve poderosamente para a manutenção da república democrática. Assim será, penso eu, onde quer que não se separe a instrução que esclarece o espírito da educação que regra os costumes.

Todavia, não me exagero essa vantagem e estou ainda mais longe de crer, do mesmo modo que grande número de pessoas na Europa, que basta ensinar os homens a ler e a escrever para fazer imediatamente deles cidadãos.

As verdadeiras luzes nascem principalmente da experiência, e se os americanos não tivessem sido habituados pouco a pouco a se governar eles mesmos, os conhecimentos literários que possuem não lhes seriam hoje de grande auxílio para ter êxito.

Vivi muito com o povo dos Estados Unidos e não saberia dizer quanto admirei sua experiência e seu bom senso.

Não leve o americano a falar da Europa. De ordinário, ele mostrará uma grande presunção e um orgulho deveras tolo. Contentar-se-á com essas ideias gerais e indefinidas que, em todos os países, são de tão grande socorro para os ignorantes. Mas interrogue-o sobre seu país e verá dissipar-se de repente a nuvem que envolvia sua inteligência: sua linguagem tornar-se-á clara, nítida e precisa, como seu pensamento. Ele irá lhe explicar quais são os direitos e de que meios deve servir-se para exercê-los; saberá de acordo com que usos é conduzido o mundo político. Você irá perceber que as regras da administração lhe são conhecidas e que ele se familiarizou com o mecanismo das leis. O habitante dos Estados Unidos buscou nos livros esses conhecimentos práticos e essas noções positivas: sua educação literária pôde prepará-lo para recebê-los, mas não os forneceu.

É participando da legislação que o americano aprende a conhecer as leis; é governando que se instrui acerca das formas do governo. A grande obra da sociedade se realiza cada dia ante seus olhos e, por assim dizer, em suas mãos.

Nos Estados Unidos, o conjunto da educação dos homens está dirigido para a política; na Europa, sua finalidade principal é preparar para a vida privada. A ação dos cidadãos nos negócios é um fato demasiado raro para ser previsto.

Basta lançar um olhar sobre essas duas sociedades para que essas diferenças se revelem até mesmo em seu aspecto externo.

Na Europa, costumamos introduzir as ideias e os hábitos da existência privada na vida pública e, quando nos sucede passar de repente do seio da família ao governo do Estado, vemo-nos frequentemente discutir os grandes interesses da sociedade da mesma maneira que conversamos com nossos amigos.

São, ao contrário, os hábitos da vida pública que os americanos quase sempre transportam para a vida privada. Entre eles, a ideia do júri é descoberta nas brincadeiras escolares, e as formas parlamentares são encontradas até na ordem de um banquete.

Que as leis servem mais à manutenção da república democrática nos Estados Unidos do que as causas físicas, e os costumes mais que as leis

Todos os povos da América têm um estado social democrático. – No entanto, as instituições democráticas só se sustentam entre os anglo-americanos. – Os espanhóis da América do Sul, tão beneficiados pela natureza física quanto os anglo-americanos, não podem suportar a república democrática. – O México, que adotou a constituição dos Estados Unidos, não a pode suportar. – Os anglo-americanos do Oeste suportam-na com mais dificuldade que os do Leste. – Razões dessas diferenças.

Disse que era necessário atribuir a manutenção das instituições democráticas nos Estados Unidos às circunstâncias, às leis e aos costumes[8].

A maior parte dos europeus só conhece a primeira dessas três causas, e lhe dão uma importância preponderante que ela não tem.

É verdade que os anglo-americanos levaram para o Novo Mundo a igualdade das condições. Nunca houve entre eles nem vilões nem nobres; lá os preconceitos de nascimento sempre foram tão desconhecidos quanto os preconceitos de profissão. O estado social sendo assim democrático, a democracia não teve dificuldade de estabelecer seu império.

Mas esse fato não é particular aos Estados Unidos: quase todas as colônias da América foram fundadas por homens iguais entre si ou que iguais se tornaram habitando-as. Não há uma só parte do Novo Mundo em que os europeus tenham podido criar uma aristocracia.

No entanto, as instituições democráticas não prosperam senão nos Estados Unidos.

A União americana não tem inimigos a combater. Está só no meio dos desertos como uma ilha em pleno oceano.

Mas a natureza isolou da mesma maneira os espanhóis da América do Sul, e esse isolamento não os impediu de manter exércitos. Guerrearam-se quando os estrangeiros lhes faltaram. Foi tão só a democracia anglo-americana que, até agora, pôde manter-se em paz.

O território da União apresenta um campo sem limites para a atividade humana; oferece um alimento inesgotável para a indústria e para trabalho. O amor às riquezas aí toma, pois, o lugar da ambição, e o bem-estar apaga o ardor dos partidos.

Mas em que porção do mundo encontram-se ermos mais férteis, rios maiores, riquezas mais intactas e mais inesgotáveis do que na América do Sul? No entanto, a América do Sul não pode suportar a democracia. Se bastasse aos povos, para serem felizes, serem postos num canto do universo e poderem estender-se à vontade nas terras inabitadas, os espanhóis da América meridional não teriam podido queixar-se de sua sorte. E, mesmo se não desfrutassem da mesma felicidade dos habitantes dos Estados Unidos, deveriam pelo menos fazer-se invejar pelos povos da Europa. Contudo não há na Terra nações mais miseráveis do que as da América do Sul.

Assim, não apenas as causas físicas não podem levar a resultados análogos entre os americanos do Sul e entre os do Norte, como não poderiam tampouco produzir entre os primeiros algo que não fosse inferior ao que se vê na Europa, onde tais causas agem em sentido contrário.

Portanto, as causas físicas não influem tanto quanto se supõe sobre o destino das nações.

Encontrei homens da Nova Inglaterra prestes a abandonar uma pátria em que teriam podido encontrar abastança, para ir buscar fortuna no deserto. Perto de lá, vi a população francesa do Canadá comprimir-se num espaço demasiado estreito para ela, quando o mesmo ermo estava próximo; e, enquanto o emigrante dos Estados Unidos adquiria ao preço de algumas jornadas de trabalho um grande domínio, o canadense pagava a terra tão caro quanto se ainda vivesse na França.

Assim, a natureza, entregando aos europeus as solidões do Novo Mundo, oferece-lhes bens de que nem sempre sabem servir-se.

Percebo entre outros povos da América as mesmas condições de prosperidade que entre os anglo-americanos, menos suas leis e seus costumes; e esses povos são miseráveis.

As leis e os costumes dos anglo-americanos são, pois, a razão especial de sua grandeza e a causa predominante que procuro.

Estou longe de pretender que haja uma bondade absoluta nas leis americanas. Não creio que sejam aplicáveis a todos os povos democráticos e, entre elas, várias há que, nos Estados Unidos mesmos, parecem-me perigosas.

No entanto, não se poderia negar que a legislação dos americanos, tomada em seu conjunto, é adequada ao gênio do povo que ela deve reger e à natureza do país.

As leis americanas são boas, pois, e é mister atribuir-lhes uma grande parte do sucesso que obtém na América o governo da democracia; mas não creio que sejam a causa principal desse êxito. E, se me parecem ter mais influência sobre a felicidade social dos americanos que a natureza mesma do país, por outro lado percebo motivos para crer que exercem menos influência que os costumes.

As leis federais constituem seguramente a porção mais importante da legislação dos Estados Unidos.

O México, que é tão bem situado quanto a União anglo-americana, apropriou-se das mesmas leis, mas não pode se habituar ao governo da democracia.

Há, pois, uma razão independente das causas físicas e das leis, que faz que a democracia possa governar os Estados Unidos.

Mas eis o que reforça a prova. Quase todos os homens que habitam o território da União provêm do mesmo sangue. Falam a mesma língua, oram a Deus da mesma maneira, são submetidos às mesmas causas materiais, obedecem às mesmas leis.

Donde vêm, então, as diferenças que se observam entre eles?

Por que, a leste da União, o governo republicano se mostra forte e regular e procede com maturidade e lentidão? Que causa imprime a todos os seus atos um caráter de sabedoria e de duração?

Donde vem, ao contrário, que a oeste os poderes da sociedade parecem caminhar a esmo?

Por que reina no movimento dos negócios algo desordenado, apaixonado, quase poderíamos dizer febril, que não anuncia um longo futuro?

Não comparo mais os anglo-americanos a povos estrangeiros; oponho agora os anglo-americanos uns aos outros e procuro saber por que eles não se assemelham. Aqui, todos os argumentos tirados da natureza do país e da diferença das leis faltam-me ao mesmo tempo. Cumpre recorrer a outra causa; e essa causa, onde eu a descobriria, senão nos costumes?

É a leste que os anglo-americanos contraíram o mais longo uso do governo da democracia, formaram os hábitos e conceberam as ideias mais favoráveis à manutenção desta.

A democracia penetrou, aí, pouco a pouco nos usos, nas opiniões, nas formas; encontramo-la em todo o detalhe da vida social, bem como nas leis. É a leste que a instrução literária e a educação prática do povo foram mais aperfeiçoadas e que a religião melhor se misturou à liberdade. Que são todos esses hábitos, essas opiniões, esses usos, essas crenças, senão o que chamei de costumes?

A oeste, ao contrário, uma parte das mesmas vantagens ainda falta. Muitos americanos dos Estados do Oeste nasceram nos bosques e mesclam à civilização de seus pais as ideias e os costumes da vida selvagem. Entre eles, as paixões são mais violentas, a moral religiosa menos poderosa, as ideias menos definidas. Lá, os homens não exercem nenhum controle uns sobre os outros, porque mal se conhecem. As nações do Oeste mostram, pois, até certo ponto, a inexperiência e os hábitos desregrados dos povos nascentes. No entanto, as sociedades, no Oeste, são formadas de elementos antigos – a montagem, porém, é nova.

São portanto particularmente os costumes que tornam os americanos dos Estados Unidos, únicos entre todos os americanos, capazes de suportar o império da democracia; e são também eles que fazem que as diversas democracias anglo-americanas sejam mais ou menos regradas e prósperas.

Assim, exagera-se na Europa a influência que exerce a posição geográfica do país sobre a duração das instituições democráticas. Dá-se demasiada importância às leis, demasiado pouca aos costumes. Essas três grandes causas contribuem, sem dúvida, para regrar e dirigir a democracia americana; mas, se fosse necessário classificá-las, eu diria que as causas físicas contribuem menos que as leis, e as leis menos que os costumes.

Estou convencido de que a situação mais feliz e as melhores leis não podem manter uma constituição a despeito dos costumes, ao passo que estes tiram partido mesmo das mais desfavoráveis e piores leis. A importância dos costumes é uma verdade comum a que o estudo e a experiência levam sem cessar. Parece-me que eu a encontro situada em meu espírito como um ponto central; percebo-a no termo de todas as minhas ideias.

Tenho apenas uma palavra mais a dizer sobre esse tema.

Se não consegui fazer o leitor sentir, ao longo desta obra, a importância, para a manutenção das leis, que eu atribuía à experiência prática dos americanos, a seus hábitos, a suas opiniões, numa palavra a seus costumes, falhei no objetivo principal que me propunha ao escrevê-la.

As leis e os costumes bastariam para manter as instituições democráticas fora da América?

Os anglo-americanos, se transportados para a Europa, seriam obrigados a modificar suas leis. – É necessário distinguir entre as instituições democráticas e as instituições americanas. – Podem-se conceber leis democráticas melhores ou, pelo menos, diferentes, das que a democracia americana se deu. – O exemplo da América prova apenas que não se deve perder a esperança de regrar, por meio das leis e dos costumes, a democracia.

Disse que o sucesso das instituições democráticas nos Estados Unidos decorria muito mais das leis mesmas e dos costumes do que da natureza do país.

Mas decorrerá daí que essas mesmas causas, transportadas para outro lugar, teriam sozinhas a mesma força e que, se o país não pode fazer as vezes das leis e dos costumes, as leis e os costumes, por sua vez, poderiam fazer as vezes do país?

Será fácil conceber aqui que nos faltam os elementos de prova. Encontramos no Novo Mundo outros povos que não os anglo-americanos e, como esses povos estão submetidos às mesmas causas materiais, pude compará-los.

Mas fora da América não há nações que, sem terem as mesmas vantagens físicas dos anglo-americanos, tenham adotado suas leis e seus costumes.

Assim, não temos objeto de comparação nessa matéria; podemos apenas arriscar opiniões.

Parece-me antes de mais nada que convém distinguir cuidadosamente as instituições dos Estados Unidos das instituições democráticas em geral.

Quando se pensa no estado da Europa, em seus grandes povos, em suas cidades populosas, em seus exércitos formidáveis, nas complicações de sua política, não se pode crer que os próprios anglo-americanos, transportados com suas ideias, sua religião, seus costumes para nosso solo, possam aqui viver sem modificar consideravelmente suas leis.

Mas pode-se supor um povo democrático organizado de outra maneira que o povo americano.

Será então impossível conceber um governo baseado nas vontades reais da maioria, mas em que a maioria, violentando os instintos de igualdade que lhe são naturais em benefício da ordem e da estabilidade do Estado, aceitaria investir de todas as atribuições do poder executivo uma família ou um homem? Acaso não se poderia imaginar uma sociedade democrática em que as forças nacionais seriam mais centralizadas do que nos Estados Unidos, em que o povo exerceria um império menos direto e menos irresistível sobre os negócios gerais, mas em que cada cidadão, investido de certos direitos, tomaria parte, em sua esfera, no funcionamento do governo?

O que vi entre os anglo-americanos faz-me crer que poderiam subsistir fora da América instituições democráticas dessa natureza, que, introduzidas prudentemente na sociedade, nela se mesclassem pouco a pouco aos hábitos e se fundissem gradativamente com as próprias opiniões do povo.

Se as leis dos Estados Unidos fossem as únicas leis democráticas que se devessem imaginar, ou as mais perfeitas que se pudessem encontrar, então eu entenderia ser possível concluir que o sucesso das leis dos Estados Unidos não provaria em absoluto o sucesso das leis democráticas em geral, num país menos favorecido pela natureza.

Mas, se as leis dos americanos me parecem defeituosas em muitos pontos e se me é fácil concebê-las diferentes, a natureza especial do país não me prova que as instituições democráticas não possam ter êxito num povo que, vivendo em circunstâncias físicas menos favoráveis, tivesse leis melhores.

Se os homens se mostrassem na América diferentes do que são em outros lugares; se seu estado social fizesse nascer neles hábitos e opiniões contrários aos que, na Europa, nascem desse mesmo estado social, o que acontece nas democracias americanas nada ensinaria sobre o que deve acontecer nas outras democracias.

Se os americanos mostrassem as mesmas propensões de todos os outros povos democráticos e se seus legisladores se remetessem à natureza do país e ao favor das circunstâncias para conter essas propensões dentro de limites justos, a prosperidade dos Estados Unidos, devendo ser atribuída a causas puramente físicas, nada provaria em favor desses povos que gostariam de seguir o exemplo desse país sem possuir suas vantagens naturais.

Mas nem uma nem outra dessas suposições são verificadas pelos fatos.

Encontrei na América paixões análogas às que vemos na Europa: umas decorriam da própria natureza do coração humano; outras, do estado democrático da sociedade.

Assim, encontrei nos Estados Unidos a inquietude do coração, que é natural nos homens quando, sendo todas as condições mais ou menos idênticas, todos entreveem as mesmas possibilidades de se elevar. Encontrei lá o sentimento democrático da inveja expresso de mil maneiras diferentes. Notei que o povo mostrava, frequentemente, na direção dos negócios, um misto de presunção e ignorância, e concluí que, na América como entre nós, os homens eram sujeitos às mesmas imperfeições e expostos às mesmas misérias.

Mas quando passei a examinar com atenção o estado da sociedade, descobri sem dificuldade que os americanos haviam feito grandes e felizes esforços para combater essas fraquezas do coração humano e corrigir esses defeitos naturais da democracia.

Suas diversas leis municipais pareceram-me barreiras que retinham numa esfera estreita a ambição inquieta dos cidadãos e dirigiam em benefício da comuna as mesmas paixões democráticas que teriam podido subverter o Estado. Pareceu-me que os legisladores americanos tinham conseguido opor, não sem sucesso, a ideia dos direitos aos sentimentos da inveja; aos movimentos contínuos do mundo político, a imobilidade da moral religiosa; a experiência do povo à sua ignorância teórica, e seu hábito dos negócios ao arroubo de seus desejos.

Portanto, os americanos não se remeteram à natureza do país para combater os perigos que nascem de sua constituição e de suas leis políticas. Aos males que partilham com todos os povos democráticos, aplicaram remédios que, até agora, só eles descobriram; e, muito embora tenham sido os primeiros a experimentá-los, tiveram êxito.

Os costumes e as leis dos americanos não são os únicos capazes de convir aos povos democráticos, mas os americanos mostraram que não se deve perder a esperança de regrar a democracia por meio das leis e dos costumes.

Se outros povos, tomando emprestada da América essa ideia geral e fecunda, sem querer de resto imitar seus habitantes na aplicação particular que dela fizeram, tentassem habilitar-se ao estado social que a Providência impõe aos homens de nossos dias e procurassem, assim, escapar do despotismo ou da anarquia que os ameaçam, que razões temos para crer que iriam fracassar em seus esforços?

A organização e o estabelecimento da democracia entre os cristãos são o grande problema político de nosso tempo. Os americanos sem dúvida não resolvem esse problema, mas fornecem ensinamentos úteis aos que o querem resolver.

Importância do que precede com relação à Europa

Descobre-se facilmente por que me dediquei às pesquisas que precedem. A questão que levantei não interessa apenas aos Estados Unidos, mas ao mundo inteiro; não a uma nação, mas a todos os homens.

Se os povos cujo estado social é democrático só pudessem permanecer livres se habitassem desertos, seria necessário desesperar a sorte futura da espécia humana, porque os homens caminham rapidamente para a democracia, e os desertos se enchem.

Se é verdade que as leis e os costumes fossem insuficientes para a manutenção das instituições democráticas, que outro refúgio restaria às nações, senão o despotismo de um só?

Eu sei que, em nossos dias, há muita gente honesta que esse futuro não espanta e que, cansada da liberdade, gostaria de repousar enfim longe das tempestades.

Mas estes conhecem muito mal o porto para o qual se dirigem. Preocupados com suas lembranças, julgam o poder absoluto pelo que foi outrora, não pelo que poderia ser em nossos dias.

Se o poder absoluto viesse estabelecer-se de novo nos povos democráticos da Europa, não duvido que assumisse uma forma nova e se mostrasse sob traços desconhecidos a nossos pais.

Um tempo houve na Europa em que a lei, assim como o consentimento do povo, haviam investido os reis de um poder quase ilimitado. Mas quase nunca lhes acontecia utilizá-lo.

Não falarei das prerrogativas da nobreza, da autoridade das cortes soberanas, do direito das corporações, dos privilégios de província que, amortecendo os golpes da autoridade, mantinham na nação um espírito de resistência.

Independentemente das instituições políticas, que, muitas vezes contrárias à liberdade dos particulares, serviam porém para conservar o amor à liberdade nas almas e cuja utilidade, sob esse aspecto, se concebe facilmente, as opiniões e os costumes erguiam em torno do poder real barreiras menos conhecidas, mas não menos poderosas.

A religião, o amor dos súditos, a bondade do príncipe, a honra, o espírito de família, os preconceitos de província, a tradição e a opinião pública limitavam o poder dos reis e encerravam num círculo invisível sua autoridade.

Então a constituição dos povos era despótica e seus costumes livres. Os príncipes tinham o direito, mas não a faculdade nem o desejo de fazer tudo.

Das barreiras que detinham outrora a tirania, que nos resta hoje?

Havendo a religião perdido seu império sobre as almas, o limite mais visível que dividia o bem e o mal se acha invertido; tudo parece duvidoso e incerto no mundo moral; os reis e os povos caminham nele ao acaso e ninguém seria capaz de dizer onde estão os limites naturais do despotismo e as fronteiras da licença.

Longas revoluções destruíram para sempre o respeito que rodeava os chefes de Estado. Descarregados do peso da estima pública, os príncipes podem desde então dedicar-se sem temor à embriaguez do poder.

Quando os reis veem o coração dos povos comparecer diante de si, são clementes porque se sentem fortes; e preocupam-se em preservar o amor de seus súditos, porque o amor dos súditos é o apoio do trono. Cria-se então entre o príncipe e o povo um intercâmbio de sentimentos cuja doçura recorda, no seio da sociedade, o interior da família. Os súditos, embora murmurando contra o soberano, afligem-se se lhe desagradam, e o soberano pune seus súditos com mão leve, tal como um pai castiga seus filhos.

Mas quando o prestígio da realeza se dissipa no meio do tumulto das revoluções; quando os reis, sucedendo-se no trono, aí expõem sucessivamente ao olhar dos povos a fraqueza do *direito* e a dureza do *fato*, ninguém mais vê no soberano o pai do Estado, cada qual o percebe como um amo. Se for fraco, desprezam-no; se for forte, odeiam-no. Ele mesmo é cheio de cólera e de medo; vê-se como um estrangeiro em seu país e trata seus súditos como vencidos.

Quando as províncias e as cidades eram nações diferentes no meio da pátria comum, cada uma tinha um espírito particular que se opunha ao espírito geral da servidão;

mas hoje, quando todas as partes do mesmo império, depois de terem perdido suas franquias, seus usos, seus preconceitos e até mesmo suas lembranças e seus nomes, habituaram-se a obedecer às mesmas leis, não é mais difícil oprimir todas elas juntas do que oprimir uma separadamente.

Enquanto a nobreza desfrutava de seu poder e ainda muito tempo depois de o ter perdido, a honra aristocrática dava uma força extraordinária às resistências individuais.

Viam-se então homens que, apesar de sua impotência, ainda conservavam uma ideia elevada de seu valor individual e ousavam resistir isoladamente ao esforço do poder público.

Mas nos dias de hoje, em que todas as classes acabam de se confundir, em que o indivíduo desaparece cada vez mais na multidão e se perde facilmente no meio da obscuridade comum; hoje, quando, tendo a honra monárquica quase perdido seu império sem ser substituída pela virtude, nada mais sustenta o homem acima de si mesmo, quem pode dizer onde se deteriam as exigências do poder e as complacências da fraqueza?

Enquanto durou o espírito de família, o homem que lutava contra a tirania nunca estava sozinho, tinha em torno de si clientes, amigos hereditários, próximos. E se esse apoio lhe faltasse, ainda assim se sentiria amparado por seus ancestrais e animado por seus descendentes. Mas, quando os patrimônios se dividem e quando em poucos anos as raças se confundem, onde pôr o espírito de família?

Que força resta aos costumes num povo que mudou inteiramente de figura, e muda sem cessar, num povo em que todos os atos de tirania já têm um precedente, em que todos os crimes podem se apoiar num exemplo, em que não se poderia encontrar nada antigo que se temesse destruir, nem nada conceber de tão novo que se possa ousar?

Que resistência oferecem os costumes que já se curvaram tantas vezes?

Que pode a própria opinião pública, quando não existem *vinte* pessoas que um vínculo comum reúna? Quando não se encontra nem um homem, nem uma família, nem um corpo, nem uma classe, nem uma associação livre que possa representar e fazer agir essa opinião?

Quando cada cidadão, sendo igualmente impotente, igualmente pobre, igualmente isolado, só pode opor sua fraqueza individual à força organizada do governo?

Para conceber algo análogo ao que sucederia então entre nós, não é a nossos anais que conviria recorrer. Seria necessário talvez interrogar os monumentos da Antiguidade e referir-se àqueles séculos terríveis da tirania romana, em que, estando os costumes corrompidos, as lembranças apagadas, os hábitos destruídos, as opiniões vacilantes, a liberdade escorraçada das leis não soube mais onde se refugiar para encontrar asilo; em que, nada garantindo mais os cidadãos, e os cidadãos não se garantindo mais eles mesmos, viram-se homens zombar da natureza humana e príncipes cansarem a clemência do céu mais que a paciência de seus súditos.

Bem cegos parecem-me os que pensam reencontrar a monarquia de Henrique IV ou de Luís XIV. Quanto a mim, quando considero o estado a que já chegaram várias nações europeias e aquele a que todas as outras tendem, sinto-me inclinado a crer que logo só haverá entre elas lugar para a liberdade democrática ou para a tirania dos Césares.

Não é isso digno de reflexão? De fato, se os homens tivessem de chegar a tal ponto que fosse necessário tornar todos eles livres ou todos escravos, todos iguais em direitos ou todos privados de direitos; se os que governam as sociedades fossem reduzidos à alternativa de elevar gradualmente a multidão até eles ou deixar todos os cidadãos caírem abaixo do nível da humanidade, não bastaria isso para vencer muitas dúvidas, tranquilizar muitas consciências e preparar cada um a fazer facilmente grandes sacrifícios?

Não seria necessário então considerar o desenvolvimento gradual das instituições e dos costumes democráticos não como o melhor, mas como o único meio que nos resta de ser livres? E, sem amar o governo da democracia, não ficariam as pessoas dispostas a adotá-lo como o remédio de melhor aplicação e mais honesto que possam opor aos males presentes da sociedade?

É difícil fazer o povo participar do governo; mais difícil ainda é fornecer-lhe a experiência e dar-lhe os sentimentos que lhe faltam para bem governar.

A vontade da democracia é mutável; seus agentes, grosseiros; suas leis, imperfeitas; concedo. Mas, se fosse verdade que logo não devesse existir nenhum intermediário entre o império da democracia e o jugo de um só, não deveríamos tender antes a um, em vez de nos submeter voluntariamente ao outro? E, se fosse necessário enfim chegar a uma igualdade completa, não seria melhor deixar-se nivelar pela liberdade do que por um déspota?

Os que, depois de ler este livro, julgarem que, ao escrevê-lo, quis propor as leis e os costumes anglo-americanos à imitação de todos os povos que têm um estado social democrático, terão cometido um grave erro: ter-se-iam prendido à forma, abandonando a substância de meu pensamento. Meu objetivo foi mostrar, pelo exemplo da América, que as leis e, sobretudo, os costumes podiam permitir que um povo democrático permanecesse livre. De resto, longe de mim crer que devíamos seguir o exemplo que a democracia americana deu e imitar os meios que ela empregou para alcançar essa finalidade de seus esforços; porque não ignoro qual a influência exercida pela natureza do país e pelos fatos antecedentes sobre as constituições políticas, e consideraria uma grande desgraça para o gênero humano se a liberdade tivesse de se produzir em todos os lugares com os mesmos traços.

Mas penso que, se não se chegar a introduzir pouco a pouco e a fundar enfim entre nós instituições democráticas e se se renunciar a dar a todos os cidadãos ideias e sentimentos que primeiro os preparem para a liberdade e, em seguida, permita-lhes fazer uso desta, não haverá independência para ninguém, nem para o burguês, nem para o aristocrata, nem para o pobre, nem para o rico, mas uma tirania igual para todos; e prevejo que, se não se conseguir, com o tempo, fundar entre nós o império pacato da maioria, chegaremos cedo ou tarde ao poder *ilimitado* de um só.

CAPÍTULO X

Algumas considerações sobre o estado atual e o futuro provável das três raças que habitam o território dos Estados Unidos

A principal tarefa que eu me havia imposto está agora cumprida: mostrei, pelo menos tanto quanto me foi possível, quais eram as leis da democracia americana; fiz saber quais eram seus costumes. Poderia parar aqui, mas o leitor talvez achasse que não satisfiz sua expectativa.

O que encontramos na América é outra coisa que uma imensa e completa democracia; podemos focalizar sob mais de um ponto de vista os povos que habitam o Novo Mundo.

Ao longo desta obra, meu tema levou-me com frequência a falar dos índios e dos negros, mas nunca tive tempo de me deter para mostrar que posição essas duas raças ocupam no meio do povo democrático que eu me dedicava a pintar; expliquei de acordo com que espírito, com ajuda de quais leis a confederação anglo-americana fora formada; só pude indicar de passagem, e de maneira bastante incompleta, os perigos que ameaçam essa confederação, e foi-me impossível expor em detalhe quais eram, independentemente das leis e dos costumes, suas probabilidades de duração. Ao falar das repúblicas unidas, não arrisquei nenhuma conjectura sobre a permanência das formas republicanas no Novo Mundo e, ao fazer alusão à atividade comercial que reina na União, não pude tratar do futuro dos americanos como povo comerciante.

Esses problemas, que meu tema comportam, não são tocados: são americanos sem ser democráticos, e foi sobretudo a democracia que quis retratar. Portanto, tive de afastá-los a princípio; mas devo voltar a eles, para concluir.

O território hoje ocupado, ou reclamado, pela União americana, estende-se do oceano Atlântico às orlas do mar do Sul. A leste ou a oeste, seus limites são, pois, os limites mesmos do continente. Ele avança, ao sul, até a proximidade do Trópico e sobe em seguida até o meio dos gelos do Norte.

Os homens espalhados nesse espaço não constituem, como na Europa, rebentos de uma mesma família. Descobrimos entre eles, desde o primeiro contato, três raças naturalmente distintas e, quase poderia dizer, inimigas. A educação, a lei, a origem, a própria forma exterior dos traços haviam erguido entre elas uma barreira quase intransponível; o acaso as reuniu num mesmo solo, mas misturou-as sem as poder confundir, e a cada uma segue à parte seu destino.

Entre esses homens tão diferentes, o primeiro a atrair os olhares, o primeiro em luz, em força, em felicidade é o homem branco, o europeu, o homem por excelência; abaixo dele aparecem o negro e o índio.

Essas duas raças infortunadas não têm em comum nem o nascimento, nem a aparência, nem a língua, nem os costumes; somente suas desgraças se parecem. Todas as duas ocupam uma posição igualmente inferior no país que habitam; todas as duas sentem os efeitos da tirania; e, se suas misérias são diferentes, podem lhes ser atribuídos os mesmos autores.

Ao ver o que sucede no mundo, não diríamos que o europeu está para os homens das outras raças assim como o próprio homem está para os animais? Ele os faz servir a seu uso e, quando não os pode dobrar, os destrói.

A opressão tirou com isso, dos descendentes dos africanos, quase todos os privilégios da humanidade! O negro dos Estados Unidos perdeu até mesmo a lembrança de seu país: não ouve mais a língua que seus pais falaram, abjurou a religião e esqueceu os costumes deles. Deixando assim de pertencer à África, não adquiriu porém nenhum direito aos bens da Europa; deteve-se entre as duas sociedades; ficou isolado entre os dois povos, vendido por um e repudiado pelo outro, não encontrando no universo inteiro senão o lar de seu amo para lhe fornecer uma imagem incompleta da pátria.

O negro não tem família; ele não poderia ver na mulher outra coisa que a companheira passageira de seus prazeres e, ao nascer, seus filhos são seus iguais.

Devo chamar de benefício de Deus ou de uma derradeira maldição de sua cólera essa disposição de alma que torna o homem insensível às misérias extremas e, muitas vezes até, lhe dá uma espécie de gosto depravado pela causa de suas infelicidades?

Mergulhado nesse abismo de males, o negro mal sente seu infortúnio; a violência o tinha situado na escravidão, o uso da servidão deu pensamentos e uma ambição de escravo; ele admira seus tiranos mais ainda do que os odeia e encontra sua alegria e seu orgulho na servil imitação dos que o oprimem.

Sua inteligência abaixou-se ao nível de sua alma.

O negro entra ao mesmo tempo na servidão e na vida. Que digo? Muitas vezes compram-no ainda no ventre materno e ele começa, por assim dizer, a ser escravo antes de nascer.

Sem necessidade como sem prazer, inútil a si mesmo, compreende, pelas primeiras noções que recebe da existência, que é propriedade de outro, cujo interesse é velar sobre seus dias; percebe que o cuidado com sua própria sorte não lhe cabe; o próprio uso do pensamento lhe parece um dom inútil da Providência, e ele desfruta calmamente de todos os privilégios de sua baixeza.

Se se torna livre, a independência muitas vezes lhe parece um grilhão ainda mais pesado que a própria escravatura; pois, no curso de sua existência, aprendeu a submeter-se a tudo, exceto à razão; e, se a razão se tornasse seu único guia, não lhe saberia reconhecer a voz. Mil novas necessidades o assediam, e faltam-lhe os conhecimentos e a energia necessários para resistir a elas. As necessidades são amos que cumpre combater, mas ele aprendeu apenas a se submeter e a obedecer. Chegou, então, a este cúmulo de miséria, em que o cativeiro o embrutece e a liberdade o faz perecer.

A opressão não exerceu menor influência sobre as raças índias, mas esses efeitos são diferentes.

Antes da chegada dos brancos ao Novo Mundo, os homens que habitavam a América do Norte viviam tranquilos nos bosques. Entregues às vicissitudes ordinárias da vida selvagem, mostravam os vícios e as virtudes dos povos incivilizados. Os europeus, depois de terem dispersado as tribos índias até longe nos desertos, condenaram-nas a uma vida errante e vagabunda, cheia de inexprimíveis misérias.

As nações selvagens são governadas unicamente pelas opiniões e pelos costumes.

Debilitando entre os índios da América do Norte o sentimento da pátria, dispersando suas famílias, obscurecendo suas tradições, interrompendo a cadeia das lembranças, mudando todos os seus hábitos e alimentando desmedidamente suas necessidades, a tirania europeia tornou-os mais desordenados e menos civilizados do que já eram. A condição moral e o estado físico desses povos não cessaram simultaneamente de piorar, e eles se tornaram mais bárbaros à medida que eram mais infelizes. Todavia, os europeus não puderam modificar inteiramente o caráter dos índios e, com o poder de os destruir, nunca tiveram o de civilizá-los e submetê-los.

O negro está situado nos derradeiros confins da servidão; o índio, nos limites extremos da liberdade. A escravidão não produz no primeiro efeitos mais funestos do que a independência no segundo.

O negro perdeu até mesmo a propriedade de sua pessoa, e não seria capaz de dispor de sua própria existência sem cometer uma espécie de furto.

O selvagem vê-se entregue a si mesmo, assim que pode agir. Mal conheceu a autoridade na família; nunca dobrou sua vontade diante da de seus semelhantes; ninguém lhe ensinou a discernir uma obediência voluntária de uma sujeição vergonhosa, e ele ignora o próprio nome da lei. Para ele, ser livre é escapar de quase todos os vínculos das sociedades. Compraz-se nessa independência bárbara, e preferiria perecer a sacrificar a mais ínfima parte dela. A civilização pouca influência tem sobre um homem assim.

O negro faz mil esforços inúteis para se introduzir numa sociedade que o repele; dobra-se aos gostos de seus opres-

SEGUNDA PARTE

sores, adota suas opiniões e aspira, imitando-os, a confundir-se com eles. Disseram-lhe desde que nasceu que sua raça é naturalmente inferior à dos brancos, e ele não está longe de acreditar nisso, tem vergonha de si mesmo, portanto. Em cada um de seus traços, descobre um traço de escravidão e, se pudesse, aceitaria com prazer repudiar-se inteiro.

Já o índio tem a imaginação cheia da pretensa nobreza de sua origem. Ele vive e morre no meio desses sonhos de seu orgulho. Longe de querer submeter seus costumes aos nossos, apega-se à barbárie como a um signo distintivo de sua raça e repele a civilização, menos talvez por ódio a ela do que por medo de se parecer com os europeus[1].

À perfeição de nossas artes, quer opor apenas os recursos do deserto; à nossa tática, sua coragem indisciplinada; à profundidade de nossos projetos, os instintos espontâneos de sua natureza selvagem. Sucumbe nessa luta desigual.

O negro queria se confundir com o europeu, mas não pode. O índio poderia, até certo ponto, conseguir, mas desdenha tentá-lo. O servilismo de um condena-o à escravidão e o orgulho do outro, à morte.

Lembro-me de que, percorrendo as florestas que ainda cobrem o Estado do Alabama, cheguei um dia perto da cabana de um pioneiro. Não quis penetrar na morada do americano, mas fui descansar uns instantes à beira de uma fonte não longe dali, no bosque. Enquanto estava nesse lugar, veio uma índia (encontrávamo-nos perto do território ocupado pela nação dos creeks); trazia pela mão uma garotinha de cinco ou seis anos, pertencente à raça branca, e que eu supunha ser a filha do pioneiro. Uma negra as seguia. Reinava no traje da índia uma espécie de luxo bárbaro: trazia anéis de metal nas narinas e nas orelhas; seus cabelos, entremeados de contas de vidro, caíam livremente sobre os ombros, e vi que não era esposa, pois ainda usava o colar de conchas que as virgens costumam depositar no leito nupcial. A negra vestia roupas europeias quase em andrajos.

As três vieram sentar-se à beira da fonte e a jovem selvagem, tomando a criança nos braços, prodigava-lhe carícias que se poderia crer ditadas por um coração de mãe; de seu lado, a negra procurava por mil artifícios inocentes atrair a atenção da pequena crioula. Esta mostrava em seus menores movimentos um sentimento de superioridade que contrastava estranhamente com sua fraqueza e sua idade; dir-se-ia que usava de uma espécie de condescendência ao receber os cuidados de suas companheiras.

Agachada diante da patroa, espreitando cada um de seus desejos, a negra parecia dividida igualmente entre um apego quase materno e um temor servil; ao passo que via reinar inclusive na efusão de ternura da selvagem um ar livre, altivo e quase feroz.

Eu havia me aproximado e contemplava em silêncio aquele espetáculo; minha curiosidade sem dúvida desagradou à índia, pois ela se levantou bruscamente, empurrou a criança para longe de si com uma sorte de rudeza e, depois de ter me lançado um olhar irritado, meteu-se bosque adentro.

Aconteceu-me com frequência ver reunidos nos mesmos lugares indivíduos pertencentes às três raças humanas que povoam a América do Norte; eu já reconhecera em mil efeitos diversos a preponderância exercida pelos brancos; mas havia, no quadro que acabo de pintar, algo particularmente tocante: um laço de afeto reunia aqui os oprimidos aos opressores, e a natureza, esforçando-se por aproximá-los, tornava ainda mais notável o imenso espaço que os preconceitos e as leis haviam colocado entre eles.

Estado atual e futuro provável das tribos indígenas que habitam o território possuído pela União

Desaparecimento gradativo das raças indígenas. – Como se produz. – Misérias que acompanham as migrações forçadas dos índios. – Os selvagens da América do Norte tinham apenas dois meios para escapar da destruição: a guerra ou a civilização. – Não podem mais fazer a guerra. – Por que não querem civilizar-se quando poderiam fazê-lo e não o podem mais quando chegam a querer. – Exemplo dos creeks e dos cherokees. – Política dos Estados em relação aos índios. – Política do governo federal.

Todas as tribos indígenas que habitavam outrora o território da Nova Inglaterra, os narragansetts, os moicanos, os pecots, ora vivem apenas na lembrança dos homens; os lenapes, que receberam Penn há cento e cinquenta anos às margens do Delaware, desapareceram. Encontrei os últimos iroqueses: pediam esmola. Todas as nações que acabo de citar estendiam-se outrora até a beira do mar; agora é preciso fazer mais de cem léguas no interior do continente para encontrar um índio. Esses selvagens apenas recuaram, estão destruídos[2]. À medida que os indígenas se afastam e morrem, toma seu lugar e cresce sem cessar um povo imenso. Nunca se vira antes entre as nações desenvolvimento tão prodigioso, nem destruição tão rápida.

Quanto à maneira como essa destruição se processa, é fácil explicar.

Quando os índios habitavam sozinhos o deserto do qual são hoje expulsos, suas necessidades eram poucas; eles mesmos fabricavam suas armas, a água dos rios era sua única bebida e tinham por roupa os despojos dos animais cuja carne servia para alimentá-los.

Os europeus introduziram entre os indígenas da América do Norte as armas de fogo, o ferro e a aguardente; ensinaram-nos a substituir por nossos tecidos as roupas bárbaras com que a simplicidade indígena até então se contentara. Contraindo novos gostos, os índios não aprenderam a arte de satisfazê-los e precisaram recorrer à indústria dos brancos. Em troca desses bens, que ele próprio não sabia criar, o selvagem nada podia oferecer, salvo as ricas peles que seus bosques ainda encerravam. Daí em diante, a caça não teve apenas de satisfazer às suas necessidades, mas também às paixões frívolas da Europa. Ele não perseguia mais os animais das florestas apenas para se alimentar, mas a fim de obter os únicos objetos de troca que podia nos dar[3].

Enquanto as necessidades dos indígenas aumentavam assim, seus recursos não cessavam de decrescer.

A partir do dia em que um estabelecimento europeu se forma na vizinhança do território ocupado pelos índios, a caça se alarma⁴. Milhares de selvagens, errando pelas florestas, sem morada fixa, não a assustavam; mas desde o momento em que os ruídos contínuos da indústria europeia se fazem ouvir em algum lugar, ela começa a fugir e a se retirar para o oeste, onde seu instinto lhe diz que encontrará desertos ainda sem limites. "Os rebanhos de bisões se retiram sem cessar", dizem Clark e Cass em seu relatório ao congresso, de 4 de fevereiro de 1829. "Alguns anos atrás, ainda se aproximavam do sopé dos Alleghanys; em alguns anos, talvez venha a ser difícil vê-los nas imensas planícies que se estendem ao longo das Montanhas Rochosas." Garantiram-me que esse efeito da aproximação dos brancos frequentemente fazia-se sentir a duzentas léguas de sua fronteira. Sua influência se exerce assim sobre tribos cujo nome mal sabem e que sofrem os males da usurpação muito antes de conhecer seus autores⁵.

Logo ousados aventureiros penetram nas terras indígenas; avançam quinze ou vinte léguas além da extrema fronteira dos brancos e vão construir a morada do homem civilizado bem no meio da barbárie. É fácil para eles fazê-lo: os limites do território de um povo caçador são mal fixados. De resto, esse território pertence à nação inteira e não é precisamente propriedade de ninguém; o interesse individual não protege, pois, nenhuma parte dele.

Algumas famílias europeias, ocupando pontos bem distantes, terminam pois de expulsar irreversivelmente os animais selvagens de todo o espaço intermediário que se estende entre elas. Os índios, que haviam vivido até então numa espécie de abundância, têm dificuldade para subsistir e mais ainda para conseguir os objetos de troca de que necessitam. Pôr em fuga a sua caça é como tornar estéril os campos de nossos cultivadores. Logo os meios de existência passam a lhes faltar quase inteiramente. Encontramos, então, esses infortunados vagando como lobos esfaimados no meio de seus bosques desertos. O amor instintivo à pátria prende-os ao solo que os viu nascer⁶, mas nele não encontram mais que a miséria e a morte. Decidem-se por fim: partem e, seguindo de longe em sua fuga o alce, o búfalo e o castor, deixam a esses animais selvagens o cuidado de lhes escolher uma nova pátria. Não são, pois, propriamente os europeus que expulsam os indígenas da América, mas a fome: feliz distinção que escapara aos antigos casuístas e que os doutores modernos descobriram.

Não se poderia imaginar os males terríveis que acompanham essas emigrações forçadas. No momento em que os índios deixaram seus campos paternos, já estavam esgotados ou reduzidos. A terra em que vão fixar sua morada está ocupada por gente que vê com inveja os recém-chegados. Atrás deles está a fome, diante deles a guerra, por toda a parte a miséria. A fim de escapar de tantos inimigos, eles se dividem. Cada qual procura se isolar para encontrar furtivamente os meios de sustentar sua existência e vive na imensidão dos desertos como o proscrito no seio das sociedades civilizadas. O vínculo social, desde há muito debilitado, rompe-se então. Para eles já não havia pátria, logo não haverá mais povo; no máximo restarão famílias; o nome comum se perde, a língua é esquecida, os traços da origem desaparecem. A nação deixa de existir. Mal vive na lembrança dos antiquários americanos e só é conhecida de alguns eruditos da Europa.

Não gostaria que o leitor pudesse crer que estou carregando nas tintas. Vi com meus próprios olhos várias das misérias que acabo de descrever; contemplei males que me seria impossível narrar.

No fim do ano de 1831, encontrava-me à margem esquerda do Mississippi, num lugar chamado pelos europeus de Memphis. Enquanto lá estava, apareceu um numeroso grupo de choctaws (os franceses da Louisiana chamam-nos chactas). Esses selvagens deixavam sua terra e procuravam atravessar para a margem direita do Mississippi, onde acreditavam iriam encontrar o asilo que o governo americano lhes prometia. Estávamos então em pleno inverno, e o frio castigava naquele ano com uma violência incomum; a neve endurecera sobre a terra e o rio arrastava enormes blocos de gelo. Os índios traziam consigo sua família; arrastavam atrás de si feridos, doentes, crianças recém-nascidas e velhos que iam morrer. Não tinham tendas nem charretes, apenas algumas provisões e armas. Vi-os embarcar para atravessar o grande rio, e esse espetáculo solene nunca sairá da minha memória. Não se ouviam nessa multidão reunida nem prantos nem queixas; eles se calavam. Suas desgraças eram antigas e sentiam-se irremediáveis. Os índios já haviam entrado no barco que devia transportá-los; seus cachorros ainda estavam na margem; quando esses animais viram enfim que seus donos iam embora para sempre, soltaram juntos uivos pavorosos e, jogando-se ao mesmo tempo nas águas geladas do Mississippi, seguiram-nos a nado.

A espoliação dos índios processa-se frequentemente em nossos dias de uma maneira regular e, por assim dizer, totalmente legal.

Quando a população europeia começa a se aproximar do deserto ocupado por uma nação selvagem, o governo dos Estados Unidos envia comumente a esta última uma embaixada solene; os brancos reúnem os índios numa grande planície e, depois de comerem e beberem com eles, dizem-lhes: "O que vocês fazem no país de seus pais? Logo precisarão desenterrar os ossos deles para viver aqui. Em que a terra que vocês vivem é melhor do que outra? Por acaso só há bosques, pântanos e pradarias onde vocês estão? Vocês só sabem viver sob seu sol? Além daquelas montanhas que estão vendo no horizonte, para lá daquele lago que se estende a oeste de seu território, há vastas paragens em que os animais selvagens ainda se encontram em abundância. Vendam-nos suas terras e vão viver felizes nesses lugares." Depois de falarem assim, exibem aos índios armas de fogo, roupas de lã, pipas de aguardente, colares de contas, pulseiras de estanho, brincos de orelha e espelhos[7]. Se, à vista de todas essas riquezas, ainda hesitam, insinuam-lhes que não poderiam recusar o consentimento para o que lhes pedem e que logo o próprio governo seria impotente para lhes garantir o gozo de seus direitos. Que fazer? Em parte convencidos, em parte forçados, os índios vão embora; vão habitar novos ermos onde os brancos não os deixarão dez anos em paz. É assim que os americanos adquirem a vil preço províncias inteiras, que os mais ricos soberanos da Europa não poderiam pagar[8].

Acabo de relatar grandes males e acrescento que me parecem irremediáveis. Creio que a raça índia da América do Norte está condenada a perecer, e não posso impedir-me de pensar que, no dia em que os europeus se estabelecerem na costa do oceano Pacífico, ela cessará de existir[9].

Os índios da América do Norte tinham apenas duas alternativas de salvação: a guerra ou a civilização. Em outras palavras, tinham de destruir os europeus ou tornar-se seus semelhantes.

Quando do nascimento das colônias, teria sido possível, unindo suas forças, livrarem-se do pequeno número de estrangeiros que desembarcavam nas praias do continente[10]. Mais de uma vez tentaram fazê-lo e viram-se a ponto de conseguir. Hoje a desproporção de recursos é grande demais para que possam pensar em tal empresa. No entanto, ainda se erguem, nas nações indígenas, homens de gênio que preveem a sorte final reservada às populações selvagens e procuram reunir todas as tribos no ódio comum aos europeus; mas seus esforços são impotentes. Os grupos próximos dos brancos já estão demasiado debilitados para oferecer uma resistência eficaz; os outros, deixando-se dominar por essa despreocupação pueril pelo amanhã que caracteriza a natureza selvagem, esperam que o perigo se apresente para enfrentá-lo. Uns não podem, os outros não querem agir.

É fácil prever que os índios nunca vão querer civilizar-se, ou que tentarão fazê-lo tarde demais, se algum dia vierem a querer.

A civilização é o resultado de um longo trabalho social que se realiza num mesmo lugar e que as diferentes gerações se legam umas às outras ao se sucederem. Os povos entre os quais a civilização consegue, com maior dificuldade, fundar seu império são os povos caçadores. As tribos de pastores mudam de lugar, mas sempre seguem em suas migrações uma ordem regular e voltam incessantemente sobre seus passos; a morada dos caçadores varia como a dos animais que eles perseguem.

Várias vezes tentou-se fazer as luzes penetrarem entre os índios, deixando-lhes seus costumes errantes; os jesuítas haviam-no empreendido no Canadá, os puritanos na Nova

Inglaterra[11]. Uns e outros nada fizeram de duradouro. A civilização nascia na cabana e ia morrer nos bosques. O grande erro desses legisladores dos índios estava em não compreender que, para conseguir civilizar um povo, é necessário antes de mais nada obter que ele se fixe, o que ele só poderia fazer cultivando o solo. Tratava-se, pois, em primeiro lugar, de tornar os índios cultivadores.

Não só os índios não possuem essa preliminar indispensável da civilização, mas lhes é muito difícil adquiri-la.

Os homens que se consagraram alguma vez à vida ociosa e aventureira dos caçadores sentem uma aversão quase insuperável pelos trabalhos constantes e regulares que o cultivo requer. Podemos percebê-lo dentro de nossa sociedade mesma, mas isso é bem mais visível ainda nos povos para os quais os hábitos da caça tornaram-se usos nacionais.

Independentemente dessa causa geral, há uma não menos poderosa e que só se encontra entre os índios. Já a indiquei; creio que devo voltar ao assunto.

Os indígenas da América do Norte não consideram o trabalho apenas um mal, mas também uma desonra, e seu orgulho luta contra a civilização quase tão obstinadamente quanto sua preguiça[12].

Por mais miserável que seja, não há índio que não alimente, sob sua cabana de casca de árvore, uma soberba ideia de seu valor individual; ele considera os cuidados da indústria uma ocupação aviltante; compara o cultivador ao boi que rasga um sulco na terra, e em cada uma de nossas artes não percebe mais que um trabalho de escravos. Não é que não tenha formado uma ideia elevada do poder dos brancos e da grandeza de sua inteligência; mas, se admira o resultado de nossos esforços, despreza os meios que nos levaram a alcançá-los e, ao mesmo tempo que suporta nossa ascendência, ainda se crê superior a nós. A caça e a guerra parecem-lhe as únicas ocupações dignas de um homem[13]. No fundo da miséria de seus bosques, o índio nutre, pois, as mesmas ideias, as mesmas opiniões do nobre da Idade Média em seu castelo, e, para acabar de se parecer com ele, só lhe falta tornar-se conquistador. Assim, coisa singular, é nas florestas do Novo Mundo, e não entre os europeus que povoam suas costas, que hoje se encontram os velhos preconceitos da Europa.

Procurei mais de uma vez, ao longo desta obra, fazer o leitor compreender a influência prodigiosa que o estado social me parecia exercer sobre as leis e os costumes dos homens. Permitam-me acrescentar a esse respeito uma só palavra.

Quando percebo a semelhança que existe entre as instituições políticas de nossos pais, os germanos, e as das tribos errantes da América do Norte, entre os costumes relatados por Tácito e aqueles de que algumas vezes fui testemunha, não posso impedir-me de pensar que a mesma causa produziu, nos dois hemisférios, os mesmos efeitos e que, no meio da diversidade aparente das coisas humanas, não é impossível encontrar um pequeno número de fatos geradores dos quais todos os outros decorrem. Em tudo o que denominamos instituições germânicas, sou tentado, pois, a ver apenas hábitos de bárbaros, e opiniões de selvagens no que chamamos ideias feudais.

Quaisquer que sejam os vícios e os preconceitos que impedem que os índios da América do Norte se tornem cultivadores e civilizados, algumas vezes a necessidade os obriga a contraí-los.

Várias nações consideráveis do Sul, entre outras as dos cherokees e dos creeks[14], viram-se como que envolvidas pelos europeus, que, desembarcando nas costas do Oceano, descendo o Ohio e subindo o Mississippi, chegavam ao mesmo tempo em torno delas. Não foram escorraçadas de lugar em lugar, como as tribos do Norte, mas encerradas pouco a pouco em limites demasiado estreitos, do mesmo modo que os caçadores primeiro rodeiam um mato antes de penetrar em seu interior. Os índios, postos então entre a civilização e a morte, viram-se reduzidos a viver vergonhosamente de seu trabalho, como os brancos; tornaram-se, pois, cultivadores; e sem abandonar inteiramente nem seus hábitos, nem seus costumes, sacrificaram destes o que lhes era absolutamente necessário à existência.

Os cherokees foram mais longe: criaram uma língua escrita, estabeleceram uma forma bastante estável de governo; e, como tudo caminha a um passo precipitado no Novo Mundo, tiveram um jornal[15] antes de todos terem roupas.

O que favoreceu singularmente o rápido desenvolvimento dos hábitos europeus entre esses índios foi a presença dos mestiços[16]. Participando das luzes de seu pai, sem abandonar inteiramente os costumes selvagens de sua raça materna, o mestiço constitui o vínculo natural entre a civilização e a barbárie. Onde quer que os mestiços tenham se multiplicado, viu-se os selvagens modificarem pouco a pouco seu estado social e mudarem seus costumes[17].

O sucesso dos cherokees prova, pois, que os índios têm a faculdade de civilizar-se, mas não prova em absoluto que possam ter êxito nisso.

Essa dificuldade que os índios encontram para se submeter à civilização provém de uma causa geral da qual lhes é quase impossível escapar.

Se lançarmos um olhar atento à história, descobrimos que, em geral, os povos bárbaros elevaram-se pouco a pouco por si sós, por seus próprios esforços, até a civilização.

Quando lhes aconteceu ir buscar a luz numa nação estrangeira, ocupavam então, em face desta, a posição de vencedores, não a de vencidos.

Quando o povo conquistado é esclarecido e o povo conquistador semisselvagem, como no caso da invasão do Império Romano pelas nações do Norte, ou no da China pelos mongóis, o poder que a vitória garante ao bárbaro basta para mantê-lo no nível do homem civilizado e para permitir-lhe caminhar a seu lado, até tornar-se seu êmulo. Um tem para si a força, o outro a inteligência; o primeiro admira as ciências e as artes dos vencidos, o segundo inveja o poder dos vencedores. Os bárbaros acabam introduzindo o homem civilizado em seu palácio, e o homem civilizado abre-lhe, por sua vez, suas escolas. Mas, quando o que possui a força material desfruta ao mesmo tempo da preponderância intelectual, é raro que o vencido se civilize: ele se retira ou é destruído.

Assim, pode-se dizer de maneira geral que os selvagens vão buscar a luz de armas na mão, mas não a recebem.

Se as tribos indígenas que ora habitam o centro do continente pudessem encontrar em si mesmas energia bastante para empreenderem civilizar-se, talvez o conseguissem. Superiores então às nações bárbaras que as envolvessem, adquiririam pouco a pouco força e experiência e, quando os europeus aparecessem enfim em suas fronteiras, seriam capazes, se não de manter sua independência, pelo menos de fazer que eles reconhecessem seus direitos ao solo e de se incorporar aos vencedores. Mas a desgraça dos índios é entrar em contato com o povo mais civilizado e, acrescentarei, mais ávido do globo, ao passo que ainda são semibárbaros; é encontrar em seus professores amos e receber ao mesmo tempo a opressão e a luz.

Vivendo no seio da liberdade dos bosques, o índio da América do Norte era miserável, mas não se sentia inferior a ninguém; a partir do momento em que deseja penetrar na hierarquia social dos brancos, só pode ocupar nela a última posição, pois entra ignorante e pobre numa sociedade em que reinam a ciência e a riqueza. Depois de levar uma vida agitada, cheia de males e de perigos, mas ao mesmo tempo cheia de emoções e de grandeza[18], tem de submeter-se a uma existência monótona, obscura e degradada. Ganhar com trabalhos penosos e no meio da ignomínia o pão que deve alimentá-lo, tal é, a seus olhos, o único resultado dessa civilização que lhe gabam.

E mesmo esse resultado nem sempre está certo de obter.

Quando os índios procuram imitar os europeus, seus vizinhos, e cultivar como estes a terra, logo se encontram expostos aos efeitos de uma concorrência funesta. O branco é dono dos segredos da agricultura. O índio inicia-se grosseiramente numa arte que ignora. Um medra sem dificuldade grandes colheitas, o outro só com mil esforços arranca frutos da terra.

O europeu está situado no meio de uma população cujas necessidades conhece e partilha.

O selvagem está isolado no meio de um povo inimigo, de que conhece incompletamente os costumes, a língua e as leis, mas do qual não poderia prescindir: é só trocando seus produtos pelos dos brancos que pode encontrar a abastança, pois seus compatriotas não lhes podem prestar mais que um frágil socorro.

Assim, pois, quando o índio quer vender os frutos de seu trabalho, nem sempre encontra o comprador que o cultivador europeu acha sem dificuldade, e só consegue produzir a alto custo o que o outro oferece a baixo preço.

Portanto, o índio escapou dos males a que são expostas as nações bárbaras apenas para se submeter às maiores misérias dos povos civilizados, e encontra quase tantas dificuldades para viver no seio da nossa abundância do que no meio de suas florestas.

No entanto os hábitos da vida errante ainda não foram destruídos nele. As tradições não perderam seu império; o gosto pela caça não está extinto. As alegrias selvagens que ele experimentou outrora no fundo das florestas pintam-se então com as mais vivas cores em sua imaginação perturbada; as privações que ele sofreu embrenhado nelas parecem-lhe, ao contrário, menos terríveis, os perigos que ele encontrava, menores. A independência de que gozava entre seus iguais contrasta com a posição servil que ocupa numa sociedade civilizada.

Por outro lado, a solidão em que viveu livre por tanto tempo ainda está perto dele; algumas horas de marcha podem restituí-la. Pelo campo em parte desbravado de onde mal tira do que comer, os brancos, seus vizinhos, lhe oferecem um preço que lhe parece alto. Quem sabe esse dinheiro que os europeus lhe propõem não lhe permitiria viver feliz e tranquilo longe deles? O índio larga o arado, pega suas armas e entra para sempre no deserto[19].

Podemos avaliar a verdade desse triste quadro pelo que acontece entre os creeks e os cherokees, que citei.

Esses índios, no pouco que fizeram, mostraram seguramente tanto gênio natural quanto os povos da Europa em suas mais vastas empresas; mas as nações, como os homens, precisam de tempo para aprender, quaisquer que sejam sua inteligência e seus esforços.

Enquanto esses selvagens trabalhavam para se civilizar, os europeus continuavam a cercá-los de todos os lados e a cingi-los cada vez mais. Hoje, as duas raças finalmente se encontraram; elas se tocam. O índio já se tornou superior a seu pai, o selvagem, mas ainda é muito inferior ao branco, seu vizinho. Com ajuda de seus recursos e de suas luzes, os europeus não tardaram a se apropriar da maior parte das vantagens que a posse do solo podia fornecer aos indígenas; eles se estabeleceram no meio deles, apoderaram-se da terra ou compraram-na a preço vil, e os arruinaram por uma concorrência que estes últimos não podiam, de maneira nenhuma, enfrentar. Isolados em seu próprio país, os índios passaram a formar apenas uma pequena colônia de estrangeiros incômodos no meio de um povo numeroso e dominador[20].

Washington dissera, numa de suas mensagens ao congresso: "Somos mais esclarecidos e mais poderosos do que as nações indígenas; é um ponto de honra para nós tratá-los com bondade e até com generosidade."

Essa nobre e virtuosa política não foi seguida.

À avidez dos colonos soma-se, de ordinário, a tirania do governo. Conquanto os cherokees e os creeks estivessem estabelecidos no solo que habitavam antes da chegada dos europeus – se bem que os americanos tenham muitas vezes se relacionado com eles como se fossem nações estrangeiras –, os Estados nos quais se encontram não quiseram reconhecê-los como povos independentes e procuraram submeter esses homens, mal saídos das florestas, a seus magistrados, a seus costumes e a suas leis[21]. A miséria impelira esses índios infortunados para a civilização, a opressão agora os repele para a barbárie. Muitos deles, abandonando seus campos parcialmente desbravados, retomam o hábito da vida selvagem.

Se você atentar para as medidas tirânicas adotadas pelos legisladores dos Estados do Sul, para a conduta de seus governadores e para os atos de seus tribunais, irá se convencer facilmente de que a expulsão completa dos índios é o objetivo final a que tendem simultaneamente todos os seus esforços. Os americanos dessa parte da União veem com cobiça as terras que os indígenas possuem[22]; sentem que estes ainda não perderam completamente as tradições da vida selvagem e, antes que a civilização os tenha fixado solidamente ao solo, querem reduzi-los ao desespero e forçá-los a ir embora.

Oprimidos pelos Estados, os creeks e os cherokees dirigiram-se ao governo central. Este não é insensível a seus males; gostaria sinceramente de salvar os restos dos indígenas e assegurar-lhes a livre posse do território que ele próprio lhes garantiu[23]; mas, quando procura executar esse projeto, os Estados opõem-lhe uma resistência formidável e, então, ele se decide sem custo a deixar perecer algumas tribos selvagens já semidestruídas, para não pôr a União americana em perigo.

Impotente para proteger os índios, o governo federal gostaria ao menos de atenuar sua sorte. Com esse fim, empreendeu transportá-los a suas expensas para outros lugares.

Entre os graus 33 e 37 de latitude norte, estende-se uma vasta região que tomou o nome de Arkansas, do rio principal que a banha. Tem por limites, de um lado, as fronteiras do México, de outro, a margem do Mississippi. Uma multidão de riachos e de rios percorrem-na em toda a parte, o clima é suave e o solo, fértil. Encontram-se aí algumas hordas errantes de selvagens. É para a porção dessa região mais próxima do México, e a uma grande distância dos assentamentos americanos, que o governo da União quer transportar os restos das populações indígenas do Sul.

No fim de 1831, garantiram-nos que 10 000 índios já haviam descido para as margens do Arkansas; outros lá chegavam cada dia. Mas o congresso não pôde criar ainda uma vontade unânime entre aqueles cuja sorte quer decidir: uns aceitam com alegria afastar-se do foco da tirania; os mais esclarecidos se recusam a abandonar suas colheitas nascentes e suas novas moradas; acham que, se a obra da civilização vier a se interromper, não será mais continuada; temem que os hábitos sedentários, apenas contraídos, se percam irreversivelmente no meio de terras ainda selvagens e onde nada está preparado para a subsistência de um povo cultivador; sabem que encontrarão nesses novos desertos hordas inimigas e, para resistir a elas, já não têm a energia da barbárie, sem ter ainda adquirido as forças da civilização. Aliás, os índios descobrem, sem dificuldade, tudo o que há de provisório no assentamento que lhes propõem. Quem lhes garantirá que poderão descansar finalmente em paz em seu novo asilo? Os Estados Unidos se comprometem a mantê-los lá; mas o território que ocupam agora lhes havia sido garantido outrora pelos juramentos mais solenes[24]. Hoje, é verdade, o governo americano não lhes tira as terras, mas deixa-as serem invadidas. Em poucos anos, sem dúvida, a mesma população branca que agora se adensa em torno deles estará de novo no seu encalço nas solidões do Arkansas; então voltarão a encontrar os mesmos males sem os mesmos remédios; e, vindo a terra cedo ou tarde lhes faltar, sempre precisarão resignar-se a morrer.

Há menos cupidez e violência na maneira de agir da União com respeito aos índios do que na política seguida pelos Estados; mas os dois governos carecem igualmente de boa-fé.

Os Estados, estendendo o que chamam de benefício de suas leis aos índios, contam que estes últimos preferirão ir embora a submeter-se a este; e o governo central, prometendo a esses infortunados um asilo permanente no Oeste, não ignora que não lhes pode garanti-lo[25].

Assim, os Estados, por sua tirania, forçam os selvagens a fugir; a União, por suas promessas e com ajuda de seus recursos, facilita essa fuga. São medidas diferentes que tendem ao mesmo objetivo[26].

"Pela vontade de nosso Pai celeste que governa o universo", diziam os cherokees em sua petição ao congresso[27], "a raça dos homens vermelhos da América tornou-se pequena; a raça branca tornou-se grande e renomada.

"Quando vossos ancestrais chegaram a nossas terras, o homem vermelho era forte e, embora fosse ignorante e selvagem, recebeu-os com bondade e permitiu-lhes repousar seus pés entorpecidos na terra seca. Nossos pais e os vossos apertaram-se a mão em sinal de amizade e viveram em paz.

"Tudo o que o homem branco pediu para satisfazer suas necessidades, o índio apressou-se a lhe dar. O índio era então o senhor, e o homem branco o suplicante. Hoje, a cena está mudada: a força do homem vermelho tornou-se fraca. À medida que seus vizinhos cresciam em número, seu poder diminuía cada vez mais; e, agora, de tantas tribos poderosas que cobriam a superfície do que chamais Estados Unidos, mal restam algumas, que o desastre universal poupou. As tribos do Norte, tão renomadas outrora entre nós por seu poderio, já quase desapareceram. Foi esse o destino do homem vermelho na América.

"Eis-nos, últimos de nossa raça: também deveremos morrer?

"Desde há um tempo imemorial, nosso Pai comum, que está no céu, deu a nossos ancestrais a terra que ocupamos; nossos ancestrais a transmitiram a nós como nossa herança. Nós a conservamos com respeito, porque ela contém suas cinzas. Essa herança, alguma vez a cedemos ou perdemos? Permiti-nos perguntar-vos humildemente que direito melhor do que o direito de herança e do que a posse imemorial pode um povo ter sobre uma terra? Sabemos que o Estado da Geórgia e o presidente dos Estados Unidos pretendem hoje que perdemos esse direito. Mas isso nos parece uma alegação gratuita. Em que época o teríamos perdido? Que crime cometemos que possa nos privar de nossa pátria? Recriminam-nos termos combatido sob a bandeira do rei da Grã-Bretanha quando da guerra de Independência? Se é esse o crime de que se fala, por que no primeiro tratado que seguiu essa guerra não declarastes que tínhamos perdido a propriedade de nossas terras? Por que não inseristes então nesse tratado um artigo assim concebido: Os Estados Unidos admitem conceder a paz à nação dos cherokees, mas, para puni-los por terem participado da guerra, fica declarado que não mais serão considerados donos do solo e estarão sujeitos a afastar-se quando os Estados vizinhos pedirem que assim o façam? Era o momento de falar assim. Mas ninguém pensou nisso então, e nunca nossos pais teriam aceito um tratado cujo resultado teria sido privá-los de seus direitos mais sagrados e roubar-lhes sua terra natal."

São estas as palavras dos índios; o que eles dizem é verdade; o que preveem parece-me inevitável.

Como quer que se encare o destino dos indígenas da América do Norte, não se veem mais que males irremediáveis: se permanecem selvagens, os brancos vão empurrando-os em sua caminhada; se querem civilizar-se, o contato com homens mais civilizados do que eles entrega-os à opressão e à miséria. Se continuam a errar de desertos em desertos, perecem; se procuram fixar-se, perecem também. Só podem esclarecer-se com a ajuda dos europeus, e a aproximação dos europeus deprava-os e repele-os de volta à barbárie. Enquanto são deixados em suas solidões, recusam-se a modificar seus costumes, e já é tarde demais para isso quando são enfim obrigados a querê-lo.

Os espanhóis soltam seus cães em cima dos índios, como se fossem bichos selvagens; saqueiam o Novo Mundo como uma cidade tomada de assalto, sem discernimento nem piedade. Mas não se pode destruir tudo, a fúria tem um termo: o resto das populações indígenas que escapam dos massacres acabam misturando-se aos vencedores e adotando sua religião e seus costumes[28].

A conduta dos americanos dos Estados Unidos em relação aos indígenas é impregnada do mais puro amor pelas formas e pela legalidade. Contanto que os índios permaneçam em estado selvagem, os americanos não se metem em absoluto em seus assuntos e os tratam como povos independentes; não se permitem ocupar as terras deles sem as ter devidamente adquirido por meio de um contrato; e se, por acaso, uma nação indígena não consegue mais viver em seu território, eles a tomam fraternamente pela mão e a levam, eles mesmos, para morrer fora do país de seus pais.

Os espanhóis, por meio de monstruosidades nunca vistas, cobrindo-se de uma vergonha inapagável, não conseguiram exterminar a raça índia, nem mesmo impedir que ela compartilhasse dos direitos deles; os americanos dos Estados Unidos alcançaram esse duplo resultado com maravilhosa facilidade, tranquilamente, legalmente, filantropicamente, sem derramar sangue, sem violar um só dos grandes princípios da moral[29] aos olhos do mundo. Não se saberia destruir os homens respeitando melhor as leis da humanidade.

Posição que ocupa a raça negra nos Estados Unidos:[30]
perigos que sua presença faz os brancos correrem

Por que é mais difícil abolir a escravidão e fazer seus vestígios desaparecerem entre os modernos do que entre os antigos. – Nos Estados Unidos, o preconceito dos brancos contra os negros parece tornar-se mais forte à medida que se destrói a escravidão. – Situação dos negros nos Estados do Norte e do Sul. – Por que os americanos abolem a escravidão. – A servidão, que embrutece o escravo, empobrece o senhor. – Diferenças que se notam entre a margem direita e a margem esquerda do Ohio. – A que se deve atribuí-las. – A raça negra recua para o sul, como faz a escravidão. – Como isso se explica. – Dificuldades que encontram os Estados do Sul para abolir a escravidão. – Perigos do futuro. – Preocupação dos espíritos. – Fundação de uma colônia negra na África. – Por que os americanos do Sul, ao mesmo tempo que abandonam a escravidão, aumentam os rigores dela.

Os índios morrerão no isolamento, como viveram; mas o destino dos negros está, de certa forma, enlaçado ao dos europeus. As duas raças são ligadas uma à outra, sem com isso se confundirem; é-lhes tão difícil separarem-se completamente quanto unirem-se.

O mais temível de todos os males que ameaçam o futuro dos Estados Unidos vem da presença dos negros em seu solo. Quando se busca a causa dos embaraços presentes e dos perigos futuros da União, chega-se quase sempre a esse primeiro fato, qualquer que seja o ponto de partida.

Os homens necessitam em geral de grandes e constantes esforços para criar males duradouros; mas há um mal que penetra no mundo furtivamente. A princípio, quase não é percebido no meio dos abusos ordinários do poder; começa com um indivíduo cujo nome a história não conserva; depositam-no como um germe maldito em algum ponto do solo; ele se alimenta em seguida por si mesmo, alastra-se sem esforço e cresce naturalmente com a sociedade que o recebeu: esse mal é a escravidão.

O cristianismo destruíra a servidão; os cristãos do século XVI restabeleceram-na; nunca a admitiram, porém, a não ser como uma exceção em seu sistema social, e tomaram o cuidado de restringi-la a uma só das raças humanas. Fizeram assim na humanidade uma ferida menos larga, contudo infinitamente mais difícil de curar.

É necessário discernir duas coisas com cuidado: a escravidão em si mesma e suas sequelas.

Os males imediatos produzidos pela escravidão entre os antigos eram mais ou menos os mesmos que entre os modernos, mas as sequelas desses males eram diferentes. Entre os antigos, o escravo pertencia à mesma raça de seu senhor, muitas vezes era até superior a este em educação e em luzes[31]. Apenas a liberdade os separava; dada a liberdade, eles se confundiam facilmente.

Os antigos tinham, pois, um meio muito simples de se livrar da escravidão e de suas sequelas: esse meio era a emancipação, e, mal o empregaram de uma maneira geral, tiveram êxito.

Não é que, na Antiguidade, os vestígios da servidão não subsistissem algum tempo depois de ela ser destruída.

Há um preconceito natural que leva o homem a desprezar aquele que foi seu inferior, ainda muito tempo depois de este ter se tornado igual a ele; à desigualdade real que a fortuna ou a lei produz sempre sucede uma desigualdade imaginária que tem suas raízes nos costumes; mas, entre os antigos, esse efeito secundário da escravidão tinha um fim. O liberto se parecia tanto com os homens de origem livre, que logo se tornava impossível distingui-lo daqueles.

A coisa mais difícil entre os antigos era modificar a lei; entre os modernos, é mudar os costumes, e, para nós, a dificuldade real começa onde a Antiguidade a via terminar.

Isso vem de que, nos modernos, o fato imaterial e fugidio da escravidão se combina da maneira mais funesta com o fato material e permanente da diferença de raça. A lembrança da escravidão desonra a raça, e a América perpetua a lembrança da escravidão.

Não há africano que tenha vindo livremente às terras do Novo Mundo; do que decorre que todos os que aí se encontram em nossos dias são escravos ou libertos. Assim, o negro, com a existência, transmite a todos os seus descendentes o sinal exterior de sua ignomínia. A lei pode destruir a servidão, mas apenas Deus pode fazer desaparecer seus vestígios.

O escravo moderno não difere apenas do seu senhor pela liberdade, mas também por sua origem. Você pode tornar livre o negro, mas não conseguirá que ele não esteja, diante do europeu, na posição de um estrangeiro.

Não é tudo. Nesse homem que nasceu na baixeza, nesse estrangeiro que a servidão introduziu entre nós, mal reconhecemos os traços gerais da humanidade. Seu rosto nos parece horrendo, sua inteligência nos parece limitada, seus gostos são vis; por pouco não o tomamos por um ser intermediário entre a besta e o homem[32].

Os modernos, depois de abolirem a escravidão, ainda precisam destruir três preconceitos muito mais inefáveis e tenazes que ela: o preconceito do senhor, o preconceito de raça e, enfim, o preconceito do branco.

É muito difícil para nós, que tivemos a felicidade de nascer no meio de homens que a natureza fez nossos semelhantes e a lei nossos iguais; é muito difícil para nós, dizia eu, compreender que espaço intransponível separa o negro da América do europeu. Mas podemos ter uma vaga ideia disso raciocinando por analogia.

Vimos outrora entre nós grandes desigualdades que tinham seus princípios unicamente na legislação. O que há de mais fictício do que uma inferioridade puramente legal? O que há de mais contrário ao instinto do homem do que as diferenças permanentes estabelecidas entre pessoas evidentemente semelhantes? No entanto, essas diferenças subsistiram durante séculos; ainda subsistem em mil lugares; em toda a parte deixaram vestígios imaginários, mas que o tempo mal pode apagar. Se a desigualdade criada apenas pela lei é tão difícil de desenraizar, como destruir a que parece, ademais, ter seus fundamentos imutáveis na própria natureza?

Quanto a mim, quando considero com que dificuldade os corpos aristocráticos, qualquer que seja sua natureza, conseguem fundir-se na massa do povo e o cuidado extremo que tomam para conservar durante séculos as barreiras ideais que os separam deste, perco a esperança de ver desaparecer uma aristocracia fundada em sinais visíveis e imperecíveis.

Os que esperam que os europeus se confundirão um dia com os negros parecem-me, pois, acalentar uma quimera. Minha razão não me leva a crer nisso, e nada vejo que o indique nos fatos.

SEGUNDA PARTE

Até aqui, onde quer que tenham sido mais poderosos, os brancos mantiveram os negros no aviltamento ou na escravidão; onde quer que tenham sido mais fortes, os negros destruíram os brancos. É a única relação que já se estabeleceu entre as duas raças.

Se considero os Estados Unidos de nossos dias, vejo que, em certa parte do país, a barreira legal que separa as duas raças tende a cair, mas não a dos costumes: percebo a escravidão que recua; o preconceito que a fez nascer é imóvel.

Na porção da União em que os negros não são mais escravos, acaso se aproximaram dos brancos? Todo homem que viveu nos Estados Unidos terá notado que um efeito contrário se produziu.

O preconceito racial parece-me mais forte nos Estados que aboliram a escravidão do que nos Estados em que ela ainda existe, e em nenhum outro lugar ela se mostra tão intolerante quanto naqueles em que a servidão sempre foi desconhecida.

É verdade que, ao norte da União, a lei permite que negros e brancos contraiam alianças legítimas; mas a opinião declararia infame o branco que se unisse a uma negra, e seria dificílimo citar um exemplo de tal fato.

Em quase todos os Estados em que a escravidão foi abolida, deram-se ao negro direitos eleitorais; mas se ele se apresenta para votar corre risco de vida. Oprimido, pode se queixar, mas só encontra brancos entre seus juízes. A lei, no entanto, abre-lhe o banco dos jurados, mas o preconceito afasta-o dele. Seu filho é excluído da escola em que vai se instruir o descendente dos europeus. Nos teatros, ele não conseguiria comprar, nem a preço de ouro, o direito de sentar junto daquele que foi seu amo; nos hospitais, jaz à parte. Permite-se que o negro implore ao mesmo Deus dos brancos, mas não no mesmo altar. Ele tem seus padres e seus templos. Não lhe fecham as portas do céu, porém a desigualdade mal se detém à beira do outro mundo. Quando o negro falece, jogam seus ossos em separado, e a diferença de condição se encontra até mesmo na igualdade da morte.

Assim o negro é livre, mas não pode compartilhar nem os direitos, nem os prazeres, nem os trabalhos, nem as dores, nem mesmo o túmulo daquele de quem foi declarado igual; em nenhum lugar poderia encontrar-se com este, nem na vida nem na morte.

No Sul, onde a escravidão ainda existe, os negros são mantidos menos cuidadosamente isolados; às vezes eles compartilham os trabalhos dos brancos e seus prazeres; os brancos aceitam até certo ponto misturar-se com eles; a legislação é mais dura em relação a eles, os hábitos são mais tolerantes e mais brandos.

No Sul, o amo não teme elevar até ele seu escravo, porque sabe que sempre poderá, se quiser, jogá-lo de volta na poeira. No Norte, o branco já não percebe distintamente a barreira que deve separá-lo de uma raça aviltada e se afasta do negro com tanto mais cuidado por temer que chegue um dia a se confundir com ele.

No Sul, a natureza, fazendo às vezes valer seus direitos, vem por um momento restabelecer a igualdade entre os brancos e os negros. No Norte, o orgulho faz calar até mesmo a paixão mais imperiosa do homem. O americano do Norte talvez admitisse fazer da negra uma companheira temporária de seus prazeres, se os legisladores tivessem declarado que ela não deve aspirar a partilhar seu leito; mas ela pode se tornar sua esposa, e ele se afasta dela com uma espécie de horror.

Assim, nos Estados Unidos o preconceito que repele os negros parece aumentar à proporção que os negros deixam de ser escravos e a desigualdade se grava nos costumes à medida que se apaga nas leis.

Mas se a posição relativa das duas raças que habitam os Estados Unidos é tal como acabo de mostrar, por que os americanos aboliram a escravidão no Norte da União, por que a conservam no Sul e de onde vem que seus rigores aí se agravam?

É fácil responder. Não foi no interesse dos negros, mas no dos brancos, que a escravidão foi destruída nos Estados Unidos.

Os primeiros negros foram importados para a Virgínia por volta de 1621[33]. Na América, como em todo o resto da Terra, a servidão nasceu, portanto, no Sul. Daí ela foi se estendendo pouco a pouco; mas, à medida que a escravidão subia para o Norte, o número de escravos ia diminuindo[34]; sempre se viram pouquíssimos negros na Nova Inglaterra.

As colônias estavam fundadas; um século já tinha transcorrido e um fato extraordinário começava a saltar a todos os olhos. As províncias que por assim dizer não possuíam escravos cresciam em população, em riquezas e em bem-estar mais rapidamente do que as que tinham.

Nas primeiras, porém, o habitante era obrigado a cultivar ele mesmo o solo, ou a alugar os serviços de outro; nas segundas, encontrava à sua disposição os operários cujos esforços não retribuía. Havia, pois, trabalho e gastos de um lado, lazer e economia de outro; no entanto a vantagem ficava com os primeiros.

Esse resultado parecia tanto mais difícil de explicar por terem os emigrantes, todos pertencentes à mesma raça europeia, os mesmos hábitos, a mesma civilização, as mesmas leis, só se diferenciando por nuanças pouco sensíveis.

O tempo continuava a passar. Deixando a costa do oceano Atlântico, os anglo-americanos penetravam cada vez mais nas solidões do Oeste; aí encontravam novos terrenos e novos climas; tinham a vencer obstáculos de diversas naturezas; suas raças se mesclavam, homens do Sul subiam para o Norte, homens do Norte desciam para o Sul. No meio de todas essas causas, o mesmo fato se reproduzia a cada passo: em geral, a colônia em que não havia escravos tornava-se mais povoada e mais próspera do que aquela em que a escravidão estava em vigor.

À medida que se avançava, começava-se pois a entrever que a servidão, tão cruel para o escravo, era funesta para o amo. Mas essa verdade recebeu sua última demonstração quando se chegou à margem do Ohio.

O rio que os índios haviam chamado por excelência Ohio, Lindo Rio, banha com suas águas um dos vales mais magníficos que o homem já elegeu para morada. Em ambas as margens do Ohio estendem-se terrenos ondulados, em que o solo oferece cada dia ao lavrador tesouros inesgotáveis; nas duas margens, o ar é igualmente sadio e o clima temperado; cada uma delas forma a extrema fronteira de um vasto Estado: o que segue à esquerda as mil sinuosidades que o Ohio descreve em seu curso chama-se Kentucky; o outro tomou seu nome do próprio rio. Os dois Estados só se diferenciam num ponto: Kentucky admitiu escravos, Ohio rejeitou-os de seu território[35].

O viajante que, situando-se no meio do Ohio, se deixa levar por sua corrente até este rio desaguar no Mississippi navega por assim dizer entre a liberdade e a servidão; basta olhar à sua volta para julgar num instante qual é a mais favorável à humanidade.

Na margem esquerda do rio, a população é esparsa; de vez em quando, percebe-se uma tropa de escravos percorrendo com ar despreocupado os campos semidesertos; a floresta primitiva reaparece sem cessar; dir-se-ia que a sociedade está adormecida; o homem parece ocioso, a natureza oferece a imagem da atividade e da vida.

Da margem direita, ao contrário, ergue-se um rumor confuso que proclama ao longe a presença da indústria; ricas searas cobrem os campos; elegantes moradas anunciam o gosto e os cuidados do lavrador; em toda a parte, revela-se a fartura; o homem parece rico e contente: ele trabalha[36].

O Estado de Kentucky foi fundado em 1775, o de Ohio somente doze anos depois – e doze anos, na América, é mais do que um século na Europa. Hoje a população de Ohio já ultrapassa em 250 000 habitantes a de Kentucky[37].

Esses diferentes efeitos da escravidão e da liberdade são facilmente compreensíveis; eles bastam para explicar muitas diferenças existentes entre a civilização antiga e a de nossos dias.

Na margem esquerda do Ohio, o trabalho se confunde com a ideia de escravidão; na margem direita, com a de bem-estar e de progresso; lá ele é degradado, aqui é honrado. Na margem esquerda do rio, não se podem encontrar operários pertencentes à raça branca, pois eles temeriam parecer escravos: é necessário valer-se da diligência dos negros. Na margem direita, procuraríamos em vão um branco ocioso: ele estende a todos os trabalhos sua atividade e sua inteligência.

Assim, pois, os homens que, em Kentucky, são encarregados de explorar as riquezas naturais do solo não têm zelo nem luz, ao passo que os que poderiam ter essas duas coisas não fazem nada, ou atravessam o Ohio, a fim de empregar sua indústria e de poder exercê-la sem vergonha.

É verdade que, em Kentucky, os senhores fazem os escravos trabalhar sem serem obrigados a pagá-los, mas tiram poucos frutos dos esforços destes, ao passo que o dinheiro que dessem aos operários livres reaveriam com juros no preço da obra destes.

O operário livre é pago, mas trabalha mais depressa que o escravo, e a rapidez da execução é um dos grandes elementos da economia. O branco vende seu auxílio, mas este só é comprado quando é útil; o negro nada tem a reclamar como preço de seus serviços, mas seu amo é obrigado a alimentá-lo o tempo todo; tem de sustentá-lo em sua velhice assim como em sua idade madura, em sua infância estéril como durante os anos fecundos de sua juventude, durante a doença como com boa saúde. Assim, é somente pagando que se obtém trabalho desses dois homens: o operário livre recebe um salário; o escravo, uma educação, alimentos, cuidados, roupas. O dinheiro que o amo gasta para a manutenção do escravo sai pouco a pouco e em detalhe, mal é percebido; o dinheiro que paga ao operário é dado de uma só vez e parece enriquecer apenas aquele que o recebe; na realidade, o escravo custou mais que o homem livre, e seu trabalho foi menos produtivo[38].

A influência da escravidão estende-se mais longe ainda; ela penetra até a alma mesma do senhor e imprime uma direção particular a suas ideias e a seus gostos.

Nas duas margens do Ohio, a natureza deu ao homem um caráter empreendedor e enérgico; mas, de cada lado do rio, ele faz dessa qualidade comum um emprego diferente.

O branco da margem direita, obrigado a viver por seus próprios esforços, colocou o bem-estar material como objetivo principal de sua existência; e, como a região que habita apresenta à sua indústria recursos inesgotáveis e oferece à sua atividade atrativos sempre renascentes, seu ardor de adquirir superou os limites ordinários da cupidez humana:

atormentado pelo desejo das riquezas, vemo-lo tomar com audácia todos os caminhos que a fortuna lhe abre; ele se torna indiferentemente marinheiro, pioneiro, manufatureiro, cultivador, suportando com igual constância os trabalhos e os perigos ligados a essas diferentes profissões; há algo de maravilhoso nos recursos de seu gênio e uma espécie de heroísmo em sua avidez de ganho.

O americano da margem esquerda não despreza apenas o trabalho, mas todos os empreendimentos que o trabalho faz ter êxito; vivendo numa ociosa abundância, tem os gostos dos homens ociosos; o dinheiro perdeu uma parte de seu valor a seus olhos; ele persegue menos a fortuna do que a agitação e o prazer, e para elas dirige a energia que seu vizinho emprega em outros objetos; ama apaixonadamente a caça e a guerra; compraz-se nos exercícios mais violentos do corpo; o uso das armas lhe é familiar e desde sua infância aprende a arriscar a vida em combates singulares. A escravidão, pois, não impede os brancos apenas de fazer fortuna, mas desvia-os de querer fazê-la.

As mesmas causas, agindo continuamente faz dois séculos em sentido contrário nas colônias inglesas da América setentrional, acabaram criando uma diferença prodigiosa entre a capacidade comercial do homem do Sul e a do homem do Norte. Hoje, somente o Norte tem navios, manufaturas, estradas de ferro e canais.

Nota-se essa diferença não apenas comparando o Norte e o Sul, mas comparando entre si os habitantes do Sul. Quase todos os homens que se consagram, nos Estados mais meridionais da União, a empreendimentos comerciais e que procuram utilizar a escravidão vieram do Norte; a cada dia, gente do Norte se espalha nessa parte do território americano onde tem menos a temer a concorrência; lá descobre recursos que os habitantes do lugar não percebiam e, dobrando-se a um sistema que desaprovam, conseguem tirar dele melhor proveito do que os que ainda o sustentam depois de o ter fundado.

Se eu quisesse levar o paralelo mais longe, provaria facilmente que quase todas as diferenças que se podem observar entre o caráter dos americanos no Sul e no Norte têm sua origem na escravidão; mas seria sair do meu tema: neste momento, não investigo quais são todos os efeitos da servidão, mas que efeitos ela produziu sobre a prosperidade material dos que a admitiram.

Essa influência da escravidão sobre a produção das riquezas só podia ser muito imperfeitamente conhecida na Antiguidade. Naqueles tempos a servidão existia em todo o universo civilizado, e os povos que não a conheciam eram bárbaros.

Por isso o cristianismo só destruiu a escravatura fazendo valer os direitos do escravo; em nossos dias, pode-se atacá-la em nome do senhor – neste ponto o interesse e a moral estão de acordo.

À medida que essas verdades se manifestavam nos Estados Unidos, via-se a escravidão recuar pouco a pouco diante das luzes da experiência.

A servidão começara no Sul e, depois, estendera-se para o Norte; hoje ela se retira. A liberdade, partindo do Norte, desce sem parar para o Sul. Entre os grandes Estados, a Pensilvânia constitui hoje o limite extremo da escravidão ao norte, mas mesmo nesses limites a escravidão está abalada; Maryland, que se encontra imediatamente abaixo da Pensilvânia, prepara-se cada dia para prescindir dela, e a Virgínia, que segue Maryland, discute sua utilidade e seus perigos[39].

Não se produz uma grande mudança nas instituições humanas sem que, entre as causas dessa mudança, se descubra a lei das sucessões.

Quando a desigualdade das partilhas reinava no Sul, cada família era representada por um homem rico que já não sentia nem a necessidade nem o gosto do trabalho; em volta dele viviam da mesma maneira, como plantas parasitas, os membros de sua família que a lei excluíra da herança comum. Via-se então em todas as famílias do Sul o que ainda se vê em nossos dias nas famílias nobres de certos países da Europa, onde os mais moços, sem ter a mesma riqueza do mais velho, permanecem tão ociosos quanto ele. Esse efeito semelhante era produzido na América e na Europa por causas inteiramente análogas. No Sul dos Estados Unidos, a raça inteira dos brancos constituía um corpo aristocrático à cabeça do qual se mantinha certo número de indivíduos privilegiados, cuja riqueza era permanente e cujos divertimentos eram hereditários. Esses chefes da nobreza americana perpetuavam no corpo de que eram representantes os preconceitos tradicionais da raça branca e dignificavam o ócio. No seio dessa aristocracia, podiam-se encontrar pobres, mas não trabalhadores; a miséria parecia-lhe preferível à indústria; os operários negros e escravos não tinham, pois, concorrentes e, qualquer que fosse a opinião que se pudesse ter sobre a utilidade de seus esforços, havia que os empregar, pois eram os únicos.

A partir do momento em que a lei das sucessões foi abolida, todas as fortunas começaram a diminuir simultaneamente, todas as famílias se aproximaram, por um mesmo movimento, do estado em que o trabalho se torna necessário à existência; muitas delas desapareceram inteiramente; todas entreviram o momento em que seria necessário que cada um provesse às suas próprias necessidades. Hoje ainda se veem ricos, mas eles não constituem mais um corpo compacto e hereditário; não puderam adotar um espírito, perseverar nele e fazê-lo penetrar em todos os níveis da sociedade. Começou-se, pois, a abandonar de comum acordo o preconceito que anatematizava o trabalho. Houve mais pobres, e os pobres puderam, sem enrubescer, ocupar-se dos meios de ganhar a vida. Assim, um dos efeitos mais próximos da igualdade das partilhas foi criar uma classe de operários livres. A partir do momento em que o operário livre entra em concorrência com o escravo, a inferioridade deste último se faz sentir, e a escravidão é atacada em seu princípio mesmo, que é o interesse do patrão.

À medida que a escravidão recua, a raça negra segue-a em sua marcha retrógrada e retorna com ela para o trópico, de onde proveio originalmente.

Isso pode parecer extraordinário à primeira vista, mas logo se vai entender.

Ao abolirem o princípio da escravidão, os americanos não libertam os escravos.

Talvez o leitor tivesse dificuldade de entender o que vai seguir, se eu não citasse um exemplo: escolherei o do Estado de Nova York. Em 1788, esse Estado proíbe a venda de escravos em seu território. Era, de uma maneira indireta, proibir sua importação. Desde então o número de negros passa a crescer apenas segundo o aumento natural da população negra. Oito anos depois, toma uma medida mais decisiva: declara que, a partir de 4 de julho de 1799, todos os filhos que nascerem de pais escravos serão livres. É eliminada então qualquer possibilidade de aumento do número de escravos; estes ainda existem, mas, pode-se dizer, a servidão não mais.

A partir da época em que um Estado do Norte também proíbe a importação de escravos, os negros não são mais retirados do Sul para serem transportados para lá.

Desde o momento em que um Estado do Norte proíbe a venda de negros, o escravo, não podendo mais sair das mãos de quem o possui, se torna uma propriedade incômoda, e seu dono tem todo interesse em transportá-lo para o Sul.

No dia em que um Estado do Norte declara que o filho do escravo nascerá livre, este último perde grande parte de seu valor venal, pois sua posteridade não pode mais entrar na transação, e tem-se também todo o interesse em transportá-lo para o Sul.

Assim, a mesma lei impede que os escravos do Sul subam para o Norte e impele os do Norte para o Sul.

Mas eis outra causa mais poderosa do que todas as que acabo de citar.

À medida que o número de escravos diminui num Estado, a necessidade de trabalhadores livres aí se faz sentir. À medida que os trabalhadores livres tomam conta da indústria e sendo o trabalho do escravo menos produtivo, este se torna uma propriedade medíocre ou inútil, e tem-se outra vez todo o interesse em exportá-lo para o Sul, onde não há concorrência a temer.

A abolição da escravidão não faz, pois, que o escravo alcance a liberdade; ela o faz apenas mudar de dono: do setentrião, passa para o meio-dia.

Quanto aos negros libertos e aos que nascem depois da abolição da escravatura, estes não deixam o Norte pelo Sul, mas se encontram diante dos europeus numa posição análoga à dos indígenas; permanecem semicivilizados e privados de direitos no meio de uma população que lhes é infinitamente superior em riquezas e em luzes; estão expostos à tirania das leis[40] e à intolerância dos costumes. Mais infelizes, sob certo aspecto, do que os índios, têm contra si as lembranças da escravidão e não podem reclamar a posse de um só pedaço de terra; muitos sucumbem à miséria[41]; os demais se concentram nas cidades, onde, encarregando-se dos mais grosseiros trabalhos, levam uma existência precária e miserável.

Se, aliás, o número de negros continuasse a crescer da mesma maneira que na época em que eles ainda não possuíam a liberdade, dado que o número de brancos aumentava duas vezes mais depressa depois da abolição da escravatura, os negros logo seriam como que submersos em meio à torrente de uma população estrangeira.

Um país cultivado por escravos é, em geral, menos povoado do que um país cultivado por homens livres; além disso, a América é uma região nova; portanto, no momento em que um Estado abole a escravidão, ainda está apenas parcialmente povoado. Mal a servidão é destruída e a necessidade de trabalhadores livres se faz sentir, vê-se acorrer de todas as partes do país uma multidão de aventureiros ousados, que vêm aproveitar os novos recursos que vão se abrir à indústria. O solo se divide entre eles; em cada porção se instala uma família de brancos que se apropria dessa terra. É também para os Estados livres que a emigração europeia se dirige. Que faria o pobre da Europa que vem buscar o bem-estar e a felicidade no Novo Mundo, se fosse habitar um país em que o trabalho é tachado de ignomínia?

Assim a população branca cresce por seu movimento natural e, ao mesmo tempo, por uma imensa emigração, ao passo que a população negra não recebe emigrantes e se debilita. Logo a proporção que existia entre as duas raças é invertida. Os negros não constituem mais que desgraçados destroços, uma pequena tribo pobre e nômade, perdida no meio de um povo imenso e dono da terra; e sua presença só passa a ser percebida pelas injustiças e os rigores de que é objeto.

Em muitos Estados do Oeste, a raça negra nunca apareceu; em todos os Estados do Norte ela desaparece. A grande questão do futuro se encerra, pois, num círculo estreito; torna-se menos temível, porém não mais fácil de resolver.

À medida que se desce para o Sul, é mais difícil abolir proveitosamente a escravidão. Isso decorre de várias causas materiais, que cumpre desenvolver.

A primeira é o clima. É verdade que, à proporção que os europeus se aproximam do trópico, o trabalho fica mais difícil para eles; muitos americanos pretendem inclusive que, abaixo de certa latitude, acaba se tornando mortal, ao passo que o negro se submete a ele sem perigo[42]; mas não creio que essa ideia, tão favorável à preguiça do meridional, esteja fundada na experiência. Não é mais quente no Sul da União do que no Sul da Espanha e da Itália[43]. Por que o europeu não poderia executar aí os mesmos trabalhos? E se a escravidão foi abolida na Itália e na Espanha sem que os senhores perecessem, por que o mesmo não aconteceria na União? Não acredito, pois, que a natureza tenha proibido, sob pena de morte, que os europeus da Geórgia ou da Flórida tirem sua subsistência do solo; mas esse trabalho seguramente lhes seria mais penoso e menos produtivo[44] do que para os habitantes da Nova Inglaterra. Perdendo assim o trabalhador livre uma parte de sua superioridade sobre o escravo, torna-se menos útil abolir a escravidão.

Todas as plantas da Europa crescem no Norte da União; o Sul tem produtos especiais.

Foi observado que a escravidão é um meio dispendioso de cultivar os cereais. Aquele que colhe o trigo num Estado em que a servidão é desconhecida em geral só tem a seu serviço um pequeno número de operários; na época da colheita e durante o plantio, ele reúne, é verdade, muitos outros; mas estes só moram momentaneamente em sua propriedade.

Para encher seus celeiros ou semear seus campos, o agricultor que vive num Estado com trabalho escravo é obrigado a manter durante o ano inteiro um grande número de servidores, que durante alguns dias apenas lhe são necessários; porque, diferentes dos operários livres, os escravos não poderiam esperar, trabalhando para si mesmos, o momento de alugar sua indústria. É necessário comprá-los para utilizá-los.

A escravidão, independentemente de seus inconvenientes gerais, é pois naturalmente menos aplicável às regiões em que os cereais são cultivados do que àquelas em que se colhem outros produtos.

O cultivo do fumo, do algodão e, sobretudo, da cana-de-açúcar requer, ao contrário, cuidados contínuos. Nele podem-se empregar mulheres e crianças, que não poderiam ser utilizadas no cultivo do trigo. Assim, a escravidão é naturalmente mais apropriada para a região em que se cultivam os produtos que acabo de mencionar.

O fumo, o algodão, a cana só crescem no Sul, de que constituem as principais fontes de riqueza. Destruindo a escravidão, os homens do Sul se encontrariam diante de uma destas duas alternativas: ou seriam obrigados a mudar seu sistema de cultivo, e então entrariam em concorrência com os homens do Norte, mais ativos e mais experientes que eles; ou cultivariam os mesmos produtos sem escravos, e então teriam de enfrentar a concorrência dos outros Estados do Sul que os teriam mantido.

Assim, o Sul tem razões particulares de preservar a escravidão, que o Norte não tem.

Mas eis outro motivo mais poderoso do que todos os outros. O Sul poderia muito bem, a rigor, abolir a servidão; mas como se livraria dos negros? No Norte, expulsam ao mesmo tempo a escravidão e os escravos; no Sul, não se pode esperar alcançar ao mesmo tempo esse duplo resultado.

Provando que a servidão era mais natural e mais vantajosa no Sul do que no Norte, indiquei suficientemente que o número de escravos devia ser muito maior lá. Para o Sul foram levados os primeiros africanos; foi lá que sempre chegaram em maior número. À medida que avançamos em direção ao Sul, o preconceito que dignifica o ócio se fortalece. Nos Estados mais próximos do trópico, não há um só branco que trabalhe. Portanto, os negros são mais numerosos no Sul do que no Norte, e cada dia, como disse anteriormente, se tornam ainda mais. Porque, à proporção que se destrói a escravidão numa das extremidades da União, os negros se acumulam na outra. Assim, o número de negros aumenta no Sul, não apenas pelo movimento natural da população, mas também pela emigração forçada dos negros do Norte. A raça africana tem, para crescer nessa parte da União, causas análogas às que fazem se desenvolver tão depressa a raça europeia no Norte.

No Estado do Maine, conta-se um negro em cada trezentos habitantes; em Massachusetts, um em cem; no Estado de Nova York, dois em cem; na Pensilvânia, três; em Maryland, trinta e quatro; quarenta e dois na Virgínia e, finalmente, cinquenta e cinco na Carolina do Sul[45]. Era essa a proporção dos negros em relação aos brancos em 1830. Mas essa proporção muda sem cessar: a cada dia ela se torna menor no Norte e maior no Sul.

É evidente que, nos Estados mais meridionais da União, não se poderia abolir a escravidão como se fez nos Estados do Norte, sem correr enormes riscos, que estes não têm por que temer.

Vimos como os Estados do Norte organizavam a transição entre a escravidão e a liberdade. Eles conservam a geração presente nos grilhões e emancipam as raças futuras; dessa maneira, os negros são introduzidos pouco a pouco na sociedade e, enquanto se mantém na servidão um homem que poderia fazer mau uso de sua independência, emancipa-se o que, antes de se tornar dono de si mesmo, ainda pode aprender a arte de ser livre.

É difícil fazer a aplicação desse método no Sul. Quando se declara que, a partir de certa época, o filho do negro será livre, introduz-se o princípio e a ideia da liberdade no próprio seio da servidão: os negros que o legislador mantém na escravidão e que veem seus filhos sair dela surpreendem-se com essa partilha desigual que o destino distribui entre eles; inquietam-se e irritam-se. A partir de então, a escravidão perde a seus olhos a espécie de força moral que lhe davam o tempo e o costume, reduzindo-se a não ser mais que um abuso visível da força. O Norte nada tinha a temer desse contraste porque, lá, os negros eram em pequeno número e os brancos, numerosíssimos. Mas se essa primeira aurora da liberdade viesse a iluminar ao mesmo tempo dois milhões de homens, os opressores teriam por que tremer.

Depois de ter emancipado os filhos de seus escravos, os europeus do Sul não tardariam a se ver obrigados a estender a toda a raça negra o mesmo benefício.

No Norte, como disse antes, a partir do momento em que a escravidão é abolida, e mesmo a partir do momento em que se torna provável que o tempo de sua abolição esteja se aproximando, produz-se um duplo movimento: os escravos deixam a região para serem transportados para o Sul; os brancos dos Estados do Norte e os emigrantes da Europa afluem no lugar deles.

Essas duas causas não podem agir da mesma maneira nos últimos Estados do Sul. De um lado, a massa de escravos é demasiado grande lá para que se possa esperar fazê--los ir embora; de outro, os europeus e os anglo-americanos do Norte temem vir habitar uma terra em que o trabalho ainda não foi reabilitado. Aliás, eles consideram, com razão, estarem os Estados em que a proporção de negros supera ou iguala a de brancos ameaçados de grandes desgraças e se abstêm de levar sua indústria para lá.

Assim, abolindo a escravidão, os homens do Sul não conseguiriam, como seus irmãos do Norte, levar gradativamente os negros à liberdade; não diminuiriam sensivelmente o número de negros e ficariam sós para contê-los. No decorrer de poucos anos, ver-se-ia, pois, um grande povo de negros livres situado no meio de uma nação mais ou menos igual de brancos.

Os mesmos abusos de poder que hoje mantêm a escravidão se tornariam, então, no Sul, a fonte dos maiores perigos que os brancos teriam a temer. Hoje, o descendente de europeus é o único a possuir a terra; ele é dono absoluto da indústria; só ele é rico, esclarecido, armado. O negro não possui nenhuma dessas vantagens; mas pode prescindir delas: é escravo. Tornando-se livre, encarregado de zelar por sua própria sorte, poderá continuar privado de todas essas coisas sem morrer? O que fazia a força do branco, quando a escravidão existia, o expõe, portanto, a mil perigos depois de abolida a escravidão.

Deixando o negro na servidão, é possível mantê-lo num estado vizinho da besta; livre, não se pode impedi-lo de instruir-se o bastante para apreciar a extensão de seus males e entrever o remédio para eles. Aliás, há um singular princípio de justiça relativa que encontramos profundamente arraigado no coração humano. Sensibiliza muito mais os homens a desigualdade existente no interior de uma mesma classe do que as desigualdades observadas entre as diferentes classes. Compreende-se a escravidão; mas como conceber a existência de vários milhões de cidadãos eternamente dobrados sob a infâmia e entregues a misérias hereditárias? No Norte, uma população de negros libertos sofre esses males e sente essas injustiças; mas é fraca e reduzida. No Sul, seria numerosa e forte.

A partir do momento em que se admitir que os brancos e os negros emancipados estão, em relação uns aos outros, estabelecidos no mesmo solo como povos estrangeiros, compreender-se-á sem custo que não há mais que duas possibilidades no futuro: os negros e os brancos terão de se confundir inteiramente ou se separar.

Já exprimi antes qual era minha convicção sobre o primeiro meio[46]. Não creio que a raça branca e a raça negra chegarão, em lugar nenhum, a viver em pé de igualdade.

Mas creio que a dificuldade será bem maior ainda nos Estados Unidos do que nos outros países. Pode acontecer que um homem se coloque fora dos preconceitos de religião, país, raça, e, se esse homem for rei, pode realizar revoluções surpreendentes na sociedade; mas um povo inteiro não seria capaz de colocar-se assim, de certa forma, acima de si mesmo.

Um déspota que viesse a confundir os americanos e seus antigos escravos sob o mesmo jugo talvez conseguisse mesclá-los; mas, enquanto a democracia americana permanecer à frente dos negócios, ninguém ousará tentar semelhante empresa, e podemos prever que quanto mais os brancos dos Estados Unidos forem livres, mais procurarão se isolar[47].

Já disse que o verdadeiro vínculo entre o europeu e o índio era o mestiço; do mesmo modo, a verdadeira transição entre o branco e o negro é o mulato: onde quer que se encontre um grande número de mulatos, a fusão entre as duas raças não é impossível.

Há partes da América em que o europeu e o negro se cruzaram a tal ponto, que é difícil encontrar um homem que seja totalmente branco ou totalmente negro. Chegadas a esse ponto, pode-se realmente dizer que as raças se misturaram; ou, antes, que sobreveio no lugar delas uma terceira, que deriva dessas duas sem ser precisamente nem uma nem outra.

De todos os europeus, os ingleses são os que menos misturaram seu sangue ao dos negros. Vemos no Sul da União mais mulatos do que no Norte, porém infinitamente menos do que em qualquer outra colônia europeia. Os mulatos são muito pouco numerosos nos Estados Unidos; não têm nenhuma força própria e, nas querelas raciais, costumam fazer causa comum com os brancos. Também assim é frequente, na Europa, ver os lacaios dos grandes senhores tratarem o povo como os nobres.

Esse orgulho de origem, natural ao inglês, é singularmente acentuado no americano pelo orgulho individual que a liberdade democrática faz nascer. O homem branco dos Estados Unidos tem orgulho de sua raça e de si mesmo.

Aliás, se os brancos e os negros não se misturam no Norte da União, como iriam se misturar no Sul? Pode-se supor um só instante que o americano do Sul, situado como sempre estará entre o homem branco, com toda a superioridade física e moral deste, e o negro, cogitará um dia confundir-se com o último? O americano do Sul tem duas paixões enérgicas que o levarão sempre a se isolar: temerá parecer-se com o negro, seu ex-escravo, e descer abaixo do branco, seu vizinho.

Se fosse absolutamente necessário prever o futuro, eu diria que, seguindo a evolução provável das coisas, a abolição da escravatura no Sul fará crescer a repugnância que a população branca sente pelos negros. Fundo essa opinião no que já observei de análogo no Norte. Disse que os homens brancos do Norte se afastam dos negros com tanto maior cuidado quanto menos o legislador assinala a separação legal que deve existir entre eles: por que o mesmo não se daria no Sul? No Norte, quando os brancos temem chegar a se confundir com os negros, eles temem um perigo imaginário. No Sul, onde o perigo seria real, não posso acreditar que o temor fosse menor.

Se, de um lado, se reconhece (e esse fato não é duvidoso) que, na extremidade sul, os negros se acumulam sem cessar e crescem mais depressa do que os brancos; se, de outro, se admite que é impossível prever a época em que os negros e os brancos chegarão a se mesclar e a tirar do estado de sociedade as mesmas vantagens, não se deve deduzir daí que, nos Estados do Sul, os negros e os brancos acabarão, mais cedo ou mais tarde, entrando em conflito?

Qual será o resultado final desse conflito?

É fácil compreender que, nesse ponto, convém encerrar-se na vaguidão das conjecturas. Com muita dificuldade o espírito humano consegue traçar, de certo modo, um grande círculo em torno do porvir; mas, dentro desse círculo, agita-se o acaso, que escapa a todos os esforços. No panorama do futuro, o acaso sempre constitui como que o ponto escuro em que o olhar da inteligência não poderia penetrar. O que se pode dizer é o seguinte: nas Antilhas, é a raça branca que parece destinada a sucumbir; no continente, a raça negra.

Nas Antilhas, os brancos são isolados no meio de uma imensa população de negros; no continente, os negros estão situados entre o mar e um povo enorme, que já se estende acima deles como uma massa compacta, dos gelos do Canadá às fronteiras da Virgínia, das margens do Missouri à costa do Atlântico. Se os brancos da América do Norte permanecerem unidos, é difícil acreditar que os negros sejam capazes de escapar à destruição que os ameaça; eles sucumbirão sob o ferro ou sob a miséria. Mas as populações negras acumuladas ao longo do golfo do México têm possibilidades de salvação, se o conflito entre as duas raças vier se estabelecer com a dissolução da confederação. Uma vez rompido o elo federal, os homens do Sul cometeriam um erro se contassem com um apoio duradouro de parte de seus irmãos do Norte.

Estes sabem que o perigo nunca os pode atingir; se um dever positivo não os obrigar a marchar em socorro do Sul, pode-se prever que as simpatias de raça serão impotentes.

Qualquer que seja, de resto, a época do conflito, os brancos do Sul, se abandonados a si mesmos, se apresentarão na liça com uma imensa superioridade em luzes e meios; mas os negros terão em seu favor o número e a energia do desespero. São grandes recursos, quando se tem armas na mão. Talvez aconteça então à raça branca do Sul o que sucedeu com os mouros na Espanha. Depois de ter ocupado o país séculos a fio, ela se retirará enfim pouco a pouco para a terra de onde seus ancestrais vieram outrora, abandonando aos negros a posse de um país que a Providência parece destinar a eles, pois lá vivem sem custo e trabalham mais facilmente que os brancos.

O perigo mais ou menos remoto, porém inevitável, de um conflito entre os negros e os brancos que povoam o Sul da União se apresenta sem cessar como um sonho penoso à imaginação dos americanos. Os habitantes do Norte conversam cada dia sobre esses riscos, muito embora nada tenham a temer diretamente. Procuram em vão encontrar um meio de conjurar as desgraças que preveem.

Nos Estados do Sul, os habitantes se calam; não falam do futuro com os estrangeiros; evitam discutir sobre ele com os amigos; cada qual por assim dizer o esconde de si mesmo. O silêncio do Sul tem algo de mais assustador do que os temores ruidosos do Norte.

Essa preocupação geral dos espíritos deu origem a uma empresa quase ignorada, que pode mudar a sorte de uma parte da raça humana.

Temendo os riscos que acabo de descrever, certo número de cidadãos americanos se reuniram em sociedade com o fim de exportar, a suas expensas, para as costas da Guiné, os negros livres que quisessem escapar da tirania que pesa sobre eles[48].

Em 1820, a sociedade de que falo fundou na África, a 7° de latitude norte, um estabelecimento a que deu o nome de *Libéria*. As últimas notícias anunciavam que dois mil e quinhentos negros já se achavam reunidos nesse ponto.

Transportados para a sua antiga pátria, os negros lá introduziram instituições americanas. A Libéria tem um sistema representativo, jurados negros, magistrados negros, sacerdotes negros; há templos e jornais e, por uma singular reviravolta das vicissitudes deste mundo, é vedado aos brancos estabelecerem-se em seu território[49].

Eis, com certeza, um estranha peça da sorte! Dois séculos passaram desde o dia em que o habitante da Europa empreendeu tirar os negros de sua família e de seu país, para transportá-los às margens da América do Norte. Hoje encontramos o europeu ocupado em carrear de novo através do oceano Atlântico os descendentes desses mesmos negros, a fim de levá-los de volta de onde havia outrora arrancado seus pais. Uns bárbaros foram haurir as luzes da civilização no seio da servidão e aprender no cativeiro a arte de ser livres.

Até os nossos dias, a África estava fechada às artes e às ciências dos brancos. As luzes da Europa, importadas por africanos, talvez aí venham a penetrar. Há pois uma bela e grande ideia na fundação de Libéria; mas essa ideia, que pode se tornar tão fecunda para o Velho Mundo, é estéril para o Novo.

Em doze anos, a Sociedade de Colonização dos negros transportou para a África dois mil e quinhentos negros. No mesmo lapso de tempo, nasciam cerca de setecentos mil nos Estados Unidos.

Se a colônia de Libéria estivesse em condição de receber a cada ano milhares de novos habitantes e estes em condição de serem levados proveitosamente para lá; se a União tomasse o lugar da Sociedade e investisse anualmente seus tesouros[50] e seus navios para exportar negros para a África, ainda assim ela não poderia equilibrar o progresso natural da população entre os negros; e, não tirando a cada ano tantos homens quantos vêm ao mundo, ela não conseguiria nem sequer suspender os desdobramentos do mal que cresce a cada dia em seu seio[51].

A raça negra não deixará mais as terras do continente americano, onde as paixões e os vícios da Europa a fizeram desembarcar; ela não desaparecerá do Novo Mundo, senão deixando de existir. Os habitantes dos Estados Unidos podem adiar as desgraças que temem, mas não poderiam hoje destruir sua causa.

Sou obrigado a confessar que não considero a abolição da escravatura um meio de retardar, nos Estados do Sul, o conflito das duas raças.

Os negros podem permanecer escravos por muito tempo sem se queixar; mas, quando passarem a fazer parte dos homens livres, logo se indignarão por serem privados de quase todos os direitos de cidadãos e, não podendo se tornar iguais aos brancos, não tardarão a se mostrar inimigos deles.

No Norte, tinha-se todo interesse em emancipar os escravos; assim, ficar-se-ia livre da escravidão, sem nada ter a temer dos negros libertos. Estes eram muito pouco numerosos para reclamar seus direitos. O mesmo não acontece no Sul.

A questão da escravidão era, para os senhores, no Norte, uma questão comercial e manufatureira; no Sul, é uma questão de vida ou morte. Portanto, não se deve confundir a escravidão no Norte e no Sul.

Deus me livre de procurar, como certos autores americanos, uma justificação para o princípio da escravatura dos negros; digo apenas que todos os que admitiram esse pavoroso princípio outrora não têm hoje igual liberdade para renunciar a ele.

Confesso que, quando considero o Estado do Sul, não descubro, para a raça branca que habita essas paragens, mais que duas maneiras de agir: libertar os negros e fundi-los consigo; permanecer isolada deles e mantê-los o maior tempo possível na escravidão. Os meios-termos parecem-me levar num curto prazo à mais horrível de todas as guerras civis e, talvez, à ruína de uma das duas raças.

Os americanos do Sul encaram a questão desse ponto de vista, e agem em consequência. Não querendo se misturar com os negros, não os querem pôr em liberdade.

Não que todos os habitantes do Sul considerem a escravidão necessária à riqueza do senhor; nesse ponto, muitos deles se acham de acordo com os homens do Norte e admitem de bom grado com estes que a servidão é um mal; mas pensam que é necessário conservar esse mal para viver.

As luzes, aumentando no Sul, fizeram os habitantes dessa parte do território perceber que a escravidão é nociva ao senhor, e essas mesmas luzes lhes mostram, mais claramente do que eles haviam visto até então, a quase impossibilidade de destruí-la. Daí um singular contraste: a escravidão se estabelece cada vez mais nas leis, à medida que sua utilidade é mais contestada; e, enquanto seu princípio é gradualmente abolido no Norte, tiram-se, no Sul, desse mesmo princípio, consequências cada vez mais rigorosas.

A legislação dos Estados do Sul relativa aos escravos apresenta, em nossos dias, uma espécie de atrocidade inaudita, que vem revelar uma perturbação profunda nas leis da humanidade. Basta uma leitura da legislação dos Estados do Sul para avaliar a posição desesperada das duas raças que os habitam.

Não que os americanos dessa parte da União tenham precisamente aumentado os rigores do cativeiro; ao contrário, eles atenuaram a sorte material dos escravos. Os antigos só conheciam as correntes e a morte para manter a escravidão; os americanos do Sul dos Estados Unidos encontraram garantias mais intelectuais para a duração de seu poder. Se assim posso me exprimir, eles espiritualizaram o despotismo e a violência. Na Antiguidade, procurava-se impedir que o escravo rompesse seus grilhões; nos dias de hoje, tratou-se de lhes tirar o desejo de fazê-lo.

Os antigos acorrentavam o corpo do escravo, mas deixavam livre seu espírito e permitiam que se esclarecesse. Nisso, eram consequentes consigo mesmos. Havia então uma saída natural para a escravidão: de um dia para o outro o escravo podia se tornar livre e igual a seu amo.

Os americanos do Sul, que não pensam que em nenhuma época os negros possam vir a se misturar com eles, proibiram, sob penas severas, que lhes fosse ensinado a ler e a escrever. Não querendo elevá-los a seu nível, eles os mantêm o mais perto possível do animal.

Em todos os tempos, a esperança da liberdade fora plantada no seio da escravidão para atenuar seu rigor.

Os americanos do Sul compreenderam que a emancipação sempre proporcionava riscos, se o liberto não pudesse um dia ser assimilado ao senhor. Dar a um homem a liberdade e deixá-lo na miséria e na ignomínia, que mais é, senão fornecer um chefe futuro para a revolta dos escravos? Aliás, já fora notado desde há muito que a presença do negro livre lançava uma vaga inquietude no fundo da alma dos que não o eram e nela fazia penetrar, como uma centelha duvidosa, a ideia de seus direitos. Os americanos do Sul tiraram dos senhores, na maioria dos casos, a faculdade de emancipar[52].

Encontrei no Sul dos Estados Unidos um ancião que vivera num comércio ilegítimo com uma de suas negras. Tivera com ela vários filhos que, vindo ao mundo, tinham se tornado escravos de seu pai. Várias vezes ele pensara em legar-lhes pelo menos a liberdade, mas passaram-se anos antes que conseguisse vencer os obstáculos que o legislador pusera à emancipação. Enquanto isso, a velhice chegara e ele ia morrer. Imaginava então seus filhos arrastados de mercado em mercado, e passando da autoridade paterna ao açoite de um estranho. Essas imagens horríveis provocavam delírios em sua imaginação expirante. Eu o vi presa das angústias do desespero e compreendi então como a natureza sabia se vingar das feridas que lhe causavam as leis.

Esses males são terríveis, sem dúvida; mas acaso não são a consequência prevista e necessária do princípio mesmo da servidão entre os modernos?

A partir do momento em que os europeus fizeram escravos no seio de uma raça de homens diferente da sua, que muitos deles consideravam inferior às outras raças humanas e à qual todos encaram com horror a hipótese de se assimilar um dia, supuseram a escravidão eterna; porque, entre a extrema desigualdade que a servidão cria e a completa igualdade que a independência produz naturalmente entre os homens, não há estado intermediário que seja duradouro. Os europeus sentiram vagamente essa verdade, mas sem confessá-la a si mesmos. Todas as vezes que se tratou dos negros, vimo-los obedecerem ora a seu interesse ou a seu orgulho, ora à sua piedade. Eles violaram, em relação ao negro, todos os direitos da humanidade e, depois, instruíram-no sobre o valor e a inviolabilidade desses direitos. Abriram seu meio a seus escravos e, quando estes tentavam entrar, expulsaram-nos com ignomínia. Querendo a servidão, deixaram-se levar, contra a sua vontade ou sem o saber, em direção à liberdade, sem ter a coragem de ser nem completamente iníquos nem inteiramente justos.

Se é impossível prever uma época em que os americanos do Sul mesclarão seu sangue ao dos negros, não podem eles permitir, sem se expor a perecer, que estes últimos alcancem a liberdade? E se são obrigados, para salvar sua própria raça, a querer mantê-los agrilhoados, não devemos desculpá-los por adotar os meios mais eficazes para tanto?

O que acontece no Sul da União parece-me a uma só vez a consequência mais horrível e mais natural da escravidão. Quando vejo a ordem da natureza invertida, quando ouço a humanidade gritando e se debatendo em vão sob suas leis, confesso que não encontro indignação para estigmatizar os homens de nossos dias, autores desses ultrajes; mas junto todo o meu ódio contra os que, depois de mil anos de igualdade, introduziram de novo a servidão no mundo.

Quaisquer que sejam, de resto, os esforços dos americanos do Sul para conservar a escravidão, nem sempre terão êxito. A escravidão, encerrada num único ponto do globo, atacada pelo cristianismo como injusta, pela economia política como funesta; a escravidão, no meio da liberdade democrática e das luzes de nossa era, não é uma instituição capaz de durar. Ela cessará por obra do escravo ou por obra do senhor. Em ambos os casos, cabe esperar grandes desgraças.

Se recusarem a liberdade aos negros do Sul, eles acabarão alcançando-a violentamente por conta própria; se a concederem, não tardarão a abusar dela.

Quais as possibilidades de duração da União americana? Que perigos a ameaçam?

O que constitui a força preponderante reside antes nos Estados do que na União. – A confederação só durará enquanto todos os Estados que a compõem quiserem dela fazer parte. – Causas que os devem levar a permanecer unidos. – Utilidade de estar unidos para resistir aos estrangeiros e para não ter estrangeiros na América. – A Providência não ergueu barreiras naturais entre os diferentes Estados. – Não existem interesses materiais a dividi-los. – Interesse que tem o Norte na prosperidade e na união do Sul e do Oeste; o Sul, nas do Norte e do Oeste; o Oeste, nas dos outros dois. – Interesses imateriais que unem os americanos. – Uniformidade das opiniões. – Os riscos da confederação provêm da diferença de caráter dos homens que a compõem e de suas paixões. – Caráter dos homens do Sul e do Norte. – O crescimento rápido da União é um de seus maiores perigos. – Marcha da população para noroeste. – Gravitação da força nessa direção. – Paixões que esses rápidos movimentos da fortuna fazem surgir. – Subsistindo a União, seu governo tende a tomar força ou a enfraquecer? – Diversos indícios de enfraquecimento. – Internal improvements. *– Terras desertas. – Índios. – Caso do banco. – Caso da tarifa. – O general Jackson.*

Da existência da União depende em parte a manutenção do que existe em cada um dos Estados que a compõem. Cumpre, pois, examinar em primeiro lugar qual a provável sorte da União. Mas, antes de tudo, é bom fixar-se num ponto: se a confederação atual porventura se desfizesse, parece-me incontestável que os Estados que dela fazem parte não voltariam à sua individualidade primeira. No lugar de uma União, formar-se-iam várias. Não pretendo investigar em que bases essas novas Uniões se estabeleceriam; o que quero mostrar são as causas que podem levar ao desmembramento da confederação atual.

Para consegui-lo, vou ser obrigado a percorrer de novo algumas das veredas que havia tomado precedentemente. Terei de expor aos olhares vários objetos que já são conhecidos. Sei que, assim agindo, exponho-me às críticas do leitor, mas a importância da matéria que me falta tratar é minha desculpa. Prefiro repetir-me algumas vezes a não ser compreendido, e prefiro prejudicar o autor a prejudicar o tema.

Os legisladores que fizeram a constituição de 1789 esforçaram-se por dar ao poder federal uma existência à parte e uma força preponderante.

SEGUNDA PARTE

Mas eram limitados pelas condições mesmas do problema que tinham a resolver. Não haviam sido encarregados de constituir o governo de um povo único, mas sim de regulamentar a associação de vários povos; e quaisquer que fossem seus desejos, era sempre necessário que conseguissem partilhar o exercício da soberania.

Há objetos que são nacionais por natureza, isto é, que se referem tão somente à nação tomada em corpo e só podem ser confiados ao homem ou à assembleia que representa da forma mais completa a nação inteira. Entre eles incluirei a guerra e a diplomacia.

Outros há que são provinciais por natureza, isto é, que se referem tão somente a certas localidades e só podem ser convenientemente tratados na própria localidade. É o caso dos orçamentos municipais.

Existem enfim objetos de natureza mista: são nacionais, por dizerem respeito a todos os indivíduos que compõem a nação; são provinciais, por não haver necessidade de que a nação mesma os resolva. É o caso, por exemplo, dos direitos que regulam o estado civil e político dos cidadãos. Não há estado social sem direitos civis e políticos; portanto esses direitos dizem respeito igualmente a todos os cidadãos. Mas nem sempre é necessário à existência e à prosperidade da nação que esses direitos sejam uniformes e, por conseguinte, regulamentados pelo poder central.

Entre os objetos de que a soberania se ocupa, há, pois, duas categorias necessárias; encontramo-las em todas as sociedades bem constituídas, qualquer que seja, de resto, a base sobre a qual o pacto social foi estabelecido.

Entre esses dois pontos extremos situam-se, como uma massa flutuante, os objetos gerais, mas não nacionais, a que chamei mistos. Não sendo nem exclusivamente nacionais, nem inteiramente provinciais, o cuidado deles pode ser atribuído ao governo nacional ou ao governo provincial, conforme as convenções dos que se associam, sem que a finalidade da associação deixe de ser alcançada.

Na maioria das vezes, simples indivíduos se unem para formar a entidade soberana, e sua união compõe um povo. Abaixo do governo geral que eles se proporcionam, encontram-se apenas forças individuais ou poderes coletivos, cada um dos quais representa uma fração mínima da entidade soberana. Então, o governo geral é, por isso, aquele a que cabe mais naturalmente regulamentar não apenas os objetos nacionais por sua essência, mas também a maioria dos objetos mistos de que já falei. As localidades são reduzidas, assim, à porção de soberania indispensável a seu bem-estar.

Algumas vezes, por um fato anterior à associação, a entidade soberana se vê composta de corpos políticos já organizados. Sucede aí que o governo provincial se encarrega de cuidar não apenas dos objetos exclusivamente provinciais por natureza, mas também, total ou parcialmente, dos objetos mistos de que acabamos de falar. Porque as nações confederadas, que constituíam elas mesmas entidades soberanas antes de sua união e que continuam a representar uma fração considerável da entidade soberana, muito embora se tenham unido, não pretenderam ceder ao governo geral nada mais que o exercício dos direitos indispensáveis à União.

Quando o governo nacional, independentemente das prerrogativas inerentes à sua natureza, se vê investido do direito de regulamentar os objetos mistos da soberania, ele possui uma força preponderante. Não apenas tem muitos direitos, mas todos os direitos que não tem estão à sua disposição, e é de temer que chegue a ponto de tirar dos governos provinciais suas prerrogativas naturais e necessárias.

Quando, ao contrário, o governo provincial se vê investido do direito de regulamentar os objetos mistos, reina na sociedade uma tendência oposta. A força preponderante reside então na província, não na nação; e deve-se temer que o governo nacional acabe sendo despojado dos privilégios necessários à sua existência.

Os povos únicos são, pois, naturalmente propensos à centralização, e as confederações ao desmembramento.

Resta-nos apenas aplicar essas ideias gerais à União americana.

Aos Estados cabia por força o direito de regulamentar os objetos puramente estaduais.

Além do mais, esses Estados retiveram para si o direito de estabelecer a capacidade civil e política dos cidadãos, de regulamentar as relações dos homens entre si e administrar justiça. São direitos gerais por natureza, mas não pertencem necessariamente ao governo nacional.

Vimos que ao governo da União foi delegado o poder de ordenar em nome de toda a nação, no caso em que esta tivesse de agir como um só e mesmo indivíduo. Ele a representou diante dos estrangeiros, dirigiu contra o inimigo comum as forças comuns. Numa palavra, ocupou-se dos objetos a que chamei exclusivamente nacionais.

Nessa divisão dos direitos da soberania, a parte da União ainda parece, à primeira vista, maior que a dos Estados; um exame um pouco aprofundado demonstra que, na verdade, é menor.

O governo da União executa empresas mais vastas, mas raramente o sentimos agir. O governo estadual faz coisas menores, porém nunca descansa e revela sua existência a cada instante.

O governo da União zela pelos interesses gerais do país; mas os interesses gerais de um povo têm uma influência contestável sobre a felicidade individual.

Já os negócios da província influem visivelmente sobre o bem-estar dos que a habitam.

A União assegura a independência e a grandeza da nação, coisa que não diz imediatamente respeito aos particulares. O Estado mantém a liberdade, regulamenta os direitos, garante a fortuna, assegura a vida, todo o futuro de cada cidadão.

O governo federal está situado a grande distância de seus sujeitos; o governo estadual está ao alcance de todos. Basta erguer a voz para ser ouvido por ele. O governo central tem a seu favor as paixões de alguns homens superiores que aspiram a dirigi-lo; do lado do governo estadual está o interesse dos homens de segunda ordem, que não esperam obter poder fora de seu Estado; e são eles que, situados perto do povo, exercem sobre este maior poder.

Os americanos têm, portanto, muito mais a esperar e a temer do Estado do que da União; e, conforme a marcha natural do coração humano, devem se apegar muito mais vivamente ao primeiro do que à segunda.

Nisso os hábitos e os sentimentos estão de acordo com os interesses.

Quando uma nação fraciona sua soberania e chega ao estado de confederação, as lembranças, os usos, os hábitos lutam durante muito tempo contra as leis e dão ao governo central uma força que estas lhe recusam. Quando povos confederados se reúnem numa só soberania, as mesmas causas agem em sentido contrário. Não duvido de que, se a França se tornasse uma república confederada como a dos Estados Unidos, o governo aí se mostraria mais enérgico do que o da União; e se a União se constituísse em monarquia, como a França, penso que o governo americano permaneceria durante algum tempo mais fraco que o nosso. No momento em que a vida nacional foi criada entre os anglo-americanos, a existência estadual já era antiga, relações necessárias já se haviam estabelecido entre as comunas e os indivíduos dos mesmos Estados; nestes, as pessoas tinham se habituado a considerar certos assuntos de um ponto de vista comum e a cuidar exclusivamente de certos projetos como representando um interesse especial.

A União é um corpo imenso que oferece ao patriotismo um objeto vago para ele abraçar. O Estado tem formas definidas e limites circunscritos; representa um certo número de coisas conhecidas e caras aos que o habitam. Confunde-se com a imagem mesma do solo, identifica-se com a propriedade, a família, as lembranças do passado, os trabalhos do presente, os sonhos do futuro. O patriotismo, que na maioria das vezes não passa de uma extensão do egoísmo individual, ficou no Estado e por assim dizer não passou à União.

Desse modo, os interesses, os hábitos, os sentimentos se reúnem para concentrar a verdadeira vida política no Estado, e não na União.

É fácil avaliar a diferença das forças dos dois governos vendo cada um deles mover-se no âmbito do seu poder.

Todas as vezes que um governo estadual se dirige a um homem ou a uma associação de homens, sua linguagem é clara e imperativa; o mesmo acontece com o governo federal, quando fala a indivíduos. Porém, assim que se encontra diante de um Estado, começa a parlamentar: explica seus motivos e justifica sua conduta; argumenta, aconselha, não ordena. Se se levantam dúvidas sobre os limites dos poderes constitucionais de cada governo, o governo estadual reivindica seu direito com ousadia e toma medidas prontas e enérgicas para sustentá-lo. Entrementes o governo da União arrazoa; ele apela para o bom senso da nação, para seus interesses, sua glória; contemporiza, negocia; somente reduzido ao derradeiro extremo é que se determina enfim a agir. À primeira vista, poder-se-ia crer que o governo estadual é que está armado de todas as forças da nação e que o congresso representa um Estado.

A despeito dos esforços dos que o constituíram, o governo federal é pois, por sua natureza mesma, como já disse em outro passo, um governo fraco que, mais que qualquer outro, necessita do livre concurso dos governados para subsistir.

É fácil ver que seu objeto é realizar com facilidade a vontade que os Estados têm de permanecerem unidos. Preenchida essa primeira condição, é sábio, forte e ágil. Foi organizado de maneira a só encontrar diante de si, habitualmente, indivíduos e a vencer facilmente as resistências que viessem se opor à vontade comum, mas o governo federal não foi estabelecido na previsão de que os Estados ou vários deles deixariam de querer ficar unidos.

Se a soberania da União entrasse hoje em conflito com a dos Estados, pode-se prever sem dificuldade que ela sucumbiria; duvido inclusive que o combate se travasse de maneira séria. Todas as vezes que se opuser uma resistência obstinada ao governo federal, vai se vê-lo ceder. A experiência provou, até aqui, que, quando um Estado queria obstinadamente uma coisa e a pedia resolutamente, nunca deixava de a obter; e que, quando se recusava taxativamente a agir[53], a União dava-lhe a liberdade de assim fazer.

Se o governo da União tivesse uma força própria, a situação material do país tornaria seu uso muito difícil[54].

Os Estados Unidos cobrem um imenso território; longas distâncias os separam; a população é disseminada em regiões ainda semidesertas. Se a União empreendesse manter pelas armas os confederados em obediência, sua posição seria análoga à que a Inglaterra ocupava quando da guerra de independência.

Aliás, um governo, por mais forte que fosse, não poderia fugir das consequências de um princípio que ele mesmo tenha admitido como fundamento do direito público que o deve reger. A confederação foi formada pela livre vontade dos Estados; estes, unindo-se, não perderam sua nacionalidade e não se fundiram num só e mesmo povo. Se, hoje, um desses mesmos Estados quisesse retirar seu nome do contrato, seria bastante difícil provar-lhe que não o pode fazer. O governo federal, para combatê-lo, não se apoiaria de maneira evidente nem na força, nem no direito.

Para que o governo federal triunfasse comodamente da resistência que alguns de seus sujeitos viessem lhe opor, seria necessário que o interesse particular de um ou vários deles estivesse intimamente ligado à existência da União, como se viu tantas vezes na história das confederações.

Suponhamos que entre esses Estados que o vínculo federal reúne haja alguns que desfrutem sozinhos das principais vantagens da união, ou cuja prosperidade dependa inteiramente do fato da união; está claro que o poder central encontrará neles um grande apoio para manter os outros na obediência. Mas, nesse caso, não tirará mais sua força de si mesmo, e sim de um princípio que é contrário à sua natureza. Os povos só se confederam para tirar vantagens iguais da união e, no caso supracitado, é por reinar a desigualdade entre as nações unidas que o governo federal é poderoso.

Suponhamos ainda que um dos Estados confederados tenha adquirido uma preponderância grande o bastante para se apossar sozinho do poder central; ele considerará os outros Estados seus sujeitos e fará respeitar, na pretensa soberania da União, sua própria soberania. Grandes coisas serão feitas então em nome do governo federal, mas, na verdade, esse governo não existirá mais[55].

Em ambos os casos, o poder que age em nome da confederação se torna tanto mais forte quanto mais esta se afasta do estado natural e do princípio reconhecido das confederações.

Na América, a união atual é útil a todos os Estados, mas não é essencial a nenhum deles. Ainda que vários Estados rompessem o vínculo federal, a sorte dos outros não estaria comprometida, muito embora a soma da felicidade de todos ficasse menor. Como não há Estado cuja existência ou cuja prosperidade esteja inteiramente ligada à confederação atual, assim também não há Estado que esteja disposto a fazer grandes sacrifícios pessoais para a conservar.

Por outro lado, não se percebe nenhum Estado que tenha, atualmente, grande interesse de ambição em manter, tal como a vemos em nossos dias, a confederação. Nem todos, sem dúvida, exercem a mesma influência nos conselhos federais, mas não vemos nenhum que deva gabar-se de dominá-los e que possa tratar seus confederados como inferiores ou sujeitos.

Parece-me pois certo que, se uma porção da União quisesse seriamente separar-se da outra, não apenas não se poderia impedi-la, mas nem mesmo se tentaria impedir que o fizesse. Portanto a União atual só durará enquanto todos os Estados que a compõem continuarem a querer fazer parte dela.

Estabelecido esse ponto, eis-nos mais à vontade: não se trata mais de procurar saber se os Estados atualmente confederados poderão separar-se, mas se vão querer permanecer unidos.

Dentre todas as razões que tornam a união atual útil aos americanos, encontramos duas principais, cuja evidência salta facilmente a todos os olhos.

Embora os americanos estejam por assim dizer sozinhos em seu continente, o comércio lhes dá por vizinhos todos os povos com que traficam. Por conseguinte, apesar de seu isolamento aparente, os americanos necessitam ser fortes, e só podem ser fortes permanecendo todos unidos.

Desunindo-se, os Estados não somente diminuiriam sua força diante dos estrangeiros, como criariam estrangeiros em seu próprio solo. Entrariam num sistema de alfândegas internas; dividiriam os vales com linhas imaginárias; aprisionariam o curso dos rios e atrapalhariam de todas as maneiras a exploração do imenso continente que Deus lhes concedeu como domínio.

Hoje não têm invasão a temer, por conseguinte não precisam manter exércitos, cobrar impostos; se a União um dia se rompesse, a necessidade de todas essas coisas talvez não tardasse a se fazer sentir.

Os americanos têm pois enorme interesse em permanecer unidos.

Por outro lado, é quase impossível descobrir que espécie de interesse material uma porção da União teria, atualmente, em separar-se das outras.

Quando se corre os olhos por um mapa dos Estados Unidos e se percebe a cadeia dos montes Alleghanys, estendendo-se de Nordeste a Sudoeste e percorrendo o país numa extensão de 400 léguas, é-se tentado a crer que o objetivo da Providência foi erguer entre a bacia do Mississippi e as costas do oceano Atlântico uma dessas barreiras naturais que, opondo-se às relações permanentes dos homens, formam como que os limites necessários dos diferentes povos.

Mas a altura média dos Alleghanys não supera 800 metros[56]. Seus picos arredondados e os espaçosos vales que encerram em seus contornos apresentam em mil lugares acesso fácil. Há mais: os principais rios que vêm derramar suas águas no oceano Atlântico, o Hudson, o Susquehanna, o Potomac, nascem além dos Alleghanys, num platô aberto que margeia a bacia do Mississippi. Partindo dessa região[57], forçam passagem através da muralha que parecia dever lançá-los para o Ocidente e traçam, no seio das montanhas, estradas naturais sempre abertas ao homem.

Nenhuma barreira se ergue, pois, entre as diferentes partes do país ocupado em nossos dias pelos anglo-americanos. Longe de servirem de limite aos povos, os Alleghanys nem mesmo confinam Estados. Nova York, Pensilvânia e Virgínia encerram-nos em seu território e estendem-se tanto a ocidente como a oriente dessas montanhas[58].

O território ocupado em nossos dias pelos vinte e quatro Estados da União e pelos três grandes distritos que ainda não se elevaram a Estado, muito embora já tenham habitantes, cobre uma superfície de 131 144 léguas quadradas[59], isto é, já apresenta uma superfície quase igual a cinco vezes a da França. Nesses limites encontram-se um solo variado, temperaturas diferentes e produtos muito diversos.

Essa grande extensão de território ocupado pelas repúblicas anglo-americanas fez surgir dúvidas quanto à manutenção de sua união. Aqui é necessário distinguir. Interesses contrários às vezes se criam nas diferentes províncias de um vasto império e acabam entrando em conflito; nesse caso, a dimensão do Estado é o que mais compromete sua permanência. Mas se os homens que cobrem esse vasto território não têm interesses contrários, sua extensão mesma deve servir à sua prosperidade, pois a unidade do governo favorece singularmente a troca que pode se fazer dos diferentes produtos do solo e, tornando sua comercialização mais fácil, aumenta seu valor.

Ora, vejo nas diferentes partes da União interesses diferentes, mas não descubro nenhum que seja contrário aos demais.

Os Estados do Sul são quase exclusivamente cultivadores; os Estados do Norte são particularmente manufatureiros e comerciantes; os Estados do Oeste são ao mesmo tempo manufatureiros e cultivadores. No Sul, colhe-se fumo, arroz, algodão e açúcar; no Norte e no Oeste, milho e trigo. São fontes diversas de riqueza, mas para beber nessas fontes há um meio comum e igualmente favorável a todos: a união.

O Norte, que carreia as riquezas dos americanos para todas as partes do mundo, e as riquezas do universo para o seio da União, tem um interesse evidente em que a confederação subsista tal como é em nossos dias, a fim de que o número de produtores e de consumidores americanos que é chamado a servir continue a ser o maior possível. O Norte é o intermediário mais natural entre o Sul e o Oeste da União, de um lado, e o resto do mundo, de outro; o Norte deve pois desejar que o Sul e o Oeste permaneçam unidos e prósperos, para que forneçam a suas manufaturas matérias-primas e frete para seus navios.

De seu lado, o Sul e o Oeste têm um interesse mais direto ainda na conservação da União e na prosperidade do Norte. Os produtos do Sul são em grande parte exportados além-mar; o Sul e o Oeste necessitam, pois, dos recursos comerciais do Norte. Devem querer que a União tenha um grande poderio marítimo para poder protegê-los eficazmente. O Sul e o Oeste devem contribuir de bom grado para as despesas de uma marinha, conquanto não tenham navios; porque, se as frotas da Europa viessem bloquear os portos do Sul e o delta do Mississippi, que seria do arroz das Carolinas, do fumo da Virgínia, do açúcar e do algodão que crescem nos vales do Mississippi? Não há pois uma porção do orçamento federal que não se aplique à conservação de um interesse material comum a todos os confederados.

Independentemente dessa utilidade comercial, o Sul e o Oeste da União têm grande vantagem política em permanecer unidos entre si e com o Norte.

O Sul encerra em seu seio uma imensa população de escravos, população ameaçadora no presente, mais ameaçadora ainda no futuro.

Os Estados do Oeste ocupam o fundo de um único vale. Os rios que banham o território desses Estados, partindo das Montanhas Rochosas ou dos Alleghanys, vêm, todos, misturar suas águas com as do Mississippi e correm com ele para o golfo do México. Os Estados do Oeste são inteiramente isolados, por sua posição, das tradições da Europa e da civilização do Velho Mundo.

Os habitantes do Sul devem pois desejar conservar a União, para não ficarem sozinhos diante dos negros, e os habitantes do Oeste, para não se verem encerrados no seio da América central sem comunicação livre com o universo.

O Norte, de seu lado, deve querer que a União não se divida a fim de permanecer como o elo que une esse grande corpo ao resto do mundo.

Existe pois um vínculo estreito entre os interesses materiais de todas as partes da União.

Direi o mesmo das opiniões e dos sentimentos a que poderíamos chamar interesses imateriais do homem.

Os habitantes dos Estados Unidos falam muito de seu amor à pátria; confesso que não confio nada nesse patriotismo refletido que se baseia no interesse e que o interesse, mudando de objeto, pode destruir.

Tampouco dou grande importância ao linguajar dos americanos, quando manifestam todos os dias a intenção de conservar o sistema federal que seus pais adotaram.

O que mantém um grande número de cidadãos sob o mesmo governo é muito menos a vontade ponderada de permanecer unidos do que o acordo instintivo e, de certa forma, involuntário, que resulta da similitude de sentimentos e da semelhança de opiniões.

Nunca admitirei que os homens formam uma sociedade pelo simples fato de reconhecerem o mesmo chefe e obedecerem às mesmas leis; não há sociedade, a não ser quando os homens consideram um grande número de problemas sob o mesmo aspecto; quando, sobre um grande número de temas, têm a mesma opinião; quando, enfim, os mesmos fatos produzem neles as mesmas impressões e os mesmos pensamentos.

Quem, encarando a questão desse ponto de vista, estudasse o que sucede nos Estados Unidos, descobriria sem custo que seus habitantes, divididos como são em vinte e quatro soberanias distintas, constituem porém um povo único; e talvez chegasse até a pensar que o estado de sociedade existe mais realmente no seio da União anglo-americana do que entre certas nações da Europa, que no entanto têm uma só legislação e se submetem a um só homem.

Embora tenham várias religiões, os anglo-americanos têm a mesma maneira de encarar a religião.

Nem sempre se entendem sobre os meios a adotar para governar bem e divergem sobre algumas das formas que convém dar ao governo, mas estão de acordo sobre os princípios gerais que devem reger as sociedades humanas. Do Maine à Flórida, do Missouri ao Atlântico, creem que a origem de todos os poderes legítimos está no povo. Têm as mesmas ideias sobre a liberdade e a igualdade; professam as mesmas opiniões sobre a imprensa, o direito de associação, o júri, a responsabilidade dos agentes do poder.

Se passamos das ideias políticas e religiosas às opiniões filosóficas e morais que regem as ações cotidianas da vida e dirigem o conjunto da conduta, notaremos a mesma concordância.

Os anglo-americanos[60] colocam na razão universal a autoridade moral, assim como o poder político na universalidade dos cidadãos, e estimam que é ao senso de todos que convém reportar-se para discernir o que é permitido ou proibido, o que é verdadeiro ou falso. A maior parte deles pensa que o conhecimento de seu interesse basta para levar o homem ao justo e ao honesto. Creem que, ao nascer, cada um recebe a faculdade de governar a si mesmo e que ninguém tem o direito de forçar seu semelhante a ser feliz. Todos têm viva fé na perfectibilidade humana; julgam que a difusão das luzes deve necessariamente produzir resultados úteis e a ignorância, trazer efeitos funestos. Todos consideram a sociedade um corpo em progresso, a humanidade, um quadro mutável, em que nada é fixo para sempre, nem deve sê-lo; e admitem que o que lhes parece bom hoje pode ser substituído amanhã pelo melhor que ainda se esconde.

Não digo que todas essas opiniões sejam justas, mas são americanas.

Ao mesmo tempo que são assim unidos entre si por ideias comuns, os anglo-americanos são separados de todos os outros povos por um sentimento, o orgulho.

Nos últimos cinquenta anos, não se para de repetir aos habitantes dos Estados Unidos que eles constituem o único povo religioso, esclarecido e livre. Eles veem que, em seu país, as instituições democráticas até aqui prosperam, enquanto fracassam no resto do mundo; têm pois uma opinião elevadíssima de si mesmos e não estão longe de crer que formam uma espécie à parte no gênero humano.

Assim, pois, os perigos que ameaçam a União americana não nascem mais da diversidade de opiniões do que da diversidade de interesses. Convém procurá-los na variedade de caráter e nas paixões dos americanos.

Os homens que habitam o imenso território dos Estados Unidos são quase todos originários de um tronco comum; mas, com o passar do tempo, o clima e, sobretudo, a escravidão introduziram diferenças acentuadas entre o caráter dos ingleses do Sul dos Estados Unidos e o dos ingleses do Norte.

Costuma-se crer, entre nós, que a escravidão dá a uma porção da União interesses contrários aos da outra. Não percebi que assim fosse. A escravidão não criou no Sul interesses contrários aos do Norte, mas modificou o caráter dos habitantes do Sul e lhes deu hábitos diferentes.

Já mostrei que influência exercera a servidão sobre a capacidade comercial dos americanos do Sul; essa mesma influência se estende igualmente a seus costumes.

O escravo é um servidor que não discute e a tudo se submete sem reclamar. Algumas vezes ele assassina seu dono, mas nunca lhe opõe resistência. No Sul não há famílias tão pobres a ponto de não terem escravos. O americano do Sul, desde o seu nascimento, se acha investido de uma espécie de poder ditatorial doméstico; as primeiras noções que recebe da vida fazem-no entender que nasceu para mandar, e o primeiro hábito que contrai é dominar sem dificuldade. A educação tende, pois, poderosamente, a fazer do americano do Sul um homem altivo, impetuoso, irascível, violento, ardente em seus desejos, impaciente ante os obstáculos; mas fácil de desanimar-se, se não consegue triunfar de primeira.

O americano do Norte não vê escravos acorrerem à roda de seu berço. Não encontra nem sequer serviçais livres, pois na maioria das vezes é obrigado a satisfazer ele mesmo às suas necessidades. Mal está no mundo, a ideia da necessidade vem de todas as partes se apresentar a seu espírito; ele aprende pois bem cedo a conhecer exatamente por si mesmo o limite natural de seu poder; não espera dobrar pela força as vontades que se oporão à sua e sabe que, para obter o apoio de seus semelhantes, precisa antes de mais nada granjear sua simpatia. Portanto é paciente, ponderado, tolerante, lento em agir e perseverante em seus projetos.

Nos Estados meridionais, as necessidades mais prementes do homem sempre são satisfeitas. Assim, o americano do Sul não se preocupa com os cuidados materiais da vida; outro se encarrega de pensar nisso por ele. Livre nesse ponto, sua imaginação se volta para outros objetos maiores e menos definidos. O americano do Sul gosta da grandeza, do luxo, da glória, da fama, dos prazeres, do ócio sobretudo; nada o força a fazer esforços para viver e, como não tem trabalhos necessários, descuida-se deles e nem mesmo empreende coisas úteis.

Como a igualdade das fortunas reina no Norte e a escravidão aí não mais existe, o homem se encontra como que absorvido por esses mesmos cuidados materiais que o branco despreza no Sul. Desde sua infância, ele se ocupa de combater a miséria e aprende a colocar o bem-estar acima de todos os prazeres do espírito e do coração. Concentrada nos pequenos detalhes da vida, sua imaginação se apaga, suas ideias são menos numerosas e menos gerais, mas se tornam mais práticas, mais claras e mais precisas. Como ele dirige todos os esforços de sua inteligência unicamente para a preocupação com o bem-estar, não tarda a destacar-se nesse campo; sabe admiravelmente bem tirar partido da natureza e dos homens para produzir riqueza; compreende maravilhosamente a arte de fazer a sociedade contribuir para a prosperidade de cada um de seus membros e para extrair do egoísmo individual a felicidade de todos.

O homem do Norte não possui apenas experiência, mas também saber; no entanto não aprecia a ciência como um prazer, estima-a como um meio, e dela só aprende com avidez as aplicações úteis.

O americano do Sul é mais espontâneo, mais espiritual, mais aberto, mais generoso, mais intelectual e mais brilhante.

O americano do Norte é mais ativo, mais sensato, mais esclarecido e mais hábil.

Um tem os gostos, os preconceitos, as fraquezas e a grandeza de todas as aristocracias.

Os outros, as qualidades e os defeitos que caracterizam a classe média.

Reúna dois homens em sociedade, dê a eles os mesmos interesses e, em parte, as mesmas opiniões; se o caráter, as luzes e a civilização deles forem diferentes, há grandes possibilidades de não se entenderem. A mesma observação é aplicável a uma sociedade de nações.

Portanto, a escravidão não ataca diretamente a confederação americana pelos interesses, mas indiretamente pelos costumes.

Eram treze os Estados que aderiram ao pacto federal em 1790; a confederação conta vinte e quatro hoje. A população, que montava a cerca de quatro milhões em 1790, quadruplicou no espaço de quarenta anos, elevando-se em 1830 a cerca de treze milhões[61].
Semelhantes mudanças não podem se dar sem perigo.

Para uma sociedade de nações, como para uma sociedade de indivíduos, há três possibilidades principais de duração: a sabedoria dos sócios, sua fraqueza individual e seu pequeno número.

Os americanos que se afastam da beira do oceano Atlântico para embrenhar-se no Oeste são aventureiros impacientes com toda espécie de jugo, ávidos de riquezas, muitas vezes rejeitados pelo Estado que os viu nascer. Chegam ao meio do deserto sem se conhecerem. Não encontram lá, para contê-los, nem tradições, nem espírito de família, nem exemplos. Entre eles, o império das leis é frágil, e o dos costumes mais ainda. Os homens que povoam cada dia os vales do Mississippi são, pois, inferiores, sob todos os aspectos, aos americanos que habitam nos antigos limites da União. No entanto já exercem grande influência em seus conselhos, e chegam ao governo dos negócios comuns antes de terem aprendido a se dirigir a si mesmos[62].

Quanto mais os sócios são individualmente fracos, mais a sociedade tem possibilidades de durar, pois, então, só têm segurança permanecendo unidos. Quando, em 1790, a mais povoada das repúblicas americanas não tinha 500 000 habitantes[63], cada uma delas sentia sua insignificância como povo independente, e esse pensamento lhe tornava mais fácil a obediência à autoridade federal. Mas quando um dos Estados confederados conta 2 000 000 de habitantes, como o de Nova York, e cobre um território cuja superfície é igual a um quarto da francesa[64], ele se sente forte por si mesmo e, se continua a desejar a união, como sendo útil a seu bem-estar, não a considera mais necessária à sua existência; pode dispensá-la; e, se consente permanecer nela, não tarda a querer preponderar.

A simples multiplicação dos membros da União já tenderia poderosamente a romper o vínculo federal. Nem todos os homens situados no mesmo ponto de vista veem da mesma maneira os mesmos objetos. Assim é, e com maior razão, quando o ponto de vista é diferente. Portanto, à medida que o número das repúblicas americanas aumenta, vemos diminuir a possibilidade de chegarmos a um consenso de todas sobre as mesmas leis.

Hoje os interesses das diferentes partes da União não são contrários uns aos outros; mas quem poderia prever as mudanças diversas que um futuro próximo fará nascer num país onde cada dia cria cidades e cada lustro, nações?

Desde que as colônias inglesas foram fundadas, o número de habitantes dobra a cada vinte e dois anos, mais ou menos; não percebo causas que devem deter, daqui a um século, esse movimento progressivo da população anglo-americana. Antes de transcorrerem duzentos anos, penso que o território ocupado ou reclamado pelos Estados Unidos será coberto por mais de cem milhões de habitantes e dividido em quarenta Estados[65].

Admito que esses cem milhões de homens não têm interesses diferentes; ao contrário, dou a todos eles uma vantagem igual para permanecerem unidos; e digo que, pelo fato mesmo de serem cem milhões formando quarenta nações distintas e desigualmente poderosas, a manutenção do governo federal já não passa de um feliz acidente.

De bom grado manifesto fé na perfectibilidade humana, mas enquanto os homens não houverem mudado de natureza e não se tiverem completamente transformado, recuso-me a crer na duração de um governo cuja tarefa é manter juntos quarenta povos diversos espalhados numa superfície igual à metade da Europa[66], evitar entre eles rivalidades, ambições e conflitos, e congregar a ação de suas vontades independentes no sentido da consumação dos mesmos projetos.

Mas o maior perigo que a União corre ao crescer vem do contínuo deslocamento de forças que se processa em seu seio.

Das margens do lago Superior ao golfo do México, há, em linha reta, cerca de quatrocentas léguas francesas. Ao longo dessa imensa linha serpenteia a fronteira dos Estados Unidos; às vezes ela entra por esses limites adentro, quase sempre penetra muito além deles, em meio aos desertos. Calculou-se que, em todo esse vasto *front*, os brancos avançavam cada ano, em média, sete léguas[67]. De vez em quando, apresenta-se um obstáculo – um distrito improdutivo, um lago, uma nação indígena – inopinadamente encontrado no caminho. A coluna para um instante, então; suas duas extremidades se curvam sobre si mesmas e, depois de se unirem, recomeçam a avançar. Há nessa marcha gradual e contínua da raça europeia em direção às Montanhas Rochosas algo providencial: é como um dilúvio de homens que sobe sem cessar e que a mão de Deus levanta cada dia.

Dentro dessa primeira linha de conquistadores, constroem-se cidades e fundam-se vastos Estados. Em 1790, havia apenas alguns milhares de pioneiros espalhados pelos vales do Mississippi; hoje esses mesmos vales contêm tantos homens quantos a União inteira encerrava em 1790. A população lá se eleva a quase quatro milhões de habitantes[68]. A cidade de Washington foi fundada em 1800, bem no centro da confederação americana; agora, ela está situada em uma de suas extremidades. Os deputados dos últimos Estados do Oeste, para virem ocupar sua cadeira no congresso, já são obrigados a fazer um trajeto tão longo quanto o de um viajante que for de Viena a Paris[69].

Todos os Estados da União são arrastados ao mesmo tempo para a fortuna; mas nem todos poderiam crescer e prosperar na mesma proporção.

Ao norte da União, ramos destacados da cadeia dos Alleghanys, avançando até o oceano Atlântico, aí formam baías espaçosas e portos sempre abertos aos maiores navios. A partir do Potomac, ao contrário, e seguindo as costas da América até a foz do Mississippi, só se encontra um terreno plano e arenoso. Nessa parte da União, a saída de quase todos os rios é obstruída, e os portos que se abrem de longe em longe no meio dessas lagunas não apresentam aos navios a mesma profundidade e oferecem ao comércio facilidades muito menores do que os do Norte.

A essa primeira inferioridade que provém da natureza soma-se outra, que vem das leis.

Vimos que a escravidão, abolida no Norte, ainda existe no Sul, e mostrei a influência funesta que exerce sobre o bem-estar do próprio senhor de escravos.

O Norte, portanto, deve ser mais comerciante[70] e mais industrioso que o Sul. É natural que a população e a riqueza se dirijam mais rapidamente para lá.

Os Estados situados à beira do Atlântico já estão em parte povoados. A maioria das terras tem dono. Portanto esses Estados não poderiam receber o mesmo número de emigrantes que os do Oeste, que ainda oferecem um campo ilimitado para a indústria. A bacia do Mississippi é infinitamente mais fértil do que as costas do Atlântico. Essa razão, acrescentada a todas as outras, impele energicamente os europeus para o Oeste. Isso é rigorosamente demonstrado pelos números.

Se considerarmos o conjunto dos Estados Unidos, veremos que, nos últimos quarenta anos, o número de habitantes mais ou menos triplicou. Mas se só levarmos em conta a bacia do Mississippi, descobriremos que, no mesmo espaço de tempo, a população[71] se tornou trinta e uma vezes maior[72].

Cada dia, o centro do poder federal se desloca. Há quarenta anos, a maioria dos cidadãos da União estava à beira-mar, nas cercanias do lugar em que hoje se ergue Washington; agora, está mais internada nas terras e mais ao Norte; não se pode duvidar de que, em menos de vinte anos, esteja do outro lado dos Alleghanys. Se a União subsistir, a bacia do Mississippi, por sua fertilidade e sua extensão, está necessariamente destinada a se tornar o centro permanente do poder federal. Daqui a trinta ou quarenta anos, a bacia do Mississippi terá assumido sua importância natural. É fácil calcular que, nessa época, sua população, comparada com a dos Estados situados na beira do Atlântico, estará na proporção de 40 para 11, mais ou menos. Mais alguns anos, a direção da União escapará pois, quase completamente, dos Estados que a fundaram, e a população dos vales do Mississippi dominará nos conselhos federais.

Essa gravitação contínua das forças e da influência federal em direção ao Noroeste se revela a cada dez anos, quando, depois de ter feito um censo geral da população, o número de representantes que cada Estado deve mandar ao congresso é novamente fixado[73].

Em 1790, a Virgínia tinha dezenove representantes no congresso. Esse número continuou a crescer até 1813, quando atingiu a cifra de vinte e três. Desde essa época, começou a diminuir. Em 1833, não passava de vinte e um[74]. Durante esse mesmo período, o Estado de Nova York seguia uma progressão contrária: em 1790, tinha no congresso dez representantes; em 1813, vinte e sete; em 1823, trinta e quatro; em 1833, quarenta. Ohio tinha um só em 1803; em 1833, contava dezenove.

É difícil conceber uma união duradoura entre dois povos, um dos quais é pobre e fraco, o outro, rico e forte, ainda que fique provado que a força e a riqueza de um não são a causa da fraqueza e da pobreza do outro. A união é ainda mais difícil de ser mantida quando um perde força e o outro a adquire.

Esse aumento rápido e desproporcional de certos Estados ameaça a independência dos outros. Se Nova York, com seus dois milhões de habitantes e seus quarenta representantes, quisesse mandar no congresso, talvez conseguisse. Mas, ainda que os Estados mais poderosos não procurassem oprimir os menores, o perigo ainda existiria, pois ele reside quase tanto na possibilidade do fato quanto no fato mesmo.

Os fracos raramente confiam na justiça e na razão dos fortes. Os Estados que crescem mais devagar do que os outros olham pois com desconfiança e inveja aqueles que a fortuna favorece. Daí esse profundo mal-estar e essa vaga inquietação que se observa numa parte da União e que contrastam com o bem-estar e a confiança que reinam na outra. Creio que a atitude hostil que o Sul assumiu não tem outras causas.

Os homens do Sul são, dentre todos os americanos, os que mais deveriam querer a União, pois eles é que mais sofreriam se fossem abandonados a si mesmos; no entanto, são os únicos que ameaçam romper o feixe da confederação. De onde vem isso? É fácil explicar: o Sul, que forneceu quatro presidentes à confederação;[75] que sabe hoje que o poder federal lhe escapa; que, cada ano, vê diminuir o número de seus representantes no congresso e crescer os do Norte e do Oeste; o Sul, povoado de homens ardentes e irascíveis, irrita-se e inquieta-se. Volta com pesar seus olhares para si mesmo; interrogando o passado, pergunta-se cada dia que passa se não é oprimido. Se descobre que uma lei da União não lhe é evidentemente favorável, grita que estão abusando a força contra ele; reclama com ardor, e se sua voz não é ouvida, indigna-se e ameaça retirar-se de uma sociedade de que arca com os custos sem ter os lucros.

"As leis da tarifa", diziam os habitantes da Carolina em 1832, "enriquecem o Norte e arruínam o Sul; porque, não fosse isso, como se poderia conceber que o Norte, com seu clima inospitaleiro e seu solo árido, aumentasse sem cessar suas riquezas e seu poder, ao passo que o Sul, que constitui como que o jardim da América, cai rapidamente em decadência?"[76]

Se as mudanças de que falei se realizassem gradualmente, de maneira que cada geração pelo menos tivesse tempo de passar com a ordem de coisas de que foi testemunha, o perigo seria menor; mas há algo de precipitado, quase poderia dizer de revolucionário, nos progressos que a sociedade faz na América. O mesmo cidadão pode ver seu Estado marchar à frente da União e se tornar em seguida impotente nos conselhos federais. Tal república anglo-americana desenvolveu-se tão depressa quanto um homem: nasceu, cresceu e chegou à maturidade em trinta anos.

No entanto não se deve imaginar que os Estados que perdem a força se despovoam ou definham; sua prosperidade não para; eles até crescem mais impetuosamente do que qualquer reino da Europa[77]. Mas parece-lhes que empobrecem, porque não enriquecem tão depressa quanto seu vizinho e creem perder seu poder porque entram de repente em contato com um poder maior que o deles[78]. Portanto seus sentimentos e suas paixões são mais feridos que seus interesses. Mas acaso isso não basta para que a confederação esteja em perigo? Se, desde o começo do mundo, os povos e os reis só tivessem levado em conta sua utilidade real, mal saberíamos o que é a guerra entre os homens.

Assim, o maior perigo que ameaça os Estados Unidos nasce de sua prosperidade mesma; ela tende a criar em vários confederados a embriaguez que acompanha o aumento rápido da fortuna e, nos outros, a inveja, a desconfiança e as lamentações que quase sempre seguem sua perda.

Os americanos se regozijam ao contemplar esse extraordinário movimento; eles deveriam, parece-me, vê-lo com pesar e medo. Os americanos dos Estados Unidos, não obstante o que façam, tornar-se-ão um dos maiores povos do mundo; cobrirão com seus rebentos quase toda a América do Norte; o continente que habitam é seu domínio e não poderia escapar-lhes. Quem os pressiona, então, a tomar posse dele já? A riqueza, o poder e a glória não lhes podem faltar um dia, e eles se precipitam para essa imensa fortuna como se só lhes restasse um momento para dela se apoderar.

Creio ter demonstrado que a existência da confederação atual dependia inteiramente da concordância de todos os confederados a quererem permanecer unidos; e, partindo desse dado, procurei ver quais as causas que podiam levar os diferentes Estados a quererem se separar. Mas, para a União, há duas maneiras de perecer: um dos Estados confederados pode querer retirar-se do contrato e romper assim, violentamente, o vínculo comum. É a esse caso que se refere a maioria das observações que fiz precedentemente: o governo federal pode perder progressivamente seu poder por uma tendência simultânea das repúblicas unidas a retomar o uso de sua independência. O poder central, privado sucessivamente de todas as suas prerrogativas, reduzido por um acordo tácito à impotência, tornar-se-ia incapacitado a realizar seu objetivo, e a segunda União pereceria como a primeira, por uma espécie de imbecilidade senil.

O enfraquecimento gradativo do vínculo federal, que conduz por fim à anulação da União, é, aliás, em si mesmo um fato distinto que pode acarretar muitos outros resultados menos extremos, antes de produzir esse. A confederação ainda existiria, mas a fraqueza de seu governo já poderia reduzir a nação à impotência, causar a anarquia no interior e a desaceleração da prosperidade geral do país.

Depois de ter investigado o que leva os anglo-americanos a se desunirem, é importante pois examinar se, subsistindo a União, seu governo amplia a esfera de sua ação ou a restringe, se se torna mais enérgico ou mais fraco.

Os americanos têm evidentemente um grande temor. Percebem que, na maioria dos povos do mundo, o exercício dos direitos da soberania tende a se concentrar em poucas mãos, e se apavoram com a ideia de que acabará sendo assim em seu país. Os próprios homens de Estado sentem esses terrores, ou, pelo menos, simulam senti-los; porque, na América, a centralização não é popular, e não se poderia cortejar mais habilmente a maioria do que se insurgindo contra as pretensas intromissões do poder central. Os americanos se recusam a ver que, nos países onde se manifesta essa tendência centralizadora que os atemoriza, há um só povo, enquanto a União é uma confederação de povos diferentes, fato que basta para desconcertar todas as previsões fundadas na analogia.

Confesso que julgo esses temores de grande número de americanos inteiramente imaginários. Longe de temer, como eles, a consolidação da soberania nas mãos da União, creio que o governo federal se debilita de maneira visível.

Para provar o que sustento a esse respeito, não vou recorrer a fatos antigos, mas àqueles que pude testemunhar ou que ocorreram em nossos dias.

Quando se examina atentamente o que acontece nos Estados Unidos, descobre-se sem dificuldade a existência de duas tendências contrárias: são como duas correntes que percorrem o mesmo leito em sentido oposto.

Nos quarenta e cinco anos em que a União existe, o tempo superou um sem-número de preconceitos locais que a princípio militavam contra ela. O sentimento patriótico que ligava cada americano a seu Estado tornou-se menos exclusivo. Conhecendo-se melhor, as diversas partes da União se aproximaram. O correio, esse grande vínculo dos espíritos, penetra hoje até o fundo dos desertos[79]; navios a vapor põem cada dia em comunicação todos os pontos da costa. O comércio desce e sobe os rios do interior com uma rapidez sem precedentes[80]. A essas facilidades que a natureza e a arte criaram, somam-se a instabilidade dos desejos, a inquietação do espírito, o amor das riquezas, que, levando sem parar o americano para fora de seu lar, põem em comunicação com um grande número de seus concidadãos. Ele percorre seu país em todos os sentidos; visita todas as populações que o habitam. Não há província da França em que os habitantes se conheçam tão perfeitamente quanto os 13 milhões de homens que cobrem a superfície dos Estados Unidos.

Ao mesmo tempo que se mesclam, os americanos se assimilam; as diferenças que o clima, a origem e as instituições haviam introduzido entre eles diminuem. Eles se aproximam cada vez mais de um tipo comum. Cada ano, milhares de homens partindo do Norte se espalham por todas as partes da União, levando consigo suas crenças, suas opiniões, seus costumes; e, como suas luzes são superiores às dos homens entre os quais vão viver, não tardam a tomar conta dos negócios e a modificar a sociedade em seu benefício. Essa emigração contínua do Norte para o Sul favorece singularmente a fusão de todos os caracteres locais num só caráter nacional. A civilização do Norte parece pois destinada a se tornar a medida comum com base na qual todo o resto deve se pautar um dia.

À medida que a indústria dos americanos faz progressos, vemos estreitarem-se os vínculos comerciais que unem todos os Estados confederados, e a União penetra nos hábitos depois de ter estado nas opiniões. O tempo, passando, acaba de fazer desaparecer uma multidão de terrores fantásticos que atormentavam a imaginação dos homens de 1789. O poder federal não se tornou opressor; não destruiu a independência dos Estados; não leva os confederados à monarquia; com a União, os pequenos Estados não caíram na dependência dos grandes. A confederação continuou a crescer sem cessar em população, riqueza, poder.

Estou convencido, pois, de que em nosso tempo os americanos têm menos dificuldades naturais para viver unidos do que encontraram em 1789; a União tem menos inimigos do que então.

No entanto, se quisermos estudar com cuidado a história dos Estados Unidos nos últimos quarenta e cinco anos, convencer-nos-emos sem custo de que o poder federal decresce.

Não é difícil indicar as causas desse fenômeno.

No momento em que a constituição de 1789 foi promulgada, tudo perecia na anarquia; a União que sucedeu a essa desordem provocava muito medo e ódio; mas tinha ardentes amigos, porque era a expressão de uma grande necessidade. Conquanto mais atacado então do que é hoje, o poder federal alcançou, pois, rapidamente, o máximo de seu poder, assim como acontece de ordinário com um governo que triunfa depois de ter exaltado suas forças na luta. Nessa época, a interpretação da constituição pareceu muito mais ampliar do que restringir a soberania federal, e a União apresentou sob vários aspectos o espetáculo de um só e mesmo povo, dirigido, dentro como fora, por um só governo.

Mas, para chegar a esse ponto, o povo pusera-se de certa forma acima de si mesmo.

A constituição não havia destruído a individualidade dos Estados, e todos os corpos, quaisquer que sejam, têm um instinto secreto que os conduz à independência. Esse instinto é mais pronunciado ainda num país como a América, em que cada cidadezinha constitui como que uma espécie de república habituada a se governar.

Houve portanto um esforço da parte dos Estados que se submeteram à preponderância federal. E todo esforço, ainda que coroado de um grande sucesso, não pode deixar de se enfraquecer com a causa que o fez nascer.

À medida que o governo federal firmava seu poder, a América reassumia sua posição entre as nações, a paz renascia em suas fronteiras, o crédito público se recuperava; à confusão sucedia uma ordem fixa, que permitia que a indústria individual seguisse sua marcha natural e se desenvolvesse em liberdade.

Foi essa prosperidade mesma que começou a fazer que se perdesse de vista a causa que a produzira; passado o perigo, os americanos não encontraram mais em si a energia e o patriotismo que tinham ajudado a conjurá-lo. Livres dos temores que os preocupavam, voltaram comodamente ao curso de seus hábitos e entregaram-se sem resistência à tendência ordinária de suas inclinações. A partir do momento em que um governo forte não pareceu mais necessário, tornou-se a pensar que era incômodo. Tudo prosperava com a União e ninguém se separou dela; mas se queria quase não sentir a ação do poder que a representava. Em geral, os americanos desejaram continuar unidos, e em cada fato particular tenderam a voltar a ser independentes. O princípio da confederação foi cada dia mais facilmente admitido e menos aplicado; assim, o governo federal, criando a ordem e a paz, trouxe ele mesmo sua decadência.

Assim que essa disposição dos espíritos começou a se externar, os homens de partido, que vivem das paixões do povo, puseram-se a explorá-la em seu benefício.

O governo federal encontrou-se desde então numa situação crítica: seus inimigos tinham o favor popular e era prometendo debilitá-lo que se obtinha o direito de dirigi-lo.

A partir dessa época, todas as vezes que o governo da União entrou em liça com o dos Estados, quase nunca deixou de recuar. Quando foi necessário interpretar os termos da constituição federal, a interpretação, na maioria dos casos, foi contrária à União e favorável aos Estados.

A constituição dava ao governo federal a atribuição de cuidar dos interesses nacionais; pensara-se que cabia a ele fazer ou favorecer, no interior, os grandes projetos capazes de aumentar a prosperidade da União inteira (*internal improvements*), como, por exemplo, os canais.

Os Estados assustaram-se com a ideia de ver outra autoridade que não a sua dispor assim de uma porção de seu território. Temeram que o poder central, adquirindo dessa maneira em seu próprio seio um patronato temível, viesse exercer uma influência que queriam reservar por inteiro apenas a seus agentes.

O partido democrático, que sempre se opôs a qualquer desenvolvimento do poder federal, ergueu portanto a voz; acusaram o congresso de usurpação e o chefe de Estado, de ambição. O governo central, intimidado por esses clamores, acabou reconhecendo seu erro e se encerrando exatamente na esfera que lhe traçavam.

A constituição concede à União o privilégio de tratar com os povos estrangeiros. A União considerara em geral desse ponto de vista as tribos indígenas que marginam as fronteiras de seu território. Enquanto esses selvagens aceitaram fugir diante da civilização, o direito federal não foi contestado; mas desde o dia em que uma tribo indígena tentou fixar-se num ponto do solo, os Estados vizinhos reclamaram um direito de posse sobre essas terras e um direito de soberania sobre os homens que dela faziam parte. O governo central apressou-se em reconhecer ambos e, depois de tratar com os índios como se fossem povos independentes, entregou-os como súditos à tirania legislativa dos Estados[81].

Entre os Estados que se tinham formado à beira do Atlântico, vários se estendiam indefinidamente a Oeste nos ermos em que os europeus ainda não haviam penetrado. Aqueles cujos limites estavam definitivamente estabelecidos viam com inveja o futuro imenso aberto a seus vizinhos. Estes últimos, num espírito de conciliação e para facilitar o ato da União, aceitaram traçar limites para si e abandonaram à confederação todo o território que pudesse se encontrar além destes[82].

Desde essa época, o governo federal tornou-se proprietário de todo terreno inculto que se encontra fora dos treze Estados primitivamente confederados. É ele que se encarrega de dividi-lo e vendê-lo, e o dinheiro que obtém com isso é recolhido exclusivamente ao tesouro da União. Com essa renda, o governo federal compra dos índios suas terras, abre estradas nos novos distritos e facilita aí, com todo o seu poder, o rápido desenvolvimento da sociedade.

Ora, sucedeu que nesses mesmos desertos cedidos outrora pelos habitantes das costas do Atlântico formaram-se com o tempo novos Estados. O congresso continuou a vender, em benefício da nação inteira, as terras incultas que esses Estados ainda encerram em seu seio. Mas hoje estes pretendem que, uma vez constituídos, devem ter o direito exclusivo de aplicar o produto dessas vendas em seu benefício. Como as reclamações tornaram-se cada vez mais ameaçadoras, o congresso achou-se no dever de tirar da União uma parte dos privilégios de que ela desfrutara até então e, no fim de 1832, fez uma lei pela qual, sem ceder às novas repúblicas do Oeste a propriedade de suas terras incultas, aplicava não obstante em benefício destas a maior parte da renda obtida com elas[83].

Basta percorrer os Estados Unidos para apreciar as vantagens que o país tira do banco. Essas vantagens são de vários tipos; mas há sobretudo uma que impressiona o estrangeiro: as notas do Banco dos Estados Unidos são recebidas na fronteira dos desertos pelo mesmo valor que na Filadélfia, onde está a sede de suas operações[84].

O Banco dos Estados Unidos é, no entanto, objeto de grandes ódios. Seus diretores pronunciaram-se contra o presidente e são acusados, não sem verossimilhança, de terem abusado de sua influência para atrapalhar a eleição daquele. O presidente ataca, pois, a instituição que estes últimos representam com todo o ardor de uma inimizade pessoal. O que estimulou o presidente a prosseguir assim sua vingança é que ele se sente apoiado nos instintos secretos da maioria.

O Banco constitui o grande vínculo monetário da União, do mesmo modo que o congresso é o grande vínculo legislativo, e as mesmas paixões que tendem a tornar os Estados independentes do poder central tendem à destruição do Banco.

O Banco dos Estados Unidos possui sempre em suas mãos um grande número de cédulas pertencentes aos bancos estaduais; ele pode a qualquer momento obrigar estes últimos a pagar as cédulas em espécie. Mas para ele tal perigo não é de temer: a dimensão de seus recursos disponíveis lhe permite fazer face a todas as exigências. Ameaçados assim em sua existência, os bancos estaduais são forçados a moderar-se e só pôr em circulação uma quantidade de cédulas proporcional a seu capital. Os bancos estaduais submetem-se com impaciência a esse controle salutar. Os jornais que lhes são vendidos e o presidente, cujo interesse pessoal tornou-o órgão deles, atacam pois o Banco com uma sorte de furor. Levantam contra ele as paixões locais e o cego instinto democrático do país. Dizem que os diretores do Banco constituem um corpo aristocrático e permanente, cuja influência não pode deixar de se fazer sentir no governo e deve acabar alterando, mais cedo ou mais tarde, os princípios de igualdade sobre os quais repousa a sociedade americana.

A luta do Banco contra seus inimigos nada mais é que um incidente do grande combate que travam na América os Estados com o poder central; o espírito de independência e de democracia com o espírito de hierarquia e de subordinação. Não pretendo que os inimigos do Banco dos Estados Unidos sejam precisamente os mesmos indivíduos que, em outros pontos, atacam o governo federal; mas digo que os ataques ao Banco dos Estados Unidos são um produto dos mesmos instintos que militam contra o governo federal e que o grande número de inimigos do primeiro é um lastimável sintoma do enfraquecimento do segundo.

Mas nunca a União se mostrou tão frágil quanto no famoso caso da tarifa[85].

As guerras da Revolução Francesa e a de 1812, ao impedirem a livre comunicação entre a América e a Europa, haviam criado manufaturas no norte da União. Quando a paz reabriu para os produtos da Europa o caminho do Novo Mundo, os americanos resolveram estabelecer um sistema alfandegário que fosse capaz ao mesmo tempo de proteger a indústria nascente e quitar o montante de dívidas que a guerra os levara a contrair.

Os Estados do Sul, que não têm manufaturas a incentivar e que são apenas cultivadores, não tardaram a se queixar dessa medida.

Não pretendo examinar aqui o que podia haver de imaginário ou de real em suas queixas; apenas narro os fatos.

Já em 1820, a Carolina do Sul, numa petição ao congresso, declarava que a lei da tarifa era *inconstitucional, opressora* e *injusta*. Em seguida, a Geórgia, a Virgínia, a Carolina do Norte, o Estado do Alabama e o do Mississippi fizeram reclamações mais ou menos enérgicas no mesmo sentido.

Longe de levar em conta esses murmúrios, o congresso, em 1824 e 1828, aumentou ainda mais os direitos da tarifa e consagrou de novo o princípio desta.

Produziu-se então ou, antes, recordou-se no Sul uma doutrina célebre que tomou o nome de *nulificação*.

Mostrei no lugar oportuno que o objetivo da constituição federal não foi estabelecer uma liga, mas criar um governo nacional. Os americanos dos Estados Unidos, em todos os casos previstos por sua constituição, formam um só e mesmo povo. Sobre todos esses pontos, a vontade nacional se expressa, como em todos os povos constitucionais, por meio de uma maioria. Uma vez que a maioria falou, o dever da minoria é submeter-se.

É essa a doutrina legal, a única que está de acordo com o texto da constituição e com a intenção conhecida dos que a estabeleceram.

Os *nulificadores* do Sul pretenderam, ao contrário, que os americanos, ao se unirem, não entenderam fundir-se num só e mesmo povo, apenas quiseram formar uma liga de povos independentes; do que decorre que cada Estado, tendo conservado sua soberania integral, se não em ato pelo menos em princípio, tem o direito de interpretar as leis do congresso e de suspender em seu território a execução das que lhe parecem opostas à constituição ou à justiça.

Toda a doutrina da nulificação se acha resumida numa frase pronunciada em 1833 diante do senado dos Estados Unidos por Calhoun, chefe confesso dos nulificadores do Sul:

"A constituição", diz ele, "é um contrato no qual os Estados apareceram como soberanos. Ora, todas as vezes que intervém um contrato entre partes que não conhecem árbitro comum, cada uma delas retém o direito de julgar por si mesma a extensão de sua obrigação."

É manifesto que semelhante doutrina destrói em princípio o vínculo federal e na verdade traz de novo a anarquia, de que a constituição de 1789 tinha livrado os americanos.

Quando a Carolina do Sul viu que o congresso se mostrava surdo a suas queixas, ameaçou aplicar à lei federal da tarifa a doutrina dos nulificadores. O congresso persistiu em seu sistema. A tempestade, enfim, rebentou.

Durante o ano de 1832, o povo da Carolina do Sul[86] nomeou uma convenção nacional para deliberar sobre os meios extraordinários que faltava empregar; no dia 24 de novembro do mesmo ano, essa convenção publicou, sob o nome de decreto, uma lei que invalidava a lei federal da tarifa, proibia a cobrança dos direitos que ela previa e de receber as apelações que poderiam ser feitas aos tribunais federais[87]. Esse decreto só deveria entrar em vigor no mês de fevereiro seguinte, e era indicado que, se o congresso modificasse antes dessa época a tarifa, a Carolina do Sul poderia aceitar não dar seguimento a suas ameaças. Mais tarde, exprimiu-se, mas de maneira vaga e indeterminada, o desejo de submeter a questão a uma assembleia extraordinária de todos os Estados confederados.

Entrementes, a Carolina do Sul armava suas milícias e se preparava para a guerra.

Que fez o congresso? O congresso, que não tinha escutado seus sujeitos suplicantes, prestou ouvido às queixas destes mal os viu de armas na mão[88]. Fez uma lei[89] segundo a qual os direitos previstos na tarifa seriam reduzidos progressivamente durante dez anos, até chegarem a não exceder as necessidades do governo. Assim o congresso abandonou completamente o princípio da tarifa. Substituiu um direito protetor da indústria por uma medida puramente fiscal[90]. Para dissimular sua derrota, o governo da União recorreu a um expediente muito usado pelos governos fracos: cedendo nos fatos, mostrou-se inflexível nos princípios. Ao mesmo tempo que mudava a legislação da tarifa, o congresso promulgava outra lei em virtude da qual o presidente era investido de um poder extraordinário para vencer pela força as resistências que desde então já não eram de temer.

A Carolina do Sul nem mesmo aceitou deixar à União essas frágeis aparências de vitória; a mesma convenção nacional que tornara nula a lei da tarifa, reunindo-se de novo, aceitou a concessão que lhe era oferecida, mas ao mesmo tempo declarou que levaria adiante, com força ainda maior, a doutrina dos nulificadores e, para prová-lo, anulou a lei que conferia poderes extraordinários ao presidente, conquanto estivesse claro que ele não os utilizaria.

Quase todos os atos de que acabo de falar ocorreram sob a presidência do general Jackson. Não se poderia negar que, na questão da tarifa, este último sustentou com vigor e habilidade os direitos da União. Creio porém que se deve incluir entre os perigos que corre hoje o poder federal a própria conduta daquele que o representa.

Algumas pessoas formaram na Europa, sob a influência que pode exercer o general Jackson nos negócios de seu país, uma opinião que parece muito extravagante para os que viram as coisas de perto.

Ouviu-se dizer que o general Jackson ganhara batalhas, que era um homem enérgico, inclinado por caráter e pelo hábito ao uso da força, sedento de poder e déspota por gosto. Tudo isso talvez seja verdade, mas as consequências que tiraram dessas verdades são grandes erros.

Imaginaram que o general Jackson queria estabelecer nos Estados Unidos a ditadura, que iria fazer reinar no país o espírito militar e dar ao poder central uma extensão perigosa para as liberdades provinciais. Na América, o tempo de semelhantes empresas e o século de semelhantes homens ainda não chegaram; se o general Jackson tivesse querido dominar dessa maneira, seguramente teria perdido sua posição política e comprometido sua vida; por isso não foi imprudente o bastante para tentá-lo.

Longe de querer estender o poder federal, o presidente atual representa, ao contrário, a corrente que quer restringir esse poder aos termos mais claros e mais precisos da constituição e que não admite que a interpretação possa ser favorável ao governo da União. Longe de se apresentar como paladino da centralização, o general Jackson é o agente das ciumeiras estaduais; são as paixões *descentralizadoras* (se assim posso me exprimir) que o levaram ao soberano poder. É afagando cada dia essas paixões que ele se mantém e prospera nesse poder. O general Jackson é escravo da maioria, segue-a em suas vontades, em seus desejos, em seus instintos semideclarados; ou, antes, ele a adivinha e corre para se pôr à sua frente.

Todas as vezes que o governo dos Estados entra em conflito com o da União, é raro que o presidente não seja o primeiro a duvidar de seu direito; ele quase sempre se antecipa ao poder legislativo; quando cabe interpretação sobre a extensão do poder federal, ele de certa forma se alinha contra si mesmo; se apequena, se vela, se apaga. Não que ele seja naturalmente fraco ou inimigo da União: quando a maioria se pronunciou contra as pretensões dos nulificadores do Sul, vimo-lo pôr-se à sua frente, formular com nitidez e energia as doutrinas que essa maioria professava e ser o primeiro a apelar para a força. O general Jackson, para me servir de uma comparação tomada do vocabulário dos partidos americanos, parece-me *federal* por gosto e *republicano* por cálculo.

Depois de se ter curvado assim diante da maioria para conquistar sua graça, o general Jackson torna a se erguer; marcha então na direção dos objetivos que ela mesma persegue, ou dos que ela não vê com inveja, derrubando diante de si todos os obstáculos. Forte de um apoio que seus predecessores não tinham, passa por cima de seus inimigos pessoais, onde quer que os encontre, com uma facilidade que nenhum presidente jamais teve; toma sob sua responsabilidade medidas que ninguém nunca teria ousado tomar antes dele; acontece-lhe até tratar a representação nacional com uma espécie de desdém quase insultante; recusa-se a sancionar as leis do congresso e muitas vezes omite responder a esse grande corpo. É um favorito que às vezes trata com rudeza seu senhor. O poder do general Jackson aumenta, pois, sem cessar; mas o do presidente diminui. Em suas mãos, o governo federal é forte; ele o passará debilitado a seu sucessor.

Ou me engano redondamente, ou o governo federal dos Estados Unidos tende cada dia mais a se enfraquecer; ele se retira sucessivamente dos negócios, restringe cada vez mais sua esfera de ação. Naturalmente fraco, abandona até mesmo as aparências de força. Por outro lado, creio perceber que, nos Estados Unidos, o sentimento de independência se tornava cada vez mais vivo nos Estados, o amor ao governo estadual cada vez mais pronunciado.

Querem a União, mas reduzida a uma sombra. Querem-na forte em certos casos e fraca em todos os outros; pretendem que em tempo de guerra ela possa reunir em suas mãos as forças nacionais e todos os recursos do país e que, em tempo de paz, ela por assim dizer não exista – como se essa alternativa de debilidade e de vigor existisse na natureza.

Nada vejo que possa, atualmente, deter esse movimento geral dos espíritos; as causas que o fizeram nascer não cessam de atuar no mesmo sentido. Ele continuará, pois, e podemos predizer que, se não sobrevier alguma circunstância extraordinária, o governo da União irá se enfraquecendo cada dia que passa.

Creio porém que ainda estamos longe do momento em que o poder federal, incapaz de proteger sua própria existência e proporcionar paz ao país, se extinguirá de certa forma por si mesmo. A União está nos costumes, a gente a deseja; seus resultados são evidentes, seus benefícios visíveis. Quando perceberem que a fraqueza do governo federal compromete a existência da União, não duvido de que se veja surgir um movimento de reação em favor da força.

O governo dos Estados Unidos é, de todos os governos federais que se estabeleceram até o dia de hoje, o que está mais naturalmente destinado a agir; enquanto não o atacarem de uma maneira indireta pela interpretação de suas leis, enquanto não alterarem profundamente sua substância, uma mudança de opinião, uma crise interna, uma guerra poderiam voltar e lhe dar de repente o vigor de que necessita.

O que quis constatar foi somente isto: muita gente entre nós pensa que, nos Estados Unidos, há um movimento dos espíritos favorável à centralização do poder nas mãos do presidente e do congresso. Pretendo que o que se nota visivelmente é um movimento contrário. Longe de o governo federal, envelhecendo, se fortalecer e ameaçar a soberania dos Estados, digo que ele tende cada dia a se debilitar e que somente a soberania da União está em perigo. Eis o que o presente revela. Qual será o resultado final dessa tendência, que acontecimentos podem deter, retardar ou apressar o movimento que descrevi? O futuro os oculta e não tenho a pretensão de poder levantar seu véu.

Das instituições republicanas nos Estados Unidos: quais suas chances de duração?

A União não passa de um acidente. – As instituições republicanas têm maior futuro. – A república é, atualmente, o estado natural dos anglo-americanos. – Por quê. – Para destruí-la, seria necessário mudar ao mesmo tempo todas as leis e modificar todos os costumes. – Dificuldades que os americanos encontram para criar uma aristocracia.

O desmembramento da União, introduzindo a guerra no seio dos Estados hoje confederados e, com ela, os exércitos permanentes, a ditadura e os impostos, poderia a longo prazo comprometer a sorte de suas instituições republicanas.

Não se deve confundir, contudo, o futuro da república com o da União.

A União é um acidente que só irá durar enquanto as circunstâncias lhe forem favoráveis, mas a república parece-me o estado natural dos americanos: somente a ação contínua de causas contrárias e atuando sempre no mesmo sentido seria capaz de substituí-la pela monarquia.

A União existe principalmente na lei que a criou. Uma só revolução, uma mudança na opinião pública, pode destruí-la para sempre. A república tem raízes mais profundas.

O que se entende por república nos Estados Unidos é a ação lenta e tranquila da sociedade sobre si mesma. É um estado regular baseado realmente na vontade esclarecida do povo. É um governo conciliador, em que as resoluções amadurecem longamente, discutem-se com lentidão e executam-se com maturidade.

Os republicanos, nos Estados Unidos, estimam os costumes, respeitam as crenças, reconhecem os direitos. Professam a opinião de que um povo deve ser moral, religioso e moderado, à mesma proporção que é livre. O que chamamos república nos Estados Unidos é o reinado tranquilo da maioria. A maioria, depois de ter tido tempo de se reconhecer e constatar sua existência, é a fonte comum dos poderes. Mas a maioria mesma não é onipotente. Acima dela, no mundo moral, estão a humanidade, a justiça e a razão; no mundo político, os direitos adquiridos. A maioria reconhece essas duas barreiras e se, por acaso, ela as supera, é que tem paixões, como todos os homens, e que, igual a eles, pode fazer o mal discernindo o bem.

Mas fizemos na Europa estranhas descobertas.

SEGUNDA PARTE

A república, segundo alguns de nós, não é o reinado da maioria, como se acreditou até aqui, mas o reinado dos que respondem pela maioria. Não é o povo que dirige nesses tipos de governo, mas os que conhecem o maior bem do povo: feliz distinção, que permite agir em nome das nações sem as consultar e reclamar seu reconhecimento espezinhando-as. O governo republicano é, de resto, o único ao qual se deve reconhecer o direito de fazer tudo e que pode desprezar o que os homens até aqui respeitaram, desde as mais altas leis da moral às regras vulgares do senso comum.

Pensou-se, até hoje, que o despotismo era odioso, quaisquer que fossem suas formas. Mas descobriu-se, em nossos dias, que havia no mundo tiranias legítimas e santas injustiças, contanto que fossem exercidas em nome do povo.

As ideias que os americanos fizeram da república lhes facilitam singularmente o seu uso e lhes garantem a sua duração. Entre eles, se a prática do governo republicano muitas vezes é ruim, pelo menos a teoria é boa, e o povo sempre acaba adequando seus atos a ela.

Era impossível, no início, e ainda seria, estabelecer na América uma administração centralizada. Os homens acham-se disseminados num espaço demasiado grande e separados por obstáculos naturais em demasia para que um só possa empreender dirigir os detalhes de sua existência. A América é, pois, por excelência, o país do governo provincial e comunal.

A essa causa, cuja ação se fazia sentir igualmente sobre todos os europeus do Novo Mundo, os anglo-americanos acrescentaram várias outras que lhes eram particulares.

Quando as colônias da América do Norte foram estabelecidas, a liberdade municipal já havia penetrado nas leis assim como nos costumes ingleses, e os emigrantes ingleses a adotaram não apenas como uma coisa necessária, mas como um bem cujo preço conheciam plenamente.

Vimos, ademais, de que maneira as colônias haviam sido fundadas. Cada província e, por assim dizer, cada distrito foi povoado separadamente por homens estranhos uns aos outros, ou associados com finalidades diferentes.

Os ingleses dos Estados Unidos encontraram-se, pois, desde o início, divididos num grande número de pequenas sociedades distintas que não se prendiam a nenhum centro comum, e foi necessário que cada uma dessas pequenas sociedades cuidasse de seus próprios negócios, visto que não se percebia em parte alguma uma autoridade central que devesse naturalmente e pudesse facilmente se encarregar deles.

Assim, a natureza do país, a maneira mesma como as colônias inglesas foram fundadas, os hábitos dos primeiros emigrantes, tudo se reunia para desenvolver aí, num grau extraordinário, as liberdades comunais e provinciais.

Nos Estados Unidos, o conjunto das instituições do país é pois essencialmente republicano; para destruir de maneira duradoura as leis que fundam a república, seria necessário de certa forma abolir ao mesmo tempo todas as leis.

Se, em nossos dias, um partido empreendesse fundar a monarquia nos Estados Unidos, ver-se-ia numa posição ainda mais difícil do que aquele que quisesse proclamar desde já a república na França. A realeza não encontraria a legislação preparada previamente para ela, e veríamos realmente então uma monarquia rodeada de instituições republicanas.

O princípio da monarquia também penetraria dificilmente nos costumes dos americanos.

Nos Estados Unidos, o dogma da soberania do povo não é uma doutrina isolada que não se prende nem aos hábitos, nem ao conjunto das ideias dominantes; pode-se, ao contrário, considerá-lo como o último elo de uma corrente de opiniões que envolve todo o mundo anglo-americano. A Providência deu a cada indivíduo, qualquer que seja, o grau de razão necessário para que possa dirigir a si mesmo nas coisas que lhe interessam exclusivamente. É essa a grande máxima sobre a qual repousa, nos Estados Unidos, a sociedade civil e política: o pai de família aplica-a a seus filhos, o patrão a seus serviçais, a comuna a seus administrados, a província à comuna, o Estado às províncias, a União aos Estados. Estendida ao conjunto da nação, ela se torna o dogma da soberania do povo.

Assim, nos Estados Unidos, o princípio gerador da república é o mesmo que rege a maioria das ações humanas. A república penetra, portanto, se assim posso me exprimir, nas ideias, nas opiniões e em todos os hábitos dos americanos ao mesmo tempo que se estabelece em suas leis; e, para chegar a mudar as leis, seria necessário que os americanos de certa forma mudassem a si mesmos por inteiro. Nos Estados Unidos, a própria religião da maioria é republicana: ela submete as verdades do outro mundo à razão individual, assim como a política abandona ao bom senso de todos o cuidado para com os interesses deste, e admite que cada homem siga livremente o caminho que o deve conduzir ao céu, da mesma maneira que a lei reconhece a cada cidadão o direito de escolher seu governo.

Evidentemente, somente uma longa série de fatos, todos com a mesma tendência, é capaz de substituir esse conjunto de leis por um conjunto de costumes, opiniões e leis contrários.

Se os princípios republicanos tiverem um dia de perecer na América, só sucumbirão depois de um longo trabalho social, frequentemente interrompido, muitas vezes retomado; várias vezes parecerão renascer e só desaparecerão irreversivelmente quando um povo inteiramente novo tiver tomado o lugar do que existe em nossos dias. Ora, nada há que faça pressagiar semelhante revolução, nenhum sinal a anuncia.

O que mais impressiona ao chegar aos Estados Unidos é a espécie de movimento tumultuado no seio do qual está situada a sociedade política. As leis mudam sem cessar e à primeira vista parece impossível que um povo tão pouco seguro de sua vontade não vá logo substituir a forma atual de seu governo por uma inteiramente nova. Esses temores são prematuros. Há, em matéria de instituições políticas, duas espécies de instabilidade que não se deve confundir: uma tem a ver com as leis secundárias, e pode reinar por muito tempo no seio de uma sociedade bem assentada; a outra abala sem cessar as bases mesmas da constituição, ataca os princípios geradores das leis e é sempre seguida de turbulências e revoluções – a nação que a sofre acha-se num estado violento e transitório. A experiência demonstra que essas duas espécies de instabilidade legislativa não têm entre si vínculo necessário, pois já se viu existirem conjunta ou separadamente, segundo os tempos e os lugares. A primeira se encontra nos Estados Unidos, mas não a segunda. Os americanos mudam frequentemente as leis, mas o fundamento da constituição é respeitado.

Em nossos dias, o princípio republicano reina na América como o princípio monárquico dominava na França sob Luís XIV. Os franceses de então não eram apenas amigos da monarquia, mas tampouco imaginavam que se pudesse colocar o que quer que fosse em seu lugar; eles admitiam isso assim como se admite a trajetória do Sol e a alternância das estações. Entre eles, o poder real não contava nem advogados nem adversários.

A república existe, assim, na América, sem combate, sem oposição, sem prova, por um acordo tácito, uma espécie de *consensus universalis*.

Todavia, penso que mudando, como fazem, com tanta frequência seus procedimentos administrativos, os habitantes dos Estados Unidos comprometem o futuro do governo republicano.

Perturbados o tempo todo em seus projetos pela versatilidade contínua da legislação, é de temer que os homens acabem considerando a república uma maneira incômoda de viver em sociedade; o mal resultante da instabilidade das leis secundárias poria pois em questão a existência das leis fundamentais e acarretaria indiretamente uma revolução; mas essa época ainda está muito longe de nós.

O que podemos prever desde já é que, saindo da república, os americanos passariam rapidamente ao despotismo, sem se deter por muito tempo na monarquia. Montesquieu disse que não havia nada mais absoluto do que a autoridade de um príncipe que sucede à república, pois os poderes indefinidos que haviam sido dados sem temor a um magistrado eletivo se achavam assim postos nas mãos de um chefe hereditário. Isso é geralmente verdade, mas aplicável em particular a uma república democrática. Nos Estados Unidos, os magistrados não são eleitos por uma classe particular de cidadãos, mas pela maioria da nação; eles representam imediatamente as paixões da multidão e dependem inteiramente da sua vontade; não inspiram pois nem ódio nem medo. Por isso, chamei a atenção para o pouco cuidado que se teve para limitar o poder deles circunscrevendo seu campo de ação e para o papel imenso que foi deixado a seu arbítrio. Essa ordem de coisas criou hábitos que lhe sobreviveriam. O magistrado americano manteria seu poder indefinido cessando de ser responsável, e é impossível dizer onde se deteria então a tirania.

Há gente entre nós que dá por certo o surgimento da aristocracia na América e já prevê com exatidão a época em que esta deve tomar o poder.

Já disse, e repito, que o movimento atual da sociedade americana parece-me cada vez mais democrático.

No entanto não pretendo que um dia os americanos não venham a restringir em seu país o círculo dos direitos políticos, ou a confiscar esses mesmos direitos em benefício de um homem; mas não posso crer que um dia venham a confiar seu uso exclusivo a uma classe particular de cidadãos ou, em outras palavras, que venham a fundar uma aristocracia.

Um corpo aristocrático se compõe de um certo número de cidadãos que, sem estarem situados muito longe da multidão, se elevam porém acima dela de maneira permanente; com os quais está em contato mas que não possa atingir; aos quais se mistura todo dia mas com os quais não se poderia confundir.

É impossível imaginar algo mais contrário à natureza e aos instintos secretos do coração humano do que uma sujeição dessa espécie: entregues a si mesmos, os homens sempre preferirão o poder arbitrário de um rei à administração regular dos nobres.

Uma aristocracia, para durar, necessita elevar a desigualdade em princípio, legalizá-la previamente e introduzi-la na família ao mesmo tempo que esta a difunde na sociedade, coisas que contrariam tão fortemente a equidade natural que não poderiam ser obtidas dos homens, a não ser por coerção.

Desde que as sociedades humanas existem, não creio que se possa citar o exemplo de um só povo que, entregue a si mesmo e por seus próprios esforços, tenha criado uma aristocracia em seu seio – todas as aristocracias da Idade Média são filhas da conquista. O vencedor era o nobre, o vencido o servo. A força impunha então a desigualdade que, tendo passado a fazer parte dos costumes, se mantinha por si mesma e introduzia-se naturalmente nas leis.

Viram-se sociedades que, em consequência de acontecimentos anteriores à sua existência, por assim dizer nasceram aristocráticas, mas que cada século trazia em seguida de volta para a democracia. Foi essa a sorte dos romanos e dos bárbaros que se estabeleceram depois deles. Mas um povo que, partindo da civilização e da democracia, se aproximasse gradativamente da desigualdade de condições e acabasse estabelecendo em seu seio privilégios invioláveis e categorias exclusivas seria uma novidade no mundo.

Nada indica que a América esteja destinada a estrear um espetáculo semelhante.

Algumas considerações sobre as causas da grandeza comercial dos Estados Unidos

Os americanos estão destinados pela natureza a ser um grande povo marítimo. – Extensão de sua costa. – Profundidade dos portos. – Tamanho dos rios. – Contudo é muito menos a causas físicas do que a causas intelectuais e morais que se deve atribuir a superioridade comercial dos anglo-americanos. – Razão dessa opinião. – Futuro dos anglo-americanos como povo comerciante. – A ruína da União não deteria o desenvolvimento marítimo dos povos que a compõem. – Por quê. – Os anglo-americanos estão naturalmente destinados a servir às necessidades dos habitantes da América do Sul. – Eles se tornarão, como os ingleses, transportadores de uma grande parte do mundo.

Da baía de Fondy ao rio Sabine no golfo do México, a costa dos Estados Unidos se estende por um comprimento de mais ou menos novecentas léguas.

Essa orla marítima constitui uma só linha ininterrupta, toda ela submetida à mesma dominação.

Não há povo no mundo que possa oferecer ao comércio portos mais profundos, mais vastos e mais seguros do que os americanos.

Os habitantes dos Estados Unidos compõem uma grande nação civilizada que a fortuna situou no meio dos desertos, a duzentas léguas do foco principal da civilização. A América tem pois uma necessidade diária da Europa. Com o tempo, os americanos conseguirão sem dúvida produzir ou fabricar em seu país a maior parte dos objetos que lhes são necessários, mas nunca os dois continentes poderão viver inteiramente independentes um do outro: há vínculos naturais em demasia entre suas necessidades, suas ideias, seus hábitos e seus costumes.

A União tem produtos que se tornaram necessários para nós e que nosso solo se recusa inteiramente a fornecer, ou só os pode dar com grandes custos. Os americanos consomem apenas uma pequeníssima parte desses produtos e nos vendem o resto.

A Europa é pois o mercado da América, assim como a América é o mercado da Europa; e o comércio marítimo é tão necessário para os habitantes dos Estados Unidos para trazer suas matérias-primas a nossos portos quanto para transportar para lá nossos objetos manufaturados.

Os Estados Unidos deveriam, pois, fornecer um grande alimento à indústria dos povos marítimos, se renunciassem ao comércio, como fizeram até agora os espanhóis do México; ou se tornar uma das primeiras potências marítimas do globo – essa alternativa era inevitável.

Os anglo-americanos mostraram desde sempre um gosto decidido pelo mar. A independência, rompendo os vínculos comerciais que os uniam à Inglaterra, deu a seu gênio marítimo um novo e poderoso impulso. Desde essa época, o número de navios da União aumentou numa progressão quase tão rápida quanto a do número de seus habitantes. Hoje são os próprios americanos que transportam para seu país nove décimos dos produtos da Europa[91]. São também os americanos que trazem para os consumidores europeus três quartos das exportações do Novo Mundo[92].

Os navios dos Estados Unidos enchem o porto do Havre e o de Liverpool. Só se vê um pequeno número de navios ingleses ou franceses no porto de Nova York[93].

Assim, não apenas o comerciante americano enfrenta sem temor a concorrência em seu próprio solo, como ainda combate vantajosamente os estrangeiros no deles.

É fácil explicá-lo: de todos os navios do mundo, os dos Estados Unidos são os que atravessam os mares mais barato. Enquanto a marinha mercante dos Estados Unidos conservar sobre as outras essa vantagem, não apenas conservará o que conquistou, como aumentará cada dia suas conquistas.

É um problema difícil de resolver o de saber por que os americanos navegam mais barato do que os outros homens. Tentou-se primeiramente explicar essa superioridade por algumas vantagens materiais que a natureza pôs tão só ao alcance deles. Mas não é bem assim.

A construção dos navios americanos custa quase tão caro quanto a dos nossos[94]; eles não são mais bem construídos e duram, em geral, menos tempo.

O salário do marinheiro americano é mais alto do que o do marinheiro europeu; prova-o o grande número de europeus que encontramos na marinha mercante dos Estados Unidos.

De onde vem, então, que os americanos navegam mais barato do que nós?

Creio que buscaríamos em vão as causas dessa superioridade em vantagens materiais: ela decorre de qualidades puramente intelectuais e morais.

Eis uma comparação que esclarecerá meu pensamento.

Durante as guerras da Revolução, os franceses introduziram na arte militar uma nova tática que perturbou os generais mais velhos e quase destruiu as mais antigas monarquias da Europa. Eles empreenderam pela primeira vez prescindir de uma série de coisas que haviam julgado até então indispensáveis à guerra; exigiram de seus soldados novos esforços, que as nações civilizadas nunca haviam pedido aos seus; viu-se os jovens generais franceses fazerem tudo correndo e arriscarem sem hesitar a vida dos homens tendo em vista o resultado a alcançar.

Os franceses eram menos numerosos e menos ricos do que seus inimigos; possuíam muito menos recursos, mas foram constantemente vitoriosos, até estes últimos tomarem a decisão de imitá-los.

Os americanos introduziram algo análogo no comércio. O que os franceses faziam para a vitória, eles fazem pelo mais barato.

O navegador europeu só se aventura com prudência nos mares; só parte quando o tempo o convida; se lhe sobrevém um acidente imprevisto, volta ao porto; à noite, recolhe uma parte das velas e, quando vê o Oceano embranquecer ao se aproximar a terra, reduz a marcha e interroga o sol.

O americano despreza essas precauções e afronta os perigos. Parte enquanto a tormenta ainda brame; de noite como de dia oferece ao vento todas as suas velas; conserta em marcha seu navio cansado pela tempestade e, quando se aproxima enfim do termo de seu trajeto, continua a correr para a costa, como se já percebesse o porto.

O americano naufraga com frequência, mas não há navegador que atravesse os mares tão rapidamente quanto ele. Fazendo as mesmas coisas que outro em menos tempo, pode fazê-las a menor preço.

Antes de chegar ao fim de uma viagem de longo curso, o navegador europeu acredita que deve aportar várias vezes em seu caminho. Perde um tempo precioso buscando o porto de escala ou esperando a ocasião de partir deste, e paga cada dia o direito de estadia.

O navegador americano parte de Boston para ir comprar chá na China. Chega a Cantão, fica alguns dias e volta. Percorre em menos de dois anos a circunferência inteira do globo e vê terra uma só vez. Durante a travessia de oito ou dez meses, bebe água salobra e vive de carne salgada; luta sem cessar contra o mar, a doença, o tédio; mas, ao voltar, pode vender a libra de chá um vintém mais barato do que o mercador inglês. O objetivo foi alcançado.

A melhor forma de exprimir meu pensamento seria dizer que os americanos imprimem uma espécie de heroísmo em seu modo de fazer comércio.

Será sempre difícil para o comerciante europeu seguir seu concorrente americano no mesmo trajeto. Agindo da maneira que descrevi, o americano não segue apenas um cálculo, mas sobretudo obedece à sua natureza.

O habitante dos Estados Unidos sente todas as necessidades e todos os desejos que uma civilização evoluída faz nascer e não encontra a seu redor, como na Europa, uma sociedade sabiamente organizada para satisfazer-lhes; portanto muitas vezes é obrigado a conseguir por conta própria os diversos objetos que sua educação e seus hábitos lhe tornaram necessários. Na América, acontece algumas vezes que o mesmo homem lavra seu campo, constrói sua casa, fabrica suas ferramentas, faz seus sapatos e tece com suas mãos o pano grosseiro que o deve cobrir. Isso prejudica o aperfeiçoamento da indústria, mas contribui poderosamente para desenvolver a inteligência do operário. Não há nada que tenda mais do que a grande divisão do trabalho a materializar o homem e a tirar de suas obras até mesmo o vestígio da alma. Num país como a América, onde os homens especiais são tão raros, não se poderia exigir um longo aprendizado de cada um dos que abraçam uma profissão. Os americanos têm pois grande facilidade de mudar de situação, e tiram proveito disso, de acordo com as necessidades do momento. Há homens que foram sucessivamente advogados, agricultores, comerciantes, ministros evangélicos, médicos. Se o americano é menos hábil do que o europeu em cada indústria, não há praticamente nenhuma que lhe seja estranha. Sua capacidade é mais geral, o âmbito de sua inteligência mais extenso. Portanto, o habitante dos Estados Unidos nunca é detido por nenhum axioma de categoria social; ele escapa de todos os preconceitos profissionais; não se apega mais a um sistema operacional que a outro; não se sente mais ligado a um método antigo do que a um novo; não contraiu nenhum hábito e furta-se facilmente ao império que os hábitos estrangeiros poderiam exercer em seu espírito, pois sabe que seu país não se parece com nenhum outro e que sua situação é nova no mundo.

O americano habita uma terra de prodígios, em torno dele tudo se move sem cessar e cada movimento parece um progresso. A ideia do novo se liga, pois, intimamente, em seu espírito, à ideia de melhor. Em parte alguma ele percebe o limite que a natureza pode ter imposto aos esforços do homem; a seu ver, o que não existe é o que ainda não foi tentado.

Esse movimento universal que reina nos Estados Unidos, esses frequentes reveses de fortuna, esse deslocamento imprevisto das riquezas públicas e privadas, tudo se reúne para entreter a alma numa espécie de agitação febril que a dispõe admiravelmente a todos os esforços e a mantém por assim dizer acima do nível comum da humanidade. Para um americano, a vida inteira passa como um jogo, um tempo de revolução, um dia de batalha.

Essas mesmas causas, agindo ao mesmo tempo sobre todos os indivíduos, acabam imprimindo um impulso irresistível ao caráter nacional. O americano tomado ao acaso deve ser pois um homem ardente em seus desejos, empreendedor, aventureiro, sobretudo inovador. De fato, esse espírito se encontra em todas as suas obras; ele o introduz em suas leis políticas, em suas doutrinas religiosas, em suas teorias de economia social, em sua indústria privada; leva-o a toda a parte consigo, no fundo dos bosques como no seio das cidades. É esse mesmo espírito que, aplicado ao comércio marítimo, faz o americano navegar mais depressa e mais barato do que todos os comerciantes do mundo.

Enquanto os marinheiros dos Estados Unidos conservarem essas vantagens intelectuais e a superioridade prática que dela deriva, não apenas continuarão a satisfazer às necessidades dos produtores e dos consumidores de seu país, mas tenderão cada vez a se tornar, como os ingleses[95], os transportadores dos outros povos.

Isso começa a se realizar diante de nossos olhos. Já vemos os navegadores americanos se introduzirem como agentes intermediários no comércio de várias nações da Europa[96]; a América lhes oferece um futuro ainda mais promissor.

Os espanhóis e os portugueses fundaram na América do Sul grandes colônias que, desde então, tornaram-se impérios. A guerra civil e o despotismo desolam hoje essas vastas plagas. O movimento da população se estanca aí e o pequeno número de homens que as habita, absorto no cuidado de se defender, mal sente a necessidade de melhorar sua sorte.

Mas não pode ser sempre assim. A Europa entregue a si mesma conseguiu, por seus próprios esforços, varar as trevas da Idade Média; a América do Sul é cristã como nós; ela tem nossas leis, nossos usos; encerra todos os germes da civilização que se desenvolveram no seio das nações europeias e de seus rebentos. A América do Sul tem, sobre nós, a vantagem de nosso exemplo: por que ficaria sempre bárbara?

Evidentemente, trata-se aqui apenas de uma questão de tempo: virá sem dúvida o dia, mais ou menos distante, em que os americanos do Sul formarão nações florescentes e esclarecidas.

Mas, quando os espanhóis e os portugueses da América meridional começarem a sentir as necessidades dos povos civilizados, ainda estarão longe de poder satisfazê-los por conta própria; filhos mais moços da civilização, sofrerão a superioridade já adquirida por seus irmãos mais velhos. Serão agricultores muito tempo antes de serem manufatureiros e comerciantes, e precisarão da intermediação dos estrangeiros para irem vender seus produtos além dos mares e obterem, em troca, os objetos de que passarão a ter necessidade.

Não se poderia duvidar de que os americanos do Norte da América estão destinados a satisfazer um dia às necessidades dos americanos do Sul. A natureza os colocou perto destes. Ela lhes forneceu assim grandes facilidades para conhecer e apreciar suas carências, para estabelecer com esses povos relações permanentes e apoderar-se gradativamente de seu mercado. O comerciante dos Estados Unidos só poderia perder essas vantagens naturais se fosse inferior ao comerciante da Europa; mas, ao contrário, é superior a ele em vários pontos. Os americanos dos Estados Unidos já exercem grande influência moral sobre todos os povos do Novo

Mundo. É deles que parte a luz. Todas as nações que habitam esse mesmo continente já estão habituadas a considerá-los os rebentos mais esclarecidos, mais poderosos e mais ricos da grande família americana. Eles voltam pois para a União seus olhos e se assimilam, tanto quanto podem, aos povos que a compõem. Cada dia vêm buscar nos Estados Unidos doutrinas políticas e inspirar-se em suas leis.

Os americanos dos Estados Unidos se encontram, diante dos povos da América do Sul, precisamente na mesma situação que seus pais, os ingleses, diante dos italianos, espanhóis, portugueses e de todos esses povos da Europa que, sendo menos evoluídos em centralização e indústria, recebem de suas mãos a maior parte dos objetos de consumo.

A Inglaterra é hoje o foco natural do comércio de quase todas as nações que dela se aproximam; a União americana está fadada a desempenhar o mesmo papel no outro hemisfério. Cada povo que nasce ou que cresce no Novo Mundo, nasce e cresce, pois, de certa forma, em benefício dos anglo-americanos.

Se acontecesse de a União se dissolver, o comércio dos Estados que a formaram teria seu desenvolvimento sem dúvida atrasado por algum tempo, menos todavia do que se costuma pensar. É óbvio que, independentemente do que vier a acontecer, os Estados comerciantes permanecerão unidos. Todos eles se tocam; há entre eles uma perfeita identidade de opiniões, de interesses e de costumes, e apenas eles podem compor uma enorme potência marítima. Ainda que o Sul se torne independente do Norte, isso não significaria que pudesse prescindir dele. Disse que o Sul não é comerciante; nada indica ainda que deva vir a sê-lo. Os americanos do Sul dos Estados Unidos serão pois obrigados, por muito tempo, a recorrer aos estrangeiros para exportar seus produtos e trazer a seu país os objetos necessários a suas necessidades. Ora, de todos os intermediários, sem dúvida seus vizinhos do Norte são os que podem servi-los mais barato. Irão servi-los pois, já que o mais barato é a lei suprema do comércio. Não há vontade soberana nem preconceitos nacionais capazes de lutar por muito tempo contra o mais barato. Não há ódio mais envenenado do que o existente entre os americanos dos Estados Unidos e os ingleses. Contudo, a despeito desses sentimentos hostis, os ingleses fornecem aos americanos a maior parte dos objetos manufaturados, pela simples razão de que os fazem pagar mais barato do que os outros povos. A prosperidade crescente da América, contrariamente ao desejo dos americanos, beneficia assim a indústria manufatureira da Inglaterra.

A razão indica e a experiência prova que não há grandeza comercial duradoura, se ela não puder se unir, quando necessário, a uma potência militar.

Essa verdade é tão bem compreendida nos Estados Unidos quanto em qualquer outra parte. Os americanos já estão em condições de fazer respeitar seu pavilhão; logo poderão fazê-lo temer.

Estou convencido de que o desmembramento da União, longe de diminuir as forças navais dos americanos, tenderia fortemente a aumentá-las. Hoje os Estados comerciantes estão ligados aos que não o são, e estes últimos muitas vezes só se prestam a contragosto a fortalecer um poderio marítimo de que só aproveitam indiretamente.

Se, ao contrário, todos os Estados comerciantes da União constituíssem um só e mesmo povo, o comércio se tornaria para eles um interesse nacional de primeira ordem; eles estariam dispostos, portanto, a fazer grandes sacrifícios para proteger seus navios, e nada os impediria de seguir, nesse ponto, seus desejos.

Penso que as nações, como os homens, indicam quase sempre, desde sua mais tenra idade, os principais traços de seu destino. Quando vejo com que espírito os anglo-americanos comerciam, as facilidades que encontram para fazê-lo, os sucessos que alcançam nisso, não posso me impedir de crer que se tornarão um dia a primeira potência marítima do globo. São impelidos a tomar conta dos mares, assim como os romanos o eram a conquistar o mundo.

CONCLUSÃO

Eis que me aproximo do fim. Até aqui, falando do futuro dos Estados Unidos, esforcei-me por dividir meu tema em diversas partes, a fim de estudar com maior cuidado cada uma delas.

Gostaria agora de reunir todas num só ponto de vista. O que direi será menos detalhado, porém mais seguro. Perceberei menos distintamente cada objeto; abraçarei com maior certeza os fatos gerais. Serei como o viajante que, saindo do recinto de uma vasta cidade, sobe a colina próxima. À medida que se afasta, os homens que ele acaba de deixar vão desaparecendo a seus olhos; suas casas se confundem; não vê mais as praças públicas; discerne com dificuldade o traçado das ruas; mas seu olhar segue com maior facilidade os contornos da cidade e, pela primeira vez, apreende sua forma. Parece-me que descubro do mesmo modo, diante de mim, o futuro inteiro da raça inglesa no Novo Mundo. Os detalhes desse imenso quadro permaneceram na sombra; mas meu olhar abrange o conjunto, e concebo uma ideia clara do todo.

O território ocupado ou possuído em nossos dias pelos Estados Unidos da América constitui mais ou menos a vigésima parte das terras habitadas.

Por mais extensos que sejam esses limites, seria um erro crer que a raça anglo-americana se encerrará neles para sempre – ela já se estende muito além.

Um tempo houve em que também nós podíamos criar nos desertos americanos uma grande nação francesa e contrabalançar com os ingleses o destino do Novo Mundo. A

França possuiu outrora, na América do Norte, um território quase tão vasto quanto a Europa inteira. Os três maiores rios do continente corriam então, inteiros, sob nossas leis. As nações indígenas que habitam da embocadura do São Lourenço ao delta do Mississippi só ouviam falar nossa língua; todos os estabelecimentos europeus espalhados nesse imenso espaço evocavam a lembrança da pátria: eram Louisbourg, Montmorency, Duquesne, Saint-Louis, Vincennes, Nouvelle-Orléans, todos eles nomes caros à França e familiares a nossos ouvidos.

Mas um concurso de circunstâncias que seria demasiado longo enumerar[1] privou-nos desse magnífico patrimônio. Onde eram pouco numerosos e mal estabelecidos, os franceses desapareceram. O resto aglomerou-se num pequeno espaço e passou sob outras leis. Os quatrocentos mil franceses do baixo Canadá constituem hoje como que os restos de um povo antigo perdido no meio do turbilhão de uma nação nova. Em torno deles, a população estrangeira aumenta sem cessar; ela se estende por todos os lados; penetra até mesmo entre os antigos donos da terra, domina em suas cidades e desnatura sua língua. Essa população é idêntica à dos Estados Unidos. Tenho portanto razão de dizer que a raça inglesa não para nos limites da União, mas avança muito além, para o nordeste.

No noroeste, só se encontram alguns estabelecimentos russos sem importância; mas a sudoeste, o México se apresenta diante dos passos dos anglo-americanos como uma barreira.

Assim, pois, na verdade não há mais que duas raças rivais a dividir hoje entre si o Novo Mundo: os espanhóis e os ingleses.

Os limites que devem separar essas duas raças foram fixados por um tratado. Contudo, por mais favorável que ele seja aos anglo-americanos, não duvido de que estes não tardarão a infringi-lo.

Além das fronteiras da União estendem-se, do lado do México, vastas províncias que ainda carecem de habitantes. Os homens dos Estados Unidos penetrarão nesses ermos antes daqueles que têm o direito de ocupá-los. Eles se apropriarão do solo, se estabelecerão em sociedade e, quando o legítimo proprietário se apresentar enfim, encontrará o deserto fertilizado e estrangeiros tranquilamente assentados em seu patrimônio.

A terra do Novo Mundo pertence ao primeiro ocupante, e o domínio sobre ela é o prêmio da corrida.

Mesmo os países já povoados terão dificuldade para se garantir contra a invasão.

Já falei precedentemente do que sucede na província do Texas. Cada dia os habitantes dos Estados Unidos se introduzem pouco a pouco no Texas, lá compram terras e, embora submetendo-se às leis do lugar, fundam o império de sua língua e de seus costumes. A província do Texas ainda se acha sob o domínio do México; mas logo não haverá mais mexicanos ali, por assim dizer. Coisa semelhante sucede em todos os pontos em que os anglo-americanos entram em contato com populações de outra origem.

Não se pode dissimular que a raça inglesa adquiriu enorme preponderância sobre todas as outras raças europeias do Novo Mundo. Ela lhes é muito superior em civilização, indústria e potência. Enquanto ela tiver diante de si apenas regiões desertas ou pouco habitadas, enquanto não encontrar em seu caminho populações aglomeradas, através das quais lhe seja impossível abrir passagem, vê-la-emos estender-se sem cessar. Ela não se deterá nas linhas traçadas pelos tratados, mas transbordará em todos os lados esses diques imaginários.

O que ainda facilita maravilhosamente esse desenvolvimento rápido da raça inglesa no Novo Mundo é a posição geográfica que ela aí ocupa.

Quando se sobe em direção ao norte, acima de suas fronteiras setentrionais, encontram-se os gelos polares e, quando se desce alguns graus abaixo de seus limites meridionais, entra-se no meio dos fogos do equador. Os ingleses da América estão situados, pois, na zona mais temperada e na porção mais habitável do continente.

Imagina-se que o movimento prodigioso que se faz notar no crescimento da população dos Estados Unidos data apenas da independência. É um erro. A população crescia tão depressa sob o sistema colonial quanto em nossos dias; ela também dobrava mais ou menos a cada vinte e dois anos. Mas operava-se então com milhares de habitantes; agora, com milhões. O mesmo fato que passava despercebido há um século hoje impressiona todos os espíritos.

Os ingleses do Canadá, que obedecem a um rei, aumentam de número e se estendem quase tão depressa quanto os ingleses dos Estados Unidos, que vivem sob um governo republicano.

Nos oito anos que durou a guerra de Independência, a população não cessou de crescer na proporção precedentemente indicada.

Muito embora existissem então nas fronteiras do oeste grandes nações indígenas ligadas aos ingleses, o movimento da emigração para o Ocidente por assim dizer nunca desacelerou. Enquanto o inimigo devastava as costas do Atlântico, o Kentucky, os distritos ocidentais da Pensilvânia, o Estado de Vermont e o do Maine enchiam-se de habitantes. A desordem que seguiu a guerra não impediu tampouco que a população crescesse e não deteve sua marcha progressiva no deserto. Assim, a diferença das leis, o estado de paz ou de guerra, a ordem ou a anarquia, influíram de maneira apenas insensível no desenvolvimento sucessivo dos anglo-americanos.

É fácil compreender tal coisa: não há causas gerais o bastante para se fazerem sentir em todos os pontos de um território tão imenso. Assim, sempre há uma grande porção do país em que é certo encontrar abrigo contra as calamidades que atingem a outra, e por maiores que sejam os males, o remédio oferecido é sempre maior ainda.

Portanto não se deve crer que seja possível deter a evolução da raça inglesa do Novo Mundo. O desmembramento da União, levando a guerra para o continente, a abolição da república, introduzindo nela a tirania, podem retardar seus desdobramentos, mas não impedi-la de alcançar o complemento necessário de seu destino. Não há poder na Terra capaz de fechar aos passos dos emigrantes esses férteis ermos abertos em toda a parte à indústria, que oferecem um asilo a todas as misérias. Os acontecimentos futuros, quaisquer que forem, não tirarão dos americanos nem seu clima, nem seus mares internos, nem seus grandes rios, nem a fertilidade do solo. As más leis, as revoluções e a anarquia não seriam capazes de destruir entre eles o gosto pelo bem-estar e o espírito empreendedor, que parece ser o caráter distintivo de sua raça, nem apagar de todo as luzes que os iluminam.

Assim, no meio da incerteza do futuro há pelo menos um acontecimento certo. Numa época que podemos dizer próxima, pois se trata da vida dos povos, os anglo-americanos cobrirão sozinhos todo o imenso espaço compreendido entre os gelos polares e os trópicos; eles se espalharão das praias do oceano Atlântico até a costa do mar do Sul.

Creio que o território em que a raça anglo-americana deve um dia se estender iguala os três quartos da Europa[2]. O clima da União é, pesando-se tudo, preferível ao da Europa; suas vantagens naturais são igualmente grandes e é evidente que sua população não deixará de ser um dia proporcional à nossa.

A Europa, dividida entre tantos povos diversos, a Europa, através das guerras sem cessar renascentes e da barbárie da Idade Média, chegou a ter quatrocentos e dez habitantes[3] por légua quadrada. Que causa tão poderosa poderia impedir que os Estados Unidos tivessem uma população equivalente um dia?

Vários séculos passarão antes que os diversos rebentos da raça inglesa da América cessem de apresentar uma fisionomia comum. Não se pode prever a época em que o homem poderá estabelecer no Novo Mundo a desigualdade permanente das condições.

Quaisquer que sejam, portanto, as diferenças que a paz ou a guerra, a liberdade ou a tirania, a prosperidade ou a miséria introduzirem um dia no destino dos diversos rebentos da grande família anglo-americana, todos estes conservarão pelo menos um estado social análogo e terão em comum os usos e as ideias que decorrem do estado social.

Apenas o vínculo da religião bastou na Idade Média para reunir numa mesma civilização as diversas raças que povoaram a Europa. Os ingleses do Novo Mundo possuem entre si mil outros e vivem num século em que tudo procura se igualizar entre os homens.

A Idade Média era uma época de fracionamento. Cada povo, cada província, cada cidade, cada família tendia então fortemente a se individualizar. Em nossos dias, um movimento contrário se faz sentir, os povos parecem caminhar para a unidade. Vínculos intelectuais unem entre si as partes mais distantes da Terra, e os homens não poderiam ficar um só dia estranhos uns aos outros ou ignorando o que acontece num canto qualquer do universo; por isso nota-se hoje menos diferença entre os europeus e seus descendentes do Novo Mundo, apesar do Oceano que os divide, do que entre certas cidades do século XIII, que eram separadas unicamente por um rio.

Se esse movimento de assimilação aproxima povos estrangeiros, ele se opõe com maior razão a que os rebentos do mesmo povo se tornem estranhos uns aos outros.

Chegará pois um dia em que se poderão ver na América do Norte cento e cinquenta milhões de homens[4] iguais, que pertencerão todos à mesma família, que terão o mesmo ponto de partida, a mesma civilização, a mesma língua, a mesma religião, os mesmos hábitos, os mesmos costumes e através dos quais o pensamento circulará sob a mesma forma e se tingirá das mesmas cores. Tudo o mais é duvidoso, mas isso é certo. Ora, aí está um fato inteiramente novo no mundo, cujo alcance a própria imaginação não seria capaz de captar.

Há hoje na Terra dois grandes povos que, partindo de pontos diferentes, parecem avançar rumo ao mesmo objetivo: os russos e os anglo-americanos.

Ambos cresceram na obscuridade e, enquanto os olhares dos homens estavam ocupados em outras partes, colocaram-se de repente na linha de frente das nações, e o mundo tomou conhecimento quase ao mesmo tempo de seu nascimento e de sua grandeza.

Todos os outros povos parecem ter alcançado mais ou menos os limites que a natureza traçou e só precisa conservar; eles, porém, estão em crescimento[5]. Todos os outros pararam ou só avançam à custa de muito esforço; eles marcham num passo fácil e rápido numa carreira cujo termo os olhos ainda não são capazes de perceber.

O americano luta contra os obstáculos que a natureza lhe opõe; o russo está às voltas com os homens. Um combate o deserto e a barbárie, o outro a civilização revestida de todas as suas armas. Por isso as conquistas do americano se fazem com o arado do lavrador, as do russo com a espada do soldado.

Para alcançar seu fim, o primeiro se apoia no interesse pessoal e deixa atuar, sem as dirigir, a força e a razão dos indivíduos.

O segundo concentra de certa forma num homem toda a potência da sociedade.

Um tem por principal meio de ação a liberdade; o outro, a servidão.

O ponto de partida de ambos é diferente, diversos são seus caminhos; no entanto cada um deles parece chamado, por um desígnio secreto da Providência, a ter um dia em suas mãos o destino de metade do mundo.

NOTAS DO AUTOR

PRIMEIRA PARTE

(A) p. 28

Sobre todas as regiões do oeste em que os europeus ainda não penetraram, ver as duas viagens do major Long, custeadas pelo congresso.

Long diz notadamente, a propósito do grande deserto americano, que é necessário traçar uma linha mais ou menos paralela ao 20º grau de longitude (meridiano de Washington)*, partindo do rio Vermelho e chegando ao Plate. Dessa linha imaginária até as Montanhas Rochosas, que limitam o vale do Mississippi a oeste, estendem-se imensas planícies cobertas em geral de uma areia que recusa o cultivo, ou semeadas de pedras graníticas. Ficam secas no verão. Lá só se encontram grandes manadas de búfalos e de cavalos selvagens. Veem-se também algumas hordas de índios, mas em pequeno número.

O major Long ouviu dizer que, subindo além do rio Plate, na mesma direção, sempre se encontrava à esquerda o mesmo deserto; mas não pôde verificar pessoalmente a exatidão dessa informação. *Long's Expedition*, v. II, p. 361.

Por mais confiança que mereça o relatório do major Long, não se deve porém esquecer que ele apenas cruzou a região de que fala, sem fazer grandes ziguezagues fora da linha que seguia.

---

* O 20º grau de longitude, segundo o meridiano de Washington, corresponde mais ou menos ao 99º grau segundo o meridiano de Paris.

(B) p. 29

A América do Sul, em suas regiões intertropicais, produz em incrível profusão essas trepadeiras conhecidas pelo nome genérico de lianas. Somente a flora das Antilhas apresenta mais de quarenta espécies diferentes.

Um dos mais graciosos dentre esses arbustos é o maracujá. Essa bonita planta, diz Descourtiz em sua descrição do reino vegetal das Antilhas, prende-se por meio de suas gavinhas às árvores e forma arcadas móveis, colunatas ricas e elegantes pela beleza das flores púrpuras variadas de azul que as decoram e que deliciam o olfato com o perfume que exalam; v. I, p. 265.

A acácia de grandes vagens é uma grossíssima liana que se desenvolve rapidamente e, correndo de árvore em árvore, chega às vezes a cobrir mais de meia légua; v. III, p. 227.

(C) p. 30

SOBRE AS LÍNGUAS AMERICANAS

As línguas faladas pelos índios da América, do polo Ártico ao cabo Horn, são todas formadas, segundo se diz, com base no mesmo modelo e submetidas às mesmas regras gramaticais; donde se pode concluir, com grande verossimilhança, que todas as nações indígenas originam-se do mesmo tronco.

Cada povo do continente americano fala um dialeto diferente, mas as línguas propriamente ditas são muito poucas, o que também tenderia a provar que as nações do Novo Mundo não têm uma origem muito antiga.

Enfim, as línguas da América são extremamente regulares; é provável, pois, que os povos que as empregam ainda não foram submetidos a grandes revoluções e não se mesclaram forçada ou voluntariamente a nações estrangeiras, porque é em geral a união de várias línguas numa única que produz as irregularidades da gramática.

Não faz muito tempo que as línguas americanas, em particular as línguas da América do Norte, atraíram seriamente a atenção dos filólogos. Descobriu-se, então, pela primeira vez, que esse idioma de um povo bárbaro era o produto de um sistema de ideias complicadíssimas e de combinações muito evoluídas. Percebeu-se que essas línguas eram riquíssimas e que, ao formá-las, teve-se o cuidado de preocupar-se com a delicadeza da audição.

O sistema gramatical dos americanos difere de todos os demais em vários pontos, mas principalmente no que segue.

Alguns povos da Europa, entre outros os alemães, têm a faculdade de combinar, se necessário, diferentes expressões e dar, assim, um sentido complexo a certas palavras. Os índios ampliaram da maneira mais surpreendente essa faculdade e conseguiram fixar por assim dizer num só ponto um enorme número de ideias. O leitor compreenderá isso sem dificuldade graças a um exemplo citado por Duponceau, nas *Memoires de la société philosophique d'Amérique*.

Quando uma mulher delaware brinca com um gato ou com um cachorrinho, diz ele, ouvimo-la algumas vezes pronunciar a palavra *Kuligatschis*. Essa palavra é composta da seguinte maneira: *K* é o sinal da segunda pessoa, significando *tu* ou *teu*; *uli* é um fragmento da palavra *wulit*, que significa *belo, bonito*; *gat* é outro fragmento da palavra *wichgat*, que significa *pata*; enfim *schis*, que se pronuncia *chise*, é uma terminação diminutiva que traz em si a ideia da pequenez. Assim, numa só palavra, a mulher índia diz: *tua bonita patinha*.

Eis outro exemplo que mostra com que felicidade os selvagens da América sabiam compor suas palavras.

Rapaz em delaware se diz *pilapê*. Essa palavra é formada de *pilsit*, casto, inocente, e de *lênapê*, homem: ou seja, homem em sua pureza e em sua inocência.

Essa faculdade de combinar as palavras se faz notar sobretudo, de maneira bem estranha, na formação dos verbos. A ação mais complicada muitas vezes é expressa por um só verbo; quase todas as nuanças da ideia agem sobre o verbo e o modificam.

Os que quiserem examinar com maior detalhe esse tema, que apenas aflorei muito superficialmente, devem ler:

1º a correspondência de Duponceau com o reverendo Hecwelder relativa às línguas indígenas. Essa correspondência se encontra no primeiro volume das *Mémoires de la société philosophique d'Amérique*, publicadas em Filadélfia, em 1819, por Abraham Small, p. 356-464;

2º a gramática da língua delaware ou lenape, por Gerberger, e o prefácio de Duponceau a ela. Ambos se encontram nas mesmas coleções, v. III;

3º um resumo muito benfeito desses trabalhos, contido no fim do volume VI da *Enciclopédia americana*.

(D) p. 32

Encontra-se em Charlevoix, tomo I, p. 235, a história da primeira guerra que os franceses do Canadá tiveram de travar, em 1610, contra os iroqueses. Estes últimos, conquanto armados de arcos e flechas, opuseram uma resistência desesperada aos franceses e seus aliados. Charlevoix, apesar de não ser um grande pintor, mostra muito bem neste passo o contraste entre os costumes dos europeus e dos selvagens, assim como as diferentes maneiras como essas duas raças entendiam a honra.

"Os franceses", diz ele, "apoderaram-se das peles de castor com que os iroqueses, que eles viam estendidos na praça, se cobriam. Os hurões, aliados dos franceses, ficaram escandalizados com esse espetáculo. Por sua vez eles começaram a exercer suas crueldades ordinárias sobre os prisioneiros e devoraram um dos que haviam sido mortos, o que horrorizou os franceses." "Assim", acrescenta Charlevoix, "esses bárbaros ostentavam um desinteresse que se surpreendiam não encontrar em nossa nação e não compreendiam por que era menos grave despojar os mortos do que comer suas carnes, como animais ferozes."

O mesmo Charlevoix, em outro ponto, v. I, p. 230, pinta desta maneira o primeiro suplício que Champlain testemunhou e o retorno dos hurões à sua aldeia:

"Depois de terem percorrido oito léguas, nossos aliados pararam e, pegando um de seus cativos, recriminaram-lhe todas as crueldades que ele exercera sobre os guerreiros da nação deles que lhe haviam caído nas mãos e lhe declararam que ele devia esperar ser tratado da mesma maneira, acrescentando que, se tivesse coração, atestaria isso cantando. O índio logo entoou seu canto de guerra, e todos mais que sabia, mas num tom tristíssimo, afirma Champlain, que ainda não tivera tempo de perceber que toda a música dos selvagens tem algo de lúgubre. Seu suplício, acompanhado de todos os horrores de que falaremos em seguida, apavorou os franceses, que fizeram em vão todos os esforços para pôr-lhe fim. Na noite seguinte, por ter um hurão sonhado que estavam sendo perseguidos, a retirada transformou-se numa verdadeira fuga, e os selvagens não pararam mais em nenhum lugar, enquanto não estivessem fora de todo e qualquer perigo.

"A partir do momento em que perceberam as cabanas de sua aldeia, cortaram compridas varas a que amarraram as cabeleiras que haviam obtido e levaram-na como em triunfo. Vendo isso, as mulheres acorreram, lançaram-se na água e, tendo alcançado as canoas a nado, arrancaram essas cabeleiras ensanguentadas das mãos de seus maridos e penduraram-nas no pescoço.

"Os guerreiros ofereceram um desses horríveis troféus a Champlain e lhe deram de presente, além disso, alguns arcos e flechas, únicos despojos dos iroqueses de que quiseram apoderar-se, pedindo-lhes que os mostrassem ao rei de França."

Champlain viveu sozinho um inverno inteiro entre esses bárbaros, sem que sua pessoa ou suas propriedades fossem um só instante ameaçadas.

(E) p. 47

Embora o rigorismo puritano que presidiu o nascimento das colônias inglesas da América já se tenha enfraquecido muito, ainda encontramos nos hábitos e nas leis vestígios extraordinários seus.

Em 1792, na mesma época em que a república anticristã da França começava sua existência efêmera, o corpo legislativo de Massachusetts promulgava a lei que se lerá em seguida, para forçar os cidadãos a observar o domingo. Eis o preâmbulo e as principais disposições dessa lei, que merece reter a atenção do leitor:

"Considerando que a observância do domingo é de interesse público; que produz uma suspensão útil dos trabalhos; que ela leva os homens a refletir sobre os deveres da vida e sobre os erros a que a humanidade está sujeita; que ela permite honrar em particular e em público ao Deus criador e governador do universo e dedicar-se àqueles atos de caridade que embelezam e aliviam as sociedades cristãs;

"Considerando que pessoas irreligiosas ou levianas, esquecendo os deveres que o domingo impõe e a vantagem que a sociedade tira deles, profanam a santidade desse dia dedicando-se a seus prazeres ou a seus trabalhos; que essa maneira de agir é contrária a seus próprios interesses como cristãos; que, além do mais, ela é de tal natureza que perturba os que não seguem seu exemplo e traz um prejuízo real à sociedade inteira, introduzindo em seu seio o gosto pela dissipação e os hábitos dissolutos;

"O senado e a câmara dos representantes decretam o que segue:

"1º Ninguém poderá, no domingo, manter aberta sua loja ou sua oficina. Ninguém poderá, nesse mesmo dia, ocupar-se de qualquer trabalho e de qualquer negócio, assistir a qualquer concerto, baile ou espetáculo de qualquer gênero, nem dedicar-se a qualquer espécie de caça, jogo, recreação, sob pena de multa. A multa não será menor que 10 xelins e não excederá 20 xelins por contravenção.

"2º Nenhum viajante, condutor, carreteiro, exceto em caso de necessidade, poderá viajar domingo, sob pena da mesma multa.

"3º Os taberneiros, varejistas, estalajadeiros impedirão que qualquer habitante domiciliado em sua comuna vá a seu estabelecimento domingo, para aí passar o tempo em prazeres ou negócios. Em caso de contravenção, o estalajadeiro e o hóspede pagarão a multa. Além disso, o estalajadeiro poderá perder sua licença.

"4º Aquele que, estando em boa saúde e sem motivo suficiente, omitir durante três meses prestar a Deus um culto público, será condenado a 10 xelins de multa.

"5º Aquele que, no recinto de um templo, tiver uma conduta inconveniente, pagará uma multa de 5 a 40 xelins.

"6º São encarregados de zelar pela execução da presente lei os *tythingmen* das comunas*. Eles têm o direito de visitar, no domingo, todos os aposentos das estalagens ou os lugares públicos. O estalajadeiro que lhes recusar a entrada de sua casa será condenado por esse simples fato a 40 xelins de multa.

"Os *tythingmen* deverão deter os viajantes e informar-se sobre a razão que os obrigou a tomar a estrada num domingo. Quem se recusar a responder será condenado a uma multa que poderá chegar a 5 libras esterlinas.

"Se a razão dada pelo viajante não parecer suficiente ao *tythingmen*, ele processará dito viajante perante o juiz de paz do contão." *Lei de 8 de março de 1792. General Laws of Massachusetts*, v. I, p. 410.

No dia 11 de março de 1797, uma nova lei veio aumentar a taxa das multas, metade das quais caberia a quem processasse o delinquente. *Mesma coleção*, v. I, p. 525.

No dia 16 de fevereiro de 1816, uma nova lei confirmou essas mesmas medidas. *Mesma coleção*, v. II, p. 405.

Dispositivos análogos existem nas leis do Estado de Nova York, revistas em 1827 e 1828. (Ver *Revised Statutes*, parte I, cap. XX, p. 675.) É dito aí que domingo ninguém poderá caçar, pescar, jogar nem frequentar as casas em que se servem bebidas. Ninguém poderá viajar, a não ser em caso de necessidade.

Não é o único vestígio que o espírito religioso e os costumes austeros dos primeiros emigrantes deixaram nas leis.

---

* São funcionários eleitos a cada ano e que, por suas funções, se aproximam ao mesmo tempo do guarda-florestal e do oficial da polícia judiciária, na França.

Lê-se nos estatutos revistos do Estados de Nova York, v. I, p. 662, o seguinte artigo:

"Quem ganhar ou perder no espaço de vinte e quatro horas, jogando ou apostando, a soma de 25 dólares (cerca de 132 francos), será tido como culpado de um delito (*misdemeanor*) e, comprovado o fato, será condenado a uma multa igual a pelo menos cinco vezes o valor da soma perdida ou ganha; multa essa que será paga ao inspetor dos pobres da comuna.

"Quem perder 25 dólares ou mais pode reclamá-los na justiça. Se omitir fazê-lo, o inspetor dos pobres pode processar o ganhador e fazê-lo pagar, em benefício dos pobres, a soma ganha e uma soma três vezes maior que esta."

As leis que acabamos de citar são recentíssimas; mas quem poderia compreendê-las sem remontar à origem mesma das colônias? Não duvido que em nossos dias a parte penal dessa legislação só seja aplicada raramente: as leis conservam sua inflexibilidade quando os costumes já se submeteram ao movimento do tempo. No entanto, a observância do domingo na América ainda é o que impressiona mais vivamente o estrangeiro.

Há notadamente uma grande cidade americana em que, a partir de sábado à noite, o movimento social é como que suspenso. Se você a percorrer na hora que parece convidar a idade madura aos negócios e a juventude aos prazeres, vai se encontrar numa profunda solidão. Não apenas ninguém trabalha, mas ninguém parece viver. Não se ouve nem movimento da indústria, nem os acentos da alegria, nem mesmo o murmúrio confuso que se eleva sem cessar do seio de uma grande cidade. Correntes são colocadas nos arredores das igrejas; as janelas semicerradas das casas deixam penetrar a contragosto um raio de sol na moradia dos cidadãos. Você mal perceberá de longe em longe um homem isolado que desliza sem ruído nos cruzamentos desertos e ao longo das ruas abandonadas.

No dia seguinte, de madrugada, a circulação dos veículos, o barulho dos martelos, os gritos da população recomeçam a se fazer ouvir; a cidade desperta; uma multidão inquieta se precipita para os centros do comércio e da indústria; tudo se movimenta, tudo se agita, tudo se apressa à sua volta. A uma espécie de torpor letárgico sucede uma atividade febril; dir-se-ia que cada um tem um só dia à sua disposição para adquirir a riqueza e dela desfrutar.

(F) p. 52

É inútil dizer que, no capítulo que acabamos de ler, não pretendi fazer uma história da América. Meu único objetivo foi pôr o leitor em condição de apreciar a influência que as opiniões e os costumes dos primeiros emigrantes haviam exercido sobre a sorte das diferentes colônias e da União em geral. Portanto tive de me limitar a citar alguns fragmentos esparsos.

Não sei se me engano, mas parece-me que, seguindo o caminho que apenas indiquei aqui, seria possível apresentar sobre a primeira idade das repúblicas americanas panoramas que não seriam indignos de atrair os olhares do público e que sem dúvida dariam matéria de reflexão aos homens de Estado. Não podendo dedicar-me a esse trabalho, quis pelo menos facilitá-lo a outros. Portanto achei que devia apresentar aqui uma curta nomenclatura e uma análise abreviada das obras que me parecem ser as fontes mais úteis.

Entre os documentos gerais que poderiam ser consultados com proveito, colocaria em primeiro lugar a obra intitulada: *Historical Collection of State Papers and other Authentic Documents, Intended as Materials for a History of the United States of America; by Ebenezer Hazard*.

O primeiro volume dessa compilação, que foi impressa em Filadélfia em 1792, contém a cópia textual de todas as cartas concedidas pela coroa da Inglaterra aos emigrantes, assim como os principais atos dos governos coloniais durante os primeiros tempos de sua existência. Aí encontramos, entre outras coisas, um grande número de documentos autênticos sobre os assuntos da Nova Inglaterra e da Virgínia durante esse período.

O segundo volume é consagrado quase integralmente aos atos da confederação de 1643. Esse pacto federal, que foi firmado entre as colônias da Nova Inglaterra, com a finalidade de resistir aos índios, foi o primeiro exemplo de união dado pelos anglo-americanos. Houve ainda várias outras confederações da mesma natureza, até a de 1776, que trouxe a independência das colônias.

A coleção histórica da Filadélfia encontra-se na Biblioteca Real.

Cada colônia tem, além do mais, seus monumentos históricos, vários dos quais são preciosíssimos. Começo meu exame pela Virgínia, que é o Estado povoado há mais tempo.

O primeiro de todos os historiadores da Virgínia é seu fundador, o capitão John Smith. O capitão Smith deixou-nos um volume in-4º intitulado: *The General History of Virginia and New England, by Captain John Smith, some time governor in those countryes and admiral of New England*, impresso em Londres em 1627. (Esse volume se encontra na Biblioteca Real.) A obra de Smith é ornada de mapas e gravuras curiosíssimos, que datam da época em que foi impressa. O relato do historiador se estende do ano 1584 a 1626.

NOTAS DO AUTOR

O livro de Smith é estimado, e merece sê-lo. O autor é um dos mais célebres aventureiros que apareceram no século cheio de aventuras no fim do qual viveu; o próprio livro exala esse ardor de descobertas, esse espírito empreendedor que caracterizavam os homens de então; nele encontramos aqueles costumes cavalheirescos que mesclavam aos negócios e de que se valiam para a aquisição das riquezas.

No entanto, o que é mais notável no capitão Smith é que ele mescla às virtudes de seus contemporâneos qualidades que permaneceram alheias à maioria deles; seu estilo é simples e claro, seus relatos possuem, todos, o cunho da verdade, suas descrições não são rebuscadas.

Esse autor lança luzes preciosas sobre o estado dos indígenas na época da descoberta da América do Norte.

O segundo historiador a consultar é Beverley. A obra de Beverley, que forma um volume in-12º, foi traduzida em francês e impressa em Amsterdã em 1707. O autor começa seu relato no ano de 1585 e termina-o em 1700. A primeira parte de seu livro contém documentos históricos propriamente ditos, relativos à infância da colônia. A segunda encerra uma curiosa pintura do estado dos índios nessa época remota. A terceira dá ideias claríssimas sobre os costumes, o estado social, as leis e os hábitos políticos dos virginianos na época do autor.

Beverley era natural da Virgínia, o que o faz dizer ao começar que "suplica aos leitores não examinem sua obra como críticos demasiado rigorosos, dado que, tendo nascido nas Índias, não aspira de nenhum modo à pureza da linguagem". Apesar dessa modéstia de colono, o autor atesta, ao longo de todo o livro, que suporta impacientemente a supremacia da mãe pátria. Encontram-se igualmente na obra de Beverley numerosos vestígios desse espírito de liberdade civil que animava desde então as colônias inglesas da América. Encontramos também aí o vestígio das divisões que existiram por tanto tempo no meio delas e que retardaram sua independência. Beverley detesta seus vizinhos católicos de Maryland mais ainda do que o governo inglês. O estilo desse autor é simples; seus relatos costumam ser muito interessantes e inspiram confiança. A tradução francesa da história de Beverley se encontra na Biblioteca Real.

Vi na América, mas não pude encontrar na França, uma obra que também mereceria ser consultada; intitula-se: *History of Virginia, by William Stith*. Esse livro oferece detalhes curiosos, mas pareceu-me longo e difuso.

O mais antigo e melhor documento que se pode consultar sobre a história das Carolinas é um livrinho in-4º, intitulado: *The History of Carolina, by John Lawson*, impresso em Londres em 1718.

A obra de Lawson contém primeiramente uma viagem de descobertas, no oeste da Carolina. Essa viagem é escrita em forma de diário; os relatos do autor são confusos; suas observações são muito superficiais; encontramos aí apenas uma pintura bastante contundente das devastações causadas pela varíola e a aguardente entre os selvagens da época e um curioso quadro da corrupção dos costumes que reinava entre eles e que a presença dos europeus favorecia.

A segunda parte da obra de Lawson é consagrada a reconstituir o estado físico da Carolina e a dar a conhecer suas produções.

Na terceira parte, o autor faz uma descrição interessante dos costumes, dos usos e do governo dos índios dessa época.

Há muitas vezes espírito e originalidade nessa porção do livro.

A história de Lawson termina com a carta concedia à Carolina na época de Carlos II.

O tom geral da obra é leve, não raro licencioso, e constitui um perfeito contraste com o estilo profundamente grave das obras publicadas nessa mesma época na Nova Inglaterra.

A história de Lawson é um documento extremamente raro na América e que não se pode encontrar na Europa. Há no entanto um exemplar na Biblioteca Real.

Da extremidade sul dos Estados Unidos passo imediatamente à extremidade norte. O espaço intermediário só foi povoado mais tarde.

Devo indicar antes de mais nada uma compilação curiosíssima intitulada: *Collection of the Massachusetts Historical Society*, impressa pela primeira vez em Boston em 1792, reimpressa em 1806. Essa obra não existe na Biblioteca Real, nem, creio eu, em nenhuma outra.

Essa coleção (que continua) contém uma grande quantidade de documentos preciosos relativos à história dos diferentes Estados da Nova Inglaterra. Nela encontramos correspondências inéditas e peças autênticas que estavam enfurnadas nos arquivos provinciais. A obra inteira de Gookin relativa aos índios foi inserida aí.

Indiquei várias vezes, ao longo do capítulo a que esta nota se refere, a obra de Nathaniel Morton intitulada: *New England's Memorial*. O que disse a esse respeito basta para provar que merece a atenção dos que gostariam de conhecer a história da Nova Inglaterra. O livro de Nathaniel Morton é um volume in-8º reimpresso em Boston em 1826. Não se encontra na Biblioteca Real.

NOTAS DO AUTOR

O documento mais estimado e mais importante que possuímos sobre a história da Nova Inglaterra é a obra de R. Cotton Mather intitulada: *Magnalia Christi Americana, or the Ecclesiastical History of New England,* 1620-1698, 2 volumes in-8º reimpressos em Harford em 1820. Não creio que se encontre na Biblioteca Real.

O autor dividiu sua obra em sete livros.

O primeiro apresenta a história do que preparou e causou a fundação da Nova Inglaterra.

O segundo contém a vida dos primeiros governadores e dos principais magistrados que administraram esse país.

O terceiro é consagrado à vida e aos trabalhos dos ministros evangélicos que, no mesmo período, aí dirigiram as almas.

No quarto, o autor faz conhecer a fundação e o desenvolvimento da universidade de Cambridge (Massachusetts).

No quinto, expõe os princípios e a disciplina da Igreja da Nova Inglaterra.

O sexto é consagrado a reconstituir certos fatos que denotam, segundo Mather, a ação benéfica da Providência sobre os habitantes da Nova Inglaterra.

No sétimo, enfim, o autor nos informa sobre as heresias e os distúrbios a que foi exposta a Igreja da Nova Inglaterra.

Cotton Mather era um ministro evangélico que, tendo nascido em Boston, lá passou sua vida.

Todo o ardor e todas as paixões religiosas que levaram à fundação da Nova Inglaterra animam e vivificam seus relatos. Descobrem-se com frequência sinais de mau gosto em sua maneira de escrever; mas ele prende a atenção, porque é cheio de um entusiasmo que acaba se comunicando ao leitor. É muitas vezes intolerante, com maior frequência crédulo; mas nunca se percebe nele a vontade de enganar; algumas vezes sua obra chega até a apresentar belas passagens e pensamentos verdadeiros e profundos, como estes:

"Antes da chegada dos puritanos", diz ele, v. I, cap. IV, p. 61, "os ingleses haviam tentado várias vezes povoar o país que habitamos; mas, como não visavam mais alto que ao sucesso de seus interesses materiais, logo foram abatidos pelos obstáculos; não foi assim com os homens que chegaram à América, impulsionados e sustentados por um elevado pensamento religioso. Conquanto eles tenham deparado mais inimigos do que os fundadores de qualquer outra colônia talvez já tenham encontrado, persistiram em seu projeto, e o estabelecimento que formaram ainda subsiste em nossos dias."

Mather mistura às vezes à austeridade de seus quadros imagens cheias de doçura e de ternura. Depois de ter falado de uma dama inglesa que o ardor religioso arrastara com o marido para a América e que não tardou a sucumbir às fadigas e às misérias do exílio, acrescenta: "Quanto a seu virtuoso esposo, Isaac Johnson, ele tentou viver sem ela e, não podendo, faleceu." (v. I, p. 71.)

O livro de Mather faz conhecer de uma maneira admirável o tempo e o país que ele procura descrever.

Querendo nos dar a conhecer os motivos que levaram os puritanos a buscar asilo além dos mares, diz:

"O Deus do céu fez um apelo àqueles de seu povo que habitavam a Inglaterra. Falando ao mesmo tempo a milhares de homens que nunca se tinham visto, encheu-os do desejo de deixar as comodidades da vida que encontravam em sua pátria, atravessar um terrível oceano para ir se estabelecer no meio de desertos mais formidáveis ainda, com a única finalidade de aí se submeter sem obstáculo a suas leis.

"Antes de prosseguir", acrescenta, "é bom fazer conhecer quais foram os motivos dessa empresa, para que sejam bem compreendidos pela posteridade; é importante sobretudo lembrá-los aos homens de nossos dias, com medo de que, perdendo de vista o objetivo que seus pais perseguiam, eles desprezem os verdadeiros interesses da Nova Inglaterra. Colocarei aqui, portanto, o que se encontra num manuscrito em que alguns desses motivos foram expostos então.

"Primeiro motivo: seria prestar um grande serviço à Igreja levar o Evangelho a essa parte do mundo (a América do Norte) e erguer uma muralha capaz de defender os fiéis contra o Anticristo, cujo império trabalham para fundar no resto do universo.

"Segundo motivo: todas as outras Igrejas da Europa foram marcadas pela desolação, e é de temer que Deus tenha pronunciado a mesma sentença contra a nossa. Quem sabe não teve ele o cuidado de preparar este lugar (a Nova Inglaterra) para servir de refúgio aos que ele quer salvar da destruição geral?

"Terceiro motivo: o país em que vivemos parece cansado de habitantes; o homem, que é a mais preciosa das criaturas, tem menos valor aqui do que o solo que ele pisa com seus pés. É visto como um pesado fardo ter filhos, vizinhos, amigos; fogem do pobre; os homens repelem o que deveria causar as maiores alegrias deste mundo, se as coisas fossem de acordo com a ordem natural.

"Quarto motivo: nossas paixões chegaram a tal ponto que não há fortuna capaz de pôr um homem em condições de manter sua posição entre seus iguais. No entanto, quem não o consegue é alvo do desprezo; donde resulta que, em todas as profissões, procura-se enriquecer por meios ilícitos, tornando-se difícil, para as pessoas de bem, viver comodamente e sem desonra.

NOTAS DO AUTOR

"Quinto motivo: as escolas onde se ensinam as ciências e a religião são tão corruptas, que a maioria das crianças, muitas vezes as melhores, as mais distintas e as que faziam nascer as mais legítimas esperanças, veem-se inteiramente pervertidas pela multidão de maus exemplos de que são testemunhas e pela licença que as rodeia.

"Sexto motivo: a terra inteira não é o jardim do Senhor? Deus não a deu aos filhos de Adão para que eles a cultivassem e embelezassem? Por que nós nos deixamos morrer de fome por falta de lugar, enquanto vastas regiões igualmente próprias para o uso do homem permanecem desabitadas e incultas?

"Sétimo motivo: erigir uma Igreja reformada e sustentá-la em sua infância; unir nossas forças às de um povo fiel para fortalecê-la, fazê-la prosperar e salvá-la dos azares e, talvez, da miséria completa à qual estaria exposta sem esse apoio: que obra é mais nobre e mais bela, que empresa é mais digna de um cristão?

"Oitavo motivo: se os homens cuja piedade é conhecida e que vivem aqui (na Inglaterra) no meio da riqueza e da felicidade abandonassem essas vantagens, para trabalhar pelo estabelecimento dessa Igreja reformada, e aceitassem partilhar com ela uma sorte obscura e penosa, seria um grande e útil exemplo que reavivaria a fé dos fiéis nas preces que dirigem a Deus em favor da colônia e que levaria muitos outros homens a se unirem a eles."

Mais adiante, expondo os princípios da Igreja da Nova Inglaterra em matéria moral, Mather se ergue com violência contra o uso de brindar à saúde à mesa, o que diz ser um hábito pagão e abominável.

Ele proscreve com o mesmo rigor todos os adornos que as mulheres podem colocar em seus cabelos e condena sem dó a moda que, segundo diz, se estabelece entre elas, de descobrir o pescoço e os braços.

Em outra parte de sua obra, conta-nos longamente vários fatos de bruxaria que assustaram a Nova Inglaterra. Vê-se que a ação visível do demônio nos assuntos deste mundo lhe parece uma verdade inconteste e demonstrada.

Num grande número de lugares desse mesmo livro se revela o espírito de liberdade civil e de independência política que caracterizava os contemporâneos do autor. Seus princípios em matéria de governo se revelam a cada passo. Assim, por exemplo, vemos os habitantes de Massachusetts, desde 1630, dez anos após a fundação de Plymouth, consagrarem 400 libras esterlinas ao estabelecimento da universidade de Cambridge.

Se passo dos documentos gerais relativos à história da Nova Inglaterra aos que se referem aos diversos Estados compreendidos em seus limites, terei de indicar antes de mais nada a obra intitulada: *The History of the Colony of Massachusetts, by Hutchinson lieutenant-governor of the Massachusetts province*, 2 v. in-8º. Há na Biblioteca Real um exemplar desse livro; é uma segunda edição impressa em Londres em 1765.

A história de Hutchinson, que citei várias vezes no capítulo a que esta nota pertence, começa no ano 1628 e acaba em 1750. Reina em toda a obra um grande ar de veracidade; o estilo é simples e sem floreios. É uma história detalhadíssima.

O melhor documento a consultar, no que diz respeito a Connecticut, é a história de Benjamin Trumbull, intitulada: *A Complete History of Connecticut, Civil and Ecclesiastical*, 1630-1764, 2 v. in-8º, impressos em 1818 em New Haven. Não creio que a obra de Trumbull seja encontrada na Biblioteca Real.

Essa história contém uma exposição clara e fria de todos os acontecimentos sobrevindos em Connecticut no período indicado no título. O autor consultou as melhores fontes e seus relatos conservam o cunho da verdade. Tudo o que diz dos primeiros tempos de Connecticut é extremamente curioso. Ver notadamente em sua obra a *Constituição de 1639*, v. I, cap. VI, p. 100; e também as *Leis penais de Connecticut*, v. I, cap. VII, p. 123.

Estima-se com razão a obra de Jeremy Belknap intitulada: *History of New Hampshire*, 2 v. in-8º, impressos em Boston em 1792. Ver em particular, na obra de Belknap, o cap. III do primeiro volume. Nele o autor fornece detalhes extremamente preciosos sobre os princípios políticos e religiosos dos puritanos, sobre as causas da sua emigração e sobre suas leis. Encontramos nesse capítulo esta curiosa citação de um sermão pronunciado em 1663: "É necessário que a Nova Inglaterra se lembre sem cessar que foi fundada com um objetivo de religião e não de comércio. Lê-se em seu frontispício que ela fez profissão de pureza em matéria de doutrina e de disciplina. Que os comerciantes e todos os que se ocupam de acumular dinheiro em cima de dinheiro se lembrem, pois, que a religião e não o ganho é que foi o objetivo da fundação dessas colônias. Se houver alguém dentre nós que, na estimativa que faz do mundo e da religião, avalia o primeiro como 13 e considera a segunda apenas como 12, este não é animado pelos sentimentos de um verdadeiro filho da Nova Inglaterra." Os leitores encontrarão em Belknap mais ideias gerais e maior força de pensamento do que apresentaram até aqui outros historiadores americanos.

NOTAS DO AUTOR

Ignoro se esse livro pode ser encontrado na Biblioteca Real.

Entre os Estados do centro cuja existência já é antiga e que merecem nossa atenção, distinguem-se sobretudo o Estado de Nova York e a Pensilvânia. A melhor história que temos do Estado de Nova York intitula-se: *History of New York*, por Willian Smith, impressa em Londres em 1757. Existe uma tradução francesa, igualmente impressa em Londres em 1767, 1 v. in-12º. Smith nos fornece detalhes sobre as guerras entre franceses e ingleses na América. É de todos os historiadores americanos o que melhor faz conhecer a famosa confederação dos iroqueses.

Quanto à Pensilvânia, não poderia fazer nada melhor que indicar a obra de Proud intitulada: *The History of Pennsylvania, from the Original Institution and Settlement of that Province, under the First Propriedtor and Governor William Penn, in 1681 till After the Year 1742*, por Robert Proud, 2 v. in-8º, impressos na Filadélfia em 1797.

Esse livro merece particularmente a atenção do leitor; ele contém grande quantidade de documentos curiosíssimos sobre Penn, a doutrina dos quakers, o caráter, os costumes, os usos dos primeiros habitantes da Pensilvânia. Não existe, creio eu, na Biblioteca.

Não é preciso acrescentar que entre os documentos mais importantes relativos à Pensilvânia estão as obras do próprio Penn e as de Franklin. Essas obras são conhecidas de grande número de leitores.

A maioria dos livros que acabo de citar já havia sido consultada por mim durante minha estada na América. A Biblioteca Real consentiu em confiar-me alguns; os outros me foram emprestados por Warden, ex-cônsul-geral dos Estados Unidos em Paris, autor de uma excelente obra sobre a América. Não quero terminar esta nota sem atestar meu reconhecimento ao sr. Warden.

(G) p. 60

O que segue encontra-se nas *Memórias de Jefferson:* "Nos primeiros tempos do estabelecimento dos ingleses na Virgínia, quando se obtinham terras por pouca coisa, ou mesmo por nada, alguns indivíduos previdentes haviam adquirido grandes concessões e, desejando manter o esplendor de sua família, haviam designado por substituição os herdeiros de seus bens. A transmissão dessas propriedades de geração em geração a homens que tinham o mesmo nome acabara criando uma classe distinta de famílias que, tendo garantido pela lei o direito de perpetuar suas riquezas, constituíam dessa maneira uma espécie de ordem de patrícios distinguidos pela grandeza e pelo luxo de seus estabelecimentos. É entre essa ordem que o rei costumava escolher seus conselheiros de Estado." (*Jefferson's Memoirs.*)

Nos Estados Unidos, as principais disposições da lei inglesa relativa às sucessões foram universalmente rejeitadas.

"A primeira regra que seguimos em matéria de sucessão" – diz Kent – "é a seguinte: quando um homem morre intestado, seu bem passa para seus herdeiros em linha direta; se houver um só herdeiro ou uma só herdeira, ele ou ela recebe toda a herança. Se existirem vários herdeiros do mesmo grau, partilham igualmente entre si a sucessão, sem distinção de sexo."

Essa regra foi prescrita pela primeira vez no Estado de Nova York por um estatuto de 23 de fevereiro de 1786 (ver *Revised Statutes*, v. III; *Apêndice*, p. 48); desde então, foi adotada nos estatutos revisados do mesmo Estado. E prevalece agora em toda a extensão dos Estados Unidos, com esta única exceção: no Estado de Vermont, o herdeiro varão fica com uma parte dupla. *Kent's Commentaries*, v. IV, p. 370.

Na mesma obra, v. IV, p. 1-22, Kent faz o histórico da legislação americana relativa às substituições. Esse histórico mostra que, antes da revolução da América, as leis inglesas sobre as substituições constituíam o direito comum nas colônias. As substituições propriamente ditas (*Estates' tail*) foram abolidas na Virgínia em 1776 (essa abolição se deu com base na moção de Jefferson; ver *Jefferson's Memoirs*), no Estado de Nova York em 1786. A mesma abolição se deu mais tarde na Carolina do Norte, no Kentucky, no Tennessee, na Geórgia, no Missouri. Em Vermont, nos Estados de Indiana, Illinois, Carolina do Sul e Louisiana, as substituições nunca foram usuais. Os Estados que acharam por bem conservar a legislação inglesa relativa às substituições modificaram-na de maneira a lhe tirar suas principais características aristocráticas. "Nossos princípios gerais em matéria de governo", diz Kent, "tendem a favorecer a livre circulação da propriedade."

O que impressiona singularmente o leitor francês que estuda a legislação americana relativa às sucessões é que nossas leis sobre a mesma matéria são infinitamente mais democráticas ainda do que as deles.

As leis americanas partilham igualmente os bens do pai, mas apenas no caso em que sua vontade não é conhecida: "porque cada homem", diz a lei do Estado de Nova York (*Revised Statutes*, v. III; *Apêndice*, p. 51), "tem plena liberdade, poder e autoridade para dispor de seus bens por testamento, legar, dividir, em favor de qualquer pessoa que for, contanto que não teste em benefício de um corpo político ou de uma sociedade organizada."

A lei francesa faz da partilha igual ou quase igual a regra do testador.

A maioria das repúblicas americanas ainda admite as substituições e se limita a restringir seus efeitos.

A lei francesa não permite as substituições em caso algum.

Embora o estado social dos americanos ainda seja mais democrático que o nosso, nossas leis são pois mais democráticas que as deles. É mais fácil do que se imagina explicá-lo: na França, a democracia ainda está ocupada em demolir; na América, ela reina tranquilamente sobre ruínas.

(H) p. 68

RESUMO DAS CONDIÇÕES ELEITORAIS NOS ESTADOS UNIDOS

Todos os Estados concedem o gozo dos direitos eleitorais aos vinte e um anos. Em todos os Estados, é necessário um certo tempo de residência no distrito em que se vota. Esse tempo varia de três meses a dois anos.

Quanto ao censo, no Estado de Massachusetts, para ser eleitor, é necessário ter 3 libras esterlinas de renda ou 60 de capital.

Em Rhode-Island, é necessário possuir uma propriedade fundiária no valor de 133 dólares (604 francos).

Em Connecticut, é necessário ter uma propriedade cuja receita seja de 17 dólares (cerca de 90 francos). Um ano de serviço na milícia proporciona igualmente o direito eleitoral.

Em New Jersey, o eleitor deve ter 50 libras esterlinas de fortuna.

Na Carolina do Sul e em Maryland, deve possuir 50 acres de terra.

No Tennessee, deve possuir uma propriedade qualquer.

Nos Estados de Mississippi, Ohio, Geórgia, Virgínia, Pensilvânia, Delaware, Nova York, basta pagar taxas para ser eleitor; na maioria desses Estados, o serviço na milícia equivale ao pagamento da taxa.

Em Maine e em New Hampshire, basta não estar na lista de indigentes.

Enfim, nos Estados de Missouri, Alabama, Illinois, Louisiana, Indiana, Kentucky, Vermont, não se exige nenhuma condição relacionada à fortuna do eleitor.

Creio que somente a Carolina do Norte impõe aos eleitores do senado condições diferentes das que impõe aos eleitores da câmara dos representantes. Os primeiros devem possuir em propriedade 50 acres de terra; para eleger os representantes basta pagar uma taxa.

(I) p. 108

Existe nos Estados Unidos um sistema proibitivo. O pequeno número de fiscais da alfândega e a grande extensão das costas tornam o contrabando muito fácil; no entanto ele é feito numa proporção infinitamente menor do que em outras partes, porque cada um trabalha para reprimi-lo.

Como não há prevenção nos Estados Unidos, ocorrem lá muito mais incêndios do que na Europa; mas eles são geralmente extintos mais depressa, porque a população vizinha não deixa de dirigir-se com rapidez ao local do sinistro.

(K) p. 110

Não é justo dizer que a centralização nasceu da Revolução Francesa: a Revolução Francesa aperfeiçoou-a, mas não a criou. O gosto pela centralização e a mania da regulamentação remontam, na França, à época em que os legistas entraram no governo; o que nos leva aos tempos de Filipe, o Belo. Desde então, essas duas coisas nunca mais deixaram de crescer. Eis o que Malesherbes, falando em nome da corte de ajudas, dizia ao rei Luís XIV, em 1775[*]:

"... Restava a cada corpo, a cada comunidade de cidadãos, o direito de administrar seus próprios negócios; direito que não dizemos faça parte da constituição primitiva do reino, pois remonta a bem antes: é o direito natural, é o direito da razão. No entanto ele foi tirado de vossos súditos, Sire, e não temeremos dizer que a administração caiu, a esse respeito, em excessos que podemos afirmar pueris.

"Desde que alguns ministros poderosos adotaram como princípio político não deixar convocar uma assembleia nacional, foi-se de consequência em consequência até declarar nulas as delibera-

---

[*] Ver *Mémoires pour servir à l'histoire du droit public de la France en matière d'impôts*, p. 654, impressas em Bruxelas em 1779.

ções dos habitantes de uma aldeia, quando não são autorizadas por um intendente; de sorte que, se essa comunidade tem uma despesa a fazer, é necessário obter o consentimento do subdelegado do intendente, por conseguinte seguir o plano que ele adotou, empregar os operários que ele beneficia, pagá-los segundo seu arbítrio: e se a comunidade tem um processo a mover, é necessário também que ela se faça autorizar pelo intendente. A causa tem de ser defendida diante desse primeiro tribunal, antes de ser levada diante da justiça. E se a opinião do intendente for contrária aos habitantes, ou se seu adversário tiver crédito na intendência, a comunidade perde a faculdade de defender seus direitos. Eis, Sire, por que meios se trabalhou para sufocar na França todo espírito municipal, para extinguir, se possível, até mesmo os sentimentos dos cidadãos; *interditou-se* por assim dizer a nação inteira e deram-se-lhe tutores."

O que se poderia dizer de melhor hoje em dia, quando a Revolução Francesa fez o que se chama de suas *conquistas* em matéria de centralização?

Em 1789, Jefferson escrevia de Paris a um de seus amigos: "Não há país em que a mania de governar demais tenha raízes mais profundas do que na França e em que mais cause mal." *Cartas a Madison*, 28 de agosto de 1789.

A verdade é que, na França, desde há vários séculos, o poder central sempre fez tudo o que pôde para ampliar a centralização administrativa; ele nunca teve nessa investida outros limites que não suas forças.

O poder central nascido da Revolução Francesa foi mais à frente nisso do que qualquer um de seus predecessores, porque foi mais forte e mais sábio do que qualquer um deles: Luís XIV submetia os detalhes da existência comunal ao bel-prazer de um intendente; Napoleão submeteu-os ao do ministro. É sempre o mesmo princípio, estendido a consequências mais ou menos distantes.

(L) p. 113

Essa imutabilidade da constituição na França é uma consequência forçada de nossas leis.

E, para falar primeiro da mais importante de todas as leis, a que regula a ordem de sucessão ao trono: que há de mais imutável em seu princípio do que uma ordem política fundada na ordem natural de sucessão de pai para filho? Em 1814, Luís XVIII fizera reconhecer essa perpetuidade da lei de sucessão política em benefício de sua família; os que regulamentaram as consequências da revolução de 1830 seguiram seu exemplo: não apenas estabeleceram a perpetuidade da lei em benefício de outra família, mas imitaram nisso o chanceler Maupeou, que, instituindo o novo parlamento sobre as ruínas do antigo, teve o cuidado de declarar no mesmo decreto que os novos magistrados seriam inamovíveis, tal como seus predecessores.

As leis de 1830, não mais que as de 1814, não indicam nenhum meio de mudar a constituição. Ora, é evidente que os meios ordinários da legislação não bastariam para tanto.

De quem o rei recebe seus poderes? Da constituição. De quem os pares? Da constituição. De quem os deputados? Da constituição. Como então o rei, os pares e os deputados, reunindo-se, poderiam mudar o que quer que seja numa lei em virtude da qual governam? Fora da constituição não são nada. Em que terreno se colocariam, pois, para mudar a constituição? De duas, uma: ou seus esforços são impotentes contra a carta, que continua a existir a despeito deles, e então eles continuam a reinar em seu nome; ou eles conseguem mudar a carta, e então, não mais existindo a lei pela qual existiam, eles mesmos passam a não ser mais nada. Destruindo a carta, destruíram-se.

Isso é muito mais visível ainda nas leis de 1830 do que nas de 1814. Em 1814, o poder real se situava de certa forma fora e acima da constituição; mas em 1830, ele confessa ser criado por ela e nada é sem ela.

Assim, pois, uma parte de nossa constituição é imutável, porque foi acrescentada ao destino de uma família; e o conjunto da constituição é igualmente imutável, porque não se percebem meios legais de mudá-la.

Tudo isso não é aplicável à Inglaterra. Como a Inglaterra não tem constituição escrita, quem pode dizer que mudam sua constituição?

(M) p. 113

Os autores mais estimados que escreveram sobre a constituição inglesa como que rivalizam para estabelecer essa onipotência do parlamento.

Delolme diz, cap. X., p. 77: *It is a fundamental principle with the English lawyers, that parliament can do everything, except making a woman a man or a man a woman.*

Blackstone se explica ainda mais categórica, se não mais enérgica, do que Delolme. Eis em que termos:

"O poder e a jurisdição do parlamento são tão extensos e tão absolutos, segundo sir Edward Coke (4 Hist. 36), seja sobre as pessoas, seja sobre os negócios, que nenhum limite lhe pode ser estabelecido... Pode-se dizer com veracidade dessa corte: *Si antiquitatem spectes est vetustissima; si dignitatem, est honoratissima; si jurisdictionem, est capacissima*. Sua autoridade, soberana e sem controle, pode confirmar, ampliar, restringir, ab-rogar, revogar, renovar e interpretar as leis sobre as matérias de todas as denominações: eclesiásticas, temporais, civis, militares, marítimas, criminais. Foi ao parlamento que a constituição desses reinos confiou esse poder despótico e absoluto que, em todo governo, deve residir em alguma parte. Os danos, os remédios a aplicar, as determinações fora do curso ordinário das leis, tudo é abrangido por esse tribunal extraordinário. Ele pode regulamentar ou mudar a sucessão ao trono, como fez nos reinados de Henrique VIII e Guilherme III; pode alterar a religião natural estabelecida, como fez em diversas circunstâncias nos reinados de Henrique VIII e de seus filhos; pode *mudar e criar de novo a constituição do reino* e dos próprios parlamentos, como fez pelo ato de união entre a Inglaterra e a Escócia, e por diversos estatutos para as eleições trienais e setenais. Numa palavra, pode fazer tudo o que não é naturalmente impossível. Por isso, não se tem escrúpulos para chamar seu poder, por uma figura talvez demasiado ousada, de *onipotência* do parlamento."

(N) p. 126

Não há matéria sobre a qual as constituições americanas se entendam melhor do que sobre o julgamento político.

Todas as constituições que tratam desse objeto dão à câmara dos representantes o direito exclusivo de acusar, com exceção apenas da constituição da Carolina do Norte, que concede o mesmo direito aos grandes júris (art. 23).

Quase todas as constituições dão ao senado, ou à assembleia que dele faz as vezes, o direito exclusivo de julgar.

As únicas penas que os tribunais políticos podem pronunciar são a destituição ou a interdição das funções públicas no futuro. Somente a constituição da Virgínia permite pronunciar qualquer espécie de penas.

Os crimes que podem dar lugar ao julgamento político são:

na constituição federal (seção IV, art. 1), na de Indiana (art. 3, p. 23 e 24), de Nova York (art. 5), de Delaware (art. 5), a alta traição, a corrupção e outros crimes ou delitos;

na constituição de Massachusetts (cap. I, seç. II), da Carolina do Norte (art. 23) e de Virgínia (p. 252), a má conduta e a má administração;

na constituição de New Hampshire (p. 105), a corrupção, as manobras culposas e a má administração;

em Vermont (cap. II, art. 24), a má administração;

na Carolina do Sul (art. 5), em Kentucky (art. 5), Tennessee (art. 4), Ohio (art. 1, §§ 23, 24), Louisiana (art. 5), Mississippi (art. 5), Alabama (art. 6), Pensilvânia (art. 4), os delitos cometidos nas funções.

Nos Estados de Illinois, Geórgia, Maine e Connecticut, não se especifica nenhum crime.

(O) p. 192

É verdade que as potências da Europa podem mover contra a União grandes guerras marítimas; mas é sempre mais fácil e menos perigoso travar uma guerra marítima do que uma guerra continental. A guerra marítima requer uma só espécie de esforços. Um povo comerciante que aceitar dar a seu governo o dinheiro necessário estará sempre seguro de ter frotas. Ora, é muito mais fácil disfarçar aos olhos das nações os sacrifícios em dinheiro do que os sacrifícios em homens e os esforços pessoais. Aliás, derrotas no mar raramente comprometem a existência ou a independência do povo que as sofre.

Quanto às guerras continentais, é evidente que os povos da Europa não podem mover nenhuma que seja perigosa à União americana.

É muito difícil transportar e manter na América mais de 25 000 soldados, o que representa uma nação de 2 000 000 de homens, mais ou menos. A maior nação europeia que lutasse dessa maneira contra a União estaria na mesma posição de uma nação de 2 000 000 de habitantes em guerra com uma de 12 000 000. Acrescente a isso que o americano está ao alcance de todos os seus recursos e o europeu a 1 500 léguas dos seus, e que a imensidão do território dos Estados Unidos por si só já apresentaria um obstáculo insuperável à conquista.

SEGUNDA PARTE

(A) p. 215

O primeiro jornal americano apareceu em abril de 1704. Foi publicado em Boston. Ver a *Coleção da sociedade histórica de Massachusetts*, v. VI, p. 66.

Seria um erro acreditar que a imprensa periódica sempre foi inteiramente livre na América: tentou-se estabelecer algo análogo à censura prévia e à caução.

Eis o que encontramos nos documentos legislativos de Massachusetts, na data de 14 de janeiro de 1722.

A comissão nomeada pela assembleia geral (o corpo legislativo da província) para examinar o caso relativo ao jornal intitulado *New England Courant* "acha que a tendência do dito jornal é ridicularizar a religião e fazê-la cair em descrédito; que os santos autores nele são tratados de maneira profana e irreverente; que a conduta dos ministros do Evangelho é interpretada com malícia; que o governo de Sua Majestade é insultado e que a paz e a tranquilidade desta província são perturbadas pelo dito jornal; em consequência, a comissão é da opinião de que se proíba James Franklin, impressor e editor, de imprimir e publicar no futuro o dito jornal ou qualquer outro escrito, antes de tê-los submetido ao secretário da província. Os juízes de paz do cantão de Suffolk serão encarregados de obter do senhor Franklin uma caução que responderá por sua boa conduta no ano que vai passar."

A proposta da comissão foi aceita e tornou-se lei, mas o efeito foi nulo. O jornal eludiu a proibição pondo o nome de *Benjamim* Franklin no lugar do de *James* Franklin ao pé de suas colunas, e a opinião acabou de dar o merecido destino à medida.

(B) p. 319

Para ser eleitor dos condados (os que representam a propriedade territorial) antes da lei da reforma aprovada em 1832, era necessário ter como propriedade plena ou arrendamento vitalício terras com receita líquida de 40 xelins. Essa lei foi feita sob Henrique VI, por volta de 1450. Calculou-se que 40 xelins da época de Henrique VI podiam equivaler a 30 libras esterlinas de nossos dias. No entanto deixou-se subsistir até em 1832 essa base adotada no século XV, o que prova o quanto a constituição inglesa se democratizava com o tempo, mesmo parecendo imóvel. Ver *Delolme*; ver também *Blackstone*, liv. I, cap. IV.

Os jurados ingleses são escolhidos pelo xerife do condado (*Delolme*, t. I, cap. XII). O xerife é, em geral, um homem importante do condado; ele cumpre funções judiciárias e administrativas, representa o rei e é nomeado por ele todos os anos (*Blackstone*, liv. I, cap. IX). Sua posição o coloca acima da suspeita de corrupção por qualquer das partes; aliás, se sua imparcialidade é posta em dúvida, pode-se recusar em massa o júri que ele nomeou e, então, outro funcionário é encarregado de escolher novos jurados. Ver *Blackstone*, liv. III, cap. XXIII.

Para ter o direito de ser jurado, é necessário possuir terras no valor de pelo menos 10 xelins de renda (*Blackstone*, liv. III, cap. XXIII). Note-se que essa condição foi imposta no reinado de Guilherme e Maria, isto é, por volta de 1700, época em que o valor do dinheiro era infinitamente maior que em nossos dias. Vê-se que os ingleses basearam seu sistema de júri não na capacidade, mas na propriedade fundiária, como todas as suas outras instituições políticas.

Acabou-se admitindo arrendatários no júri, mas exigiu-se que seus arrendamentos fossem por um período muito longo e que tivessem uma receita líquida de 20 xelins, independentemente da renda (*Blackstone*, idem).

(C) p. 319

A constituição federal introduziu o júri nos tribunais da União da mesma maneira que os Estados o haviam introduzido em seus tribunais estaduais; ademais, ela não estabeleceu regras próprias para a escolha dos jurados. Os tribunais federais tiram-nos da lista ordinária dos jurados que cada Estado elabora para seu uso. São pois as leis dos Estados que convém examinar para conhecer a teoria da composição do júri na América. Ver *Story's Commentaries on the Constitution*, livro III, cap. XXXVIII, p. 654-659. *Sergeant's Constitutional Law*, p. 165. Ver também as leis federais de 1789, 1800 e 1802 a esse respeito.

Para dar a conhecer corretamente os princípios dos americanos no que diz respeito à composição do júri, examinei as leis de Estados distantes uns dos outros. Eis em seguida as ideias gerais que se podem tirar desse exame.

Na América, todos os cidadãos eleitores têm o direito de ser jurados. O grande Estado de Nova York estabeleceu porém uma ligeira diferença entre as duas capacidades; mas o fez num sentido contrário a nossas leis, isto é, há menos jurados no Estado de Nova York do que eleitores. Em geral, pode-se dizer que nos Estados Unidos o direito de fazer parte de um júri, assim como o direito de eleger deputados, estende-se a todos; mas o exercício desse direito não é indistintamente posto em todas as mãos.

Todos os anos um corpo de magistrados municipais ou cantonais, chamado *select-men* na Nova Inglaterra, *supervisors* no Estado de Nova York, *trustees* em Ohio, *sheriffs* da paróquia na Louisiana, escolhem para cada cantão certo número de cidadãos com direito de ser jurados e que supõem ter a capacidade de sê-lo. Esses magistrados, sendo eles mesmos eletivos, não causam desconfiança; seus poderes são muito extensos e arbitrários, como em geral os dos magistrados republicanos, e eles o empregam com frequência, ao que se diz, sobretudo na Nova Inglaterra, para afastar os jurados indignos ou incapazes.

Os nomes dos jurados assim escolhidos são transmitidos ao tribunal do condado e, da totalidade dos nomes, sorteia-se o júri que deve pronunciar-se em cada causa.

De resto, os americanos procuraram por todos os meios pôr o júri ao alcance do povo e torná-lo o menos oneroso possível. Como são muitos os jurados, a vez de cada um só se repete a cada três anos. As sessões se realizam na sede de cada condado (o condado corresponde mais ou menos ao nosso *arrondissement*). Assim, o tribunal vem se colocar perto do júri, em vez de atrair o júri para perto de si, como na França; enfim, os jurados são indenizados seja pelo Estado, seja pelas partes. Eles recebem, em geral, um dólar (5,42 francos) por dia, independentemente das despesas de viagem. Na América, o júri ainda é visto como um fardo; mas é um fardo fácil de carregar e ao qual as pessoas se submetem sem dificuldade.

Ver *Brevard's Digest of the Public Statute Law of South Carolina*, 2º vol., p. 338; *id.*, v. I, p. 454 e 456; *id.*, v. II, p. 218.

Ver *The General Laws of Massachusetts Revised and Published by Authority of the Legislature*, v. II, p. 331, 187.

Ver *The Revised Statutes of the State of New York*, v. II, p. 720, 411, 717, 643.

Ver *The State Law of the State of Tennessee*, v. I, p. 209.

Ver *Acts of the State of Ohio*, p. 95 e 210.

Ver *Digeste général des actes de la législature de la Louisiane*, v. II, p. 55.

(D) p. 323

Quando se examina em detalhe a constituição do júri civil entre os ingleses, descobre-se facilmente que os jurados nunca escapam do controle do juiz.

É verdade que o veredito do júri, tanto nas causas cíveis como criminais, em geral compreende, num simples enunciado, o fato e o direito. Exemplo: uma casa é reclamada por Pedro, que diz tê-la comprado; este o fato. Seu adversário lhe opõe uma incapacidade de vendedor; eis o direito. O júri se limita a dizer que a casa será entregue a Pedro; decide assim o fato e o direito. Introduzindo o júri em matéria civil, os ingleses não conservaram para a opinião dos jurados a infalibilidade que lhe concedem em matéria criminal, quando o veredito é favorável.

Se o juiz achar que o veredito aplicou erroneamente a lei, pode recusar-se a recebê-lo e mandar os jurados deliberarem de novo.

Se o juiz deixa o veredito passar sem observação, o processo ainda não está inteiramente encerrado: restam várias possibilidades de recursos contra a sentença. A principal consiste em pedir à justiça que o veredito seja anulado e que um novo júri se reúna. É verdade dizer que tal pedido raramente é concedido e nunca o é mais de duas vezes. No entanto, vi o caso se produzir diante de meus olhos. Ver *Blackstone*, liv. III, cap XXIV; *id.*, liv. III, cap. XXV.

NOTAS

Prefácio

1. O livro fundamental sobre a viagem de Tocqueville aos Estados Unidos continua sendo o de G. W. Pierson: *Tocqueville and Beaumont in America*, Oxford University Press, 1938.

2. Gustave de BEAUMONT e Alexis de TOCQUEVILLE, *Note sur le système pénitentiaire et sur la mission confiée par Monsieur le Ministre de l'Intérieur à MM. ...*, Paris, 1831. Existe uma segunda edição, publicada em 1836, em dois volumes precedidos por uma longa introdução: "Système pénitentiaire aux États-Unis et de son application en France, suivi d'un appendice sur les colonies pénales et de notes statistiques".

3. Correspondência de Alexis de Tocqueville e de Gustave de Beaumont (*Œuvres complètes*, t. VIII), t. I, p. 105-106.

4. René RÉMOND, *Les États-Unis devant l'opinion française*, dois volumes, A. Colin. Cf. especialmente t. II, cap. VII.

4 *bis*. André JARDIN, "L'Amérique et les Américains vus par Tocqueville", in *Histoire*, n. 4, março de 1980, Hachette, p. 227-240.

5. Cf. notadamente a carta de Tocqueville a Gustave de Beaumont de 5 de outubro de 1828 (Corr., t. I, p. 47-71).

6. Correspondência de Alexis de Tocqueville e Louis de Kergorlay (*Œuvres complètes*, XIII), t. I, p. 373-375.

7. Na verdade, a fórmula é citada por Sainte-Beuve como pertencente a "alguém muito judicioso e muito respeitável", seguida de um comentário de sua lavra: "o que faz com ele tenha às vezes pensado com profundidade". Cf. *Causeries du lundi*, 3. ed., t. XV.

8. *Histoire philosophique du règne de Louis XV*, por H. de TOCQUEVILLE, 1847.

9. Paris, 1847, 2 v., t. II, p. 405.

10. Correspondência de Alexis de Tocqueville e Louis Kergorlay, t. I, p. 214.
11. TOCQUEVILLE, Œuvres complètes, V, Voyages en Sicile et aux États-Unis, carta citada, p. 26.
12. Démocratie, t. I, p. 323.
13. Id., t. I, p. 418.
14. Id., t. II, p. 316.
15. Id., t. I, p. 423.
16. Id., t. I, p. 424.
17. Id.
18. Cf. notadamente S. DRESCHER, Dilemmas of democracy. Tocqueville and modernization, University of Pittsburgh Press, 1968.
19. Œuvres complètes, V, Voyages en Sicile et aux États-Unis.
20. Cf. G. W. PIERSON, op. cit.
21. Michel CHEVALIER, Lettres sur l'Amérique du Nord, dois volumes, 1836.
22. Démocratie, t. I, p. 107.
23. Œuvres complètes, t. V, p. 205.
24. Id., p. 342-387, notadamente o relato de "quinze dias no deserto", a expedição de Tocqueville e Beaumont ao ponto extremo da "fronteira", perto do lago Michigan.
25. Id., p. 346.
26. Id., p. 347.
27. Michel CHEVALIER, op. cit., t. I. cap. X, p. 149 notadamente.
28. Œuvres complètes, V, p. 155-156.
29. Id., p. 81.
30. Id., p. 258-259.
31. Id., t. I, p. 331.
32. Id., t. I, p. 7.
32 bis. Salvo, é verdade, seu casamento, considerado como desigual pela sua família.
33. Démocratie, t. II, p. 311.
34. Id., t. II, p. 346.
35. Démocratie, t. II, p. 213-218.
36. Id., t. II, p. 221.
37. Id., t. II, p. 225.
38. Id., t. II, p. 174.
39. Id., t. II, p. 300.
40. Id., t. II, cap. XXI (3ª parte).
41. Ao apresentar a questão da igualdade sob a forma principal das paixões que a ideologia igualitária veicula e das frustrações relativas que ela acarreta, ainda aqui Tocqueville se revela um

autor incrivelmente moderno. A sociologia contemporânea, nesse domínio, multiplicou os estudos sobre esse tema, principalmente em torno do conceito de "grupo de referência". Encontrar-se-á um balanço desses estudos em Philippe BÉNÉTON, *Les Frustrations de l'égalité, contribution aux recherches sur la relativité des aspirations et la perception des inégalités*, Archives européennes de sociologie, t. XIX, n. 1, 1978.

42. *Démocratie*, T. ii, cap. V (2ª parte).

43. Esse aspecto do gênio de Tocqueville repugnava a Sainte-Beuve, que, no artigo das *Causeries du lundi*, acima citado, critica o caráter abstrato e sistemático do segundo volume da *Democracia*. De modo geral, Sainte-Beuve passa ao largo do pensamento de Tocqueville, no qual ele censura a própria natureza.

44. *Démocratie*, t. II, p. 74-75.

45. Comparação que é objeto de uma análise infinitamente mais sistemática do que a minha num artigo de Raymond ARON, "La définition de la liberté, Alexis de Tocqueville et Karl Marx", Archives européennes de sociologie, t. V, 1964.

Introdução

1. Na época em que publiquei a primeira edição desta obra, Gustave de Beaumont, meu companheiro de viagem à América, ainda trabalhava em seu livro intitulado *Marie, ou l'Esclavage aux États-Unis*, que apareceu pouco depois. O objetivo principal de Beaumont foi pôr em relevo e fazer conhecer a situação dos negros no meio da sociedade anglo-americana. Sua obra projetará uma luz viva e nova sobre o problema da escravidão, problema vital para as repúblicas unidas. Não sei se me engano, mas parece-me que o livro de Beaumont, depois de interessar vivamente os que nele buscarão emoções e quadros do país, deve conquistar um sucesso mais sólido e mais duradouro ainda entre os leitores que, antes de mais nada, desejam esboços verdadeiros e verdades profundas.

2. Os documentos legislativos e administrativos me foram fornecidos com uma solicitude cuja lembrança sempre suscitará minha gratidão. Entre os funcionários americanos que favoreceram desse modo minhas pesquisas, citarei sobretudo Edward Livingston, então secretário de Estado (agora ministro plenipotenciário em Paris). Durante minha estada no congresso, Livingston houve por bem remeter-me a maioria dos documentos que possuo com relação ao governo federal. Livingston é um desses homens raros que apreciamos ao ler seus escritos, que admiramos e honramos antes mesmo de conhecê-los e a quem nos sentimos felizes de dever nosso reconhecimento.

PRIMEIRA PARTE

Capítulo I

1. 1 341 649 milhas. Ver *Darby's View of the United States*, p. 499. Reduzi essas milhas a léguas de 2 000 toesas.
2. A França tem 35 181 léguas quadradas.
3. O rio Vermelho.
4. 2 500 milhas, 1 032 léguas. Ver *Description des États-Unis*, por Warde, v. I, p. 166.
5. 1 364 milhas, 563 léguas. Ver *id.*, v. I, p. 169.
6. O Missouri. Ver *id.*, v. I, p. 132 (1 278 léguas).
7. O Arkansas. Ver *id.*, v. I, p. 188 (877 léguas).
8. O rio Vermelho. Ver *id.*, v. I, p. 190 (598 léguas).
9. O Ohio. Ver *id.*, v. I, p. 192 (490 léguas).
10. O Illinois, o São Pedro, o São Francisco, o Moingona. Nas medidas acima, tomei como base a milha legal (*statute mile*) e a légua de posta de 2 000 toesas.
11. 100 milhas.
12. Cerca de 900 milhas.
13. As águas são tão transparentes no mar das Antilhas, diz Malte-Brun, v. III, p. 726, que se distinguem os corais e os peixes a 60 braças de profundidade. O navio parece pairar no ar; uma espécie de vertigem toma conta do viajante cuja vista mergulha através do fluido cristalino no meio dos jardins submarinos em que conchas e peixes dourados brilham entre os tufos de sargaços e os bosques de algas.
14. Desde então, foram descobertas algumas semelhanças entre a conformação física, a língua e os hábitos dos índios da América do Norte e os dos tungues, manchus, mongóis, tártaros e outras tribos nômades da Ásia. Estes últimos ocupam uma posição próxima do estreito de Behring, o que permite supor que, numa época remota, puderam vir povoar o continente deserto da América. Mas a ciência ainda não conseguiu esclarecer esse ponto. Ver a esse respeito Malte-Brun, v. V; as obras de Humboldt; Fischer, *Conjectures sur l'origine des Américains;* Adair, *History of the American Indians.*
15. Entre os iroqueses, atacados por forças superiores, viram-se, diz o presidente Jefferson (*Notes sur la Virginie*, p. 148), os anciões desdenharem recorrer à fuga ou sobreviver à destruição de seu país e enfrentar a morte, como os antigos romanos durante o saque de Roma pelos gauleses.

Mais adiante, p. 150, ele diz: "Não há exemplo de um índio que, caindo em poder de seus inimigos, tenha pedido por sua vida. Ao contrário, vê-se o prisioneiro procurar, por assim dizer, a morte pela mão de seus vencedores, insultando-os e provocando-os de todas as maneiras."

16. Ver *Histoire de la Lousiane*, por Lepage-Dupratz; Charlevoix, *Histoire de la Nouvelle-France*; Cartas do rev. Hecwelder, *Transactions of the American Philosophical Society*, v. I; Jefferson, *Notes sur la Virginie*, p. 135-190. O que diz Jefferson é, sobretudo, de grande peso, por causa do mérito pessoal do escritor, de sua posição particular e do século positivo e exato em que escrevia.

Capítulo II

1. A carta concedida pela coroa da Inglaterra em 1609 estipulava, entre outras cláusulas, que os colonos pagariam à coroa um quinto do produto das minas de ouro e de prata. Ver *Vie de Washington*, por Marshall, v. I, p. 18-66.

2. Grande parte dos novos colonos, diz Stith (*History of Virginia*), era de jovens desajustados de boa família, que os pais haviam embarcado para subtraí-los de uma sorte ignominiosa; ex-criados, autores de falências fraudulentas, depravados e outros dessa espécie, mais aptos a pilhar e a destruir do que a consolidar o estabelecimento, constituíam o restante. Chefes sediciosos arrastaram com facilidade esse bando em todo tipo de extravagâncias e excessos. Ver, com relação à história da Virgínia, as seguintes obras:

History of Virginia from the First Settlements to the Year 1624, por Smith.

History of Virginia, por William Stith.

History of Virginia from the Earliest Period, por Beverley, traduzido para o francês em 1807.

3. Somente mais tarde certo número de ricos proprietários ingleses veio fixar-se na colônia.

4. A escravidão foi introduzida por volta de 1620 por um navio holandês que desembarcou vinte negros nas margens do James. Ver Chalmer.

5. Os Estados da Nova Inglaterra são os situados a leste do Hudson. Hoje são seis: 1º Connecticut; 2º Rhode Island; 3º Massachusetts; 4º Vermont; 5º New Hampshire; 6º Maine.

6. *New England's Memorial*, p. 14, Boston, 1826. Ver também a *Histoire* de Hutchinson, vol. II, p. 440.

7. *New England's Memorial*, p. 22.

8. Esse rochedo tornou-se objeto de veneração nos Estados Unidos. Vi fragmentos dele conservados com cuidado em várias

cidades da União. Isso não mostra claramente que a força e a grandeza do homem estão inteiras em sua alma? Eis uma pedra que os pés de alguns miseráveis pisam um instante, e essa pedra se torna célebre; ela atrai os olhares de um grande povo; seus pedaços são venerados, sua poeira é partilhada ao longe. Que é da entrada de tantos palácios? Quem se preocupa com eles?

9. *New England's Memorial*, p. 35.

10. Os emigrantes que criaram o Estado de Rhode Island em 1638, os que se estabeleceram em New Haven em 1637, os primeiros habitantes de Connecticut em 1639 e os fundadores de Providence em 1640 também começaram redigindo um contrato social que foi submetido à aprovação de todos os interessados. *Pitkin's History*, p. 42 e 47.

11. Foi o caso do Estado de Nova York.

12. Maryland, as Carolinas, Pensilvânia, New Jersey estavam nesse caso. Ver *Pitkin's History*, v. I, p. 11-31.

13. Ver na obra intitulada *Historical Collection of State Papers and Other Authentic Documents Intended as Materials for an History of the United States of America, by Ebeneser Hasard, printed at Philadelphia MDCCXCII*, um grande número de documentos preciosos por seu conteúdo e sua autenticidade, relativos à primeira era das colônias. Entre outros, diferentes cartas que foram concedidas a elas pela coroa da Inglaterra, assim como os primeiros atos de seus governos.

Ver igualmente a análise que faz de todas essas cartas Story, juiz da Corte Suprema dos Estados Unidos, na introdução de seu *Commentaire sur la Constitution des États-Unis*.

Resulta de todos esses documentos que os princípios do governo representativo e as formas exteriores da liberdade política foram introduzidos em todas as colônias quase desde seu nascimento. Esses princípios haviam recebido maiores desenvolvimentos no Norte do que no Sul, mas existiam em toda a parte.

14. Ver *Pitkin's History*, t. I, p. 35. Ver *The History of the Colony of Massachusetts*, por Hutchinson, v. I, p. 9.

15. Ver *id.*, p. 42-47.

16. Os habitantes de Massachusetts, no estabelecimento das leis criminais e civis dos processos e tribunais, haviam se afastado dos usos seguidos na Inglaterra; em 1650, o nome do rei ainda não aparecia encabeçando os mandados judiciários. Ver Hutchinson, v. I, p. 452.

17. *Code of 1650*, p. 28 (Hartford, 1830).

18. Ver igualmente na *Histoire* de Hutchinson, v. I, p. 435-456, a análise do código penal adotado em 1648 pela colônia de Massachusetts; esse código é redigido com base em princípios análogos ao do código de Connecticut.

19. O adultério também era punido com a morte pela lei de Massachusetts, e Hutchinson, v. I, p. 441, diz que várias pessoas de fato receberam a pena de morte por esse crime. Ele cita a esse respeito uma anedota curiosa, que remonta a 1663. Uma mulher casada tivera relações amorosas com um rapaz; enviuvou, casou-se com ele; passaram-se vários anos; tendo o público por fim suspeitado da intimidade que reinara outrora entre os esposos, eles foram processados criminalmente; foram presos e por pouco não foram ambos condenados à morte.

20. *Code of 1650*, p. 48. Ao que parece, os juízes às vezes pronunciavam cumulativamente essas diversas penas, como se vê numa sentença proferida em 1643 (p. 114, *New Haven Antiquities*), que diz que Marguerite Bedfort, acusada de ter se entregado a atos repreensíveis, será submetida à pena da chibata e obrigada a se casar com Nicolas Jemmings, seu cúmplice.

21. *New Haven Antiquities*, p. 104. Ver também na *Histoire* de Hutchinson, v. I, p. 435, vários julgamentos tão extraordinários quanto este.

22. *Id.*, 1650, p. 50, 57.

23. *Id.*, p. 64.

24. *Id.*, p. 44.

25. Isso não era particular a Connecticut. Ver entre outras a lei de 13 de setembro de 1644, de Massachusetts, que condena ao banimento os anabatistas. *Historical Collection of State Papers*, v. I, p. 538. Ver também a lei publicada em 14 de outubro de 1656 contra os quakers: "Considerando", diz ela, "que vem de constituir-se uma seita maldita de heréticos chamados quakers..." Seguem as disposições que condenam a forte multa os comandantes dos navios que levassem quakers para lá. Os quakers que conseguirem se introduzir serão chicoteados e encerrados numa prisão para nela trabalhar. Os que defenderem suas opiniões serão primeiramente multados, depois condenados à prisão e expulsos da província. Mesma coleção, v. I, p. 630.

26. Na lei penal de Massachusetts, o padre católico que puser o pé na colônia depois de ter sido expulso é punido com a morte.

27. *Code of 1650*, p. 96.

28. *New England's Memorial*, p. 316.

29. Constituição de 1638, p. 17.

30. Em 1641 a assembleia geral de Rhode Island declarava por unanimidade que o governo do Estado consistia numa democracia e que o poder repousava no corpo dos homens livres, somente os quais tinham o direito de fazer leis e zelar por sua execução. *Code of 1650*, p. 70.

31. *Pitkin's History*, p. 47.
32. Constituição de 1638, p. 12.
33. *Code of 1650*, p. 80.
34. *Code of 1650*, p. 78.
35. *Id.*, p. 49.
36. Ver a *Histoire* de Hutchinson, v. I, p. 455.
37. *Code of 1650*, p. 86.
38. *Id.*, p. 40.
39. *Id.*, p. 90.
40. *Id.*, p. 83
41. *Mather's magnalia Christi americana*, v. II, p. 13. Esse discurso foi feito por Winthrop; acusavam-no de ter cometido, como magistrado, atos arbitrários; depois de ter pronunciado o discurso de que acabo de lembrar um fragmento, foi absolvido com aplausos e, desde então, foi sempre reeleito governador do Estado. Ver Marshall, v. I, p. 166.
42. Sem dúvida, há crimes para os quais não se aceita a fiança, mas são em número reduzidíssimo.
43. Ver Blackstone e Delolme, liv. I, cap. X.

Capítulo III

1. Entendo por leis sobre as sucessões todas aquelas cuja finalidade principal é determinar a sorte dos bens após a morte do proprietário.

A lei sobre as substituições é uma delas; também tem como resultado, é verdade, impedir que o proprietário disponha de seus bens antes da morte, mas só lhe impõe a obrigação de conservá-los com o intuito de fazê-los chegar intactos a seu herdeiro. O objetivo principal da lei das substituições é, pois, determinar a sorte dos bens após a morte do proprietário. O resto é o meio que ela emprega.

2. Não quero dizer que o pequeno proprietário cultive melhor, mas cultiva com mais ardor e cuidado, e recupera pelo trabalho o que lhe falta em termos de arte.

3. Sendo a terra a propriedade mais sólida, encontramos de tempo em tempo homens ricos que se dispõem a fazer grandes sacrifícios para adquiri-la e que perdem de bom grado uma porção considerável de sua renda para garantir o resto. Mas trata-se de acidentes. O amor à propriedade imobiliária só se encontra habitualmente hoje em meio aos pobres. O pequeno proprietário fundiário, que tem menos luzes, menos imaginação e menos paixões que o grande, em geral só é movido pelo desejo de aumentar seu domínio, e acontece com

frequência que as sucessões, os casamentos ou os acasos do comércio lhe forneçam pouco a pouco os meios para tanto.

Ao lado da tendência que leva os homens a dividir a terra, existe pois uma outra que os leva a aglomerá-la. Essa tendência, que basta para impedir que as propriedades se dividam infinitamente, não é forte o bastante para criar grandes fortunas territoriais, nem sobretudo para mantê-las nas mesmas famílias.

Capítulo IV

1. Emendas feitas à Constituição de Maryland em 1801 e 1809.

Capítulo V

1. O número de comunas, no Estado de Massachusetts, era, em 1830, 305; o de habitantes, 610 014; o que dá uma média de mais ou menos 2 000 habitantes por comuna.

2. As mesmas regras não são aplicáveis às grandes comunas. Estas têm em geral um prefeito e um corpo municipal dividido em dois ramos; mas isso é uma exceção que precisa ser autorizada por uma lei. Ver a lei de 22 de fevereiro de 1822, que regulamenta os poderes da cidade de Boston. *Laws of Massachusetts*, v. II, p. 588. Isso se aplica às grandes cidades. Também é frequente as pequenas cidades serem submetidas a uma administração particular. Contavam-se, em 1832, 104 comunas administradas dessa maneira no Estado de Nova York (*William's Register*).

3. São eleitos três nas comunas menores, nove nas maiores. Ver *The Town Officer*, p. 186. Ver também as principais leis de Massachusetts relativas aos *select-men*: lei de 20 de fevereiro de 1786, v. I, p. 219; de 24 de fevereiro de 1796, v. I, p. 488; de 7 de março de 1801, v. II, p. 45; de 16 de junho de 1795, v. I, p. 475; de 12 de março de 1808, v. II, p. 186; de 28 de fevereiro de 1787, v. I, p. 302; de 22 de junho de 1797, v. I, p. 539.

4. Ver *Laws of Massachusetts*, v. I, p. 150; lei de 25 de março de 1786.

5. *Ibid*.

6. Todos esses magistrados existem realmente na prática. Para conhecer os detalhes das funções de todos esses magistrados comunais, ver o livro intitulado *Town Officer*, por Isaac Goodwin Worcester, 1827, e a coleção das leis gerais de Massachusetts em 3 v., Boston, 1823.

7. Ver *Laws of Massachusetts*, lei de 23 de março de 1786, v. I, p. 250.
8. *Ibid.*, lei de 20 de fevereiro de 1786, v. I, p. 217.
9. Ver mesma coleção, lei de 25 de junho de 1789, e 8 de março de 1827, v. I, p. 367, e v. III, p. 179.
10. Ver lei de 14 de fevereiro de 1821, *Laws of Massachusetts*, v. I, p. 551.
11. Ver lei de 20 de fevereiro de 1819, *Laws of Massachusetts*, v. II, p. 494.
12. O conselho do governador é um corpo eletivo.
13. Ver lei de 2 de novembro de 1791, *Laws of Massachusetts*, v. I, p. 61.
14. Ver o *Town Officer*, em particular nos verbetes *Select-men, Assessors, Collectors, Schools, Surveyors of highways...*
Ver lei de 8 de março de 1792, *Laws of Massachusetts*, v. I, p. 410.
Os *select-men* elaboram as listas eleitorais para a eleição do governador e transmitem o resultado do escrutínio ao secretário da República. Lei de 24 de fevereiro de 1796, *id.*, v. I, p. 488.
15. Exemplo: os *select-men* autorizam a construção dos esgotos, designam os lugares em que podem ser erguidos matadouros e em que se pode estabelecer certo gênero de comércio, cuja vizinhança é prejudicial.
Ver a lei de 7 de junho de 1785, v. I, p. 193.
16. Exemplo: os *select-men* zelam pela saúde pública em caso de doenças contagiosas e tomam as medidas necessárias juntamente com os juízes de paz. Lei de 22 de junho de 1797, v. I, p. 539.
17. Digo *quase* porque há vários incidentes da vida comunal que são resolvidos seja pelos juízes de paz individualmente, seja pelos juízes de paz reunidos em corpo na sede do condado. Exemplo: os juízes de paz é que concedem as licenças. Ver a lei de 28 de fevereiro de 1787, v. I, p. 297.
18. Exemplo: só se dá licença aos que apresentam um certificado de boa conduta expedido pelos *select-men*. Se os *select-men* se recusarem a fornecer esse certificado, a pessoa pode se queixar aos juízes de paz reunidos em corte de sessão, e estes últimos podem conceder a licença. Ver a lei de 12 de março de 1808, v. II, p. 186. As comunas têm o direito de promulgar regulamentos (*by-laws*) e obrigar sua observância por meio de multas cujo valor é fixado; mas esses regulamentos precisam ser aprovados pela corte das sessões. Ver a lei de 23 de março de 1786, v. I, p. 254.
19. Em Massachusetts, os administradores do condado costumam ser chamados a apreciar os atos dos administradores da comuna; mas veremos adiante que eles realizam esse exame como poder judiciário, não como autoridade administrativa.

20. Exemplo: os comitês comunais das escolas devem fazer anualmente um relatório sobre o estado da escola ao secretário da república. Ver a lei de 10 de março de 1827, v. III, p. 183.

21. Veremos adiante o que é o governador. Devo dizer desde já que o governador representa o poder executivo de todo o Estado.

22. Ver Constituição de Massachusetts, cap. II, seç. I, § 9; cap. III, § 3.

23. Exemplo entre muitos outros: um estrangeiro chega a uma comuna, vindo de uma região assolada por uma doença contagiosa. Fica doente. Dois juízes de paz, ouvidos os *select-men*, podem dar ao xerife do condado a ordem de transportá-lo para outro lugar e zelar por ele. Lei de 22 de junho de 1797, v. I, p. 540.

Em geral, os juízes de paz intervêm em todos os atos importantes da vida administrativa e emprestam-lhe um caráter semijudiciário.

24. Digo *o maior número* porque, de fato, certos delitos administrativos são apresentados ante os tribunais ordinários. Exemplo: quando uma comuna se recusa a constituir os fundos necessários para suas escolas ou a nomear o comitê das escolas, é condenada a uma multa considerável. A corte chamada *supreme judicial court*, ou a corte de *common pleas*, é que determina essa multa. Ver a lei de 10 de março de 1827, v. III, p. 190. *Id*. Quando uma comuna omite fazer provisão de munições de guerra. Lei de 21 de fevereiro de 1822, v. II, p. 570.

25. Os juízes de paz tomam parte, individualmente, no governo das comunas e dos condados. Os atos mais importantes da vida comunal em geral só se realizam com o concurso de um deles.

26. Os objetos que se relacionam ao condado e de que a corte das sessões se ocupa podem se reduzir aos seguintes:

1º A construção de prisões e dos tribunais de justiça; 2º o projeto do orçamento do condado (é a legislatura do Estado que o vota); 3º a repartição dessas taxas assim votadas; 4º a distribuição de certas patentes; 5º o estabelecimento e a reparação das estradas do condado.

27. É assim que, quando se trata de uma estrada, a corte das sessões resolve quase todas as dificuldades de execução com ajuda do júri.

28. Ver a lei de 20 de fevereiro de 1768, v. I, p. 217.

29. Há uma maneira indireta de fazer a comuna obedecer. As comunas são obrigadas pela lei a manter suas estradas em bom estado. Se negligenciarem votar os fundos que essa manutenção exige, o magistrado comunal encarregado das estradas é então autorizado a arrecadar o dinheiro necessário. Como ele próprio é

responsável diante dos particulares pelo mau estado dos caminhos e pode ser processado por eles ante a corte das sessões, tem-se a certeza de que fará uso contra a comuna do direito extraordinário que a lei lhe dá. Assim, ameaçando o funcionário, a corte das sessões força a comuna à obediência. Ver a lei de 5 de março de 1787, v. I, p. 305.

30. Lei de Massachusetts, v. II, p. 45.

31. Exemplo: se uma comuna se obstina a não nomear assessores, a corte das sessões os nomeia, e os magistrados assim escolhidos são dotados dos mesmos poderes que os magistrados eleitos. Ver a lei supracitada de 20 de fevereiro de 1787.

32. Digo *junto à corte das sessões*. Há um magistrado que cumpre junto aos tribunais ordinários algumas das funções do ministério público.

33. Os grandes jurados são obrigados, por exemplo, a avisar as cortes do mau estado das estradas. Lei de Massachusetts, v. I, p. 308.

34. Se, por exemplo, o tesoureiro do condado não presta suas contas. Lei de Massachusetts, v. I, p. 406.

35. Exemplo entre mil: se um particular danifica seu veículo ou se fere numa estrada mal conservada, tem o direito de pedir, diante da corte das sessões, uma indenização à comuna ou ao condado encarregado da estrada. Lei de Massachusetts, v. I, p. 309.

36. Em caso de invasão ou de insurreição, se os funcionários comunais negligenciarem fornecer à milícia os objetos e munições necessárias, a comuna pode ser condenada a uma multa de 200 a 500 dólares (1 000 a 2 500 francos).

Concebe-se muito bem que, em tal caso, pode acontecer que ninguém tenha o interesse nem o desejo de assumir o papel de acusador. Por isso a lei acrescenta: "Todos os cidadãos terão o direito de pedir a punição de semelhantes delitos, e a metade da multa pertencerá ao acusador." Ver a lei de 6 de março de 1810, v. II, p. 236.

É frequente encontrar a mesma disposição reproduzida nas leis de Massachusetts.

Algumas vezes não é o particular que a lei estimula dessa maneira a processar os funcionários públicos: é o próprio funcionário que ela incentiva a concorrer para punir a desobediência dos particulares. Exemplo: um habitante se recusa a participar do trabalho que lhe foi determinado numa grande estrada. O supervisor das estradas deve processá-lo e, se o fizer condenar, metade da multa lhe caberá. Ver as leis precitadas, v. I, p. 308.

37. Ver, para o detalhe, *The Revised Statutes* do Estado de Nova York, parte I, cap. XI, intitulado: "Of the powers, duties and privileges of towns", dos direitos, obrigações e privilégios das comunas, v. I, p. 336-364.

Ver, na coletânea intitulada *Digest of the Laws of Pennsylvania*, os verbetes *Assessors, Collectors, Constables, Overseers of the poor, Supervisor of highways*. E na coletânea intitulada *Acts of a General Nature of the State of Ohio*, a lei de 25 de fevereiro de 1834, relativa às comunas, p. 412. E em seguida as disposições particulares relativas aos diversos funcionários comunais, tais como: *Township's Clerks, Trustees, Overseers of the Poor, Fence-Viewers, Appraisers of Property, Township's Treasurer, Constables, Supervisors of highways*.

38. Ver *Revised Statutes of the State of New York*, parte I, cap. XI, v. I, p. 340. *Id.*, cap. XII; *id.*, p. 366. *Id.*, "Acts of the State of Ohio". Lei de 25 de fevereiro de 1824, relativa aos *county commissioners*, p. 263.

Ver *Digest of the Laws of Pennsylvania*, verbetes *County-Rates, and Levies*, p. 170.

No Estado de Nova York, cada comuna elege um deputado, e esse mesmo deputado participa ao mesmo tempo da administração do condado e da comuna.

39. Há inclusive Estados do Sul em que os magistrados das *county-courts* são encarregados de todo o detalhe da administração. Ver *The Statutes of the State of Tennessee*, verbetes *Judiciary, Taxes...*

40. Exemplo: a direção da instrução pública é centralizada nas mãos do governo. A legislatura nomeia os membros da universidade, chamados reitores; o governador e o vice-governador do Estado fazem necessariamente parte dela (*Revised Statutes*, v. I, p. 456). Os reitores da universidade visitam todos os anos os colégios e as academias e fazem um relatório anual à legislatura; sua fiscalização não é ilusória, pelos seguintes motivos particulares: os colégios, para se tornarem corpos constituídos (corporações) capazes de comprar, vender e possuir, precisam de uma carta; ora, essa carta só é concedida pela legislatura, ouvidos os reitores. Cada ano o Estado distribui aos colégios e academias os juros de um fundo especial criado para o incentivo dos estudos. Os reitores é que distribuem esse dinheiro. Ver cap. XV, "Instrução pública", *Revised Statutes*, v. I, p. 455.

Todo ano, os comissários das escolas públicas devem enviar um relatório da situação ao superintendente da república. *Id.*, p. 488.

Relatório semelhante deve lhe ser feito anualmente sobre a quantidade e o estado dos pobres. *Id.*, p. 631.

41. Quando alguém se acha lesado por certos atos emanados dos comissários das escolas (são funcionários comunais), pode apelar para o superintendente das escolas primárias, cuja decisão é final. *Revised Statutes*, v. L, p. 487.

Encontramos de longe em longe, nas leis do Estado de Nova York, disposições análogas às que acabo de citar como exemplos. Mas, em geral, essas tentativas de centralização são frágeis e pouco produtivas. Dando aos altos funcionários do Estado o direito de fiscalizar e dirigir os agentes inferiores, não lhes dão o de recompensá-los ou puni-los. O mesmo homem quase nunca é encarregado de dar a ordem e reprimir a desobediência; tem portanto o direito de comandar, mas não a faculdade de fazer-se obedecer.

Em 1830, o superintendente das escolas, em seu relatório anual à legislatura, queixava-se de que vários comissários das escolas não lhe tinham transmitido, apesar de seus avisos, as contas que lhe deviam. "Se essa omissão se renovar", acrescentava, "serei obrigado a processá-los, nos termos da lei, diante dos tribunais competentes."

42. Exemplo: o funcionário do ministério em cada condado (*district-attorney*) é encarregado de processar a cobrança de todas as multas que se elevem acima de 50 dólares, a não ser que o direito tenha sido dado expressamente pela lei a outro magistrado. *Revised Statutes*, parte I, cap. X, v. I, p. 383.

43. Há vários indícios de centralização administrativa em Massachusetts. Exemplo: os comitês das escolas comunais são encarregados de fazer todos os anos um relatório ao secretário de Estado. *Laws of Massachusetts*, v. I, p. 367.

44. Ver o texto da constituição de Nova York.

45. Em Massachusetts, o senado não tem nenhuma função administrativa.

46. Como no Estado de Nova York.

47. Na prática, não é sempre o governador que executa os projetos que a legislatura concebeu; é frequente suceder que esta última, ao mesmo tempo que vota um princípio, nomeie agentes especiais para supervisionar sua execução.

48. Em vários Estados, os juízes de paz não são nomeados pelo governador.

49. A autoridade que representa o Estado, mesmo quando não administra, não deve, penso eu, abrir mão do direito de supervisionar a administração local. Suponhamos, por exemplo, que um agente do governo, com cargo fixo em cada condado, possa apresentar diante do poder judiciário os delitos que se cometem nas comunas e no condado; a ordem não seria, com isso, seguida de maneira mais uniforme sem que a independência das localidades fosse comprometida? Ora, não existe nada disso na América. Acima

das cortes dos condados, não há nada; e, de certa forma, só por acaso são levados diante dessas cortes os delitos administrativos que elas devem reprimir.

50. A China parece-me proporcionar o mais perfeito emblema da espécie de bem-estar social que uma administração muito centralizada pode fornecer aos povos que se submetem a ela. Os viajantes nos dizem que os chineses têm tranquilidade sem felicidade, indústria sem progresso, estabilidade sem força e ordem material sem moralidade pública. Em seu país, a sociedade sempre funciona razoavelmente bem, nunca muito bem. Imagino que, quando a China se abrir aos europeus, eles lá encontrarão o mais belo modelo de centralização administrativa que existe no universo.

51. Um escritor talentoso, que, numa comparação entre as finanças dos Estados Unidos e da França, provou que o espírito nem sempre podia substituir o conhecimento dos fatos, censura com razão os americanos pela espécie de confusão que reina em seus orçamentos comunais e, depois de dar o modelo de um orçamento departamental francês, acrescenta: "Graças à centralização, criação admirável de um grande homem, os orçamentos municipais, de uma ponta a outra do reino, tanto os das grandes cidades como os das mais humildes comunas, apresentam igual ordem e método." Eis, decerto, um resultado que admiro. Mas vejo a maioria dessas comunas francesas, cuja contabilidade é tão perfeita, mergulhada numa profunda ignorância de seus verdadeiros interesses e entregues a uma apatia tão invencível, que a sociedade nelas parece muito mais vegetar do que viver; de outro lado, percebo nessas mesmas comunas americanas, cujos orçamentos não são elaborados com base em planos metódicos, nem sobretudo uniformes, uma população esclarecida, ativa, empreendedora, contemplo nelas uma sociedade sempre em trabalho. Esse espetáculo me surpreende, porque a meu ver a finalidade principal de um bom governo é produzir o bem-estar dos povos e não estabelecer uma certa ordem no seio da miséria deles. Pergunto-me pois se não seria possível atribuir à mesma causa a prosperidade da comuna americana e a desordem aparente de suas finanças, a penúria da comuna francesa e o aperfeiçoamento de seu orçamento. Em todo caso, desconfio de um bem que encontro mesclado a tantos males e consolo-me facilmente de um mal que é compensado por tanto bem.

Capítulo VII

1. A corte dos pares na Inglaterra é, além disso, a última instância de apelação em certas causas cíveis. Ver Blackstone, liv. III, cap. IV.

2. Não que se possa tirar a patente de um oficial, mas pode-se tirar-lhe o comando.
3. Cap. I, seção II, § 8.
4. Ver a constituição de Illinois, Maine, Connecticut e Geórgia.

Capítulo VIII

1. Ver o texto da constituição federal.
2. Ver os artigos da primeira confederação formada em 1778. Essa constituição federal só foi adotada por todos os Estados em 1781.
Ver igualmente a análise que faz dessa constituição o *Fédéraliste*, do nº 15 ao nº 22 inclusive, e Story em seus *Commentaires sur la Constitution des États-Unis*, p. 85-115.
3. O congresso fez essa declaração em 21 de fevereiro de 1787.
4. Era composta de apenas 55 membros. Washington, Madison, Hamilton e os dois Morris dela faziam parte.
5. Não foram os legisladores que o adotaram. O povo nomeou deputados para esse fim exclusivo. A nova constituição foi objeto, em cada uma dessas assembleias, de discussões profundas.
6. Ver as emendas à constituição federal. *Federalist*, nº 32. Story, p. 711. *Kent's Commentaries*, v. I, p. 364.
Notem inclusive que, todas as vezes que a constituição não reserva ao congresso o direito *exclusivo* de decidir sobre certas matérias, os Estados podem fazê-lo, contanto que queiram ocupar-se delas. Exemplo: o congresso tem o direito de fazer uma lei geral de falência, mas não a faz; cada Estado poderia fazer uma à sua maneira. De resto, esse ponto só foi estabelecido após discussão diante dos tribunais. É tão só um ponto de jurisprudência.
7. A ação dessa corte é indireta, como veremos adiante.
8. É assim que o *Fédéraliste*, em seu nº 45, explica essa divisão da soberania entre a União e os Estados: "Os poderes que a constituição delega ao governo federal são definidos e em pequeno número. Os que permanecem à disposição dos Estados são, ao contrário, indefinidos e em grande número. Os primeiros se exercem principalmente nos objetos externos, como a paz, a guerra, as negociações, o comércio. Os poderes que os Estados se reservam estendem-se a todos os objetos que seguem o curso ordinário das coisas, interessam à vida, à liberdade e à prosperidade do Estado."
Terei com frequência a oportunidade de citar o *Fédéraliste* nesta obra. Quando o projeto de lei que, desde então, tornou-se a constituição dos Estados Unidos ainda estava diante do povo e submetido à sua adoção, três homens já célebres e que, desde en-

tão, ficaram ainda mais, John Jay, Hamilton e Madison, se associaram com o fito de deixar claro aos olhos da nação as vantagens do projeto que lhe era submetido. Com esse propósito, publicaram na forma de um jornal uma série de artigos cujo conjunto forma um tratado completo. Tinham dado a seu jornal o nome de *Federalist*, que ficou sendo o da obra. O *Fédéraliste* [Federalista] é um belo livro que, embora especial à América, devia ser familiar aos homens de Estado de todos os países.

9. Ver constituição, seç. VIII. *Federalist*, nos 41 e 42. *Kent's Commentaries*, v. I, p. 207 e s. Story, p. 358-382; *id.*, p. 409-426.

10. Há vários outros direitos dessa espécie, como o de elaborar uma lei geral de falências, conceder patentes de invenção... Sente-se muito bem o que tornava necessária a intervenção da União inteira nessas matérias.

11. Mesmo nesse caso, sua intervenção é indireta. A União intervém por seus tribunais, como veremos mais adiante.

12. Constituição federal, seç. X, art. 1.

13. Constituição federal, seç. VIII, IX e X. *Federalist*, nos 30-36, inclusive. *Id.*, 41, 42, 43, 44. *Kent's Commentaries*, v. I, p. 207 e 381. Story, *id.*, p. 329, 514.

14. Cada dez anos, o congresso torna a fixar o número de deputados que cada Estado deve enviar à câmara dos representantes. O número total era de 69 em 1789; em 1833, era de 240 (*American Almanac*, 1834, p. 194).

A constituição dissera que não haveria mais de um representante para 30 000 pessoas; mas não estabelecera limite inferior. O congresso não achou que deveria aumentar o número dos representantes proporcionalmente ao aumento da população. Pela primeira lei sobre esse tema, de 14 de abril de 1792 (ver *Laws of the United States* por Story, v. I, p. 235), ficou decidido que haveria um representante para 33 000 habitantes. A última lei, de 1832, fixou o número de 1 representante para 48 000 habitantes. A população representada compõe-se de todos os homens livres e de três quintos do número de escravos.

15. Ver *Federalist*, nos 52-66, inclusive. Story, p. 199-314. Constituição, seç. II e III.

16. *Federalist*, nos 67-77, inclusive. Constituição, art. 2. Story, p. 315, p. 515-780. *Kent's Commentaries*, p. 255.

17. A constituição deixara em dúvida o ponto de saber se o presidente deveria ouvir o senado, tanto em caso de demissão como de nomeação de um funcionário federal. O *Fédéraliste*, em seu nº 77, parecia estabelecer a afirmativa; mas em 1789 o congresso decidiu com toda razão que, como o presidente era responsável,

não se podia forçá-lo a servir-se de agentes que não tinham sua confiança. Ver *Kent's Commentaries*, v. I, p. 289.

18. As somas pagas pelo Estado a esses diversos funcionários montam, a cada ano, a 200 000 000 francos.

19. Todos os anos é publicado nos Estados Unidos um almanaque chamado *National Calendar*. Nele encontramos o nome de todos os funcionários federais. Foi o *National Calendar* de 1833 que me forneceu a cifra que dou aqui.

Resultaria do que precede que o rei de França dispõe de onze vezes mais cargos do que o presidente dos Estados Unidos, muito embora a população da França seja apenas uma vez e meia maior que a da União.

20. Tantos quantos os membros que mandava ao congresso. O número de eleitores na eleição de 1833 era de 288. (*The National Calendar.*)

21. Os eleitores do mesmo Estado se reúnem, mas transmitem à sede do governo central a lista dos votos individuais, e não o produto do voto da maioria.

22. Nessa circunstância, a maioria dos Estados, e não a maioria dos membros, é que decide a questão. De tal sorte que Nova York não tem maior influência sobre a deliberação do que Rhode Island. Assim, consultam-se primeiro os cidadãos da União como constituindo um só e mesmo povo; e, quando eles não conseguem pôr-se de acordo, faz-se reviver a divisão por Estado e dá-se a cada um destes últimos um voto separado e independente.

É outra esquisitice da constituição federal que só o choque de interesses contrários pode explicar.

23. Jefferson, em 1801, só foi nomeado, porém, no trigésimo sexto turno de escrutínio.

24. Ver o capítulo VI, intitulado *Du pouvoir aux États-Unis*. Esse capítulo dá a conhecer os princípios gerais dos americanos em matéria de justiça. Ver também a constituição federal, art. 3.

Ver a obra de título *The Federalist*, nºs 78-83, inclusive, *Constitutional Law, Being a View of the Practice and Juridiction of the Courts of the United States, by Thomas Sergeant*.

Ver Story, p. 134-162, 489-511, 581, 668. Ver a lei orgânica de 24 de setembro de 1789, na coletânea intitulada *Laws of the United States*, por Story, v. I, p. 53.

25. As leis federais é que mais necessitam de tribunais, mas elas é que menos os admitiram. A causa disso é que a maioria das confederações foi formada por Estados independentes, que não tinham a intenção real de obedecer ao governo central e que, ao mesmo tempo que lhe davam o direito de comandar, reservavam-se cuidadosamente a faculdade de lhe desobedecer.

26. A União foi dividida em distritos; em cada um desses distritos, estabeleceu-se um juiz federal. A corte que esse juiz presidiu chamou-se corte do distrito (*district-court*).

Além disso, cada juiz que compunha a corte suprema tinha de percorrer todos os anos certa porção do território da república, a fim de decidir *in loco* certos processos mais importantes. A corte presidida por esse magistrado foi designada pelo nome de corte do circuito (*circuit-court*).

Enfim, as causas mais graves tinham de chegar, seja diretamente, seja por apelação, à corte suprema, em cuja sede todos os juízes de circuito se reúnem uma vez por ano, para uma sessão solene.

O sistema do júri foi introduzido nas cortes federais, da mesma maneira que nas cortes estaduais, e para casos semelhantes.

Não há quase nenhuma analogia, como se vê, entre a corte suprema dos Estados Unidos e nossa corte de cassação. A corte suprema pode ser provocada em primeira instância, e a corte de cassação só o pode ser em segunda ou terceira. A corte suprema constitui, na verdade, como a corte de cassação, um tribunal único encarregado de estabelecer uma jurisprudência uniforme; mas a corte suprema julga o fato e o direito, e sentencia *ela mesma*, sem remeter a causa a outro tribunal, duas coisas que a corte de cassação não poderia fazer.

Ver a lei orgânica de 24 de setembro de 1789, *Laws of the United States*, por Story, v. I, p. 53.

27. De resto, para tornar menos frequentes esses processos de competência, decidiu-se que, em grande número de processos federais, os tribunais dos Estados teriam o direito de se pronunciar juntamente com os tribunais da União; mas, então, a parte condenada sempre teve a faculdade de recorrer à corte suprema dos Estados Unidos. A corte suprema da Virgínia contestou à corte suprema dos Estados Unidos o direito de julgar a apelação de suas sentenças, mas em vão. Ver *Kent's Commentaries*, v. I, p. 300, 370 e s. Ver *Story's Comm.*, p. 646, e a lei orgânica de 1789, *Laws of the United States*, v. I, p. 53.

28. A constituição diz também que os processos que possam surgir entre um Estado e os cidadãos de outro Estado serão da competência das cortes federais. Logo surgiu a questão de saber se a constituição tinha querido falar de todos os processos que podem nascer entre um Estado e os cidadãos de outro Estado, tanto fazendo se uns ou outros fossem os *demandantes*. A corte suprema pronunciou-se pela afirmativa; mas essa decisão alarmou os Estados, que temeram ser levados contra a sua vontade, por qualquer motivo, diante da justiça federal. Por isso foi introduzida uma emenda na consti-

tuição, em virtude da qual o poder judiciário da União não pôde se estender ao julgamento dos processos que tivessem sido *movidos* contra um dos Estados Unidos pelos cidadãos de outro Estado. Ver *Story's Commentaries*, p. 624.

29. Exemplo: todos os fatos de pirataria.

30. Algumas restrições foram feitas a esse princípio, introduzindo os Estados como força independente no senado e fazendo-os votar separadamente na câmara dos representantes em caso de eleição do presidente. Mas são exceções. Domina o princípio contrário.

31. É perfeitamente claro, diz Story, p. 503, que qualquer lei que amplie, restrinja ou mude de uma maneira qualquer a intenção das partes, tal como resulta das estipulações contidas num contrato, altera (*impairs*) esse contrato. O mesmo autor define com cuidado, no mesmo lugar, o que a jurisprudência federal entende por contrato. A definição é bastante ampla. Uma concessão feita pelo Estado a um particular e aceita por ele é um contrato, e só pode ser anulado por efeito de uma nova lei. Uma carta concedida pelo Estado a uma companhia é um contrato, e é lei tanto para o Estado como para o concessionário. O artigo da constituição de que falamos garante, pois, a existência de grande parte *dos direitos adquiridos*, mas não de todos. Posso ter legitimamente uma propriedade sem que ela haja passado às minhas mãos em consequência de um contrato. Sua posse é, para mim, um direito adquirido, e esse direito não é garantido pela constituição federal.

32. Eis um exemplo notável citado por Story, p. 508. O colégio de Darmouth, em New Hampshire, fora fundado em virtude de uma carta concedida a certos indivíduos antes da revolução americana. Seus administradores formavam, em virtude dessa carta, um corpo constituído, ou, segundo a expressão americana, uma *corporation*. A legislatura de New Hampshire achou que devia mudar os termos da carta original e transferiu para novos administradores todos os direitos, privilégios e franquias que resultavam dessa carta. Os antigos administradores resistiram e apelaram para a corte federal, que lhes deu ganho de causa, visto que, como a carta original era um verdadeiro contrato entre o Estado e os concessionários, a nova lei não podia mudar as disposições dessa carta sem violar os direitos adquiridos em virtude de um contrato e, em consequência, violar o artigo 1º, seção X, da constituição dos Estados Unidos.

33. Ver o capítulo intitulado "Do poder judiciário na América".

34. Ver *Kent's Commentaries*, v. I, p. 387.

35. Nessa época, o célebre Alexander Hamilton, um dos mais influentes redatores da constituição, não temia publicar o seguinte no *Fédéraliste*, nº 71:

"Eu sei que há pessoas para as quais o melhor modo do poder executivo se distinguir seria dobrar-se com servilidade aos desejos do povo ou da legislatura; mas essas pessoas parecem-me possuir noções bem grosseiras do objeto de qualquer governo, assim como dos verdadeiros meios de produzir a prosperidade pública.

"Que as opiniões do povo, quando são sensatas e amadurecidas, dirigem a conduta daqueles a quem ele confia seus negócios, resulta do estabelecimento de uma condição republicana; mas os princípios republicanos não requerem que aqueles se deixem levar pelo menor vento das paixões populares, nem que se apressem em obedecer a todos os impulsos momentâneos que a multidão pode receber pela mão artificiosa dos homens que afagam seus preconceitos para trair seus interesses.

"O povo, de ordinário, não quer nada mais que chegar ao bem público, é verdade; mas ele se engana com frequência ao procurá-lo. Se viessem lhe dizer que julga sempre de maneira sadia os meios a empregar para produzir a prosperidade nacional, seu bom senso lhe faria desprezar semelhantes adulações, porque aprendeu por experiência que algumas vezes se enganou. E o que deve causar espécie é ele não se enganar com maior frequência, perseguido como sempre é pelas artimanhas dos parasitas e dos sicofantas; cercado pelas ciladas que lhe armam sem cessar tantos homens ávidos e sem recursos, iludido cada dia pelos artifícios dos que possuem sua confiança sem a merecer ou que procuram muito mais possuí-la do que se tornar dignos dela.

"Quando os verdadeiros interesses do povo são contrários a seus desejos, o dever de todos aqueles que ele designou para a guarda desses interesses é combater o erro de que é momentaneamente vítima, a fim de lhe dar tempo para se recuperar e encarar as coisas com sangue-frio. E aconteceu mais de uma vez que um povo, salvo assim das fatais consequências de seus próprios erros, comprouve-se em erguer monumentos de reconhecimento aos homens que tiveram a magnânima coragem de se expor a lhe desagradar para o servir."

36. Foi o que se viu entre os gregos, sob Filipe, quando esse príncipe encarregou-se de executar o decreto dos anfictíones. Foi o que aconteceu na república dos Países Baixos, onde a província de Holanda sempre fez a lei. A mesma coisa ainda acontece em nossos dias no corpo germânico. A Áustria e a Prússia fazem-se agentes da dieta e dominam toda a confederação em nome desta.

37. Sempre foi assim no caso da confederação suíça. Faz séculos que a Suíça não mais existiria, não fosse o ciúme de seus vizinhos.

38. Não estou falando de uma confederação de pequenas repúblicas, mas de uma grande república consolidada.

39. Ver a constituição mexicana de 1824.

40. Exemplo: a constituição deu à União o direito de venderem por sua conta as terras não ocupadas. Suponho que o Estado de Ohio reivindique esse mesmo direito para as terras compreendidas em seus limites, a pretexto de que a constituição quis falar tão somente do território que ainda não está submetido a nenhuma jurisdição estadual e que, em consequência, ele próprio queira vendê-las. A questão judicial se colocaria, é verdade, entre os adquirentes que obtiveram seu título da União e os adquirentes que obtiveram seu título do Estado, e não entre a União e Ohio. Mas se a corte dos Estados Unidos ordenasse que fosse dada posse ao adquirente federal e os tribunais de Ohio a mantivessem para seu oponente, que seria então da ficção legal?

41. *Kent's Commentaries*, v. I, p. 244. Notem que escolhi o exemplo supracitado em tempos posteriores ao estabelecimento da constituição atual. Se quisesse remontar à época da primeira confederação, teria assinalado fatos bem mais concludentes ainda. Então reinava um verdadeiro entusiasmo na nação; a revolução era representada por um homem eminentemente popular; no entanto, nessa época, o congresso não dispunha propriamente de nada. Faltavam-lhe homens e dinheiro a todo instante; os planos mais bem elaborados por ele fracassavam na execução e a União, sempre a ponto de perecer, foi salva muito mais pela fraqueza dos inimigos do que por sua força.

SEGUNDA PARTE

Capítulo III

1. Só escrevem nos jornais nos raros casos em que querem se dirigir ao povo e falar em seu próprio nome; quando, por exemplo, difundiram-se sobre eles imputações caluniosas e eles desejam restabelecer a verdade dos fatos.

2. Ainda assim não sei se essa convicção refletida e senhora de si é capaz de elevar o homem ao grau de ardor e dedicação que as crenças dogmáticas inspiram.

Capítulo V

1. Carta a Madison, de 20 de dezembro de 1787, tradução de Conseil.

2. Entendo aqui a palavra *magistrado* em sua acepção mais ampla. Aplico-a a todos os que são encarregados de fazer as leis serem cumpridas.

3. Ver a lei de 27 de fevereiro de 1813, Coleção geral das leis de Massachusetts, v. II, p. 331. Devemos dizer que, depois, os jurados são sorteados a partir das listas.

4. Lei de 28 de fevereiro de 1787. Ver Coleção geral das leis de Massachusetts, v. I, p. 302.

Eis o texto:

"Os *select-men* de cada comuna mandarão afixar, nos estabelecimentos dos taverneiros, estalajadeiros e varejistas, uma lista das pessoas consideradas ébrios e jogadores, que têm o costume de perder seu tempo e sua fortuna nessas casas; e o dono dessas casas que, após essa advertência, permitir que ditas pessoas bebam e joguem em seu estabelecimento, ou lhes vender bebidas alcóolicas, será condenado a multa."

5. É inútil dizer que estou falando do governo democrático aplicado a um povo e não a uma pequena tribo.

6. Compreende-se que a palavra *pobre* tem aqui, como no resto do capítulo, um sentido relativo e não uma significação absoluta. Os pobres da América, comparados com os da Europa, poderiam muitas vezes parecer ricos; contudo está certo chamá-los pobres, quando contrapostos a seus concidadãos mais ricos.

7. O bem-estar em que vivem os funcionários subalternos nos Estados Unidos decorre ainda de outra causa, alheia aos instintos gerais da democracia: toda espécie de carreira privada é muito produtiva; o Estado não encontraria funcionários subalternos se não aceitasse pagar-lhes bem. Ele está, portanto, na posição de uma empresa comercial, obrigada, quaisquer que sejam seus gostos econômicos, a travar uma concorrência onerosa.

8. O Estado de Ohio, que conta um milhão de habitantes, só paga ao governador 1 200 dólares de salário ou 6 504 francos.

9. Para tornar essa vontade sensível aos olhos, basta examinar os vencimentos de alguns dos agentes do governo federal. Achei proveitoso apresentar junto com eles o salário pago, na França, aos funcionários análogos, para que a comparação termine de esclarecer o leitor.

ESTADOS UNIDOS

MINISTÉRIO DA FAZENDA

Contínuo (*messager*)	3 734
Escriturário (menor salário)	5 420

Escriturário (maior salário)............................ 8 672
Secretário-geral (*chief clerk*)...................... 10 840
Ministro (*secretary of State*).................... 32 520
Chefe do governo (presidente).................. 135 000

FRANÇA

MINISTÉRIO DA FAZENDA

Contínuo do ministro.................................... 1 500
Escriturário (menor salário)........................ 1 000 a 1 800
Escriturário (maior salário)......................... 3 200 a 3 600
Secretário-geral... 20 000
Ministro.. 80 000
Chefe do governo (rei)................................. 12 000 000

Talvez eu esteja errado em tomar a França como referência. Na França, onde os instintos democráticos cada dia penetram mais no governo, já se percebe uma forte tendência que leva as Câmaras a aumentar os pequenos ordenados e, sobretudo, a reduzir os grandes. Assim, o ministro da Fazenda, que, em 1834, recebe 80 000 francos, no Império recebia 160 000; os diretores-gerais da Fazenda, que recebem 20 000, recebiam então 50 000.

10. Ver, entre outras coisas, nos orçamentos americanos, quanto custa a manutenção dos indigentes e a instrução gratuita.

Em 1831, gastou-se no Estado de Nova York, para o auxílio aos indigentes, a soma de 1 200 000 francos. E a soma consagrada à instrução pública é estimada em 5 420 000 francos pelo menos. (*William's New York Annual Register*, 1832, p. 205 e 243.)

O Estado de Nova York tinha em 1830 apenas 1 900 000 habitantes, o que não chega a ser o dobro da população do departamento francês do Norte.

11. Como se vê, os americanos têm quatro tipos de orçamento: a União tem o seu; os Estados, os condados e as comunas também têm o deles. Durante minha estada na América fiz grandes pesquisas para saber o montante das despesas públicas nas comunas e nos condados dos principais Estados da União. Pude facilmente obter o orçamento das comunas maiores, mas foi-me impossível conseguir o das pequenas. Não posso pois fazer uma ideia exata das despesas comunais. No que concerne às despesas dos condados, possuo alguns documentos que, conquanto incompletos, talvez mereçam a curiosidade do leitor. Devo aos préstimos do sr. Richard, ex-prefeito de Filadélfia, os orçamentos de treze condados da Pensilvânia para o ano de 1830: os de Libanon, Centre, Fran-

klin, La Fayette, Montgommery, La Luzerne, Dauphin, Buttler, Alleghany, Colúmbia, Northumberland, Northampton e Filadélfia. Havia lá, em 1830, 495 207 habitantes. Se corrermos os olhos por um mapa da Pensilvânia, veremos que esses treze condados acham-se dispersos em todas as direções e submetidos a todas as causas gerais capazes de influir sobre a situação do Estado, de tal sorte que seria impossível dizer por que não dariam uma ideia exata da situação financeira dos condados da Pensilvânia. Ora, esses mesmos doze condados gastaram, durante o ano de 1830, 1 800 221 francos, o que dá 3,64 francos por habitante. Calculei que cada um desses habitantes, durante o ano de 1830, consagrara às necessidades da união federal 12,70 francos, e 3,80 francos às da Pensilvânia. Donde resulta que no ano de 1830, esses mesmos cidadãos deram à sociedade, para fazer face a todas as despesas públicas (salvo as despesas comunais), a soma de 20,14 francos. Esse resultado é duplamente incompleto, como se vê, porque se aplica a um só ano e a uma parte dos encargos públicos, mas tem o mérito de ser correto.

12. Os que quiseram estabelecer um paralelo entre as despesas dos americanos e as nossas sentiram que era impossível comparar o total das despesas públicas da França com o total das despesas públicas da União; mas procuraram comparar entre si porções avulsas dessas despesas. É fácil provar que essa segunda maneira não é menos defeituosa do que a primeira.

Com que posso comparar, por exemplo, nosso orçamento nacional? Com o da União? Mas a União cuida de muito menos objetos do que nosso governo central, e seus encargos devem ser naturalmente muito menores. Devo opor nossos orçamentos departamentais aos orçamentos dos Estados de que se compõe a União? Mas, em geral, os Estados cuidam de interesses mais importantes e mais numerosos do que a administração de nossos departamentos; suas despesas são pois naturalmente mais consideráveis. Quanto aos orçamentos dos condados, não encontramos em nosso sistema de finanças nada que se pareça com eles. Devemos incluir as despesas que aí são lançadas no orçamento do Estado ou no das comunas? As despesas comunais existem nos dois países, mas nem sempre são análogas. Na América, a comuna se encarrega de vários cuidados que, na França, ela abandona ao departamento ou ao Estado. Aliás, que devemos entender por despesas comunais na América? A organização da comuna difere segundo os Estados. Devemos tomar por referência o que acontece na Nova Inglaterra ou na Geórgia, na Pensilvânia ou no Estado de Illinois?

É fácil perceber, entre certos orçamentos de dois países, uma espécie de analogia; mas, como os elementos que os compõem sempre diferem mais ou menos, não se poderia estabelecer entre eles uma comparação séria.

13. Ainda que conseguíssemos saber a soma precisa que cada cidadão francês ou americano deposita no tesouro público, só teríamos uma parte da verdade. Os governos não pedem apenas aos contribuintes dinheiro, mas também esforços pessoais que são avaliáveis em dinheiro. O Estado recruta um exército; independentemente do soldo que a nação inteira se encarrega de fornecer, o soldado ainda tem de dar seu tempo, que tem um valor mais ou menos grande conforme o emprego que dele poderia fazer, se estivesse livre. O mesmo pode ser dito para o serviço na milícia. O homem que faz parte da milícia consagra momentaneamente um tempo precioso à segurança pública e dá realmente ao Estado o que ele mesmo deixa de adquirir. Citei esses exemplos; teria podido citar vários outros. O governo da França e o da América percebem impostos dessa natureza; esses impostos pesam sobre os cidadãos; mas quem pode avaliar com exatidão seu montante nos dois países?

Não é a última dificuldade que nos detém quando queremos comparar as despesas públicas da União com as nossas. O Estado se atribui, na França, certas obrigações que não se impõe na América, e vice-versa. O governo francês paga o clero; o governo americano deixa esse cuidado aos fiéis. Na América, o Estado se encarrega dos pobres; na França, ele os entrega à caridade pública. Pagamos a todos os nossos funcionários um ordenado fixo, os americanos permitem-lhes receber certos direitos. Na França, o trabalho obrigatório de manutenção só se produz num pequeno número de estradas; nos Estados Unidos, em quase todas. Nossas vias públicas são abertas aos viajantes, que podem percorrê-las sem pagar nada; nos Estados Unidos encontramos muitas estradas com pedágio. Todas essas diferenças na maneira como o contribuinte paga os encargos da sociedade tornam a comparação entre esses dois países muito difícil, pois há certas despesas que os cidadãos não fariam ou que seriam menores, se o Estado não se encarregasse de agir em seu nome.

14. Ver os orçamentos detalhados do ministério da Marinha da França e, para a América, o *National Calendar* de 1833, p. 228.

15. Um dos mais singulares, a meu ver, foi a resolução pela qual os americanos renunciaram momentaneamente ao uso do chá. Os que sabem que os homens se apegam mais a seus hábitos do que à sua vida sem dúvida ficarão assombrados com esse grande e obscuro sacrifício obtido de todo um povo.

16. Diz a constituição, art. 2, seç. II, § 2: "O presidente firmará os tratados ouvido o senado e com o consentimento deste." Não

perca o leitor de vista que o mandato dos senadores dura seis anos e que, sendo escolhidos pelos legisladores de cada Estado, são o produto de uma eleição em dois graus.

17. Ver o quinto volume da *Vie de Washington*, por Marshall. "Num governo constituído como o dos Estados Unidos", diz ele na página 314, "o primeiro magistrado não pode, qualquer que seja a sua firmeza, opor por muito tempo um dique à torrente da opinião popular; e a que prevalecia então parecia levar à guerra. De fato, na sessão do congresso realizada nessa época, percebeu-se com muita frequência que Washington tinha perdido a maioria na câmara dos representantes." Fora dela, a violência do linguajar que se usava contra ele era extrema: numa reunião política, não se temeu compará-lo indiretamente ao traidor Arnold (p. 265). "Os que estavam na oposição", diz ainda Marshall (p. 355), "pretenderam que os partidários da administração compunham uma facção aristocrática submissa à Inglaterra e que, querendo estabelecer a monarquia, era, por conseguinte, inimiga da França; uma facção cujos membros constituíam uma espécie de nobreza, que tinha por títulos as ações do Banco [nacional dos Estados Unidos – N. T.] e temia a tal ponto qualquer medida que pudesse influir sobre os fundos, que era insensível às afrontas que a honra e o interesse da nação mandavam igualmente repelir."

Capítulo VI

1. As sociedades de temperança são associações cujos membros se comprometem a abster-se de bebidas fortes. Na minha passagem pelos Estados Unidos, as sociedades de temperança já contavam mais de 270 000 membros, e seu efeito fora o de reduzir, apenas no Estado da Pensilvânia, o consumo de bebidas fortes em 500 000 galões por ano.

2. O mesmo fato já foi observado em Roma sob os primeiros Césares. Montesquieu nota em algum lugar que nada igualou o desespero de certos cidadãos romanos que, depois das agitações de uma existência política, voltaram de repente à calma da vida privada.

Capítulo VII

1. Vimos, quando do exame da constituição federal, que os legisladores da União tinham realizado esforços contrários. O resul-

tado desses esforços foi tornar o governo federal mais independente em sua esfera que o dos Estados. Mas o governo federal praticamente só cuida dos negócios externos; os governos estaduais é que dirigem realmente a sociedade americana.

2. Os atos legislativos promulgados apenas no Estado de Massachusetts, de 1780 aos dias de hoje, já enchem três grossos volumes. Cumpre notar também que a compilação de que falo foi revista em 1823 e que muitas leis antigas foram excluídas ou tornaram-se sem objeto. Ora, o Estado de Massachusetts, que não é mais povoado do que um de nossos departamentos, pode ser tido como o mais estável de toda a União e como o que mais dá continuidade e sabedoria a seus empreendimentos.

3. Ninguém gostaria de sustentar que um povo não pode abusar da força contra outro povo. Ora, os partidos formam como que várias pequenas nações numa grande; têm entre si relações de estrangeiros.

Se convirmos que uma nação pode ser tirânica para com outra, como negar que um partido possa sê-lo em relação a outro partido?

4. Viu-se em Baltimore, quando da guerra de 1812, um exemplo notável dos excessos que o despotismo da maioria pode acarretar. Nessa época, a guerra era popularíssima em Baltimore. Um jornal que se mostrava vigorosamente oposto a ela provocou, por esta sua conduta, a indignação dos habitantes. O povo se reuniu, quebrou os prelos e atacou a casa dos jornalistas. Quiseram convocar a milícia, mas ela não respondeu ao chamado. Para salvar os desgraçados que o furor público ameaçava, tomou-se o partido de levá-los para a prisão, como criminosos. Essa precaução foi inútil: durante a noite, o povo se reuniu de novo; tendo os magistrados fracassado em convocar a milícia, a prisão foi arrombada, um dos jornalistas foi morto no local e os outros dados por tal; os culpados, levados a júri, foram absolvidos.

Dizia eu um dia a um habitante da Pensilvânia: "Explique-me, por favor, como, num Estado fundado por quakers e renomado por sua tolerância, os negros libertos não são admitidos no exercício dos direitos de cidadania. Eles pagam imposto, não é justo que votem? – Não nos faça a injúria de crer que nossos legisladores tenham cometido um ato tão grosseiro de injustiça e de intolerância", respondeu-me. "Com que então, em seu Estado, os negros têm o direito de voto?" "Sem dúvida nenhuma." "Então por que é que, no colégio eleitoral desta manhã, não avistei um só deles na assembleia?" "Não é culpa da lei", disse-me o americano. "Os negros, é verdade, têm o direito de participar das eleições, mas se abstêm voluntariamente de comparecer." "Muita modéstia da parte deles." "Oh! não é que se recusem a ir, é que temem ser maltratados. Aqui às vezes falta força à lei, quando a maioria não a apoia. Ora, a maioria está imbuída dos maiores preconceitos contra os negros, e os magistrados não sentem a força de garantir a estes os direitos que o legislador lhes conferiu. – Como! A maioria, que tem o privilégio de fazer a lei, quer ter além deste o de a desobedecer?"

5. O poder pode ser centralizado numa assembleia; então é forte, mas não estável; ele pode ser centralizado num homem; então é menos forte, mas é mais estável.

6. É inútil, penso eu, advertir o leitor que, aqui, como em todo o resto do capítulo, falo não do governo federal, mas dos governos estaduais que a maioria dirige despoticamente.

7. Carta de Jefferson a Madison, 15 de março de 1789.

Capítulo VIII

1. Ver na Primeira Parte o que disse sobre o poder judiciário.

2. Já seria coisa útil e curiosa considerar o júri como instituição judiciária, apreciar os efeitos que produz nos Estados Unidos e procurar saber de que maneira os americanos dele tiraram partido. Poderíamos encontrar no exame dessa simples questão o tema de um livro inteiro, e de um livro interessante para a França. Procuraríamos saber, por exemplo, que porção das instituições americanas relativas ao júri poderia ser introduzida entre nós e com que gradação. O Estado americano que mais luzes forneceria a esse respeito seria o da Louisiana. A Louisiana tem uma população mista de franceses e ingleses. As duas legislações lá se encontram em presença como os dois povos e se amalgamam pouco a pouco uma à outra. Os livros mais úteis de consultar seriam a coletânea das leis da Louisiana em dois volumes, intitulado *Digeste des lois de la Louisiane*; e mais ainda, talvez, um curso de processo civil escrito nas duas línguas e intitulado *Traité sur les règles des actions civiles*, impresso em 1830 em Nova Orleans, por Buisson. Essa obra apresenta uma vantagem especial: fornece aos franceses uma explicação certa e autêntica dos termos legais ingleses. A língua das leis constitui como que uma língua à parte em todos os povos, e nos ingleses mais do que em qualquer outro.

3. Todos os legistas ingleses e americanos são unânimes nesse ponto. Story, juiz da corte suprema dos Estados Unidos, em seu *Traité de la constitution fédérale*, retorna mais uma vez sobre a excelência da instituição do júri em matéria cível. "*The inestimable*

privilege of a trial by Jury in civil cases, a privilege scarcely inferior to that in criminal cases, which is coutend by all persons to be essential to political and civil liberty." (Story, liv. III, cap. XXXVIII.)

4. Se alguém quisesse estabelecer qual a utilidade do júri como instituição judiciária, teria muitos outros argumentos a oferecer, entre outros os que seguem.

À medida que você introduzir os jurados nas causas, poderá diminuir sem inconveniente o número de juízes, o que é uma grande vantagem. Quando os juízes são por demais numerosos, cada dia a morte provoca um vazio na hierarquia judiciária e abre novos cargos para os que sobrevivem. A ambição dos magistrados está, pois, continuamente na expectativa e os faz depender naturalmente da maioria ou do homem que nomeia para os cargos vacantes. Progride-se então nos tribunais como se ganham patentes no exército. Esse estado de coisas é inteiramente contrário à boa administração da justiça e às intenções do legislador. Querem que os juízes sejam inamovíveis para que permaneçam livres; mas que importa que ninguém possa lhes furtar sua independência, se eles mesmos a sacrificam voluntariamente!

Quando os juízes são demasiado numerosos, é impossível não encontrar entre eles muitos incompetentes, pois um grande magistrado não é um homem ordinário. Ora, não sei se um tribunal meio esclarecido não é a pior de todas as combinações para chegar aos fins propostos ao se estabelecerem as cortes de justiça.

Quanto a mim, preferiria deixar a decisão de um processo a jurados ignorantes dirigidos por um magistrado hábil a entregá-la a juízes cuja maior parte teria apenas um conhecimento incompleto da jurisprudência e das leis.

5. Cumpre fazer, contudo, uma observação importante. A instituição do júri proporciona, é verdade, ao povo um direito geral de controle sobre as ações dos cidadãos, mas não lhe fornece os meios de exercer esse controle em todos os casos, nem de maneira sempre tirânica.

Quando um príncipe absoluto tem a faculdade de fazer os crimes serem julgados por seus delegados, a sorte do acusado é, por assim dizer, determinada previamente. Mas se o povo estivesse decidido a condenar, a composição do júri e sua irresponsabilidade ainda ofereceriam oportunidades favoráveis à inocência.

6. Isso é ainda mais verdade quando o júri só se aplica a certas causas criminais.

7. Os juízes federais sempre decidem sozinhos as questões que dizem respeito mais de perto ao governo do país.

Capítulo IX

1. A América ainda não tem uma grande capital, mas já possui grandes cidades. Filadélfia contava, em 1830, 161 000 habitantes e Nova York, 202 000. As classes baixas que habitam essas vastas cidades formam um populacho mais perigoso que o da Europa. Ele se compõe, antes de mais nada, de negros libertos, que a lei e a opinião condenam a um estado de degradação e de miséria hereditárias. Encontra-se também em seu seio uma multidão de europeus que o infortúnio e a má conduta levam cada dia para as terras do Novo Mundo; esses homens transportam para os Estados Unidos nossos maiores vícios e não têm nenhum dos interesses que poderiam combater a influência deles. Habitando o país sem dele ser cidadãos, estão prontos a tirar proveito de todas as paixões que o agitam; assim, vimos de uns tempos para cá estourarem sérias revoltas em Filadélfia e Nova York. Semelhantes desordens são desconhecidas no resto do país, que com elas não se inquieta, porque a população das cidades não exerceu, até agora, nenhum poder nem nenhuma influência sobre a população do campo.

Vejo no entanto a dimensão de certas cidades americanas e, sobretudo, a natureza de seus habitantes como um verdadeiro perigo a ameaçar o porvir das repúblicas democráticas do Novo Mundo, e não temo predizer que é por aí que elas perecerão, a não ser que seu governo seja capaz de criar uma força armada que, ao mesmo tempo que permaneça submetida à vontade da maioria nacional, seja independente do povo das cidades e possa conter seus excessos.

2. Na Nova Inglaterra, o solo está repartido em pequeníssimas propriedades, mas não se divide mais.

3. Eis em que termos o *New York Spectator* de 23 de agosto de 1831 relata o fato: "*The court of common pleas of Chester county (New York) a few days since rejected a witness who declared his disbelief in the existence of God. The presiding judge remarked that he had not before been aware that there was a man living who did not believe in the existence of God; that this belief constituted the sanction of all testimony in a court of justice and that he knew of no cause in a christian country where the witness had been permitted to testify without such a belief.*"

4. A não ser que se dê esse nome às funções que muitos deles ocupam nas escolas. A maior parte da educação é confiada ao clero.

5. Ver a constituição de Nova York, art. 7, par. 4.
Id. da Carolina do Norte, art. 31.

Id. da Virgínia.
Id. da Carolina do Sul, art. 1, § 23.
Id. do Kentucky, art. 2, § 26.
Id. do Tennessee, art. 8, § 1.
Id. da Louisiana, art. 2, § 22.

O artigo da constituição de Nova York é assim concebido:

"Sendo os ministros do Evangelho por sua profissão consagrados ao serviço a Deus e dedicados ao cuidado de dirigir as almas, não devem ser perturbados no exercício desses importantes deveres; em consequência, nenhum ministro do Evangelho ou padre, qualquer que seja a seita a que pertença, poderá ser investido de qualquer função pública, civil ou militar."

6. Percorri uma parte das fronteiras dos Estados Unidos numa espécie de charrete descoberta a que chamavam mala. Íamos a passo rápido noite e dia por caminhos apenas abertos no meio de imensas florestas de árvores verdes; quando a escuridão tornava-se impenetrável, meu condutor acendia galhos de larício e continuávamos nossa estrada à luz deles. De longe em longe, encontrávamos uma choupana no meio do bosque: era o hotel da posta. O correio jogava na porta dessa casa isolada um enorme pacote de cartas, e retomávamos nosso trajeto a galope, deixando a cada habitante da vizinhança o cuidado de vir buscar sua parte do tesouro.

7. Em 1832, cada habitante de Michigan pagou 1,22 franco de taxa de correio, e cada habitante da Flórida 1,5 franco (ver *National Calendar*, 1833, p. 244). No mesmo ano, cada habitante do departamento do Norte pagou ao Estado, para a mesma coisa, 1,4 franco (ver *Compte général de l'administration des finances*, 1833, p. 623). Ora, Michigan tinha na época apenas sete habitantes por légua quadrada e a Flórida, cinco; a instrução era menos difundida e a atividade menor nesses dois distritos do que na maioria dos Estados da União, ao passo que o departamento do Norte, que contém 3 400 indivíduos por légua quadrada, constitui uma das porções mais esclarecidas e mais industriais da França.

8. Lembro aqui ao leitor o sentido geral em que emprego a palavra *costume*. Entendo por essa palavra o conjunto das disposições intelectuais e morais que os homens trazem consigo, no estado de sociedade.

Capítulo X

1. O indígena da América do Norte conserva suas opiniões e até mesmo o mais ínfimo detalhe de seus hábitos com uma inflexi-

bilidade que não tem paralelo na história. Nos duzentos anos que têm relações cotidianas com a raça branca, as tribos errantes da América do Norte não lhe tomaram emprestada, por assim dizer, nem uma ideia, nem um uso. Os homens da Europa exerceram, porém, uma enorme influência sobre os selvagens: tornaram o caráter dos índios mais desordenado, todavia não o tornaram mais europeu.

Encontrando-me no verão de 1831 atrás do lago Michigan, num lugar chamado Green Bay, que serve de fronteira extrema aos Estados Unidos do lado dos índios do Noroeste, travei conhecimento com um oficial americano, o major H., que, um dia depois de ter falado muito da inflexibilidade do caráter dos índios, contou-me o seguinte fato: "Conheci um jovem índio que fora educado num colégio da Nova Inglaterra. Teve muito êxito no colégio e adquiriu toda a aparência externa de um homem civilizado. Quando estourou a guerra entre nós e os ingleses em 1810, revi esse rapaz; servia então em nosso exército, à frente dos guerreiros de sua tribo. Os americanos só tinham admitido índios em seu exército com a condição de que eles se abstivessem do horrível uso de escalpelar os vencidos. Na noite da batalha de ***, C... veio sentar-se ao pé do fogo de nosso acampamento; perguntei-lhe o que lhe havia acontecido durante o dia; ele me contou e, animando-se progressivamente com as lembranças de suas façanhas, acabou entreabrindo seu uniforme, dizendo-me: "Não me traia, mas olhe!" "De fato", acrescentou o major H., "vi entre seu corpo e sua camisa a cabeleira de um inglês ainda gotejante de sangue."

2. Nos treze Estados originais, não restam mais que 6 373 índios. (Ver *Documents legislatifs,* 20º Congresso, nº 117, p. 20.)

3. Clark e Cass, em seu relatório ao congresso, de 4 de fevereiro de 1829, p. 23, diziam:

"Já está bem longe de nós o tempo em que os índios podiam obter os objetos necessários à sua alimentação e a seu vestuário sem recorrer à indústria dos homens civilizados. Além do Mississippi, numa região em que ainda existem imensos rebanhos de búfalos, habitam tribos indígenas que seguem esses animais selvagens em suas migrações; os índios de que falamos ainda encontram o meio de viver conformando-se a todos os usos de seus pais; mas os búfalos recuam sem cessar. Agora só é possível pegar com espingardas ou armadilhas (*traps*) os animais selvagens de menor espécie, como o urso, o gamo, o castor, o rato almiscareiro, que fornecem particularmente aos índios o que é necessário a seu sustento.

"É principalmente no Noroeste que os índios são obrigados a se dedicar a trabalhos excessivos para alimentar sua família. Muitas vezes o caçador consagra vários dias seguidos perseguindo a caça sem sucesso; enquanto isso, sua família tem de se alimentar de cascas de árvore e raízes, para não perecer. Por isso muitos morrem de fome a cada inverno."

Os índios não querem viver como os europeus; no entanto não podem prescindir dos europeus, nem viver inteiramente como seus pais. O leitor poderá julgá-lo por este único fato, cujo conhecimento extraio igualmente de uma fonte oficial. Alguns homens pertencentes a uma tribo indígena das margens do lago Superior mataram um europeu; o governo americano proibiu o comércio com a tribo de que os culpados faziam parte, até estes lhe serem entregues, o que acabou acontecendo.

4. "Faz cinco anos", diz Volney em seu *Tableau des États-Unis*, p. 370, "indo de Vincennes a Kaskaskias, território compreendido hoje no Estado de Illinois, então inteiramente selvagem (1797), não se cruzavam pradarias sem ver rebanhos de quatrocentos a quinhentos búfalos; hoje não há mais nenhum; eles atravessaram o Mississippi a nado, importunados pelos caçadores e, sobretudo, pelos chocalhos das vacas americanas."

5. O leitor poderá convencer-se da verdade que sustento aqui consultando o quadro geral das tribos indígenas contidas nos limites reivindicados pelos Estados Unidos. (*Documents législatifs*, 20º Congresso, nº 117, p. 90-105). Verá que as tribos do centro da América diminuem rapidamente, embora os europeus ainda estejam muito distantes delas.

6. Os índios – dizem Clark e Cass em seu relatório ao congresso, p. 15 – prendem-se à sua terra pelo mesmo sentimento de afeto que nos liga à nossa; além disso, atribuem à ideia de alienar as terras que o grande Espírito deu a seus ancestrais certas ideias supersticiosas que exercem grande poder sobre as tribos que ainda não cederam nada ou que cederam apenas uma pequena porção de seu território aos europeus. "Não vendemos o lugar onde repousam as cinzas de nossos pais", é esta a primeira resposta que sempre dão a quem propõe comprar-lhes seus campos.

7. Ver nos *Documents législatifs du congrès*, doc. 117, o relato do que sucede nessas circunstâncias. Este curioso trecho encontra-se no relatório já citado, feito por Clark e Lewis Cass ao congresso, em 4 de fevereiro de 1829. Cass é hoje secretário de Estado da Guerra.

"Quando os índios chegam ao lugar em que o tratado deve ser assinado, são pobres e quase nus. Aí veem e examinam um grande número de objetos preciosos para eles, que os mercadores americanos tiveram o cuidado de levar. As mulheres e as crianças, que desejam que satisfaçam às suas necessidades, começam então a atormentar os homens com mil pedidos importunos e empregam toda a sua influência sobre estes últimos para que a venda das terras ocorra. A imprevidência dos índios é habitual e invencível. Satisfazer às suas necessidades imediatas e atender a seus desejos presentes é a paixão irresistível do selvagem: a expectativa de vantagens futuras não tem grande efeito sobre ele, que esquece facilmente o passado e não se preocupa com o porvir. Pediria em vão aos índios a cessão de uma parte de seu território, quem não estivesse em condições de satisfazer imediatamente às suas necessidades. Quando se considera com imparcialidade a situação em que esses infelizes se acham, não espanta o ardor que empregam para obter algum alívio a seus males."

8. Em 19 de maio de 1830, Ed. Everett afirmava diante da câmara dos representantes que os americanos já haviam adquirido por *tratado*, a leste e a oeste do Mississippi, 230 000 000 de acres.

Em 1808, os osagos cederam 48 000 000 de acres por uma renda de 1 000 dólares.

Em 1818, o quapaws cederam 20 000 000 de acres por 4 000 dólares; eles tinham reservado para si um território de 1 000 000 de acres para caçar. Jurou-se solenemente que esse território seria respeitado; mas não tardou a ser invadido, como o resto. "Para nos apropriarmos das terras desertas cuja propriedade os índios reivindicam" – dizia Bell, relator da comissão de assuntos indígenas do congresso, em 24 de fevereiro de 1830 – "adotamos o uso de pagar às tribos indígenas o que vale seu território de caça (*hunting ground*), depois de a caça ter fugido ou sido destruída. É mais vantajoso e certamente mais conforme às regras da justiça e mais humano agir assim, do que apossar-se à mão armada do território dos selvagens.

"O uso de comprar dos índios seu título de propriedade não passa pois de um novo modo de aquisição que a humanidade e o interesse (*humanity and expediency*) substituíram à violência e que deve igualmente nos tornar donos das terras que reivindicamos em virtude da descoberta, e que aliás nos é assegurada pelo direito que têm as nações civilizadas de se estabelecer no território ocupado pelas tribos selvagens.

"Até hoje, várias causas não cessaram de diminuir aos olhos dos índios o preço do solo que ocupam e, em seguida, as mesmas causas os levaram a vendê-las para nós sem dificuldade. O uso de comprar dos selvagens seu direito de *ocupantes* (*right of occupancy*) nunca pôde retardar, pois, num grau perceptível, a prosperidade dos Estados Unidos." (*Documents législatifs*, 21º Congresso, nº 227, p. 6.)

9. Essa opinião, de resto, pareceu-nos ser a de quase todos os homens de Estado americanos.

"Se julgarmos o futuro pelo passado", dizia Cass ao congresso, "devemos prever uma progressiva diminuição do número de índios e esperar a extinção final de sua raça. Para que isso não aconteça, seria necessário que nossas fronteiras cessassem de se estender e que os selvagens se fixassem além delas, ou que se produzisse uma mudança completa em nossas relações com eles, o que seria pouco razoável esperar."

10. Ver, entre outras, a guerra feita pelos wampanoags e as outras tribos confederadas, sob a conduta de Metacom, em 1675, contra os colonos da Nova Inglaterra, e a que os ingleses tiveram de travar em 1622 na Virgínia.

11. Ver os diferentes historiadores da Nova Inglaterra. Ver também a *Histoire de la Nouvelle-France*, por Charlevoix, e as *Lettres édifiantes*.

12. "Em todas as tribos", diz Volney em seu *Tableau des États-Unis*, p. 423, "ainda existe uma geração de velhos guerreiros que, vendo manejarem a enxada, não param de gritar contra a degradação dos costumes antigos e pretendem que os selvagens devem sua decadência unicamente a essas inovações e que, para recobrarem sua glória e sua força, bastaria voltarem a seus costumes primitivos."

13. Encontramos num documento oficial a seguinte pintura:

"Enquanto um jovem não tiver enfrentado o inimigo e não puder se gabar de algumas proezas, não se tem por ele nenhuma consideração: veem-no mais ou menos como uma mulher.

"Em suas grandes danças de guerra, os guerreiros vão um depois do outro bater no *poste*, como o chamam, e contam suas façanhas. Nessa ocasião, o auditório compõe-se dos pais, amigos e companheiros do narrador. A impressão profunda que suas palavras produzem neles fica patente no silêncio com o qual é ouvido e se manifesta ruidosamente pelos aplausos que acompanham o fim de suas narrativas. O jovem que nada tem a contar em semelhantes reuniões se considera infelicíssimo, e há exemplos de jovens guerreiros que, tendo suas paixões sido assim acirradas, de repente se afastaram da dança e, partindo sozinhos, foram buscar troféus que pudessem mostrar e aventuras de que se pudessem glorificar."

14. Essas nações acham-se hoje englobadas nos Estados de Geórgia, Tennessee, Alabama e Mississippi.

Havia outrora no sul quatro grandes nações (podemos ver seus restos): os choctaws, os chikasaws, os creeks e os cherokees.

Os restos dessas quatro nações ainda constituíam, em 1830, cerca de 75 000 indivíduos. Calcula-se que há atualmente, no território ocupado ou reivindicado pela União anglo-americana, cerca de 300 000 índios. (Ver *Proceedings of the Indian Board in the City of New York*.) Os documentos oficiais fornecidos ao congresso elevam esse número a 313 130. O leitor que tiver a curiosidade de saber o nome e a força de todas as tribos que habitam o território anglo-americano deverá consultar os documentos que acabo de indicar. (*Documents legislatifs*, 20º Congresso, nº 117, p. 90-105.)

15. Trouxe para a França um ou dois exemplares dessa singular publicação.

16. Ver no relatório da comissão de assuntos indígenas, 21º Congresso, nº 227, p. 23, o que explica a multiplicação dos mestiços entre os cherokees. A causa principal remonta à guerra da independência. Muitos anglo-americanos da Geórgia, que haviam tomado partido em favor da Inglaterra, foram obrigados a se retirar entre os índios, onde se casaram.

17. Infelizmente os mestiços foram em menor número e exerceram uma influência menor na América do Norte do que nos outros lugares.

Duas grandes nações da Europa povoaram essa porção do continente americano: os franceses e os ingleses.

Os primeiros não tardaram a contrair união com as filhas dos indígenas; mas quis o infortúnio que houvesse uma afinidade secreta entre o caráter índio e o seu. Em vez de dar aos bárbaros o gosto e os hábitos da vida civilizada, eles é que não raro se apegaram com paixão à vida selvagem: tornaram-se os habitantes mais perigosos dos desertos e conquistaram a amizade do índio exagerando seus vícios e suas virtudes. Sénonville, governador do Canadá, escrevia a Luís XIV em 1685: "Acreditou-se por muito tempo que era necessário se aproximar dos selvagens para afrancesá-los; temos de reconhecer que nos enganávamos. Os que se aproximaram de nós não se tornaram franceses, e os franceses que os frequentaram tornaram-se selvagens. Eles preferem vestir-se como eles, viver como eles." (*Histoire de la Nouvelle-France*, por Charlevoix, v. II, p. 345.)

O inglês, ao contrário, permanecendo obstinadamente apegado às opiniões, aos usos e aos menores hábitos de seus pais, continuou sendo no meio das solidões americanas o que era nas cidades da Europa: não quis portanto estabelecer nenhum contato com uns selvagens que desprezava e evitou com cuidado misturar seu sangue ao dos bárbaros.

Assim, enquanto o francês não exercia nenhuma influência salutar sobre os índios, o inglês sempre lhes era estranho.

18. Há na vida aventureira dos povos caçadores não sei que atração irresistível que pega o coração do homem e arrebata-o, a

despeito de sua razão e de sua experiência. O leitor poderá convencer-se dessa verdade lendo as *Memórias* de Tanner.

Tanner é um europeu que foi raptado aos seis anos pelos índios e que ficou trinta anos nas matas com eles. Impossível ver algo mais pavoroso do que as misérias que ele descreve. Mostra-nos tribos sem chefes, famílias sem nações, homens isolados, restos mutilados de tribos poderosas, errando ao acaso no meio dos gelos e nas solidões desoladas do Canadá. A fome e o frio os perseguem; cada dia a vida parece a ponto de lhes escapar. Entre eles, os costumes perderam seu império, as tradições não têm poder. Os homens se tornam cada vez mais bárbaros. Tanner compartilha todos esses males; ele conhece sua origem europeia; não é mantido à força longe dos brancos; ao contrário, vem todos os anos traficar com estes, percorre suas casas, vê seu bem-estar; sabe que no dia em que quiser voltar à vida civilizada poderá consegui-lo facilmente, mas fica trinta anos nos desertos. Quando por fim torna ao convívio de uma sociedade civilizada, confessa que a existência cujas misérias descreveu possui, para ele, encantos secretos que é incapaz de definir; volta sem cessar a esta depois de a ter deixado e só se afasta de tantos males com muito pesar; e, quando finalmente consegue fixar-se no meio dos brancos, vários filhos seus se recusam a ir compartilhar com ele de sua tranquilidade e de seu bem-estar.

Eu próprio encontrei Tanner na entrada do lago Superior. Achei-o ainda muito mais parecido com um selvagem do que com um homem civilizado.

Não há na obra de Tanner nem ordem nem gosto; mas o autor nela faz, sem saber até, uma pintura viva dos preconceitos, paixões, vícios e, sobretudo, das misérias daqueles em meio aos quais viveu.

O visconde Ernest de Blosseville, autor de uma excelente obra sobre as colônias penais da Inglaterra, traduziu as *Memórias* de Tanner. Blosseville acrescentou à sua tradução umas notas de grande interesse que permitirão ao leitor comparar os fatos contados por Tanner com os já relatados por grande número de observadores antigos e modernos.

Todos os que desejam conhecer o estado atual e prever o destino futuro das raças índias da América do Norte devem consultar a obra de Blosseville.

19. Essa influência destruidora que os povos muito civilizados exercem sobre os que o são menos se faz notar entre os próprios europeus.

Uns franceses haviam fundado, há cerca de um século, no meio do deserto, a cidade de Vincennes, à margem do Wabash. Aí viveram em grande abundância até a chegada dos emigrantes americanos. Estes logo começaram a arruinar os antigos habitantes por meio da concorrência; compraram-lhes em seguida as terras a preço vil. No momento em que Volney, de quem tomo esse detalhe, atravessou Vincennes, o número de franceses estava reduzido a uma centena de indivíduos, a maioria dos quais se dispunha a ir para a Louisiana e para o Canadá. Esses franceses eram homens honestos, mas sem luzes e sem indústria; haviam contraído uma parte dos hábitos selvagens. Os americanos, que talvez lhes fossem inferiores do ponto de vista moral, tinham sobre eles uma imensa superioridade intelectual: eram industriosos, instruídos, ricos e acostumados a governar a si mesmos.

Eu próprio vi, no Canadá, onde a diferença intelectual entre as duas raças é bem menos pronunciada, o inglês, senhor do comércio e da indústria em terras canadenses, estender-se para toda a parte e circunscrever os franceses em limites demasiado estreitos.

Do mesmo modo, na Louisiana, quase toda a atividade comercial e industrial se concentra nas mãos dos anglo-americanos.

Algo ainda mais notável sucede na província do Texas. O Estado do Texas faz parte, como se sabe, do México e lhe serve de fronteira do lado dos Estados Unidos. De alguns anos para cá, os anglo-americanos penetram individualmente nessa província ainda mal povoada, compram as terras, apoderam-se da indústria e tomam rapidamente o lugar da população original. Pode-se prever que, se o México não se apressar a deter esse movimento, o Texas não tardará a lhe escapar.

Se algumas diferenças, comparativamente pouco sensíveis na civilização europeia, acarretam semelhantes resultados, é fácil compreender o que deve se dar quando a civilização mais aperfeiçoada da Europa entrar em contato com a barbárie indígena.

20. Ver, nos *Documents législatifs,* 21º Congresso, nº 89, os excessos de todo gênero cometidos pela população branca no território dos índios. Ora os anglo-americanos se estabelecem numa parte do território, como se faltasse terra alhures, e é necessário que as tropas do congresso venham expulsá-los; ora capturam animais, queimam as casas, cortam os frutos dos indígenas ou exercem violência sobre suas pessoas.

De todos esses documentos resulta a prova de que os indígenas são cada dia vítimas do abuso da força. A União mantinha habitualmente entre os índios um agente encarregado de a representar; o relatório do agente dos cherokees se encontra entre os documentos que cito: a linguagem desse funcionário é quase sempre favorável aos selvagens. "A intrusão dos brancos no território dos cherokees", diz ele, p. 12, "causará a ruína dos que lá habitam e levam uma existência pobre e inofensiva." Adiante, vemos que o Estado da Geórgia, desejando reduzir os limites dos cherokees, procede a um balizamento; o agente federal observa que, como foi feito unicamente pelos brancos, sem contestação, o balizamento não tem nenhum valor.

21. Em 1829, o Estado de Alabama divide o território dos creeks em condados e submete a população indígena a magistrados europeus.

Em 1830, o Estado de Mississippi assimila os choctaws e os chickasas aos brancos e declara que os que tomarem o título de chefe serão punidos com 1 000 dólares de multa e um ano de prisão.

Quando o Estado do Mississippi ampliou assim suas leis aos índios chactas, que viviam em seus limites, estes se reuniram; seu chefe lhes fez saber qual era a pretensão dos brancos e leu-lhes algumas das leis a que queriam submetê-los: os selvagens declararam numa só voz que era melhor se internarem de novo nos desertos. (*Mississippi Papers.*)

22. Os habitantes da Geórgia, que se sentem incomodados com a vizinhança dos índios, ocupam um território que ainda não conta mais de sete habitantes por milha quadrada. Na França, há cento e sessenta e dois indivíduos no mesmo espaço.

23. Em 1818, o congresso ordenou que o território do Arkansas seria visitado por comissários americanos, acompanhados de uma deputação de creeks, choctaws e chicksas. Essa expedição era comandada por Kennerly, McCoy, Wash Hood e John Bell. Ver os diferentes relatórios dos comissários e seu diário nos documentos do congresso, nº 87, *House of Representatives.*

24. Encontramos, no tratado assinado com os cherokees em 1790, esta cláusula: "Os Estados Unidos garantem solenemente à nação dos cherokees todas as terras que ela não cedeu precedentemente. Se acontecesse que um cidadão dos Estados Unidos, ou qualquer outro que não um índio, viesse se estabelecer no território dos cherokees, os Estados Unidos declaram que retiram desse cidadão sua proteção e que os entregam à nação dos cherokees para puni-lo da forma como esta bem entender." art. 8.

25. O que não o impede de prometê-lo a eles da maneira mais formal. Ver a carta do presidente dirigida aos creeks em 23 de março de 1829 (*Proceedings of the Indian Board in the City of New York,* p. 5): "Além do grande rio (o Mississippi), vosso Pai preparou, para vos receber, um vasto país. Lá, vossos irmãos brancos

não irão vos perturbar; não terão nenhum direito sobre vossas terras; nelas podereis viver com vossos filhos, em meio à paz e à abundância, enquanto a erva crescer e os rios correrem; elas *vos pertencerão para sempre.*"

Numa carta escrita aos cherokees, em 18 de abril de 1829, o secretário do Departamento da Guerra declara-lhes que não devem gabar-se de conservar o desfrute do território que ocupam neste momento, mas lhes dá essa mesma garantia positiva para o tempo em que estiverem do outro lado do Mississippi (mesma obra, p. 6): como se o poder que lhe falta agora não devesse também lhe faltar então!

26. Para ter uma ideia exata da política seguida pelos Estados e pela União em suas relações com os índios, consultem-se: 1º as leis dos Estados relativas aos índios (essa coletânea se encontra nos documentos legislativos, 21º Congresso, nº 319); 2º as leis da União relativas ao mesmo problema, em particular a de 30 de março de 1802 (essas leis se encontram na obra de Story intitulada: *Laws of the United States*); 3º enfim, para conhecer o estado atual das relações da União com todas as tribos indígenas, ver o relatório de Cass, secretário de Estado da Guerra, de 29 de novembro de 1823.

27. Em 19 de novembro de 1829. Este trecho está traduzido textualmente.

28. Não se deve, de resto, atribuir esse resultado aos espanhóis. Se as tribos indígenas já não tivessem sido fixadas no solo pela agricultura no momento da chegada dos europeus, teriam sem dúvida sido destruídas na América do Sul como na do Norte.

29. Ver, entre outros documentos, o relatório feito por Bell em nome da comissão dos assuntos indígenas em 24 de fevereiro de 1830, no qual fica estabelecido, p. 5, por motivos lógicos e no qual se prova doutamente, que: "*The fundamental principle, that the Indians had no right by virtue of their ancient possession either of soil, or sovereignity, has never been abandoned expressly or by implication.*" Ou seja, *os índios, em virtude de sua antiga posse, não adquiriram nenhum direito de propriedade nem de soberania, princípio fundamental que nunca foi abandonado, nem expressa nem tacitamente.*

Lendo esse relatório, redigido aliás por mão hábil, ficamos espantados com a facilidade e a comodidade com as quais, desde as primeiras palavras, o autor se desembaraça dos argumentos fundados no direito natural e na razão, que ele chama de princípios abstratos e teóricos. Quanto mais penso nisso, mais acho que a única diferença existente entre o homem civilizado e o que não o é, no que concerne à justiça, é a seguinte: um contesta à justiça direitos que o outro se contenta de violar.

30. Antes de tratar dessa matéria, devo uma advertência ao leitor. Num livro de que falei no início desta obra e que está a ponto de ser publicado, Gustave de Beaumont, meu companheiro de viagem, teve por objeto principal dar a conhecer na França qual é a posição dos negros no meio da população branca dos Estados Unidos. Beaumont tratou a fundo uma questão que meu tema permitiu-me apenas aflorar.

Seu livro, cujas notas contêm um grande número de documentos legislativos e históricos, preciosíssimos e inteiramente desconhecidos, apresenta além disso quadros cuja energia só poderia ser igualada pela verdade. Devem ler a obra de Beaumont os que quiserem compreender a que excessos de tirania são pouco a pouco levados os homens, quando começam a sair da natureza e da humanidade.

31. É sabido que vários dos autores mais célebres da Antiguidade eram ou tinham sido escravos: Esopo e Terêncio são alguns deles. Os escravos nem sempre eram feitos entre as nações bárbaras; a guerra punha homens civilizadíssimos na servidão.

32. Para que os brancos abandonassem a opinião que formaram da inferioridade intelectual e moral de seus ex-escravos, seria necessário que os negros mudassem, e eles não podem mudar enquanto subsistir essa opinião.

33. Ver a *Histoire de la Virginie,* de Beverley. Ver também, nas *Memórias* de Jefferson, curiosos detalhes sobre a introdução dos negros na Virgínia e sobre o primeiro ato a proibir sua importação em 1778.

34. O número de escravos era menor no Norte, mas as vantagens resultantes da escravidão não eram mais contestadas aí que no Sul. Em 1740, a legislatura do Estado de Nova York declara que se deve incentivar o máximo possível a importação direta de escravos e que o contrabando deve ser severamente punido, por tender a desestimular o comerciante honesto. (*Kent's Commentaries*, v. II, p. 206.)

Encontram-se na Coleção histórica de Massachusetts, v. IV, p. 193, curiosas pesquisas de Belknap sobre a escravidão na Nova Inglaterra. Delas resulta que os negros foram introduzidos a partir de 1630, mas que, desde então, a legislação e os costumes se mostraram opostos à escravidão.

Ver igualmente aí a maneira como a opinião pública e, depois, a lei conseguiram destruir a servidão.

35. Não apenas o Estado de Ohio não admite a escravidão,

mas proíbe a entrada em seu território de negros libertos e veda-
-lhes adquirir nele o que quer que seja. Ver os estatutos de Ohio.

36. Não é apenas o homem, o indivíduo, que é ativo em Ohio: o próprio Estado realiza imensos projetos. O Estado de Ohio estabeleceu entre o lago Erie e o Ohio um canal por meio do qual o vale do Mississippi comunica com o rio do Norte. Graças a esse canal, as mercadorias da Europa que chegam a Nova York podem descer por água até Nova Orleans, através de mais de quinhentas léguas de continente.

37. Números exatos segundo o censo de 1830:
    Kentucky   688 844
    Ohio   937 669

38. Independentemente dessas causas, que, onde quer que os operários livres abundem, tornam seu trabalho mais produtivo e mais econômico que o dos escravos, cumpre assinalar outra, que é particular aos Estados Unidos: ainda não foi encontrado, em toda a superfície da União, o meio de cultivar com sucesso a cana-de-açúcar, senão às margens do Mississippi, perto da foz desse rio, no golfo do México, na Louisiana. O cultivo da cana-de-açúcar é extremamente vantajoso: em nenhum outro o lavrador extrai tão elevado valor de seu trabalho. E, como sempre se estabelece uma certa relação entre os custos de produção e os produtos, o preço dos escravos é altíssimo na Louisiana. Ora, como a Louisiana é um dos Estados confederados, podem-se transportar para lá escravos de todas as partes da União; o preço que se paga a um escravo em Nova Orleans eleva pois o preço dos escravos em todos os outros mercados. Daí resulta que, nas regiões em que a terra rende pouco, o custo do cultivo com escravos continua a ser considerável, o que proporciona grande vantagem à concorrência dos operários livres.

39. Há um motivo particular que acaba de apartar da causa da escravidão os dois últimos Estados citados.

A antiga riqueza dessa parte da União baseava-se principalmente no cultivo do fumo. Os escravos são particularmente apropriados a esse cultivo. Ora, sucede que, faz anos, o fumo vem perdendo valor venal; no entanto o valor dos escravos continua sempre o mesmo. Assim, a relação entre os custos de produção e os produtos alterou-se. Os habitantes de Maryland e da Virgínia sentem-se, pois, mais dispostos do que estavam há trinta anos, seja a prescindir de escravos no cultivo do fumo, seja a abandonar ao mesmo tempo o cultivo do fumo e a escravidão.

40. Os Estados em que a escravidão foi abolida de ordinário se aplicam a tornar incômodo aos negros a permanência em seu

território; e, como se estabelece sobre esse ponto uma espécie de emulação entre os diferentes Estados, aos infortunados negros só resta escolher entre diversos males.

41. Existe uma grande diferença entre a moralidade dos brancos e a dos negros nos Estados em que a escravidão foi abolida. De 1820 a 1831, morreu em Filadélfia apenas um branco em cada quarenta e dois indivíduos pertencentes à raça branca, ao passo que morreu um negro em cada vinte e um indivíduos pertencentes à raça negra. A mortalidade não é tão grande entre os negros escravos. (Ver *Emmerson's Medical Statistics*, p. 28.)

42. Isso é verdade nos lugares em que se cultiva o arroz. Os arrozais, insalubres em todos os quadrantes, são particularmente perigosos nas regiões banhadas pelo sol escaldante dos trópicos. Os europeus teriam muita dificuldade para cultivar a terra nessa parte do Novo Mundo, se quisessem se obstinar a fazê-la produzir arroz. Mas não será possível prescindir dos arrozais?

43. Esses Estados estão mais perto do Equador do que a Itália e a Espanha, mas o continente da América é infinitamente mais frio que o da Europa.

44. A Espanha mandou outrora para um distrito da Louisiana, chamado Attakapas, certo número de camponeses dos Açores. A escravidão não foi introduzida entre eles: era uma experiência. Hoje esses homens ainda cultivam a terra sem escravos, mas sua indústria está tão debilitada que mal provê às suas necessidades.

Lê-se na obra americana intitulada *Letters on the Colonisation Society*, por Carey, 1833, o que segue: "Na Carolina do Sul, a raça negra cresce, nos últimos quarenta anos, mais depressa que a dos brancos. Fazendo um conjunto da população dos cinco Estados do Sul que tiveram escravos primeiro – Maryland, Virgínia, Carolina do Norte, Carolina do Sul e Geórgia –, descobre-se que, de 1790 a 1830, os brancos aumentaram na proporção de 80 para 100 nesses Estados, e os negros na de 112 para 100."

Nos Estados Unidos, em 1830, os homens pertencentes às duas raças estavam distribuídos da seguinte maneira: Estados em que a escravidão foi abolida, 6 565 434 brancos, 120 520 negros; Estados em que a escravidão ainda existe, 3 960 814 brancos, 2 208 102 negros.

46. Essa opinião, de resto, está apoiada em autoridades de muito maior peso que eu. Entre outras coisas, lê-se nas *Memórias* de Jefferson: "Nada está mais claramente escrito no livro do destino do que a emancipação dos negros, e é igualmente certo que as duas raças igualmente livres não poderão viver sob o mesmo governo. A natureza, o hábito e a opinião estabeleceram entre elas

barreiras intransponíveis." (Ver *Extrait des Mémoires de Jefferson*, por Conseil.)

47. Se os ingleses das Antilhas tivessem governado a si mesmos, podemos dar por certo que eles não teriam concedido o ato de emancipação que a mãe-pátria vem de impor.

48. Essa sociedade tomou o nome de Sociedade de Colonização dos Negros. Ver meus relatórios anuais, notadamente o décimo quinto. Ver também a brochura já indicada, intitulada *Letters on the Colonisation Society and on its probable results*, por Carey. Filadélfia, abril de 1833.

49. Esta última regra foi enunciada pelos fundadores mesmos do estabelecimento. Estes temeram que acontecesse na África algo de análogo ao que sucede nas fronteiras dos Estados Unidos e que os negros, como os índios, entrando em contato com uma raça mais esclarecida que a deles, fossem destruídos antes de poderem civilizar-se.

50. Ainda se encontrariam muitas outras dificuldades em semelhante empresa. Se a União, para transportar os negros da América para a África, empreendesse comprar os negros daqueles de quem são escravos, o preço dos negros, crescendo proporcionalmente à sua escassez, logo se elevaria a somas enormes, e não é crível que os Estados do Norte aceitassem fazer tal despesa, de que não deveriam colher os frutos. Se a União se apoderasse à força ou adquirisse a um preço baixo, fixado por ela, os escravos do Sul, criaria uma resistência insuperável entre os Estados situados nessa parte da União. Dos dois lados, chega-se ao impossível.

51. Havia em 1830 nos Estados Unidos 2 010 327 escravos e 319 439 libertos; ao todo, 2 329 766 negros, o que constituía pouco mais de um quinto da população total dos Estados Unidos na mesma época.

52. A emancipação não é proibida, mas submetida a formalidades que a tornam difícil.

53. Ver a conduta dos Estados do Norte na guerra de 1812. "Durante essa guerra", diz Jefferson numa carta de 17 de março de 1817 ao general La Fayette, "quatro Estados do Leste estavam ligados ao resto da União como cadáveres a homens vivos." (*Correspondance de Jefferson*, publicada por Conseil.)

54. O estado de paz em que se encontra a União não lhe dá nenhum pretexto para ter um exército permanente. Sem exército permanente, um governo não tem nada preparado de antemão para aproveitar o momento favorável, vencer a resistência e tomar de surpresa o soberano poder.

55. Assim foi que a província da Holanda, na república dos Países Baixos, e o imperador, na Confederação germânica, algumas vezes puseram-se no lugar da União e exploraram em seu interesse particular o poder federal.

56. Altitude média dos Alleghanys, segundo Volney (*Tableau des États-Unis*, p. 33), 700 a 800 metros; 5 000 a 6 000 pés, segundo Darby. A maior altitude dos Vosges é de 1 400 metros acima do nível do mar.

57. Ver *View of the United States*, por Darby, p. 64 e 79.

58. A cadeia dos Alleghanys não é mais alta que a dos Vosges e não oferece tantos obstáculos quanto esta última aos esforços da indústria humana. As regiões situadas na vertente oriental dos Alleghanys são, pois, tão naturalmente ligadas ao vale do Mississippi quanto o Franco-Condado, a alta Borgonha e a Alsácia à França.

59. 1 002 600 milhas quadradas. Ver *View of the United States*, por Darby, p. 435.

60. Não preciso dizer, creio, que pela expressão *os anglo--americanos* entendo apenas a grande maioria deles. Fora dessa maioria, sempre há alguns indivíduos isolados.

61. Censo de 1790, 3 929 328; de 1830, 12 856 163.

62. Na verdade, isso é apenas um perigo passageiro. Não duvido que, com o tempo, a sociedade venha assentar-se e reger--se a oeste como já fez na costa do oceano Atlântico.

63. A Pensilvânia tinha 431 373 habitantes em 1790.

64. Superfície do Estado de Nova York, 6 213 léguas quadradas (500 milhas quadradas). Ver *View of the United States*, por Darby, p. 435.

65. Se a população continuar a dobrar em vinte e dois anos, durante mais um século, como fez nos últimos duzentos anos, em 1852 haverá nos Estados Unidos vinte e quatro milhões de habitantes, quarenta e oito em 1874 e noventa e seis em 1896. Assim seria, ainda que fossem encontrados na vertente oriental das Montanhas Rochosas terras que se recusassem ao cultivo. As já ocupadas podem facilmente conter esse número de habitantes. Cem milhões de homens espalhados pelo solo ocupado neste momento pelos vinte e quatro Estados e os três territórios de que se compõe a União não dariam mais que 762 indivíduos por légua quadrada, o que ainda estaria muito longe da população média da França, que é de 1 006; da Inglaterra, que é de 1 457. Ficaria aquém até mesmo da população da Suíça. Esta, apesar de seus lagos e de suas montanhas, conta 783 habitantes por légua quadrada. Ver Malte-Brun, v. VI, p. 92.

NOTAS

66. O território dos Estados Unidos tem uma superfície de 295 000 léguas quadradas; o da Europa, segundo Malte-Brun, v. VI, p. 4, é de 500 000.

67. Ver *Documents législatifs*, 20º Congresso, nº 117, p. 105.

68. 3 672 371, cômputo de 1830.

69. De Jefferson, capital do Estado do Missouri, a Washington, contam-se 1 019 milhas, ou 420 léguas de posta. (*American Almanac*, 1831, p. 48.)

70. Para avaliar a diferença que existe entre o movimento comercial do Sul e o do Norte, basta correr os olhos pelo quadro a seguir.

Em 1829, a capacidade dos navios de grande e pequeno comércio pertencentes à Virgínia, às duas Carolinas e à Geórgia (os quatro grandes Estados do Sul) era de tão só 5 243 toneladas.

No mesmo ano, somente as embarcações do Estados de Massachusetts atingiam 17 322 toneladas*.

Assim, apenas o Estado de Massachusetts tinha três vezes mais navios do que os quatro Estados citados.

No entanto, o Estado de Massachusetts só tem 959 léguas quadradas de superfície (7 335 milhas quadradas) e 610 014 habitantes, ao passo que os quatro Estados a que me refiro têm 27 204 léguas quadradas (210 000 milhas) e 3 047 767 habitantes. Assim, a superfície do Estado de Massachusetts constitui apenas a trigésima parte da superfície dos quatro Estados, e sua população é cinco vezes menor que a deles**. A escravidão prejudica de várias maneiras a prosperidade comercial do Sul. Ela diminui o espírito empreendedor dos brancos e impede que eles encontrem à sua disposição os marinheiros de que necessitariam. Em geral, a marinha é recrutada apenas na última classe da população. Ora, são os escravos que, no Sul, constituem essa classe, e é difícil utilizá-los no mar: seu trabalho seria inferior ao dos brancos e haveria sempre o temor de eles se revoltarem no meio do oceano ou de fugirem, ao aportarem em terras estrangeiras.

71. *View of the United States*, por Darby, p. 444.

72. Notem que, quando falo da bacia do Mississippi, não incluo nela a porção dos Estados de Nova York, Pensilvânia e Virgínia, situada a oeste dos Alleghanys, mas que deve ser considerada parte dela.

---

* *Documents législatifs*, 21º congresso, 2ª sessão, nº 140, p. 244.
**View of the United States*, por Darby.

73. Percebe-se então que, nos dez anos que acabam de passar, determinado Estado teve sua população aumentada na proporção de 5 para 100, como o Delaware; outro, na proporção de 250 para 100, como o território de Michigan. A Virgínia descobre que, durante o mesmo período, aumentou o número de seus habitantes na proporção de 13 para 100, ao passo que o Estado limítrofe de Ohio aumentou o número dos seus na proporção de 61 para 100. Ver o quadro geral contido no *National Calendar*. Você ficará surpreso com a desigualdade da fortuna nos diferentes Estados.

74. Ver-se-á mais adiante que, durante o primeiro período, a população da Virgínia cresceu na proporção de 13 para 100. É necessário explicar como o número de representantes de um Estado pode decrescer quando a população do Estado, longe de diminuir, está em progressão.

Tomo por objeto de comparação a Virgínia, que já citei. O número de deputados da Virgínia, em 1823, era proporcional ao número total de deputados da União; o número de deputados da Virgínia em 1833 também é proporcional ao número total de deputados da União em 1833, e proporcional à razão de sua população, que aumentou durante esses dez anos. A relação entre o novo número de deputados da Virgínia e o velho será pois proporcional, de um lado, à relação entre o novo número total de deputados e o velho, e, de outro, à relação entre as proporções do aumento populacional da Virgínia e de toda a União. Assim, para que o número de deputados da Virgínia permaneça estacionário, basta que a relação entre a proporção de crescimento do pequeno país e do grande seja o inverso da relação entre o novo número total de deputados e o velho. E se a relação entre a proporção de crescimento da população virginiana e a proporção de crescimento de toda a União for menor que a proporção entre o novo número de deputados da União e o velho, o número de deputados da Virgínia diminuirá.

75. Washington, Jefferson, Madison e Monroe.

76. Ver o relatório feito por sua comissão à Convenção, que proclamou a nulificação na Carolina do Sul.

77. A população de um país constitui seguramente o primeiro elemento de sua riqueza. Durante esse mesmo período de 1820 a 1832, no qual a Virgínia perdeu dois deputados nos congressos, sua população aumentou na proporção de 13,7 para 100; a das Carolinas, de 15 para 100, e a da Geórgia, na proporção de 51,5 para 100. (Ver *American Almanac*, 1832, p. 162.) Ora, a Rússia, que é o país da Europa em que a população cresce mais depressa, só aumenta em dez anos o número de seus habitantes na propor-

ção de 9,5 para 100; a França, na de 7 para 100, e a Europa em massa na de 4,7 para 100 (ver Malte-Brun, v. VI, p. 95).

78. Cumpre confessar, porém, que a depreciação que se produziu no preço do fumo, nos últimos cinquenta anos, diminuiu notavelmente o padrão de vida dos cultivadores do Sul; mas esse fato é independente tanto da vontade dos homens do Norte, como da deles.

79. Em 1832, o distrito de Michigan, que tem somente 31 639 habitantes e ainda não é mais que um deserto apenas trilhado, apresentava o desenvolvimento de 940 milhas de estradas de posta. O território quase inteiramente selvagem do Arkansas já era cortado por 1 938 milhas de estradas de posta. Ver *The Report of the Postmaster General*, 30 de novembro de 1833. Apenas a entrega de jornais em toda a União rende por ano 254 796 dólares.

80. No decorrer de dez anos, de 1821 a 1831, 271 navios a vapor foram lançados somente nos rios que banham o vale do Mississippi.

Em 1829, existiam nos Estados Unidos 256 navios a vapor. Ver *Documents législatifs*, nº 140, p. 274.

81. Ver nos documentos legislativos, que já citei no capítulo sobre os índios, a carta do presidente dos Estados Unidos aos cherokees, sua correspondência a esse respeito com seus agentes e suas mensagens ao congresso.

82. O primeiro ato de cessão foi feito de parte do Estado de Nova York em 1780; Virgínia, Massachusetts, Connecticut, Carolina do Sul e Carolina do Norte seguiram esse exemplo em diferentes períodos. A Geórgia foi a última: seu ato de cessão remonta a apenas 1802.

83. O presidente recusou-se, é verdade, a sancionar essa lei, mas admitiu completamente seu princípio. Ver *Message du 8 décembre 1833*.

84. O Banco atual dos Estados Unidos foi criado em 1816, com um capital de 35 000 000 de dólares (185 500 000 francos). Seu privilégio expira em 1836. Ano passado, o congresso fez uma lei para renová-lo, mas o presidente se recusou a sancioná-la. A luta é hoje travada com violência extrema, e é fácil pressagiar a queda próxima do Banco.

85. Ver principalmente, para os detalhes desse caso, os *Documents législatifs*, 22º congresso, 2ª sessão, nº 30.

86. Isto é, uma maioria do povo, pois o partido oposto, chamado Union Party, sempre contou com uma minoria fortíssima e ativíssima a seu favor. A Carolina pode ter cerca de 47 000 eleitores; 30 000 eram favoráveis à nulificação e 17 000, contrários.

87. Esse decreto foi precedido do relatório de uma comissão encarregada de preparar sua redação; esse relatório contém a exposição de motivos e a finalidade da lei. Nele se lê, p. 34: "Quando os direitos reservados aos diferentes Estados pela constituição são violados deliberadamente, o direito e o dever desses Estados é intervir, a fim de deter a evolução do mal, opor-se à usurpação e manter em seus respectivos limites os poderes e privilégios que lhes pertencem, como *soberanos independentes*. Se os Estados não possuíssem esse direito, em vão se pretenderiam soberanos. A Carolina do Sul declara não reconhecer na Terra nenhum tribunal situado acima dela. É verdade que ela firmou, com outros Estados, soberanos como ela, um contrato solene de união (*a solemn contract of union*), mas reivindica e exercerá o direito de explicar qual é o sentido desse contrato, no seu entender, e, se esse contrato for violado por seus associados e pelo governo que eles criaram, ela quer valer-se do direito inquestionável (*unquestionable*) de avaliar qual a extensão da infração e quais as medidas a tomar para obter justiça."

88. O que acabou de determinar o congresso a tomar essa medida foi uma demonstração do poderoso Estado de Virgínia, cuja legislatura ofereceu-se a servir de árbitro entre a União e a Carolina do Sul. Até então esta última parecera inteiramente abandonada, mesmo pelos Estados que haviam reclamado com ela.

89. Lei de 2 de março de 1833.

90. Essa lei foi sugerida por Clay e votada em quatro dias, nas duas câmaras do congresso, por imensa maioria.

91. O valor total das importações do ano encerrado em 30 de setembro de 1832 foi de 101 129 266 dólares. As importações feitas em navios estrangeiros comparecem com uma soma de apenas 10 731 039 dólares, cerca de um décimo.

92. O valor total das exportações, no mesmo ano, foi de 87 176 943 dólares; o valor exportado em navios estrangeiros foi de 21 036 183 dólares, ou cerca de um quarto (*William's Register*, 1833, p. 398).

93. Nos anos de 1829, 1830 e 1831, entraram nos portos da União navios com uma tonelagem total de 3 307 719 t. Os navios estrangeiros só contribuíram com 544 571 t para esse total. Estavam pois numa proporção de 16 para 100, mais ou menos (*National Calendar*, 1833, p. 304).

Durante os anos de 1820, 1826 e 1831, os navios ingleses que entraram nos portos de Londres, Liverpool e Hull representaram 443 800 t. Os navios estrangeiros que entraram nos mesmos portos nos mesmos anos corresponderam a 159 431 t. A relação entre eles era pois de mais ou menos 36 para 100 (*Companion to the Almanac*, 1834, p. 169).

Em 1832, a relação entre embarcações estrangeiras e inglesas que entraram nos portos da Grã-Bretanha era de 20 para 100.

94. As matérias-primas, em geral, custam mais barato na América do que na Europa, mas o preço da mão-de-obra é muito mais elevado aí.

95. Não se deve crer que os navios ingleses dediquem-se unicamente a transportar para a Inglaterra os produtos estrangeiros ou a transportar para o exterior os produtos ingleses; em nossos dias, a marinha mercante da Inglaterra constitui como que uma grande empresa de veículos públicos, prontos para servir a todos os produtores do mundo e a comunicar todos os povos entre si. O gênio marítimo dos americanos leva-os a criar uma empresa rival à dos ingleses.

96. Uma parte do comércio do Mediterrâneo já se faz em navios americanos.

Conclusão

1. Em primeiro lugar esta: os povos livres e habituados ao regime municipal conseguem criar, com muito mais facilidade do que os outros, colônias florescentes. O hábito de pensar por si mesmo e de se governar é indispensável num país novo, em que o sucesso depende necessariamente, em grande parte, dos esforços individuais dos colonos.

2. Somente os Estados Unidos já cobrem uma superfície igual à metade da Europa. A superfície da Europa é de 500 000 léguas quadradas; sua população, de 205 000 000 de habitantes. Malte-Brun, v. VI, liv. CXIV, p. 4.

3. Ver Malte-Brun, v. VI, liv. CXVI, p. 92.

4. É a população proporcional à da Europa, tomando-se a média de 410 homens por légua quadrada.

5. A Rússia é, de todas as nações do Velho Mundo, aquela cuja população cresce mais rapidamente, guardadas as devidas proporções.

4ª edição 2019 | **Diagramação** Studio 3 | **Fonte** ITC Garamond
Papel Offset 63 g/m² | **Impressão e acabamento** Corprint